高等学校土木工程专业系列规划教材

U0680475

公路工程与造价

（第2版）

主　编　李栋国　王世凯　李　琦

副主编　韩晶晶　马洪建　韩　帅

四川大学出版社
SICHUAN UNIVERSITY PRESS

图书在版编目（CIP）数据

公路工程与造价 / 李栋国，王世凯，李琦主编．
2 版．-- 成都：四川大学出版社，2024. 7. -- ISBN
978-7-5690-7095-8

Ⅰ．U415.13

中国国家版本馆 CIP 数据核字第 2024UZ3574 号

书　　名：公路工程与造价（第 2 版）
　　　　　Gonglu Gongcheng yu Zaojia（Di-er Ban）
主　　编：李栋国　王世凯　李　琦
丛 书 名：高等学校土木工程专业系列规划教材

选题策划：王　睿
责任编辑：王　睿
特约编辑：孙　丽
责任校对：蒋　玙
装帧设计：开动传媒
责任印制：李金兰

出版发行：四川大学出版社有限责任公司
　　　　　地址：成都市一环路南一段 24 号（610065）
　　　　　电话：（028）85408311（发行部）、85400276（总编室）
　　　　　电子邮箱：scupress@vip.163.com
　　　　　网址：https://press.scu.edu.cn
印前制作：湖北开动传媒科技有限公司
印刷装订：武汉乐生印刷有限公司

成品尺寸：210 mm×282 mm
印　　张：16.75
字　　数：558 千字

版　　次：2024 年 9 月 第 2 版
印　　次：2024 年 9 月 第 1 次印刷
定　　价：47.00 元

扫码获取数字资源

四川大学出版社
微信公众号

前　言

随着《公路工程建设项目概算预算编制办法》(JTG 3830—2018)和《公路工程预算定额(上、下册)》(JTG/T 3832—2018)等的颁布,预算定额的使用和造价计算部分急需更新,在四川大学出版社的大力支持下,编者完成了本书第2版的编写工作。为了加强实用性,本次编写主要在以下几方面做了重点修订。

(1)增加综合性实例:选取一段吉林省某二级公路的一座中桥作为实例,贯穿专业部分和定额使用部分。专业部分对该公路从概预算项目划分角度,算出相应工程量;定额部分对工程项目进行定额套用。

(2)专业部分的内容调整:道路部分增加了构造和算量的内容;精简桥梁部分,保留了简支梁和连续梁,删除了T形刚构桥、斜拉桥和悬索桥的内容,通过实例增加了梁桥的混凝土和钢筋的算量内容;隧道部分重新进行了疏理,减少了一些非主要构造部分的介绍,简化或略去了隧道部分施工方法。

(3)造价部分的内容调整:在第1版的基础上更新了定额、编制办法等规范,并对相应内容及例题按新规范重新进行了编写。

(4)加入课程思政内容:结合我国公路工程方面的建设成就,将教材内容知识点与工程案例相结合挖掘思政点,在部分章后增列了思政案例,方便教师进行思政教学。

(5)更新二维码数字资源:重新审查并梳理了原来的资料,进一步修订完善,将实例的部分图纸放入二维码数字资源中。

本书由长春工程学院李栋国编写第8、9章,长春建筑学院王世凯编写第2、3、4章,黑龙江工程学院李琦编写第5、6章,郑州升达经贸管理学院韩晶晶编写第10、11章和附录,广州开发区交投建设有限公司马洪建、韩帅编写第1、7章。全书由李栋国统稿。

本书在编写过程中查阅和借鉴了大量相关的文献,还得到了部分生产单位的大力支持,在此一并深表感谢。由于编者水平有限、经验不足及时间紧张,书中谬误和疏漏在所难免,敬请广大读者批评指正,以便日后进行改正。

编　者
2024 年 6 月

特别提示

　　教学实践表明,有效地利用数字化教学资源,对于学生学习能力以及问题意识的培养乃至怀疑精神的塑造具有重要意义。

　　通过对数字化教学资源的选取与利用,学生的学习从以教师主讲的单向指导模式转变为建设性、发现性的学习,从被动学习转变为主动学习,由教师传播知识到学生自己重新创造知识。这无疑是锻炼和提高学生的信息素养的大好机会,也是检验其学习能力、学习收获的最佳方式和途径之一。

　　本系列教材在相关编写人员的配合下,逐步配备基本数字教学资源,主要内容包括:

　　文本:课程重难点、思考题与习题参考答案、知识拓展等。

　　图片:课程教学外观图、原理图、设计图等。

　　视频:课程讲述对象展示视频、模拟动画,课程实验视频,工程实例视频等。

　　音频:课程讲述对象解说音频、录音材料等。

数字资源获取方法:

① 打开微信,点击"扫一扫"。

② 将扫描框对准书中所附的二维码。

③ 扫描完毕,即可查看文件。

更多数字教学资源共享、图书购买及读者互动敬请关注"开动传媒"微信公众号!

目　录

数字资源目录

上 篇

公路工程

1

绪　　论

1.1 公路在交通运输系统中的地位及作用 >>>

交通运输是社会生产和人类生活中不可缺少的组成部分。人们生产和生活的各种需要,必须克服空间上的障碍,实现人和物的移动。为具体实现这种移动提供服务所进行的经济活动称为运输。

通常把为运输需求者提供服务的过程称为运输生产,而其生产的结果称为运输。交通运输是国民经济的命脉,是联系工业和农业、城市和乡村、生产和消费的纽带。交通运输是实现国民经济现代化的首要条件。

1.1.1 公路在交通运输系统中的地位

一个完整的交通运输体系由铁路运输、航空运输、水运、管道运输和道路运输等运输方式构成。这些交通运输方式都有各自的特点,承担各自的交通运输任务。它们可以在整个运输体系中合理分工、互相衔接、互相补充,形成完善的综合运输体系。铁路运输的特点是运力大、速度快、成本低,易于承担中长距离客货运和大宗物资运输,但只能实现固定路线上的运输;航空运输的特点是可快速运输旅客和货物,但成本高;水运的特点是运价低廉,但是速度较慢;管道运送水、油、气等产品十分方便;道路运输以其快速、灵活的运输方式适用于中、短途运输,它可以与其他交通运输方式互相配合,承担客货集散、运输衔接的任务,可实现"门到门"的直达运输。

公路运输在综合运输体系中占有极其重要的地位,其主要有以下特点。

(1)机动灵活。汽车车辆可以随时调动,随时起运、装卸。可单独运输,也可组队运送大宗货物。

(2)运输面广。由于道路网密度大,分布面宽,汽车能开往任何角落,直达运输。可以实现"面对面"的运输。

(3)运输快捷。高等级公路汽车运行速度比铁路运输更快,特别是中、短途运输。汽车运输不但速度快,而且周转快,可迅速疏散四面八方的旅客,减少货物积压,及时快捷。

(4)投资相对较少,见效快。公路相对于铁路来说,建设投资较少,车辆购置费用也低。而且公路可建成一段通一段,见效快,经济效益和社会效益显著。

(5)运费较高。汽车运输费用比铁路运输和水运都高,特别是低等级公路的长途运输,因车速低,造成运输成本增加。

(6)环境问题。汽车运输过程排出的有害废气在道路密集地区会造成环境污染,这种污染在大城市中表现得尤为突出。

1.1.2 公路在交通运输系统中的作用

公路是社会发展的基础产业,是经济发展的先行设施,"要想富,先修路"已经成为全社会的共识。工农业生产、商品流通、国土开发、国防建设、旅游事业等均依赖公路先行来实现,可见公路建设在经济发展中起着举足轻重的作用。

1.2 公路的发展状况 >>>

1949 年以前,我国仅有 8 万公里公路能够通车,技术标准低,分布也不合理。新中国成立以后,公路和城市道路都发展得很快。特别是改革开放以来,随着国民经济高速发展,截至 2022 年底,我国公路总里程达到 535 万公里,10 年增长 112 万公里,其中高速公路通车里程 17.7 万公里,稳居世界第一。京沪、京港澳、沈海、沪昆等国家高速公路主线分段实施扩容升级,国家高速公路六车道以上路段增加 1.84 万公里。普通国道二级及以上占比、铺装路面占比分别达到 80% 和 99%。

随着城市人口和车辆的增长以及经济的发展,城市化水平迅速提高,城市道路交通向现代化迅猛发展。除旧有道路扩建外,新建的绕城高速路、环城路、立体交叉、人行天桥和地道越来越多,有些大城市还大规模地建设地下铁道以满足城市的交通需求。

我国道路交通虽然得到飞速发展,但仍不能满足国民经济发展的需求。公路网标准低、数量少、布局不合理仍制约着国民经济的发展;城市交通的拥挤阻塞现象没有得到根本解决,道路交通管理也较落后。因此,今后我国在公路方面首先应新建一些干线公路,完善公路网,修建"五纵七横"共 12 条干线公路,至 2050 年实现联网达到规模效益,以满足我国实现现代化的需要。同时对现有公路进行技术改造,提高其技术等级以增加其通行能力。此外,应加强养护管理,提高路网总体服务水平,增强其抵御自然灾害的能力。我国城市道路的发展目标应与城市经济的发展相适应,与人口增长和车辆增长相适应,建成布局合理、设备完善的城市道路系统。因此,城市道路要做好路网规划,加快主次干道和快速路建设;安排好立交、停车场、人行过街设施;加强旧路特别是瓶颈地段的改造,加强养护和交通管理,发挥城市道路的整体功能。

1.3 公路分级及基本组成 >>>

1.3.1 公路分级

为了满足经济发展、规划交通量、路网建设和功能等的要求,公路必须分等级建设。中华人民共和国交通运输部于 2015 年 1 月 1 日起实施的《公路工程技术标准》(JTG B01—2014)(以下简称《标准》),将公路根据功能和适应的交通量分为五个等级,各级公路主要技术指标见表 1-1。

(1)高速公路:专供汽车分方向、分车道行驶,全部控制出入的多车道公路。高速公路的年平均日设计交通量宜在 15000 辆小客车以上。

(2)一级公路:供汽车分方向、分车道行驶,可根据需要控制出入的多车道公路。一级公路的年平均日设计交通量宜在 15000 辆小客车以上。

(3)二级公路:供汽车行驶的双车道公路。二级公路的年平均日设计交通量宜为 5000～15000 辆小客车。

公路分级图

(4)三级公路:供汽车、非汽车交通混合行驶的双车道公路。三级公路的年平均日设计交通量宜为 2000～15000 辆小客车。

(5)四级公路:供汽车、非汽车交通混合行驶的双车道或单车道公路。双车道四级公路年平均日设计交通量宜在 2000 辆小客车以下,单车道四级公路年平均日设计交通量宜在 400 辆小客车以下。

表 1-1　　　　　　　　　　　　　各级公路主要技术指标汇总简表

公路等级	设计速度/(km/h)	车道数	车道宽度/m	路基宽度/m		极限最小半径/m	停车视距/m	最大纵坡/%	汽车荷载
				一般值	最小值				
高速公路	120	8	3.75	45.00	42.00	650	210	3	公路Ⅰ级
		6		34.80	—				
		4		28.00	26.00				
	100	8	3.75	44.00	41.00	400	160	4	
		6		33.50	—				
		4		26.00	24.50				
	80	6	3.75	32.00	—	250	110	5	
		4		24.50	21.50				
一级公路	100	8	3.75	44.00	41.00	400	160	4	
		6		33.50	—				
		4		26.00	24.50				
	80	6	3.75	32.00	—	250	110	5	
		4		24.50	21.50				
	60	4	3.50	23.00	20.00	125	75	6	
二级公路	80	2	3.75	12.00	10.00	250	110	5	公路Ⅱ级
	60	2	3.50	10.00	8.50	125	75	6	
三级公路	40	2	3.50	8.50	—	60	40	7	
	30	2	3.25	7.50	—	30	30	8	
四级公路	20	2 或 1	3.00(双车道)	6.50(双车道)	—	15	20	9	
			3.50(单车道)	4.50(单车道)					

1.3.2　公路的基本组成

(1)路基。路基是道路结构体的基础,是由土、石等材料按照一定尺寸、结构要求所构成的带状土工结构物。路基必须稳定、坚实。道路路基的结构、尺寸用横断面表示。

(2)路面。路面是在路基表面的行车部分,是用各种筑路材料分层铺筑的结构物,以供车辆在其上以一定速度,安全、舒适地行驶。路面使行车部分加固,使其具有一定的强度、平整度和粗糙度。

(3)桥涵。道路在跨越河流、沟谷和其他障碍物时所使用的结构物称为桥涵。桥涵是道路的横向排水系统之一。

(4)排水系统。为了确保路基稳定,免受自然水的侵蚀,道路还应修建排水系统。排水系统按其排水方向的不同,可分为纵向排水系统和横向排水系统;按其排水设施位置的不同,又分为地面排水系统和地下排水系统两部分。地面排水系统用于排除危害路基的雨水、积水以及外来水,地下排水系统主要用于降低地下水位及清除地下水。

(5)隧道。隧道是为道路从地层内部或水下通过而修筑的建筑物。隧道在道路中能缩短里程、避免道路翻越山岭,保证道路行车的平顺性。

(6)防护工程。陡峻的山坡或沿河一列的路基边坡会受水流冲刷,威胁路段的稳定。为保证路基的稳定,加固路基边坡所修建的人工构造物称为防护工程。

(7)特殊构造物。在山区地形、地质特别复杂路段修建一些特殊结构物,如半山桥、防石廊等。

（8）沿线设施。其是道路沿线交通安全、管理、服务以及环保设施的统称。主要有以下几项。

① 交通安全设施，包括跨线桥、地下横道、色灯信号、护栏、防护网、反光标志、照明设施等。

② 交通管理设施，包括道路标志（如指示标志、警告标志、指路标志、禁令标志等）、路面标志、立面标志、紧急电活、道路情报板、道路监视设施、交通控制设施、交通监视设施以及安全岛、交通岛、中心岛等。

③ 防护设施，包括抗滑坡构造物、防沙棚、挑水坝等。

④ 停车设施，指在道路沿线及起点、终点设置的停车场、汽车停靠站、回车道等设施。

⑤ 路用房屋及其他沿线设施，包括养护房屋、营运房屋、收费所、加油站、休息站等设施。

⑥ 绿化，包括道路分隔带、路旁、立交枢纽、休息设施、人行道等处的绿化，以及道路防护林带和集中的绿化区等。

知识归纳

（1）公路分为高速公路、一级公路、二级公路、三级公路、四级公路五个等级。

（2）公路的基本组成：路基、路面、桥涵、排水系统、隧道、防护工程、特殊构造物、沿线设施。

独立思考

1-1 公路的基本组成包括哪些内容？

1-2 公路如何分级？

思考题答案

参考文献

［1］ 中华人民共和国交通运输部.公路工程技术标准:JTG B01—2014.北京:人民交通出版社股份有限公司,2014.

［2］ 许金良.道路勘测设计.5版.北京:人民交通出版社股份有限公司,2018.

2

公路路线

课前导读

▽ **内容提要**

　　本章主要内容包括公路平面线形三要素、平面线形组合及里程桩号的计算，纵断面坡度与坡长的定义及其规范要求，竖曲线定义及纵断面高程的计算。

　　本章的重点为公路平面线形三要素、里程桩号及竖曲线高程的计算；难点为里程桩号及竖曲线高程的计算。

▽ **能力要求**

　　通过对本章的学习，学生应理解公路平面线形三要素及里程桩号的计算方法，能够计算竖曲线高程。

▽ **数字资源**

5分钟看完本章

2.1 公 路 平 面 >>>

道路是一个三维空间实体。路线是指道路中线的空间位置。路线在水平面上的投影称为路线的平面,沿中线竖直剖切再行展开则是路线的纵断面;中线上任一点法向切面是道路在该点的横断面。路线的平面、纵断面和横断面是道路的几何组成,如图 2-1 所示。

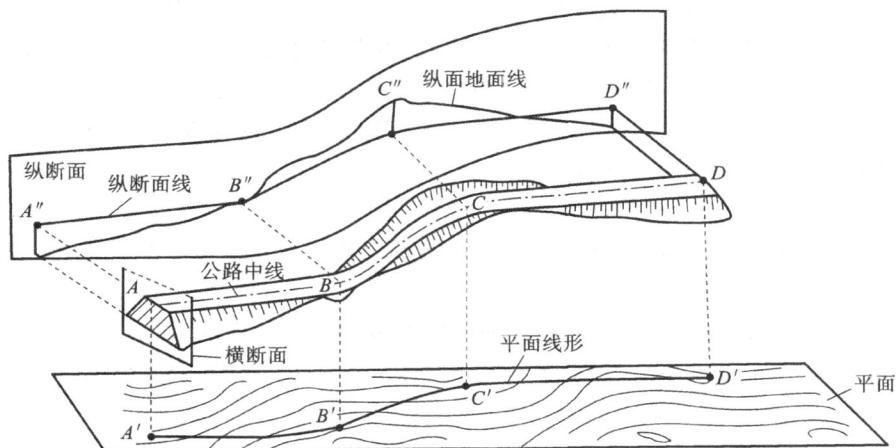

图 2-1 公路路线示意图

现代道路平面线形是由直线、圆曲线和缓和曲线构成的,称其为平面线形三要素,道路平面线形设计图纸(见二维码中内容)就是从线形的角度研究三要素的选用和相互间的组合等问题。

里程桩,又称中桩,表示该桩号至路线起点的水平距离。如 K9+386.70,表示该桩到该路线起点的距离为 9386.70 m。公路设计时通常每隔 20 m 设置一个桩,作为设计横断面的位置,但是在有曲线的地点应该加桩,即无论在直缓点、缓圆点、曲中点、圆缓点、缓直点是否有 20 m 桩的位置,均应加桩。

特别提示:带有纵坡的桩号是按照水平的长度标注里程桩的。

公路路线平面图

2.1.1 直线

2.1.1.1 直线的特点

作为平面线形要素之一的直线,在道路设计中使用最为广泛。因为两点之间以直线距离最短,一般在定线时,只要地势平坦、无大的地物障碍,定线人员都优先考虑用直线通过。而且笔直的道路给人以短捷、直达的良好印象,在美学上直线也有其自身的特点。汽车在直线上行驶受力简单,方向明确,驾驶操作简易。从施工测量上看,直线只需定出两点,就可确定道路的方向和距离。基于直线的这些优点,其在道路线形设计中应用广泛。

但是,过长的直线有其自身的缺点。在地形有较大起伏的地区,直线线形大多难以与地形相协调,易产生高填深挖路基,破坏自然地貌。若长度运用不当,不仅会破坏线形的连续性,而且会导致线形设计自身无法协调。过长的直线易使驾驶人员感到单调、疲倦,难以目测车间距离,很容易发生交通事故。因此在运用直线线形并决定其长度时,必须持谨慎态度,不宜采用过长的直线。

2.1.1.2　直线的最大长度和最小长度

在道路平面线形设计中，一般应根据沿线地形、地物条件，驾驶员的视觉、心理感受以及保证行车安全等因素，合理布设直线路段，对直线的最大长度与最小长度应有所限制。

（1）直线的最大长度。

合理的直线长度应根据驾驶员的心理感受和视觉效果确定，但目前这一问题尚在研究中。各国普遍从经验出发，根据调查结果规定直线的最大长度。

有些国家对长直线的运用有条件限制。像日本和意大利这样的多山国家，高速公路平面以曲线为主。日本和德国一般规定直线的最大长度（以 m 计）不超过 $20v$（v 为设计速度，以 km/h 计），俄罗斯规定为 8.0 km，美国规定为 4.83 km，而法国认为长直线宜采用半径 5000 m 以上的圆曲线代替。

我国地域辽阔，地形差异较大，很难对直线长度作出统一规定，加之在混合交通的道路上，超车、会车、错车以及避让非机动车和行人的情况甚多，驾驶员的感觉与国外不尽相同。目前我国在《标准》中未作明确规定，而在《公路路线设计规范》（JTG D20—2017）（以下简称《规范》）中仅规定"直线的长度不宜过长"，给设计人员留下空间去分析、判断，以使设计更加符合实际。

（2）直线的最小长度。

考虑线形的连续性和行驶的方便，相邻两线之间应有一定的直线长度。这个直线长度是指前一曲线的终点到后一曲线起点之间的长度。

① 对于同向曲线间的最小直线长度，《规范》规定：同向曲线间的最短直线长度（以 m 计）以不小于 $6v$（v 为设计速度，以 km/h 计）为宜；另外，对于计算行车速度不大于 40 km/h 的山岭重丘区公路的特殊困难地段，可以适当放宽，如图 2-2（a）所示。

② 对于反向曲线间的最小直线长度，《规范》规定：当设计速度不小于 60 km/h 时，反向圆曲线间直线最小长度（以 m 计）以不小于设计速度（以 km/h 计）的 2 倍为宜；当曲线两端设有缓和曲线时，也可以直接相连，构成 S 形曲线，如图 2-2（b）所示。

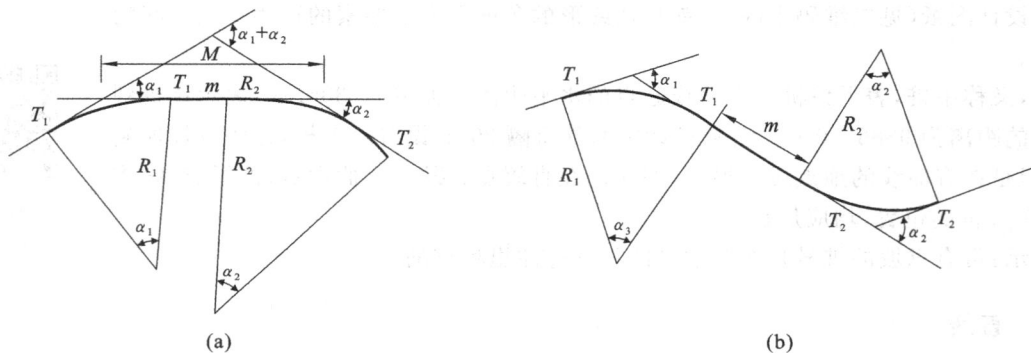

图 2-2　同向与反向曲线的连接

2.1.1.3　直线的运用

平面线形采用直线时应注意线形与地形的关系，并应符合上述直线的最大长度和最小长度的要求；在运用直线线形并决定其长度时，原则是"宜直则直、宜曲则曲"。在下述路段上可采用直线。

（1）路段完全不受地形、地物限制的平坦地区或山间的宽阔河谷地带。

（2）城镇及其近郊道路，或以直线为主体进行规划的区域。

（3）长大桥梁、隧道等构造物路段。

（4）路线交叉点及其附近。

（5）双车道公路提供超车的路段。

必须采用长直线时，相应纵坡不应过大；若两侧地形过于空旷，宜采用植树或设置一定建筑物等技术措施予以改善；定线时应将能引起兴趣的自然风景或建筑物纳入驾驶员的视线范围。在长直线尽头设置的平曲线,除曲线半径、超高、视距等符合规定外,还必须采取设置标志、增大路面抗滑能力等安全保障措施,以确保行车安全。

2.1.2 圆曲线

2.1.2.1 圆曲线的特点

各级公路和城市道路不论转角大小,均应设置平曲线,而圆曲线是平曲线的重要组成部分。在路线改变方向的转折处(交点处),往往可插入与两端直线相切的圆曲线来实现路线方向的改变。按照地形条件选用不同大小的圆曲线使其更加适应地形和驾驶员的视觉、心理感受。

一般认为,圆曲线作为公路平面线形具有以下主要特点。

(1)曲线上任意点的曲率半径为常数,故测设和计算简单。

(2)曲线上任意点都在不断地改变方向,比直线更能适应地形的变化,尤其是由不同半径的多个圆曲线组合而成的复曲线,对地形、地物和环境有更强的适应能力。

(3)汽车在圆曲线上行驶受到离心力的作用,而且往往要比在直线上行驶多占用道路宽度。

(4)汽车在小半径的圆曲线内侧行驶时,视距条件较差,受到边坡或其他障碍物的影响较大,因而容易发生行车事故。

2.1.2.2 圆曲线半径及长度

行驶在曲线上的汽车由于受离心力作用,其稳定性受到影响,而离心力又与曲线半径密切相关,半径越小越不利,所以在选择平曲线半径时应尽可能采用较大的值,只有在地形或其他条件受到限制时才使用较小的曲线半径。为了行车的安全与舒适,《标准》规定了圆曲线半径在不同情况下的最小值。

(1)极限最小半径。

极限最小半径是指各级公路在采用允许最大超高和允许横向摩阻力系数的情况下,能保证汽车安全行驶的最小半径。

(2)不设超高的最小半径。

当平曲线半径较大时,离心力的影响较小,路面摩阻力就可以保证汽车有足够的稳定性,这时就可以不设超高,而允许设置与直线段上相同的双向横坡的路拱形式。因此,不设超高的最小半径就是指不必设置超高就能满足行驶稳定性的最小半径。圆曲线最小半径值如表 2-1 所示。

表 2-1 各级公路圆曲线最小半径

设计速度/(km/h)		120	100	80	60	40	30	20
极限最小半径/m		650	400	250	125	60	30	15
不设超高的最小半径/m	路拱不大于2%	5500	4000	2500	1500	600	350	150
	路拱大于2%	7500	5250	3350	1900	800	450	200

2.1.2.3 圆曲线半径的运用

在道路平面设计中,应根据沿线地形、地貌等条件,尽可能选用较大半径,以便于车辆安全、舒适行驶。在选定半径时既要技术合理,又要注意经济适用;既不能盲目采用大半径而过分增加工程量,也不能仅考虑当前通行要求而采用低标准。在运用平曲线半径时,应遵循的一般原则是:在地形条件许可时,要力求半径尽可能接近不设超高的最小半径,但是选用曲线半径时,最大半径值一般不应超过 10000 m。

2.1.2.4 圆曲线的最小长度

汽车在曲线线形的道路上行驶时,如果曲线很短,则驾驶员操作方向盘频繁而紧张,而且在高速行驶的情况下很危险。在平面设计中,公路圆曲线一般由前、后缓和曲线和中间圆曲线三段曲线组成。为便于驾驶操作和行车安全与舒适,汽车在任何一段线形上行驶的时间均不应短于 3 s,在曲线上需要 9 s 的行驶里程。如果中间圆曲线为零,形成凸形曲线,但凸形曲线与两回旋曲线衔接,则对行车不利,只有在受地形条件限制的山嘴或特殊困难情况下才可使用。因此,在平曲线设计中,圆曲线的最小长度一般要有 3 s 的行驶里程。

2.1.3　缓和曲线

缓和曲线是道路平面线形要素之一,它是设置在直线与圆曲线之间或半径相差较大的两个转向相同的圆曲线之间的一种曲率连续变化的曲线。在现代高速公路上,有时缓和曲线所占的比例超过了直线和圆曲线,成为平面线形的主要组成部分。缓和曲线具有如下作用。

(1)曲率连续变化,便于车辆遵循。

汽车在转弯行驶的过程中,存在一条曲率连续变化的曲线轨迹,无论车速高低,这条轨迹线都是客观存在的,它的形式和长度则随行驶速度、曲率半径和驾驶员转动方向盘的快慢而定。在低速行驶时,驾驶员尚可利用路面的富余宽度在一定程度上把汽车保持在车速范围之内,缓和曲线似乎没有必要。但在高速行驶时,汽车则有可能超越自己的车道驶出一条很长的过渡性的轨迹线。从安全的角度出发,有必要设置一条驾驶者易于遵循的路线,使车辆在进入或离开圆曲线时不致侵入邻近的车道。

(2)离心加速度逐渐变化,乘客感觉舒适。

汽车行驶在曲线上产生离心力,其大小与曲线的曲率成正比。汽车由直线驶入圆曲线或由圆曲线驶入直线,由于曲率的突变,乘客会有不舒适的感觉,所以应在曲率不同的两条曲线之间设置一条过渡性的曲线以缓和离心加速度的变化。

(3)超高横坡度及加宽逐渐变化,行车更加平顺。

行车道从直线上的双坡断面过渡到圆曲线上的单向坡面和从直线上的正常宽度过渡到圆曲线上的加宽宽度,一般情况下是在缓和曲线长度内完成的。为避免车辆在这一行驶过程中急剧地左右摇摆,并保证路容的美观,设置一定长度的缓和曲线是必要的。

(4)与圆曲线配合,使线形更加美观。

圆曲线与直线径相连接,在连接处曲率突变,在视觉上有不平顺的感觉。设置缓和曲线以后,线形连续、圆滑,使线形更加美观。同时从外观上看,缓和曲线与圆曲线配合可以使驾驶员感到安全。

2.1.3.1　缓和曲线的形式

通过对汽车等速行驶进行研究,汽车行驶轨迹的弧长与曲线的曲率半径的乘积为一常数。这一性质与数学上的回旋线正好相符。其基本公式:

$$rl = A^2 \tag{2-1}$$

式中　r——回旋线上某点的曲率半径,m;

　　　l——回旋线上某点到原点的曲线长,m;

　　　A——回旋线参数,m。

由于 rl 的单位是长度的二次方(m²),为使量纲一致,故令回旋线的常数 $C = A^2$。A 表征回旋线曲率变化的缓急程度。在回旋线的任一点上,r 是随 l 的变化而变化的,但在缓和曲线处,$l = L_s$,$r = R$,则 $RL_s = A^2$,即有:

$$A = \sqrt{RL_s} \tag{2-2}$$

式中　R——回旋线所连接的圆曲线半径,m;

　　　L_s——回旋线的缓和曲线长度,m。

缓和曲线的形式还有三次抛物线、双纽线、n 次抛物线、正弦形曲线、马克康奈尔曲线等。世界各国使用回旋线居多,《标准》推荐的缓和曲线也是回旋线。

2.1.3.2　缓和曲线最小长度影响因素

(1)乘客感觉舒适。

汽车在缓和曲线上行驶时,其离心加速度随缓和曲线曲率的变化而变化,如果变化过大,将会使乘客感受到横向冲击。

（2）超高渐变率适中。

由于在缓和曲线上设置有超高过渡段，如果过渡段太短，则会因路面急剧地由双坡变为单坡而形成一种扭曲的面，对行车和路容均不利。

《规范》规定了适中的超高渐变率，由此可导出计算过渡段最小长度的公式：

$$L_{s(min)} = \frac{B\Delta i}{p} \tag{2-3}$$

式中　B——旋转轴至行车道（设路缘带时为路缘带）外侧边缘的宽度，m；

　　　Δi——超高坡度与路拱坡度代数差，%；

　　　p——超高渐变率。

（3）行驶时间不可过短。

不管缓和曲线的参数如何，都不可使车辆在缓和曲线上的行驶时间过短，否则会使驾驶员操作不便，甚至造成驾驶操纵的慌张和忙乱。一般认为汽车在缓和曲线上的行驶时间至少应有 3 s。即

$$L_{s(min)} = \frac{v}{1.2} \tag{2-4}$$

考虑上述影响缓和曲线长度的各项因素，《标准》制定了各级公路缓和曲线的最小长度，如表 2-2 所示。

表 2-2　　　　　　　　　　　　　　　各级公路缓和曲线最小长度

设计速度/(km/h)		120	100	80	60	40	30	20
缓和曲线最小长度/m	一般值	130	120	100	80	50	40	25
	最小值	100	85	70	60	40	30	20

2.1.4　平面线形组合及桩号计算

2.1.4.1　平面线形的主要组合形式

（1）简单型：按"直线—圆曲线—直线"的顺序组合。

（2）基本型[图 2-3(a)]：按"直线—回旋线—圆曲线—回旋线—直线"的顺序组合。

（3）S形[图 2-3(b)]：两个反向圆曲线用缓和曲线连接的组合。

（4）卵形[图 2-3(c)]：用一个缓和曲线连接两个同向圆曲线的组合形式。

（5）凸形[图 2-3(d)]：在两个同向缓和曲线间不插入圆曲线而径向衔接的组合。

（6）复合型[图 2-3(e)]：两个以上同向缓和曲线间在曲率相等处相互连接的形式。

（7）C形[图 2-3(f)]：同向曲线的两个缓和曲线在曲率为零处径向衔接的组合形式。

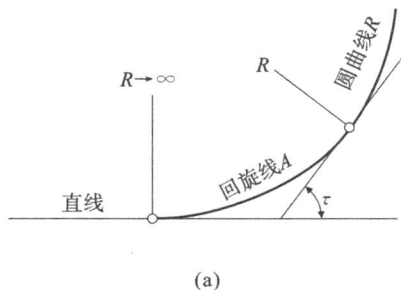

(a)

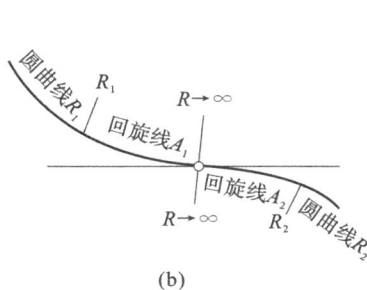

(b)

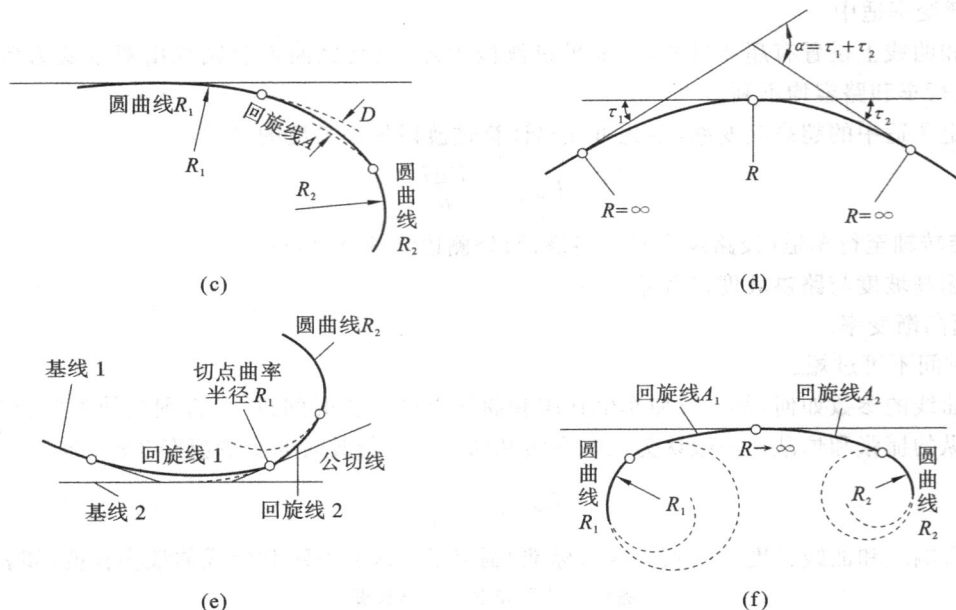

图 2-3 线形组合方式

(a) 基本型;(b) S形;(c) 卵形;(d) 凸形;(e) 复合型;(f) C形

2.1.4.2 简单型线形组合的桩号计算

(1)计算图示如图 2-4 所示。

公路路线的转折点称为交点,常用 JD 表示,公路项目工程中由于路线走向,会有多个交点,通常按从路线起点到路线终点的顺序,用 JD1,JD2,JD3,…,JDn 来表示。

路线转角简称偏角或转角,是指路线由一个方向偏向另一个方向时,偏转后的方向与原方向的夹角,以 α 表示。偏转后的方向位于原方向左侧时,称为左偏角;位于原方向右侧时,称为右偏角,图 2-4 所示为右偏角。

曲线要素的计算,见式(2-5)~式(2-8)。

切线长:

$$T = R \cdot \tan\frac{\alpha}{2} \tag{2-5}$$

曲线长:

$$L = \frac{\pi}{180°}\alpha R \tag{2-6}$$

外距:

$$E = R\left(\sec\frac{\alpha}{2} - 1\right) \tag{2-7}$$

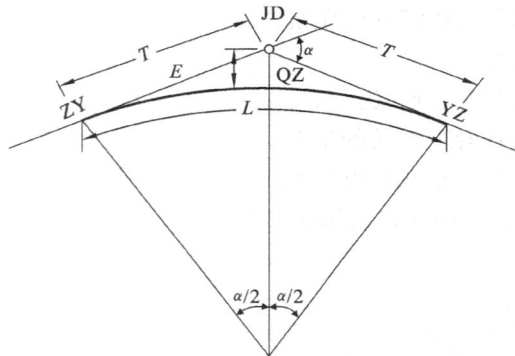

图 2-4 "直线—圆曲线—直线"线形组合

切曲差:

$$J = 2T - L \tag{2-8}$$

式中 T——切线长,m;

L——曲线长,m;

E——外距,m;

J——切曲差(或校正值),m;

R——圆曲线半径,m;

α——转角,(°)。

(2)桩号的计算。

【例 2-1】 已知 JD42 的里程桩号为 K14+530.652,设计曲线半径为 218 m,转角 $\alpha_{右}=40°15'09.9''$,求曲线参数:切线长 T,曲线长 L,外距 E,切曲差 J 及直圆点、曲中点、圆直点主点里程,并校核。

【解】 根据已知及式(2-5)~式(2-8),可得:

切线长:

$$T=R \cdot \tan\frac{\alpha_{右}}{2}=79.890(\text{m})$$

曲线长:

$$L=\frac{\pi}{180°}\alpha_{右}\times R=153.154(\text{m})$$

外距:

$$E=R\times\left(\sec\frac{\alpha_{右}}{2}-1\right)=14.178(\text{m})$$

切曲差:

$$J=2T-L=6.627(\text{m})$$

	JD42	K14+530.652
一)	T	79.890
	ZY	K14+450.762
+)	L	153.154
	YZ	K14+603.916
一)	$L/2$	153.154/2
	QZ	K14+527.339
+)	$J/2$	6.627/2
校核无误		K14+530.652

2.1.4.3 基本型线形组合的桩号计算

(1)曲线要素计算如图 2-5 所示。

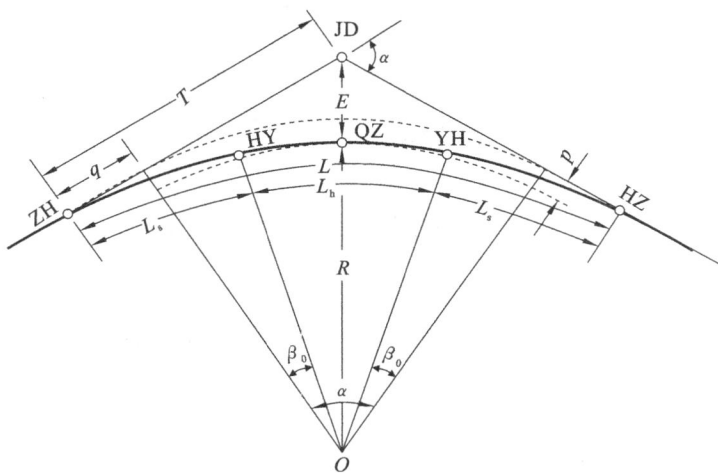

图 2-5 基本型线形组合

曲线要素的计算,见式(2-9)~式(2-15)。

切线角:

$$\beta_0=\frac{L_s}{2R}\times\frac{180°}{\pi} \tag{2-9}$$

切线增量：

$$q = \frac{L_s}{2} \tag{2-10}$$

内移值：

$$p = \frac{L_s^2}{24R} \tag{2-11}$$

切线长：

$$T_h = (R+p)\tan\frac{\alpha}{2} + q \tag{2-12}$$

曲线长：

$$L_h = (\alpha - 2\beta_0)\frac{\pi}{180°}R + 2L_s = \alpha R \frac{\pi}{180°} + L_s \tag{2-13}$$

外距：

$$E_h = (R+p)\sec\frac{\alpha}{2} - R \tag{2-14}$$

切曲差：

$$J_h = 2T_h - L_h \tag{2-15}$$

（2）桩号计算。

【例 2-2】 已知 JD42 的里程桩号为 K14＋530.652，设计曲线半径为 218 m，缓和曲线长 50 m，转角 $\alpha_{右} = 40°15'09.9''$，求曲线参数：切线角 β_0，切线增量 q，内移值 p，切线长 T_h，曲线长 L_h，外距 E_h，切曲差 J_h 及直缓点、缓圆点、曲中点、圆缓点、缓直点主点里程，并校核（见附录 1、附录 2）。

【解】 根据已知及式（2-9）~式（2-15），可得：

切线角：

$$\beta_0 = \frac{L_s}{2R} \times \frac{180°}{\pi} = 6°34'14.22''$$

切线增量：

$$q = \frac{L_s}{2} = 25(\text{m})$$

内移值：

$$p = \frac{L_s^2}{24R} = 0.478(\text{m})$$

切线长：

$$T_h = (R+p)\tan\frac{\alpha_{右}}{2} + q = 105.066(\text{m})$$

曲线长：

$$L_h = (\alpha_{右} - 2\beta_0)\frac{\pi}{180°}R + 2L_s = 203.154(\text{m})$$

圆曲线长：

$$L_y = (\alpha_{右} - 2\beta_0)\frac{\pi}{180°}R = 103.154(\text{m})$$

外距：

$$E_h = (R+p)\sec\frac{\alpha_{右}}{2} - R = 14.687(\text{m})$$

切曲差：

$$J_h = 2T_h - L_h = 6.977(\text{m})$$

桩号计算：

	JD42	K14+530.652
一）	T_h	105.066
	ZH	K14+425.586
＋）	L_s	50
	HY	K14+475.586
＋）	L_y	103.154
	YH	K14+578.740
＋）	L_s	50
	HZ	K14+628.740
一）	$L_\mathrm{h}/2$	203.154/2
	QZ	K14+527.163
＋）	$J_\mathrm{h}/2$	6.977/2
校核无误		K14+530.652

2.2　公路纵断面　>>>

　　沿着道路中线竖直剖切然后展开即为路线纵断面。由于自然因素的影响以及经济性要求,路线纵断面总是一条有起伏的空间线,在纵断面图上有两条主要的线:一条是地面线,它是根据中线上各桩点的高程面点绘的一条不规则的折线,反映了沿着中线地面的起伏变化情况;另一条是设计线,它是设计人员经过技术、经济以及美学等多方面比较后定出的一条具有规则形状的几何线,反映了道路路线的起伏变化情况。纵断面图是道路纵断面设计的主要成果,也是道路设计的技术文件之一。把道路的纵断面图(见右侧二维码中内容)与平面图结合起来,就能准确地定出道路的空间位置。

2.2.1　纵断面图标高

　　纵断面设计线是由直线和竖曲线组成的。直线(均匀坡度线)有上坡和下坡,是用坡度和水平长度表示的。在直线的坡度转折处,为平顺过渡,要设置竖曲线,按坡度转折形式的不同,竖曲线有凹有凸,其大小用半径和水平长度表示。

　　路线纵断面图上的设计标高,即路基设计标高,《规范》规定如下。

　　(1) 新建公路的路基设计标高。

　　高速公路和一级公路采用中央分隔带的外侧边缘标高,二、三、四级公路采用路基边缘标高,在设置超高、加宽的路段,通常采用设超高、加宽前,该处的路基边缘标高。

　　(2) 改建公路的路基设计标高。

　　一般按新建公路的规定办理,也可视具体情况而采用行车道中线处的标高。

2.2.2　坡度与坡长的定义

　　坡度是变坡点高程差与相邻变坡点水平距离的比值,坡长是指两变坡点的水平距离,见式(2-16):

某公路纵断面
设计图

$$i=\frac{\Delta h}{L} \tag{2-16}$$

式中　i——坡度,%;

　　　Δh——相邻变坡点高程差,m;

　　　L——相邻变坡点水平距离,m。

根据公式,无法分辨出上坡和下坡,所以通常认为上坡为正值,下坡为负值。

2.2.3　最大纵坡

最大纵坡是指在纵坡设计中,各级道路允许采用的最大坡度值,它是道路纵断面设计的重要控制指标。在地形起伏较大地区,其直接影响路线的长短、使用质量、运行成本及造价。

各级道路允许的最大纵坡是根据汽车的动力特性、公路等级、自然条件以及工程和运营经济等因素,通过综合分析,全面考虑,合理确定的。

(1)汽车的动力特性。

不同类型的车辆具有不同的动力特性和制动性能,其上坡时的爬坡能力和下坡时的制动效能也各不相同。按照道路上行驶的车辆类型及其所具有的动力特性来确定汽车在规定速度下的爬坡能力和下坡的安全性,是确定道路最大纵坡的常用方法。

(2)公路等级。

不同的公路等级对应于不同的设计速度,等级高时通行能力强,要求的行车速度也快,相应地其纵坡要求小。因而不同等级、性质的公路,其最大纵坡的限制值也不一样。在确定最大纵坡时,必须把保证各等级公路具有规定的设计速度作为前提。

(3)自然条件。

公路所经地区的地形起伏情况、海拔高度、气温、降雨、冰雪等自然因素对汽车的行驶条件和爬坡能力都会产生影响,处于长期冰冻地区的道路就必须避免采用陡坡,以防止行车下滑等不安全因素的产生。

确定最大纵坡时,不仅要考虑上述三方面因素,还要考虑工程和运营的经济性等。

2.2.4　最小纵坡

在挖方路段、设置边沟的低填方路段和其他横向排水不畅的路段,为了保证排水,防止水渗入路基而影响路基的稳定性,应设置不小于 0.3% 的纵坡(一般情况下以不小于 0.5% 为宜)。当然,对于干旱地区,以及横向排水良好、不产生路面积水的路段,也可不受此最小纵坡的限制。

2.2.5　坡长限制

若纵断面上变坡点过多,从行车来看,纵向起伏变化频繁,会使车辆行驶频繁颠簸,车速越高表现越明显,会影响行车的舒适和安全;从线形几何构成来看,相邻边坡点之间的距离不宜过短,最短应不小于相邻竖曲线的切线长,以便插入适当的竖曲线来缓和纵坡的要求,这也是平、纵面线形的合理组合与布置。因此,从行车的平顺性和线形几何的连续性考虑,纵坡都不宜过短。各级公路最小坡长可参照表 2-3。

表 2-3　　　　　　　　　　　　　　**各级公路最小坡长**

设计速度/(km/h)	120	100	80	60	40	30	20
最小坡长/m	300	250	200	150	120	100	60

坡长太短,对行车不利,而长距离的陡坡对汽车行驶也很不利。特别是当纵坡坡度为 5% 以上时,汽车上坡为克服坡度阻力,采用低速挡行驶。坡长过长,长时间使用低速挡行驶,使发动机过热,水箱沸腾,行驶无力;而下坡时,则因坡度过陡、坡段过长,频繁制动,影响行车安全。在高速公路以及快慢车混合行驶的公路上,坡度过大、坡长过长会影响行车速度和通行能力,因此也必须对纵坡长度加以限制,可参照表 2-4。

表 2-4　　　　　　　　　　　各级公路纵坡长度限制　　　　　　　　　（单位：m）

设计速度/(km/h)		120	100	80	60	40	30	20
纵坡坡度/%	3	900	1000	1100	1200			
	4	700	800	900	1000	1100	1100	1200
	5		600	700	800	900	900	1000
	6			500	600	700	700	800
	7					500	500	600
	8					300	300	400
	9							500
	10							200

2.2.6　平均纵坡

在进行路线纵坡设计时，若地形困难、高差很大，设计时可能不断交替地运用最大纵坡和缓和坡段，形成所谓的"台阶式"纵断面，不能保证使用质量。汽车在这样的坡段上行驶，上坡会长时间地使用二挡，造成发动机长时间发热，导致车辆水箱沸满，下坡则频繁制动，驾驶员紧张驾驶，也易引起不良后果。因此有必要从行车舒适和安全的角度来控制纵坡平均值，这样既可保证路线的平均纵坡不致过陡，也可以避免局部地段使用过大的平均纵坡。

为了合理地运用最大纵坡、坡长限制和缓和坡段的规定，保证纵坡均衡匀顺，确保行车安全和舒适，《标准》规定：二级、三级、四级公路越岭路线相对高差为 200～500 m 时，平均纵坡以接近5.5%为宜；越岭路段相对高差大于 500 m 时，平均纵坡以接近 5.0% 为宜，并注意任何相连 3 km 路段的平均纵坡不宜大于5.5%。平均纵坡计算见式（2-17）：

$$i_{\mathrm{p}} = \frac{H}{L} \qquad (2\text{-}17)$$

式中　　H——相对高差，m；

　　　　L——路线长度，m。

2.2.7　合成坡度

合成坡度是指在设有超高的平曲线上，路线纵坡与超高横坡所组成的坡度，如图 2-6 所示。合成坡度按照式（2-18）计算：

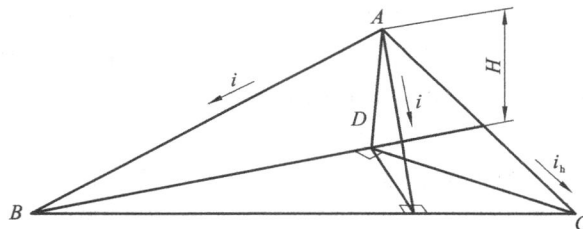

图 2-6　合成坡度

$$I = \sqrt{i^2 + i_{\mathrm{h}}^2} \qquad (2\text{-}18)$$

式中　　I——合成坡度；

　　　　i——路线纵坡度；

　　　　i_{h}——超高横坡度。

实践证明，合成坡度对于控制急弯和陡坡组合的路段纵坡设计是非常必要的。在条件许可时，以采用较小的合成坡度为宜。

《标准》规定：在没有超高的平曲线上，超高与纵坡的合成坡度值不得超过表 2-5 的规定。在积雪成冰地区，合成坡度值不应大于 8%。

表 2-5　　　　　　　　　　　各级公路的合成坡度值

设计速度/(km/h)	120	100	80	60	40	30	20
合成坡度/%	10.0	10.0	10.5	10.0	10.0	10.0	10.0

2.2.8 竖曲线设计及计算

(1)竖曲线的定义。

纵断面上两坡段的转折处,为了满足行车安全、舒适以及视距的要求,需要用一段曲线缓和,称为竖曲线,如图 2-7 所示。竖曲线的线形有用圆曲线的,也有用抛物线的。通常在公路使用范围内,圆曲线和抛物线几乎没有差别,但是在设计和计算上,抛物线则比圆曲线方便得多,因此设计上一般采用二次抛物线作为竖曲线。

取坐标系如图 2-7 所示,设变坡点相邻两直坡段坡度分别为 i_1 和 i_2,它们的代数差用 ω 表示,称为变坡角。$\omega = i_2 - i_1$,ω 为"+"时,表示凹形竖曲线,ω 为"-"时,表示凸形竖曲线。

(2)竖曲线的最小半径和最小长度。

在纵断面设计中,竖曲线的设计受众多因素影响,其中有三个主要因素限制着竖曲线的最小半径和最小长度。

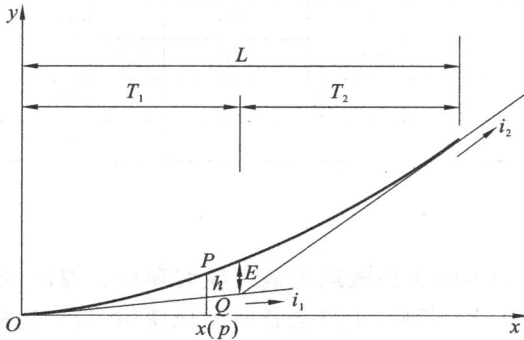

图 2-7 竖曲线示意图

① 缓和冲击。汽车行驶在竖曲线上时,产生径向离心力。这个力在凹形竖曲线上是增重,在凸形竖曲线上是减重。这种增重与减重达到某种程度时,乘客就会有不舒适的感觉,同时对汽车的悬挂系统也有不利影响,所以在确定竖曲线半径时,对离心加速度应加以控制。

② 时间行程不可过短。汽车从直坡道行驶到竖曲线上,尽管竖曲线半径较大,但当坡角很小时,竖曲线长度也很短。如长度过短,汽车速度快,驾驶员容易产生变坡很急的错觉,乘客也会感到不舒适。因此,汽车在竖曲线上的行程时间不可过短,最短应满足 3 s。

③ 满足视距的要求。汽车行驶在竖曲线上,若为凸形竖曲线,当半径太小时,会阻挡驾驶员的视线。若汽车行驶在凹形竖曲线上,也同样存在视距问题。对地形起伏较大地区的道路,在夜间行车时,若竖曲线半径过小,前灯照射距离近,影响行车速度和安全;高速公路及城市道路路线桥、门式交通标志及广告宣传牌等,如果它们正好处在凹形竖曲线上方,也会影响驾驶员的视线。因此为了保证行车安全,对竖曲线的最小半径和最小长度应加以限制。

《规范》规定的凸形、凹形竖曲线最小半径和最小长度如表 2-6 所示。

表 2-6

竖曲线最小半径和最小长度

设计速度/(km/h)	120	100	80	60	40	30	20
凸形竖曲线最小半径/m	11000	6500	3000	1400	450	250	100
凹形竖曲线最小半径/m	4000	3000	2000	1000	450	250	100
竖曲线最小长度/m	100	85	70	50	35	25	20

(3)竖曲线要素计算。

由于设计上采用二次抛物线作为竖曲线,所以曲线要素计算,可按式(2-19)～式(2-24)进行。

竖曲线长:

$$L = R\omega \tag{2-19}$$

切线长:

$$T_1 = T_2 = \frac{L}{2} \tag{2-20}$$

P 点高程可按以下步骤计算。

Q 点高程:

$$Q\text{ 点高程} = x \cdot i_1 \tag{2-21}$$

竖曲线任意一点竖距:

$$h = \frac{x^2}{2R} \tag{2-22}$$

竖曲线外距：

$$E = \frac{T^2}{2R} \tag{2-23}$$

综上可得 P 点高程：

$$P\ 点高程 = Q\ 点高程 + h \tag{2-24}$$

（4）纵断面高程计算。

【例 2-3】 已知吉林省某二级公路桩号 K15＋106 为变坡点，标高为 408.91 m，小桩号侧坡度为 1.014％，大桩号侧坡度为 1.054％，设计曲线半径为 150000 m，求竖曲线长、切线长、竖曲线外距、竖曲线起止桩号，并计算桩号为 K15＋100 高程（见附录 3）。

【解】 由题意可知，$i_1 = 0.01014$，$i_2 = 0.01054$，而 $\omega = i_2 - i_1 = 0.0004$，为正值，所以竖曲线为凹曲线。

竖曲线长：

$$L = R\omega = 60 (m)$$

切线长：

$$T_1 = T_2 = \frac{L}{2} = 30 (m)$$

竖曲线外矩：

$$E = \frac{T^2}{2R} = 0.003 (m)$$

所以竖曲线的起点为 K15＋076，终点为 K15＋136。

根据式（2-22）可知，$x = 24$，所以

$$h = \frac{x^2}{2R} = 0.002 (m)$$

$$H_{K15+100} = 408.91 - 6 \times 0.01014 + 0.002 = 408.851 (m)$$

思政案例 ①

案例背景：

瑞丽至孟连高速公路 SJ-2 标段，设计速度 80 km/h，路基宽 25.5 m，双向四车道，里程 49.936 km，桥隧占比约为 80％。路线里程 K122＋540～K122＋835 段地形起伏较大，最大埋深 66.6 m，地形起伏较大，地表植被较发育，建设用地性质主要为基本农田、林地，附近有乡村公路通过，交通较为便利。

方案：

采用两种方案通过该路段。

方案一：隧道通过

方案二：大开挖路堑通过

方案比选：

结合建设期间的工程造价、技术复杂程度及环境效益等三个方面进行综合分析，见表 2-7。

表 2-7　　　　　　　　　　　　　　　　**方案比较**

方案	造价/万元	技术复杂程度	对环境影响
隧道	5713	比较复杂	较小
路堑	5502	相对简单	较大

① 本案例数据来源为：孟定宇，王晓俊. 山区高速公路短隧道与深路堑方案研究[J]. 黑龙江交通科技，2023（5）：14-17.

比选结果:

综合各因素后,考虑采用隧道通过。

【思政要点】

深路堑破坏自然环境,而隧道造价高,从保护环境的角度和可持续发展的角度来说,选择隧道是有利的,工程不能一味追求低造价,而忽略环境与可持续发展问题。

知识归纳

> (1)平面线形是由直线、圆曲线、缓和曲线构成的,称其为平面线形三要素。
>
> (2)里程桩号的计算分为简单型线形组合的桩号计算、基本型线形组合的桩号计算等。
>
> (3)总结纵断面图标高,坡度与坡长的定义,坡度、坡长的规定。
>
> (4)竖曲线高程的计算包括竖曲线长、切线长、竖曲线外距等。

独立思考

2-1 简述平面线形三要素及各自的特点。

2-2 已知某二级公路曲线交点里程桩号是 K9+400.00,$\alpha_右$为33°22′15″,缓和曲线长为70 m,设计半径 R 为1000 m,求曲线要素及主点里程桩号。

2-3 简述合成坡度的概念及意义。

2-4 已知 K7+360 桩号设计高程为150.667,该点坡度为 4%(该点无竖曲线),变坡点桩号为 K7+700,坡度为 8%,曲线半径为 15000 m,求 K7+350、K7+550、K7+700、K8+050 桩号的设计高程。

思考题答案

参考文献

[1] 张志清.道路勘测设计.4版.北京:科学出版社,2022.

[2] 凌天清.道路工程.4版.北京:人民交通出版社股份有限公司,2019.

[3] 秦建平.道路工程.3版.武汉:武汉理工大学出版社,2013.

[4] 孙吉书.道路工程.北京:中国建材工业出版社,2020.

[5] 中华人民共和国交通运输部.公路路线设计规范:JTG D20—2017.北京:人民交通出版社股份有限公司,2017.

3

公 路 路 基

课前导读

▽ **内容提要**

本章主要内容包括公路横断面类型及组成，行车道的加宽过渡方式，路拱的概念及道路超高过渡形式，路基横断面成果及土石方调配，路基排水设施，路基的防护工程，路基施工及工程量的计算。

本章的重点为道路的加宽及超高，土石方调配和路基施工；难点为土石方调配及路基施工。

▽ **能力要求**

通过对本章的学习，学生应能够进行土石方调配，掌握路基施工要领。

▽ **数字资源**

5分钟看完本章

3.1 公路横断面类型 >>>

公路横断面的组成和各部分的尺寸要根据设计交通量、交通组成、设计速度、地形条件等因素综合确定。在保证公路通行能力、交通安全与畅通的前提下，尽量做到用地省、投资少，使公路发挥其最大的经济效益与社会效益。

（1）路基填挖方形式。

路基填挖方分为路堤（填方路基）、路堑（挖方路基）和半填半挖路基三种形式，如图3-1所示。

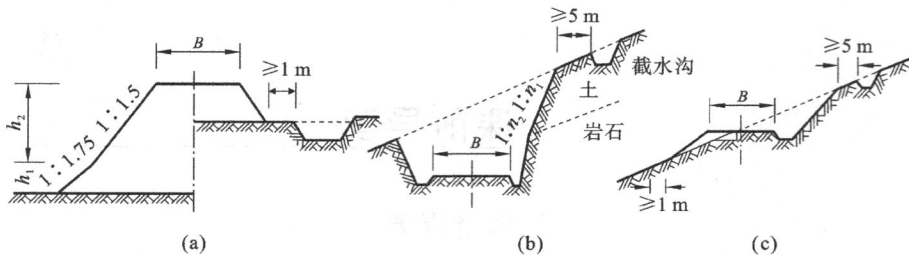

图3-1　路基填挖方形式

（a）路堤（填方路基）；（b）路堑（挖方路基）；（c）半填半挖路基

对于等级高、交通量大的公路（如高速公路、一级公路），通常是将上、下行车辆分开。分隔的方式有两种：一种是相同高程道路用分隔带分隔，另一种是将上、下行车道放在不同的平面上分隔。前者称为整体式断面，后者称为分离式断面。整体式断面包括行车道、中间带、路肩以及紧急停车带、爬坡车道、避险车道、变速车道等组成部分，而分离式断面不包括中间带。不设分隔带的整体式断面（如二级、三级、四级公路）包括行车道、路肩以及错车道等组成部分。公路在直线段和小半径平曲线段路基宽度不同，在小半径平曲线段上，路基宽度还包括行车道加宽的宽度。公路横断面组成图如图3-2所示。

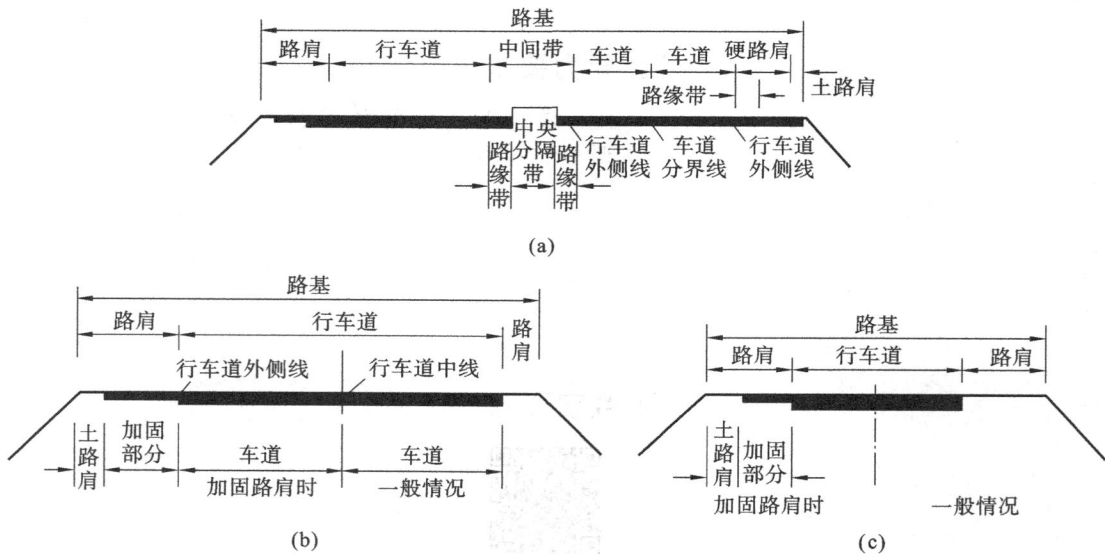

图3-2　公路横断面组成图

（a）高速公路、一级公路路基标准横断面；（b）二级、三级公路路基标准横断面；（c）四级公路路基横断面

（2）横断面类型。

① 单幅双车道。单幅双车道公路是指整体式供双向行车的双车道公路。在我国公路总里程中双车道占的比重大，适用于二级、三级公路和一部分四级公路。这类公路适应的交通量范围大，最高达 15000 辆小客车/昼夜，设计速度范围为 20～80 km/h。在这种公路上行车，只要机动车各行其道、视距良好，车速一般不会受影响；但当交通量大、非机动车多、视距条件较差时，其车速和通行能力则降低较多。所以对混合行驶、相互干扰较大的路段，可设专用非机动车道和人行道，与机动车分离行驶。

② 双幅多车道。双幅多车道是指设中央分隔带的或分离的四车道及其以上多车道公路。有些分离式路基为利用地形或处于风景区等，甚至做成两条独立的单向行车公路，如图 3-3 所示，此类公路车速高、通行能力大，每条车道能担负的交通量比一条双车道公路还多，且行车顺畅、事故率低，但造价高，适用于高速公路和一级公路。

③ 单车道。交通量小、地形复杂、工程艰巨的山区公路或地方道路采用错车道的单车道公路，这种情况适用于地形复杂的四级公路。此类公路造价低，但适应的交通量小、车速低。为满足错车的需要，应在不大于 300 m 的距离内选择有利地点设置错车道，如图 3-4 所示，使驾驶员能看到相邻错车道之间的车辆。错车道处的路基宽度不小于 6.5 m，有效长度不小于 20 m。

图 3-3 两条独立的单向行车公路

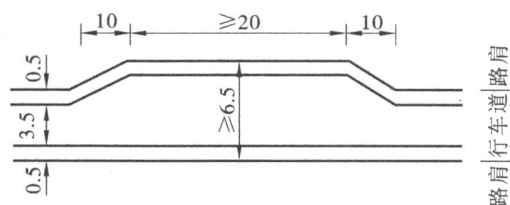

图 3-4 错车道布置示意图（单位：m）

3.2 公路横断面组成 >>>

3.2.1 行车道

行车道是指专为纵向排列、安全顺适地通行车辆而设置的公路带状部分。所谓行车道宽度，是为了交通上的安全和行车上的顺适，根据汽车大小、车速高低而确定的各种车辆以不同速度行驶时所需的宽度。行车道的宽度要根据车辆最大宽度，加上错车、超车所必需的余宽来确定。

高速公路和一级公路有四条以上的车道，用中央分隔带将上、下行车辆分开或做成分离式路基，每一侧再分出快车道和慢车道。《标准》中每条行车道宽度如表 3-1 所示。

表 3-1   行车道宽度

设计速度/(km/h)	120	100	80	60	40	30	20
行车道宽度/m	3.75	3.75	3.75	3.5	3.5	3.25	3.00(单车道时为3.5)

注：高速公路为八车道，当设置左侧硬路肩时，内侧车道宽度可采用 3.5 m。

3.2.2 路肩

路肩是位于行车道外缘至路基边缘,具有一定宽度的带状结构部分。路肩通常由硬路肩(高速公路和一级公路设置)、土路肩组成。各级公路都要设置土路肩。

3.2.2.1 路肩的作用

(1) 供发生故障的车辆临时停车。

(2) 由于路肩紧靠在路面的两侧设置,故可以保护行车道等主要结构的稳定。

(3) 提供侧向余宽,能增加驾驶的安全性和舒适感。

(4) 作为道路养护操作的工作场地。

(5) 为设置路上设施提供位置。

(6) 对未设人行道的道路,可供行人及非机动车等使用。

(7) 在不损坏公路结构的前提下,也可作为埋设地下设施的位置。

(8) 挖方路段,可增加弯道视距。

(9) 精心养护的路肩可使公路美观。

(10) 有的国家将较宽的硬路肩作为警察的临时专用道。

3.2.2.2 硬路肩

硬路肩是指经过铺装的路肩,它可以承受汽车荷载的作用力,在混合交通的公路上便于非机动车、行人通行。在填方路段,为使路肩能汇集路面积水,在路肩边缘应设置路缘石。

3.2.2.3 土路肩

土路肩是指不加铺装的土质路肩,它起保护路面和路基的作用。

考虑我国土地的利用情况和路肩的功能,在满足路肩功能最低需要的条件下,原则上尽量采用较窄的路肩,充分挖掘路肩的作用。各级公路路肩宽度如表 3-2 所示。

表 3-2　　　　　　　　　　　　　　　　　　各级公路路肩宽度

设计速度/(km/h)		高速公路、一级公路				二级、三级、四级公路				
		120	100	80	60	80	60	40	30	20
右侧硬路肩宽度/m	一般值	3.50	3.00	2.50	2.50	1.50	0.75	—	—	—
	最小值	3.00	2.50	1.50	1.50	0.75	0.25			
土路肩宽度/m	一般值	0.75	0.75	0.75	0.50	0.75	0.75	0.75	0.50	0.25 (双车道)
	最小值	0.75	0.75	0.75	0.50	0.50	0.50			0.50 (单车道)

注:"一般值"为正常情况下采用的值;"最小值"为条件受限时,经技术经济论证后采用的值。

中央分隔带图

3.2.3 中间带

高速公路和一级公路的设计速度较高且车道较多,不设中间带难以保证行车安全,也难以保证该等级道路的应有功能。《标准》规定,高速公路和一级公路整体式断面必须设置中间带。中间带由两侧路缘带和中央分隔带组成,如图 3-5 所示。

中间带的作用如下:

(1) 分离往返车流。

(2) 可作为设置公路标识牌及其他交通管理设施的场地,也可作为行人的安全岛。

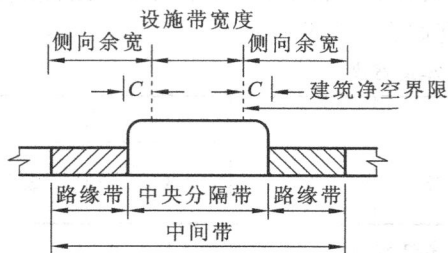

图 3-5　中间带组成

（3）设置一定宽度的中间带并种植花草灌木或设置防眩网，可防止对向车辆灯光炫目，还可起到美化路容和环境的作用。

（4）设于分隔带两侧的路缘带，由于有一定宽度且颜色醒目，既引导了驾驶员视线，又增加了行车所必需的侧向余宽，从而提高行车的安全性和舒适性。

（5）可以防止在不分离的多车道公路上因认错对向车道而引起的交通事故。

（6）可以避免车辆中途掉头，消灭紊乱车流，减少交通事故。

宽中间带的作用明显，但投资和占地多，不宜采用，原则上我国均采用窄的分隔带，构造上高出车道表面，分隔带一般用路缘石围砌，高出路面10～20 cm。中间带宽度规定如表3-3所示。

表 3-3 中间带宽度

设计速度/(km/h)		120	100	80	60
中央分隔带宽度/m	一般值	3.00	2.00	2.00	2.00
	最小值	2.00	2.00	1.00	1.00
左侧路缘带宽度/m	一般值	0.75	0.75	0.50	0.50
	最小值	0.75	0.50	0.50	0.50
中间带宽度/m	一般值	4.50	3.50	3.00	3.00
	最小值	3.50	3.50	2.00	2.00

注："一般值"为正常情况下采用的值；"最小值"为条件受限制时，经技术经济论证后采用的值。

3.2.4 路缘带

路缘带是路肩或中间带的组成部分，与行车道连接，用行车道的外侧标线或不同的路面颜色来表示。路缘带主要起诱导驾驶员视线和分组侧向余宽的作用，以利于行车安全。

3.2.5 路缘石

路缘石是设置在路面与其他构造物之间的标石。在分隔带与路面之间、人行道与路面之间一般都需要设置路缘石。路缘石的形状有立式、斜式和曲线式等几种，如图3-6所示。

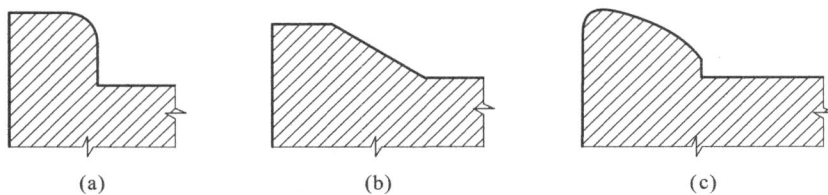

图 3-6 路缘石的形状

（a）立式；（b）斜式；（c）曲线式

高速公路和一级公路中央分隔带上的路缘石起导向、连接和便于排水的作用，但高度不宜太高，如果路缘石较高（大于 20 cm），当高速行驶的汽车撞上路缘石时，将导致汽车飞跃甚至翻车。因此，高速公路的分隔带因排水必须设置路缘石时，应使用低矮、光滑的斜式或曲线式的路缘石，高度宜小于 12 cm。

3.3 行车道加宽 >>>

《规范》规定，平曲线半径小于或等于 250 m 时，应在平曲线内侧加宽。双车道路面的加宽值，四级公路和山岭重丘区的三级公路采用第1类加宽值,其余各级公路采用第3类加宽值;对不经常通行集装箱运输半挂车的公路,可采用第2类加宽值。加宽值参考表3-4。

单车道公路路面加宽值按表3-4所示数值折半。由三条以上车道组成的行车道,其路面的加宽值应另行计算。对于分道行驶的公路,若平曲线半径较小,则其内侧车道的加宽值应大于外侧车道的加宽值,设计时应通过计算确定其差值。

表3-4　　　　　　　　　　　　　　　　　　　**平曲线的加宽值**　　　　　　　　　　　　　　　　　(单位:m)

加宽类别	汽车轴距加前悬	平曲线半径								
		200~250	150~200	100~150	70~100	50~70	30~50	25~30	20~25	15~25
1	5	0.4	0.6	0.8	1.0	1.2	1.4	1.8	2.2	2.5
2	8	0.6	0.75	0.9	1.2	1.5	2.0	—	—	—
3	5.2+8.8	0.8	1.0	1.5	2.0	2.5	—	—	—	—

3.3.1　加宽缓和段及其长度

一般在弯道内侧圆曲线范围内设置全加宽。为了使路面和路基均匀变化,设置一段从加宽值为零逐渐加宽到全加宽的过渡段,称为加宽缓和段。设置回旋线或超高缓和段时,加宽缓和段的长度应采用与回旋线或超高缓和段长度相同的数值。不设置回旋线或超高缓和段时,加宽缓和段长度应按渐变率为1:15且不小于10 m的要求设置。

3.3.2　加宽过渡的设置方法

根据道路性质和等级,加宽过渡的设置可采用不同的方法。

3.3.2.1　按比例过渡

在加宽缓和段全长范围内按其长度成比例逐渐加宽,如图3-7所示。加宽缓和段内任意点的加宽值按式(3-1)计算:

$$b_x = \frac{L_x}{L} b \tag{3-1}$$

式中　L_x——任意点距过渡段起点的距离,m;

　　　L——加宽过渡段长,m;

　　　b——圆曲线上的全加宽,m。

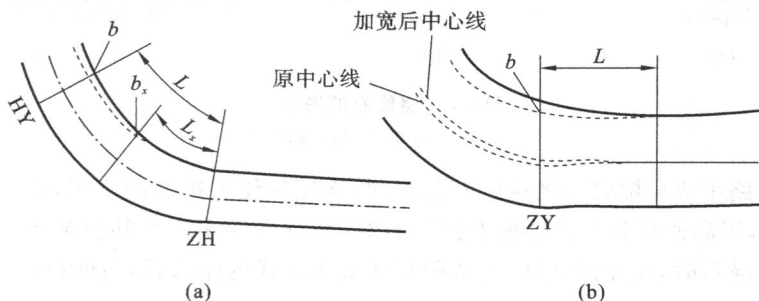

图3-7　加宽过渡的设置
(a)设缓和曲线的加宽过渡;(b)不设缓和曲线的加宽过渡

按比例过渡简单易操作,但经加宽以后的路面内侧与行车轨迹不符,缓和段的起点、终点出现破折,路容也不美观。这种方法可用于二级、三级、四级公路。

3.3.2.2　高次抛物线过渡

高速公路、一级公路以及对路容要求较高的二级公路,设置加宽缓和段时,为使路面加宽后的边缘线圆滑、顺适,一般情况下应采用高次抛物线的形式过渡。即采用式(3-2)计算加宽缓和段上任意一点的加宽值:

$$b_x = (4k^3 - 3k^4)b \tag{3-2}$$

式中,$k = \dfrac{L_y}{L}$。

除上述加宽方法外,常用加宽方法还有回旋线过渡、二次抛物线过渡等。

3.4　路拱及超高　>>>

3.4.1　路拱及路肩的横坡度

为了利于路面横向排水,将路面做成由中央向两侧倾斜的拱形,称为路拱,其倾斜的大小以百分率表示。路拱对排水有利但对行车不利。路拱坡度所产生的水平分力增加了行车的不平稳程度,同时给乘客以不舒适的感觉。当车辆在有水或潮湿的路面上制动时,还会增加侧向滑移的危险。为此,对路拱大小的采用及形状的设计应兼顾两方面的影响。对于不同类型的路面,由于其表面的平整度和透水性不同,再考虑当地的自然条件选用不同的路拱坡度,一般取 1.5%～3.0%。

高速公路和一级公路由于路面较宽,迅速排除路面降水尤为重要,一般采用 2% 的路拱横坡。分离式路基,一般可采用单向横坡,向路基外侧倾斜。但在积雪冻融地区,应设置双向路拱。

路拱的形式有抛物线形、直线形、直线抛物线形、折线形等(图 3-8)。土路基的排水性能远低于路面,其横坡度较路面宜增大 0.5%～2.0%。直线段硬路肩视具体情况(材料、宽度)可与路面采用同一横坡度,也可稍大于路面。曲线路段的路肩横坡应设置向外倾斜的坡度。曲线内、外侧路肩坡度一般与直线段保持一致。

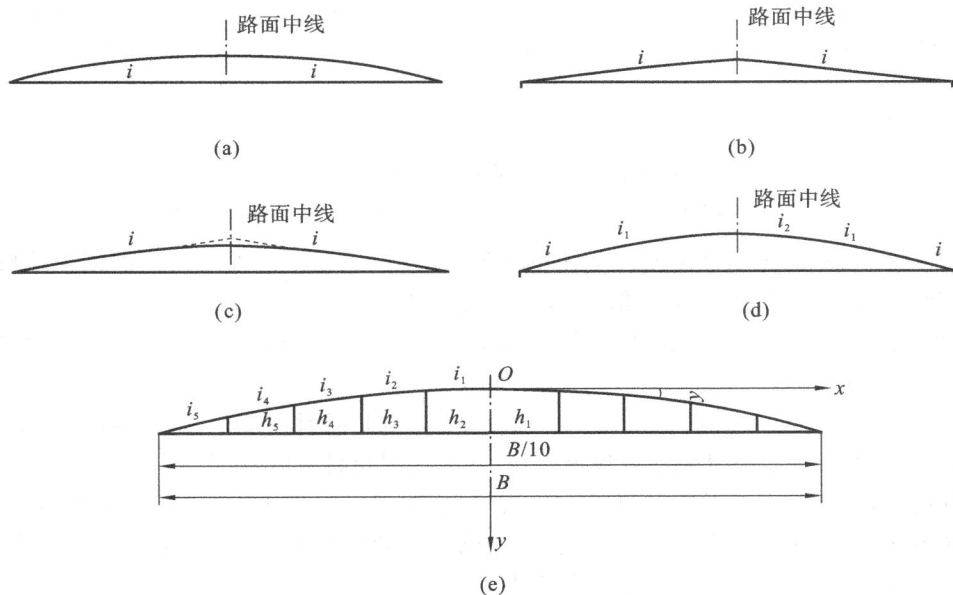

图 3-8　路拱示意图

(a)、(e) 抛物线形;(b) 直线形;(c) 直线抛物线形;(d) 折线形

人行道横坡宜采用单面坡,坡度为 1%～2%,向雨水水流方向倾斜。路缘带横坡与路面相同。

3.4.2 道路超高

3.4.2.1 超高及其作用

为抵消或减小车辆在曲线路段上行驶时所产生的离心力,在该路段横断面上做成外侧高于内侧的单向横坡形式,称为平曲线超高。超高在缓和曲线上的曲率是变化的,其离心力也是变化的。从直线段的双向路拱横坡渐变到圆曲线段具有单向横坡的路段,称为超高过渡段。四级公路不设缓和曲线,但圆曲线上若设有超高,也应设超高过渡段。

各级道路圆曲线部分最大超高值规定见表 3-5。

表 3-5   各级道路圆曲线部分最大超高值

公路等级	高速公路	一级公路	二级公路	三级公路	四级公路
一般地区	10%		8%		
积雪、严寒地区	6%				

当超高横坡度的计算值小于路拱坡度时,应设置等于路拱坡度的超高。因此,各级公路和城市道路圆曲线部分的最小超高值是该道路直线部分的路拱坡度的值。

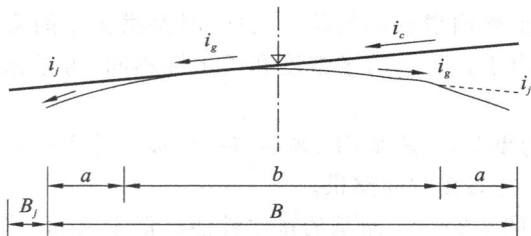

图 3-9　无中间带超高等于路拱横坡度

3.4.2.2 超高的过渡

(1) 无中间带道路的超高过渡。

无中间带的道路行车道,无论是双车道还是单车道,在直线路段的横断面均为路拱。路面要由双向倾斜的路拱形式过渡到具有超高的单向倾斜的超高形式。外侧逐渐抬高,在抬高过程中,行车道外侧是绕中线旋转的,若超高横坡度等于路拱坡度,则直至与内侧横坡相等为止,如图 3-9 所示。

(2) 当超高坡度大于路拱坡度时,可分别采用如下三种过渡方式,如图 3-10 所示。

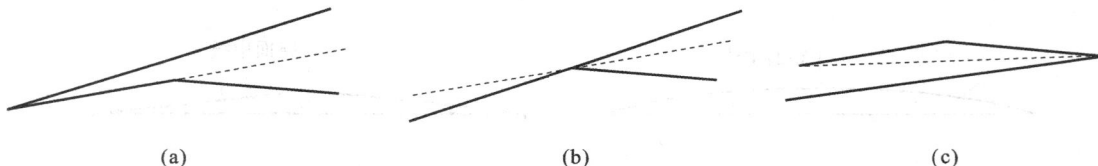

| (a) | (b) | (c) |

图 3-10　无中间带的公路的超高过渡
(a) 绕未加宽前的内侧车道边缘旋转;(b) 绕中线旋转;(c) 绕外侧车道边缘旋转

① 绕未加宽前的内侧车道边缘旋转。先将外侧车道绕路中线旋转,待达到与内侧车道构成单向横坡后,整个断面再绕未加宽前的内侧车道边缘旋转,直至达到超高横坡值。

② 绕中线旋转。先将外侧车道绕路中线旋转,待达到与内侧车道构成单向横坡后,整个断面绕中线旋转,直至达到超高横坡度。

③ 绕外侧车道边缘旋转。先将外侧车道绕外边缘旋转,与此同时内侧车道随中线的降低而相应降低,待达到单向横坡后,整个断面仍绕外侧车道边缘旋转,直至达到超高横坡度。

上述各种方法中,方法①由于车道内侧不降低,有利于路基纵向排水,一般新建工程多用此法;方法②可保持中线标高不变,且在超高坡度一定的情况下,外侧边缘的超高值较小,多用于旧路改建工程;方法③是一种比较特殊的设计,仅用于某些为改善路容的地点。

（3）有中间带公路的超高过渡，如图 3-11 所示。

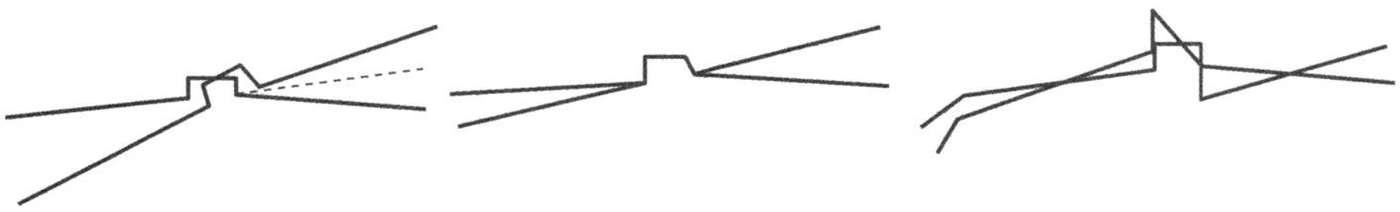

图 3-11　有中间带的公路的超高过渡
（a）绕中间带的中心线旋转；（b）绕中央分隔带边缘旋转；（c）绕各自行车道中线旋转

① 绕中间带的中心线旋转。先将外侧车道绕中间带的中心旋转，待达到与内侧车道构成单向横坡后，整个断面一同绕中心线旋转，直至达到超高横坡度值。此时中央分隔带呈倾斜状。

② 绕中央分隔带边缘旋转。将两侧行车道分别绕中央分隔带边缘旋转，使之各自成为独立的单向超高断面。此时中央分隔带维持原水平状态。

③ 绕各自行车道中线旋转。将两侧行车道分别绕各自的中心线旋转，使之各自成为独立的单向超高断面。此时中央分隔带两边缘分别升高与降低而成为倾斜断面。

三种超高方式可按中间带宽度和车道数选用。中间带宽度较窄（小于 4.5 m）时可采用绕中央分隔带中线旋转；各种宽度的中间带都可采用绕中央分隔带边线旋转；对双向车道数大于 4 条的公路，可采用绕各自行车道中线旋转。城市道路的超高过渡方式与公路相同。分离式断面的道路因上、下行车道是各自独立的，其超高的设置及其过渡可按两条无分隔带的道路分别处理。

3.5　路基横断面成果　>>>

3.5.1　路基标准横断面

在设计每个横断面之前，应确定路基的标准横断面（或称典型横断面）。在标准横断面中，一般要包括路堤、路堑、半填半挖路基、护坡路基、挡土墙路基等断面。断面内行车道、路肩的宽度和横坡度以及中间带的尺寸应具体确定。断面中路基的边坡坡率、边沟尺寸、挡土墙断面等应按《规范》的规定确定。标准横断面图一般采用 1∶100 的比例。

3.5.2　路基设计表

路基设计表（见附录 4）是公路设计文件的组成内容之一，它是平、纵、横等主要测设资料的综合，在公路设计文件中占有重要地位。表中填列所有整桩、加桩的填挖高度、路基宽度（包括加宽）、超高值等有关资料。路基设计表为路基横断面设计的基本数据，也是施工的依据之一。

3.5.3　路基横断面图

应用路线 CAD 时，按路基标准横断面输入各组成部分尺寸、分段起止桩号，显示设计横断面，逐一检查、修改设计断面，绘制路基横断面设计图，输出路基设计表、土石方工程数量表等。路基横断面如图 3-12 所示（其他横断面见附录 5）。

（1）在计算纸上绘制横断面地面线。地面线是在现场测绘，若是纸上定线，可从大比例尺地形图上内插获得。横断面图的比例一般是 1∶200。

（2）从"路基设计表"中抄入"路基中心填挖高度""左高""右高""左宽""右宽"等数据。

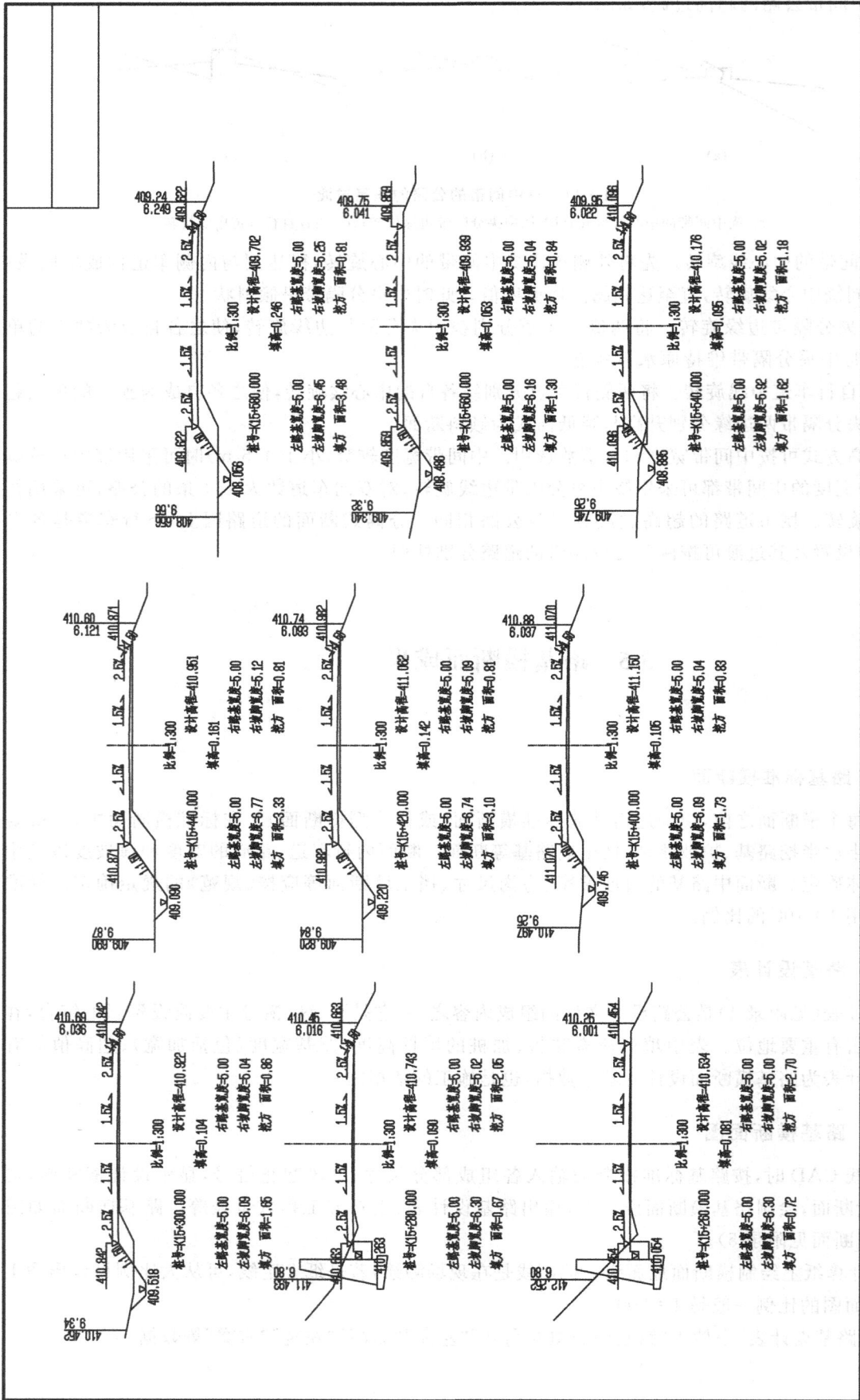

图 3-12 路基横断面图

（3）根据现场调查的土壤、地质、水文资料，参照"标准横断面图"，画出路幅宽度、填或挖的边坡线，在需要设置各种支挡工程和防护工程的地方画出该工程结构的断面示意图。

（4）根据综合排水设计。画出路基边沟、截水沟等的位置和断面形式，必要时需在路基设计表中注明各部分尺寸；此外，应画出取土坑、弃土堆、绿化、碎落台等。

上述横断面设计方法，仅限于在"标准横断面图"范围以内的断面设计，其操作比较机械，所以形象地称其为"戴帽子"。对特殊情况下的横断面，如高填、深挖、特殊地质、陡坡路堤、浸水路基等，则必须按路基工程中所讲述的原理和方法进行特殊设计，绘图比例尺也应按需要调整。

3.5.4 路基土石方计算与调配

路基土石方是道路工程的一项主要工程量，在设计和路线方案比选中，路基土石方数量是评价道路测设质量的主要技术经济指标之一。在编制道路施工组织计划和工程概预算时，还需确定分段和全线的路基土石方数量。

因地面形状复杂，填挖方不是规则的几何体，其计算只能是近似的，计算的精度取决于中心间距、测绘横断面时采点密度和计算公式与实际接近程度等。

土石方计算与调配的主要任务是：计算路基土石方工程数量，合理进行土石方调配；并计算土石方的运量，为编制道路工程概（预）算、道路施工组织、施工计量支付提供依据。

3.5.4.1 横断面面积计算

路基填挖的断面面积，是指横断面图中原地面线与路基设计线所围成的面积，高于地面线为填方，低于地面线为挖方，填挖面积应分别计算。常用的面积计算方法如下。

（1）积距法。

如图 3-13 所示，将断面按单位横宽划分为若干梯形与三角形条块，每个条块的近似面积：

$$F_i = bh_i \tag{3-3}$$

则断面面积：

$$F = bh_1 + bh_2 + \cdots + bh_n = b\sum_{i=1}^{n} h_i \tag{3-4}$$

当 $b=1$ m 时，F 等于各小块平均高度之和 $\sum_{i=1}^{n} h_i$。可用卡规逐一量取各条块高度的累积值。当面积较大、卡规张度不够时，也可用米厘方格纸折成窄条代替卡规量取积距。用积距法计算面积简单、迅速。若地面线较顺直，也可增大 b 值。若要进一步提高精度，可增加测量次数取平均值。

（2）坐标法。

如图 3-14 所示，已知断面图上各转折点坐标 (x_i, y_i)，则断面面积：

$$F = \frac{1}{2}\sum_{i=1}^{n}(x_i y_{i+1} - x_{i+1} y_i) \tag{3-5}$$

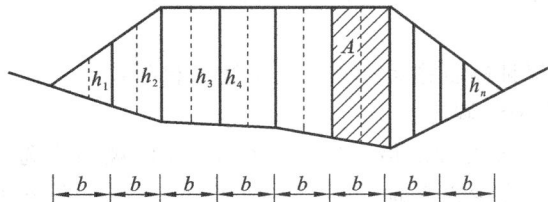

图 3-13 横断面面积计算（积距法）

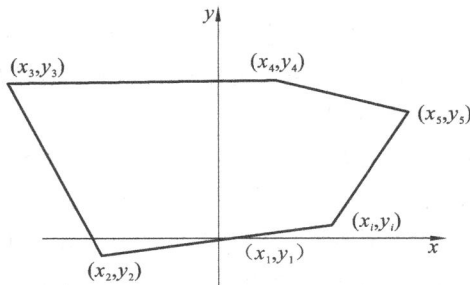

图 3-14 横断面面积计算（坐标法）

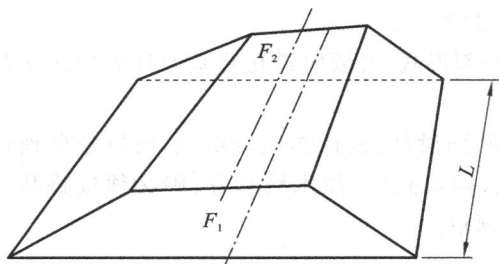

图3-15 体积计算

坐标法精度较高,适用于计算机计算。

计算横断面面积还有几何图形法、数方格法、求积仪法等。

3.5.4.2 土石方数量计算

如果相邻断面均为填方或均为挖方且面积相近,则可假定断面之间为一棱柱体(图3-15)。其体积计算公式如下:

$$V=\frac{1}{2}(F_1+F_2)L \qquad (3-6)$$

式中　V——体积,即土石方数量,m^3;
　　　F_1,F_2——相邻两断面面积,m^2;
　　　L——相邻两断面距离,m。

此计算方法简单,较为常用,一般称为平均断面法。若 F_1 与 F_2 相差较大,则与棱台更为接近,其计算公式如下:

$$V=\frac{1}{3}(F_1+F_2)L\left(1+\frac{\sqrt{m}}{1+m}\right) \qquad (3-7)$$

式中,$m=F_1/F_2$,$F_2>F_1$。

采用此法计算精度较高,特别是用计算机计算时,应尽量采用此法。

用上述方法计算的土石方体积中,包含了路面体积。若所设计的纵断面有填有挖且基本平衡,则填方断面中多计的断面面积与挖方断面中少计的断面面积可相互抵消,其总体积与实际体积相差不大。但是路基是以填方为主或以挖方为主,则填方要扣除断面面积、挖方要增加断面面积,特别是断面厚度较大时更不能忽略。

3.5.4.3 路基土石方调配

土石方调配是指在路基设计和施工中,合理调运挖方作为填方的作业。

土石方调配的目的是确定填方用土的来源、挖方弃土的去向,以及计价土石方的数量和运量等。通过调配,合理地解决各路段土石方的平衡与利用,使从路堑挖出的土石方在经济调运条件下以挖作填,避免不必要的路外借土和弃土,以减少耕地占用,降低道路造价,减少对环境的破坏。

(1)土石方调配原则。

① 在半填半挖断面中,应先考虑在本路段内以挖作填进行横向平衡,再作纵向调配,以减少总的运输量。

② 土石方调配应考虑桥涵位置对施工运输的影响,一般大沟不作跨越调运,尽可能地避免或减少上坡运土。

③ 为使调配合理,必须根据地形和施工条件,选用适当的运输方式,确定合理经济运距,用以分析工程用土是调运还是外借。

④ 土石方调配"以挖作填"要考虑经济运距,综合考虑弃方或借方占地、赔偿青苗损失及对农业生产的影响等。有时以挖作填虽运距超出一些,运输费用可能稍高一些,但如能减少占地,减少对农业生产的影响,综合考虑是有利的。

⑤ 不同的土方和石方应根据工程需要分别调配,以保证路基稳定和人工构造物的材料供应。

⑥ 位于山坡的回头线路段,优先考虑上、下线的土方竖向调运。

⑦ 土方调配对借土和弃土事项应事先同地方协商,妥善处理。借土应结合地形、农田规划等选择借土地点,并综合考虑借土还田、整地造田等措施;弃土应不占或少占耕地,在可能条件下宜将弃土平整为可耕地。防止乱弃乱堆,或堵塞河流、损坏农田。

（2）土石方调配方法。

土石方调配方法有多种，如累积曲线法、调配图法及土石方计算表调配法等。目前，生产上多采用土石方计算表调配法。该法不需绘制累积曲线图与调配图，可直接在土石方表上进行调配。其优点是简单、快捷，调配清晰，精度符合要求。该表也可由计算机自动完成。具体调配步骤如下。

① 土石方调配是在土石方数量计算与复核后进行的，调配前应将可能影响运输调配的桥涵位置、陡坡、大沟等注在表旁，供调配时参考。

② 掌握各桩号间路基填挖方情况并作横向平衡，确定利用、填缺与挖余数量。

③ 在作纵向调配前，应根据施工方法能采用的运输方式定出合理经济运距，供土石方调配时参考。

④ 根据填缺、挖余的分布情况，结合路线纵坡和自然条件，本着技术经济和支农的原则，具体拟订调配方案。其方法是：将毗邻路段的挖余就近纵向调运到填缺内利用，并将具体调运方向和数量用箭头标注在纵向利用调配栏中。

⑤ 经纵向调配，如仍有填缺或挖余，则应会同当地政府协商确定借土或弃土地点。将借土或弃土的数量和运距分别填注到借方或弃方栏内。

⑥ 土石方调配后，应按下式复核检查：

$$横向调运＋纵向调运＋借方＝填方$$
$$横向调运＋纵向调运＋弃方＝挖方$$
$$挖方＋借方＝填方＋弃方$$

以上检查一般是逐页进行复核，如有跨页调配，需将其数量考虑在内。经核证无误后，即可分别计算其计价土石方数量、运距等，为编制施工预算提供土石方工程数量。

3.5.4.4　关于调配计算的几个问题

（1）经济运距。

经济运距用以确定借土或调运的界限及距离，当调运距离小于经济运距时，采取纵向调运是经济的；反之，则可考虑就近借土。

填方用土来源，一是路上纵向调运，二是从取土坑借土。一般调运路堑在挖方来填筑距离较近的路堤是比较经济的。但如调运距离过长，以致运价超过在填方附近借土所需的费用，以挖作填不如在路堤附近借土经济。因此，采取"调"还是"借"，存在限度距离问题，该限度距离即所谓"经济运距"，其值按式（3-8）计算：

$$L_经＝\frac{B＋C}{T}＋L_免 \tag{3-8}$$

式中　$L_经$——经济运距，m；

　　　B——借土单价，元/m³；

　　　C——弃土单价，元/m³；

　　　T——运费单价，元/（m³·km）；

　　　$L_免$——免费运距，m，一般人工为 20 m，轨道运输为 50 m，自卸汽车为 1000 m。

（2）平均运距。

平均运距是指土石方调配时从挖方体积重心到填方体积重心的距离。为简化设计计算，按挖方路段中心至填方路段中心的距离计算。

在纵向调配时，当其平均运距超过定额规定的免费运距时，应按其超运距计算土石方运量。免费运距是指不计运费的规定距离。

（3）运量。

土石方运量为平均运距与土石方调配数量的乘积。

在生产中，工程定额是将平均运距每 10 m 划为一个运输单位，称为"级"，20 m 为两个运输单位，称为二级，以此类推。不足 10 m 时，仍按一级计算或四舍五入。由此可知：

$$总运量=调配(土石方)方数 \times n \tag{3-9}$$

式中 n——平均运距单位(级),其值为:

$$n=\frac{L-L_{免}}{10} \tag{3-10}$$

式中 $L_{免}$——免费运距,m;

L——平均运距,m。

在土石方调配中,所有挖方无论是"弃"或"调",都应计价。但对填方要根据用土来源决定是否计价。若是路外借土要计价,若是以挖作填调配利用则不应再计价,否则形成双重计价。因此,计价土石方数量为:

计价土石方数量=挖方数量+借方数量=填方数量+弃方数量

一般包括路基工程、排水工程、临时工程、小桥涵工程等项目的土石方数量,对独立大、中桥梁及长隧道的土石方数量应另外计算。

3.5.4.5 土石方计算及调配应注意的问题

(1)填方按压实方计算,挖方按天然密实方计算。注意系数的转换,如表3-6所示。

表3-6 定额规定的天然密实方与压实方的转换系数

公路等级	土类			
	土方			石方
	松土	普通土	硬土	
二级及二级以上公路	1.23	1.16	1.09	0.92
三级、四级公路	1.11	1.05	1.00	0.84

(2)远运利用及借方时应该注意的是运输,运输在绝大多数情况下用的是自卸汽车,土方应该是松散的,石方破碎后才可以装到自卸汽车中。

(3)本桩利用也应该注意天然密实方与压实方的转换。

土石方调配表见表3-7。

本书采用吉林省某二级公路K14+600~K15+600设计段进行案例分析,该路段路基底部大部分为耕土,其下有碎石类土,再下层为泥岩,泥岩由于风化原因,不能用于结构物,只能用于路基填筑。

根据地质情况,挖方路段Ⅰ类土占20%,Ⅱ类土占60%,Ⅳ类石方占20%,借方的取土场有山皮石与山皮土两种,距离本段距离均为8 km。从造价与施工角度选择符合填筑要求的山皮土,山皮土为Ⅱ类土。边坡需进行防护,大部分采用植物防护,植物类型为植草和紫穗槐;小部分采用挡土墙。排水用边沟的形式,大部分采用挖沟植草方式,小部分采用浆砌片石边沟。

路面采用沥青混凝土路面,分为4 cm、5 cm两层铺筑,上面层采用4 cm AC-13细粒式沥青混凝土,下面层采用5 cm AC-16中粒式沥青混凝土,基层采用水泥稳定砂砾(掺30%碎石),底基层采用水泥稳定砂砾,垫层采用天然砂砾。

路基土石方
数量计算表

表3-7

土石方调配表

项目名称：吉林省某二级公路 第二设计段 K14+600～K15+600

桩号	横断面积/m² 填	横断面积/m² 挖	距离/m	挖方数量/m³ 总数量	土 I %	土 I 数量	土 II %	土 II 数量	土 III %	土 III 数量	石 IV %	石 IV 数量	填方数量/m³ 总数量	填方 土	填方 石	本桩利用(压实方) 土	本桩利用(压实方) 石	填缺(压实方) 土	填缺(压实方) 石	挖余(压实方) 土	挖余(压实方) 石	运距/m 远运利用纵向调配示意(压实方)	借方数量(压实方) 土	借方数量(压实方) 石	弃方数量(天然方) 土	弃方数量(天然方) 石	计价土石方 总数量(压实方) 土	计价土石方 石	备注
列号	2	3	4	5	6	7	8	9	12	13	14	15	16	17	18	19	20	21	22	23	24	25	26	27	28	29	30	31	32
K14+600	1.52	1.20	20.00	21.40	20	4.28	60	12.84			20	4.28	29.20	24.55	4.65	11.07	4.65	13.48					13.48		4.28		28.03	4.65	1. 表中表层土（I类土）按照开挖土方的20%计算，余下挖方均为II类土。2. I类土为开挖路堑表层土，不能用于填筑路堤，按弃方计，可当作护坡两侧的种植土。3. 本桩利用压实后填、石若为天然密实体积，若土类应乘以1.23、II类1.16，石应除以0.92。4. 取土场有山皮土，山皮土两种，距离本段距离均为8 km，根据地质角度要求造价优先选择I类土方、II类II类土方。5. 出现填缺时，借方优先选择I类土方。6. 根据地质情况，不可用于片石混凝土、挡土墙等，所挖出的石方只能用于路基填筑，远运利用优选选择。
+620	1.40	0.94	8.75	8.10	20	1.62	60	4.86			20	1.62	11.95	10.19	1.76	4.19	1.76	6.00					6.00		1.62		11.50	1.76	
628.752	1.33	0.91	11.25	10.74	20	2.15	60	6.45			20	2.15	15.41	13.07	2.34	5.56	2.34	7.52					7.52		2.15		14.82	2.34	
+640	1.41	1.00	20.00	20.10	20	4.02	60	12.06			20	4.02	25.90	21.53	4.37	10.40	4.37	11.13					11.13		4.02		24.80	4.37	
+660	1.18	1.01	20.00	22.40	20	4.48	60	13.41			20	4.48	24.30	17.48	6.82	11.59	4.87	5.89	1.95				5.89		4.48		21.12	4.87	
+680	1.25	1.23	20.00	27.40	20	5.48	60	16.44			20	5.48	22.90	14.17	8.73	14.17	5.96		2.77						5.48		18.63	5.96	
+700	1.04	1.51	20.00	30.20	20	6.04	60	18.12			20	6.04	20.40	15.62	4.78	15.62	4.78				1.79	土(挖)61.96			6.04		20.53	6.57	
+720	1.00	1.51	20.00	30.00	20	6.00	60	18.00			20	6.00	21.60	15.52	6.08	15.52	6.08				0.44	土(挖)62.77 / 土(填)60.41			6.00		20.40	6.52	
+740	1.16	1.49	20.00	30.40	20	6.08	60	18.24			20	6.08	21.60	15.72	4.78	15.72	4.78				1.83	土(挖)61.79 / 土(填)61.88			6.08		20.67	6.61	
+760	0.89	1.55	20.00	30.30	20	6.06	60	18.18			20	6.06	21.60	15.67	5.93	15.67	5.93				0.66	土(填)60.06			6.06		20.60	6.59	
+780	1.27	1.48	20.00	27.10	20	5.42	60	16.26			20	5.42	24.10	18.21	5.89	14.02	5.89	4.19					4.19		5.42		22.62	5.89	
+800	1.14	1.23	20.00	21.60	20	4.32	60	12.96			20	4.32	32.80	28.10	4.70	11.17	4.70	16.93					16.93		4.32		31.62	4.70	
+820	2.14	0.93	20.00	18.40	20	3.68	60	11.04			20	3.68	45.50	41.70	4.00	9.52	4.00	32.18					32.18		3.68		44.69	4.00	
+840	2.43	0.91	20.00	18.10	20	3.62	60	10.86			20	3.62	51.10	47.17	3.93	9.36	3.93	37.80					37.80		3.62		50.11	3.93	
+860	2.68	0.90	20.00	18.10	20	3.62	60	10.86			20	3.62	52.20	48.27	3.93	9.36	3.93	38.90					38.90		3.62		51.21	3.93	
+880	2.54	0.91	20.00	18.10	20	3.62	60	10.80			20	3.60	54.00	50.00	3.91	9.31	3.91	40.78					40.78		3.60		53.01	3.91	
+900	2.86	0.89	20.00	16.50	20	3.30	60	9.90			20	3.30	53.90	50.31	3.59	8.53	3.59	41.78					41.78		3.30		53.00	3.59	
+920	2.53	0.76	20.00	15.30	20	3.06	60	9.18			20	3.06	48.10	44.77	3.33	7.91	3.33	36.86					36.86		3.06		47.26	3.33	
+940	2.28	0.77	20.00	16.70	20	3.34	60	10.02			20	3.34	44.00	19.52	24.48	8.64	3.63	10.88	20.85			土(填右)20.85	1.70		3.68		13.06	3.63	
+960	2.12	0.90	20.00	32.30	20	6.46	60	19.38			20	6.46	36.90	16.71	20.19	16.71	7.02		13.17		2.46	土(填右)22.26 / 土(右)13.17			6.46		21.96	7.02	
+980	1.57	2.33	20.00	46.50	20	9.30	60	27.90			20	9.30	31.70	24.05	7.65	24.05	7.65				2.96				9.30		31.61	10.11	
K15+000	1.60	2.32	20.00	46.50	20	9.30	60	27.90			20	9.30	31.70	24.05	7.15	24.05	7.15				7.47				9.30		31.61	10.11	
+020	1.52	2.33	20.00	40.80	20	8.16	60	24.48			20	8.16	22.50	21.10	1.40	21.10	1.40				7.61	土(挖右)25.87			8.16		27.74	8.87	
+040	0.73	1.75	20.00	35.00	20	7.00	60	21.00			20	7.00	14.40	14.40		14.40				3.70	7.61	土(挖右27.61)			7.00		23.79	7.61	
+060	0.71	1.75	20.00	35.20	20	7.04	60	21.12			20	7.04	13.00	13.00		13.00				5.21	7.65	土(挖右5.21)			7.04		23.93	7.65	
+080	0.59	1.77	20.00	35.20	20	7.04	60	21.12			20	7.04	13.70	13.70		13.70				0.27	5.87	土(挖右5.87)			5.40		18.36	5.87	
+100	0.78	0.93	20.00	17.40	20	3.48	60	10.44			20	3.48	20.30	9.00	11.30	9.00	3.78		7.52						3.48		11.83	3.78	
+120	1.25	0.81	20.00	16.20	20	3.24	60	9.72			20	3.24	26.60	3.52	23.08	8.38	3.52	14.70					14.70		3.24		11.01	3.52	
+140	1.41	0.81	20.00	28.70	20	5.74	60	17.22			20	5.74	33.90	14.84	19.06	14.84	6.24	12.82					12.82		5.74		19.51	6.24	
+160	1.98	2.06	20.00	61.80	20	12.36	60	37.08			20	12.36	32.30	31.97	0.33	31.97	0.33			19.27	13.10	土(挖27.6) / 土(右)18.1			12.36		42.01	13.43	
+180	1.25	4.12	20.00	82.10	20	16.42	60	49.26			20	16.42	23.20	23.20	0.33	23.20	0.33			19.27	17.85				16.42		55.82	17.85	

项目名称：吉林省某二级公路 第二设计段 K14＋600～K15＋600

桩号	横断面积/m² 填	横断面积/m² 挖	距离/m	挖方数量/m³ 总数量	I %	I 数量	II %	II 数量	III %	III 数量	IV %	IV 数量	填方数量/m³ 总数量	填 土	填 石	本桩利用(压实方) 土	本桩利用(压实方) 石	填缺(压实方) 土	填缺(压实方) 石	挖余(压实方) 土	挖余(压实方) 石	运距/m 远运利用·纵向调配示意(压实方)	借方数量(压实方) 土	借方数量(压实方) 石	弃方数量(天然方) 土	弃方数量(天然方) 石	计价土石方总数量(压实方) 土	计价土石方总数量(压实方) 石	备注
1	2	3	4	5	6	7	8	9			14	15	16	17	18	19	20	21	22	23	24	25	26	27	28	29	30	31	32
＋200	1.07	4.09	20.00	70.20	20	14.04	60	42.12			20	14.04	17.70	17.70		17.70				18.61	15.26	(土)18.61(石)15.26			14.04		47.72	15.26	
＋220	0.70	2.93	20.00	55.90	20	11.18	60	33.54			20	11.18	14.20	14.20		14.20				14.71	12.15	(土)14.71(石)12.15			11.18		38.00	12.15	
＋240	0.72	2.66	20.00	53.60	20	10.72	60	32.16			20	10.72	14.40	14.40		14.40				13.32	11.65	(土)13.32(石)11.65			10.72		36.44	11.65	
＋260	0.72	2.70	20.00	47.50	20	9.50	60	28.50			20	9.50	13.90	13.90		13.90				10.67	10.33	(土)10.67(石)10.33			9.50		32.29	10.33	
＋280	0.67	2.05	20.00	29.10	20	5.82	60	17.46			20	5.82	23.20	16.87	6.33	15.05	6.33		1.82			(石)1.82			5.82		19.78		
＋300	1.65	0.86	20.00	17.20	20	3.44	60	10.32			20	3.44	31.30	27.56	3.74	8.90	3.74	18.66				(土)18.66				3.44		11.69	
＋320	1.48	0.86	20.00	17.30	20	3.46	60	10.38			20	3.46	32.90	29.14	3.76	8.95	3.76	20.19				(土)20.19				3.46		11.76	
＋340	1.81	0.87	20.00	17.30	20	3.46	60	10.38			20	3.46	34.60	26.22	8.38	8.95	3.76	17.27	4.62			(土)17.27(石)4.62				3.46		11.76	
＋360	1.65	0.86	20.00	16.90	20	3.38	60	10.14			20	3.38	31.40	27.73	3.67	8.74	3.67	18.98				(土)18.98				3.38		11.49	
＋380	1.49	0.83	20.00	16.60	20	3.32	60	9.96			20	3.32	32.20	28.59	3.61	8.59	3.61	20.01				(土)20.01				3.32		11.29	
＋400	1.73	0.83	20.00	16.40	20	3.28	60	9.84			20	3.28	48.30	44.73	3.57	8.48	3.57	36.25				(土)36.25		15.93		3.28		27.08	
＋420	3.1	0.81	20.00	16.20	20	3.24	60	9.72			20	3.24	64.30	60.78	3.52	8.38	3.52	52.40				(土)52.40	52.40				63.41	3.52	
＋440	3.33	1.31	20.00	21.20	20	4.24	60	12.72			20	4.24	44.00	39.39	4.61	10.97	4.61	28.43				(土)28.43	28.43				42.84	4.61	
＋460	1.07	1.31	20.00	25.70	20	5.14	60	15.42			20	5.14	24.20	18.61	5.59	13.29	5.59	5.32				(土)5.32	5.32				22.79	5.59	
＋480	1.35	1.26	20.00	24.90	20	4.98	60	14.94			20	4.98	33.40	27.99	5.41	12.88	5.41	15.11				(土)15.11	15.11				32.04	5.41	
＋500	1.99	1.23	20.00	24.60	20	4.92	60	14.76			20	4.92	39.30	33.95	5.35	12.72	5.35	21.23				(土)21.23	21.23				37.95	5.35	
＋520	1.94	1.23	20.00	24.10	20	4.82	60	14.46			20	4.82	35.60	30.36	5.24	12.47	5.24	17.90				(土)17.90	17.90				34.28	5.24	
＋540	1.62	1.18	20.00	20.20	20	4.04	60	12.12			20	4.04	29.20	24.81	4.39	10.45	4.39	14.36				(土)14.36	14.36				28.09	4.39	
＋560	1.3	0.84	20.00	16.50	20	3.30	60	9.90			20	3.30	47.80	44.21	3.59	8.53	3.59	35.68				(土)35.68	35.68				46.90	3.59	
＋580	3.48	0.81	20.00	16.20	20	3.24	60	9.72			20	3.24	67.10	63.58	3.52	8.38	3.52	55.20				(土)55.20	55.20				66.21	3.52	
＋600	3.23	0.81	20.00	16.20	20	3.24	60	9.72			20	3.24													3.24				
合计			1000.00	1417.94		283.59		850.76				283.59	1598.36	1325.93	272.13	647.66	189.17	642.16	119.08	85.76	119.08		556.70	15.93	283.59		1520.67	283.38	

注：运距示意栏顶部标注"水库运距130 m"，(土)88.84(石)80.34。

3.6 路基排水 >>>

在公路工程中,水是引起路基路面及部分结构物损害的一个重要原因,做好路基排水工程的施工是十分重要的。影响路基的水分为地面水和地下水两大类,因此路基必须具备合适完备的排水系统,保证迅速排泄路基范围内的地面水,并对影响路基稳定的地下水进行截流,降低水位或予以排除,从而保证路基具有足够的强度及稳定性。

3.6.1 地面排水设施

排除地面水的各种设施,应充分考虑多方面进入路基范围的水,包括因降雨、降雪以及从公路附近地区流向道路范围的水流,还包括路堑边坡排水和农田横跨道路的排水工程,由此来确定排水设施的排水能力。地面排水设施主要有边沟、截水沟、排水沟、跌水与急流槽等。

3.6.1.1 边沟

设置在挖方路基的路肩外侧或低路堤路基的坡脚外侧,用以汇集和排除路基范围内和流向路基的小量地面水的沟槽称为边沟。边沟的断面形式一般有梯形、三角形和矩形,见图 3-16。

道路边沟图

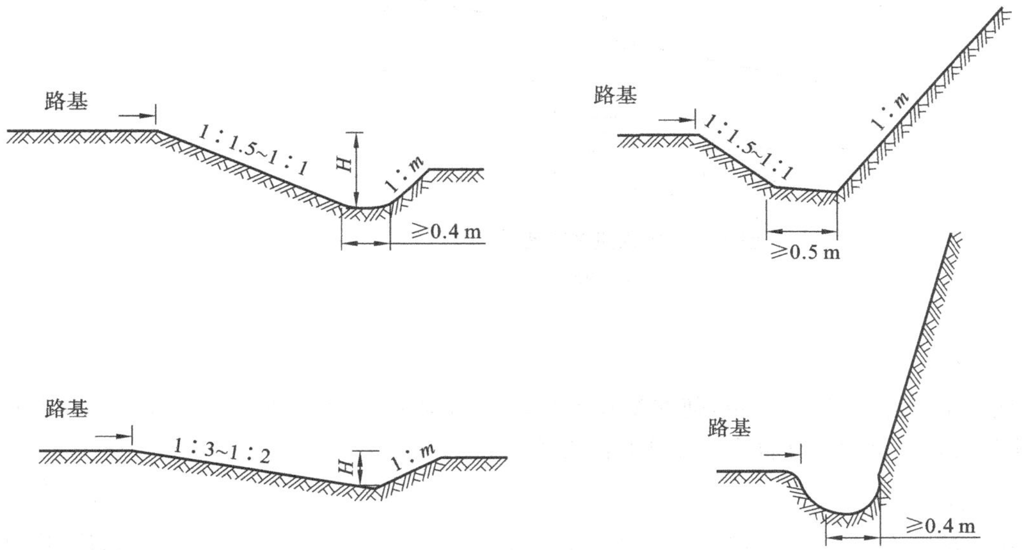

图 3-16 边沟断面图

边沟的出水口,必须进行处理。在路堑与路堤结合处,边沟沟底纵坡一般较陡。当边沟沟底与填土坡脚高差较大时,应结合地形与地质等具体条件采取以下两方面措施。

① 设置排水沟,将路堑边沟水沿出口处的山坡引向路基范围以外,使之不至于冲刷填方边坡。

② 自边沟与填方毗连处设跌水或急流槽,将水流直接引到填方坡脚之外。

3.6.1.2 截水沟

截水沟是设置在挖方路基边坡坡顶以外或山坡路堤的上方,垂直于水流方向,用以截、引路基上方流向路基的地面径流的排水设施,如图 3-17 所示。截水沟可以防止地表径流冲刷和侵蚀挖方边坡和路堤坡脚,并减轻边沟的泄水负担。

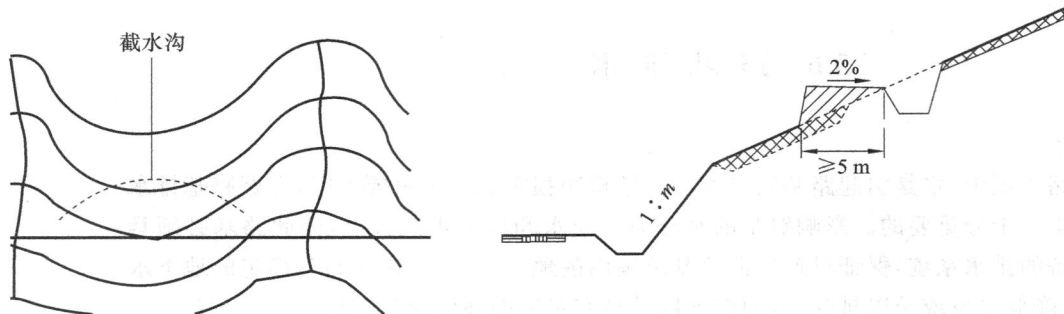

图 3-17 截水沟

3.6.1.3 排水沟

设置排水沟的目的在于将水流从路基排至路基范围以外的低洼处或排水设施中。当原有地面沟渠蜿蜒曲折,并且影响路基稳定时,可用排水沟来改善沟渠线路。有时为了减少涵洞数量,也使用排水沟来合并沟渠。

3.6.1.4 跌水与急流槽

设置于需要排水的高差较大且距离较短或坡度陡峻的地段的阶梯形构筑物,称为跌水(图 3-18),其作用主要是降低流速和消减水的能量。

急流槽是指具有很陡坡度的水槽,其作用主要是在很短的距离内以及水面落差很大的情况下进行排水。

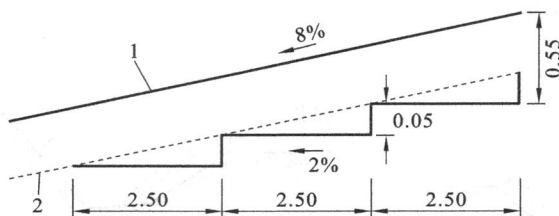

图 3-18 跌水纵剖面图
1—沟顶线;2—沟底线

3.6.2 地下排水设施

拦截、汇集和排除地下水,或降低地下水位,使路基免遭破坏的结构物,称为地下排水设施。公路上常用的地下排水设施有明沟与排水槽、暗沟(盲沟)、渗井和渗沟等。

3.6.2.1 明沟与排水槽

当地下水位高、潜水层埋藏不深时,可采用明沟或排水槽截流排除(浅层)地下水及降低地下水位,也可排除地面水。明沟或排水槽必须深入潜水层,且不宜在寒冷地区采用。

明沟断面一般采用梯形,边坡采用1:1.5～1:1.0。明沟边坡一般应以干砌片石加固,并设置反渗层以使水流渗入明沟,明沟纵坡宜适当加大,保证水流及时排出。

排水槽一般为矩形,可用混凝土、干砌或浆砌片石筑成,槽底纵坡不应小于3%。当用混凝土或浆砌时,应视地下水流量及槽深设置一排或多排渗水孔,外侧填以粗颗粒透水材料。沿沟槽每隔10～15 m,或当沟槽通过软硬岩层分界处时,应留伸缩缝和沉降缝。

3.6.2.2 暗沟(盲沟)

暗沟(盲沟)是引导地下水流的沟渠(图 3-19),其目的是拦截地下水流或降低地下水位。通过沟内分层填实的不同粒径的颗粒材料,利用其透水性,将路基范围内的泉眼或渗沟汇集的水流排到路基范围以外。

3.6.2.3　渗井

当平坦地区如路基附近无河流、沟渠或洼地,地面水或浅层地下水无法排除,影响路基稳定,而距地面较浅处又有透水层,地下水背离路基,同时地面水流量不大时,可设置渗井,如图 3-20 所示。

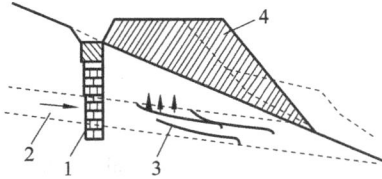

图 3-19　边沟下设暗沟

1—暗沟;2—层间水;3—毛细水;4—可能滑坡线

图 3-20　渗井结构与布置图

3.6.2.4　渗沟

渗沟是一种常见的地下排水设施,其作用是切断、拦截有害的含水层和降低地下水位,保证路基经常处于干燥状态。渗沟按构造可分为填石渗沟[图 3-21(a)]、管式渗沟[图 3-21(b)]和洞式渗沟[图 3-21(c)]三种形式。

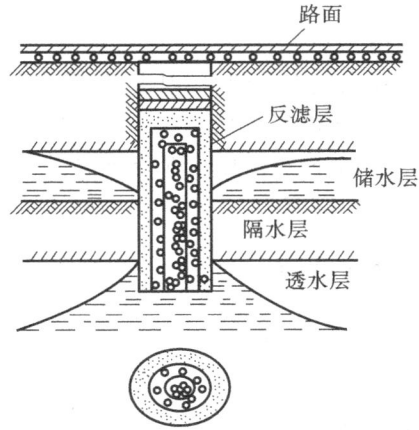

(a)

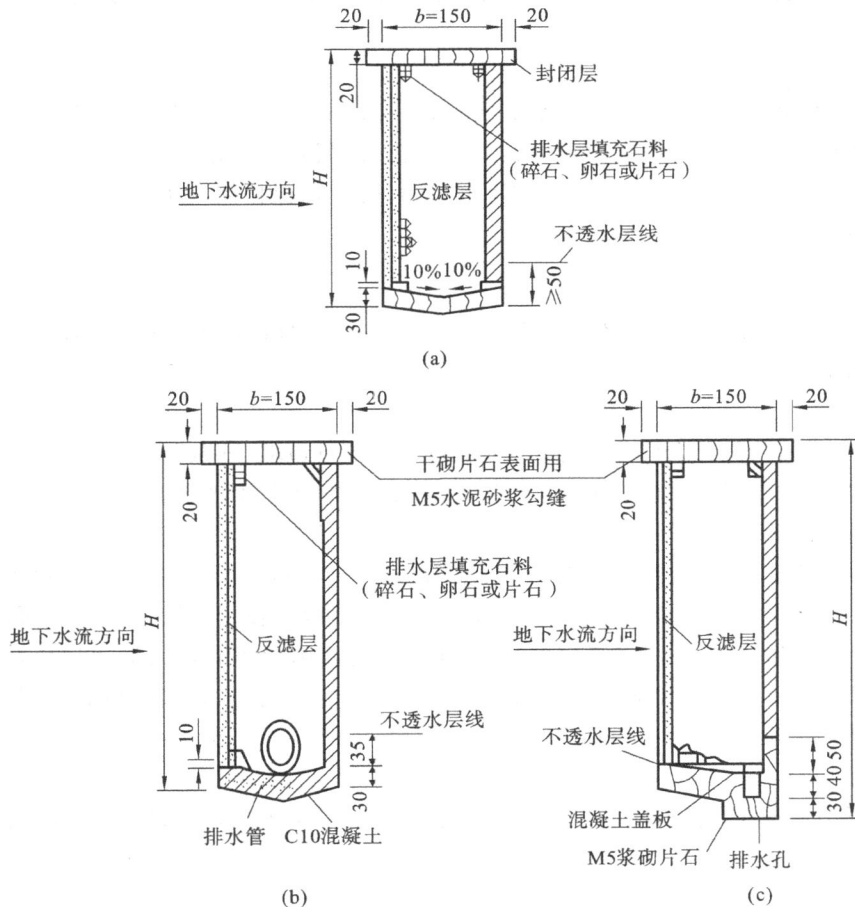

(b)

(c)

图 3-21　渗沟构造图

(a)填石渗沟;(b)管式渗沟;(c)洞式渗沟

3.7 路基的防护与加固工程 >>>

对于暴露在大气中受到水、温度、风等自然因素反复作用的路堤和路堑边坡坡面,为了避免出现剥落、碎落、冲刷或表层土坍塌等现象,必须采取一定的措施对坡面加以防护。土质边坡的坡面防护一般采用种草、铺草皮和植树的防护措施。对于不适于草木生长的岩石坡面,可采用抹面、捶面、喷浆、勾缝、灌缝、护墙等形式的工程防护措施。

3.7.1 坡面防护

3.7.1.1 植物防护

(1)种草。

种草适用于边坡稳定、坡面冲刷轻微(容许缓慢流水以 0.4~0.6 m/s 的流速短时冲刷)的地段。草种选择应注意当地的气候和土质,以易生长、根系发达、茎矮叶茂或有匍匐茎的多年生草种为宜。最好选用几种草籽混合播种,这样较易形成良好的覆盖层。

(2)铺草皮。

铺草皮适用于各种土质边坡。特别是当坡面冲刷比较严重,边坡较陡,径流速度大于 0.6 m/s 时,采用铺草皮防护比较适宜。铺草皮的方式有平铺(平行于坡面)、水平叠置、垂直坡面或与坡面成一定坡角的倾斜叠置,以及采用片石铺砌成方格或拱式边框,方格式框内铺草皮等。可根据具体条件(坡度与流速等)选用。

(3)植树。

植树适用于各种土质边坡和风化严重的岩石边坡,边坡坡度不陡于 1∶1.5。在路基边坡和漫水河滩上植树,对于加固路基与防护河岸可达到良好的效果。其可以降低水流速度,种在河滩上可促使泥沙淤积,防止水流直接冲刷路堤。在风沙和积雪地面,林带也可以防沙防雪,保护路基不受侵蚀。此外,其还可以美化路容,调节气候,改善高等级公路的美学效果。

3.7.1.2 工程防护

在工程防护施工之前,应清除干净坡面上的杂质、浮土、松动的石块及表面风化破碎岩体,当有泉水流出时,应作引水或截流处理。

(1)抹面和捶面。

抹面和捶面适用于易风化但表面比较完整、尚未剥落的岩石边坡,如灰岩、泥岩、泥灰岩、千枚岩等软质岩层。抹(捶)面材料常用石灰水泥混合灰浆,石灰炉渣三合、四合土及水泥石灰砂浆。其中三合和四合土需用人工捶夯,故也称捶面。抹(捶)面材料的配合比应经试抹、试捶确定,以保证能稳定地密贴于坡面。抹(捶)之前,岩体表面要冲洗干净,土体表面要密实、湿润。抹面宜分两次进行,底层抹全厚的 2/3,面层抹全厚的 1/3。捶面应经拍(捶)打使其与被捶面紧贴,并做到厚度均匀、表面光滑。在较大面积抹(捶)面时,应设置伸缩缝,其间距不宜超过 10 m。当缝宽为 1~2 cm 时,缝内用沥青麻絮或油毛毡填塞紧密。抹面表面可涂沥青保护层,以防止抹面开裂和提高抗冲蚀能力。抹(捶)面的周边,必须严格封闭,如在其边坡顶部作截水沟,沟底及沟边也应进行抹(捶)面的防护。

(2)喷浆和喷射混凝土。

喷浆和喷射混凝土(或带锚杆铁丝网)坡面防护,主要适用于易风化,但未严重风化,且坡面无流水侵入的岩石边坡。

(3)勾缝、灌缝。

勾缝、灌缝防护措施适用于岩体节理虽较为发育,但岩体本身较坚硬,且不易风化的路堑边坡。节理多而细者,可用勾缝;缝宽较大者,宜用混凝土灌缝。

（4）护墙。

浆砌片石护墙是路基坡面防护中采用最多的一种防护措施,它能防止比较严重的坡面变形,适用于各种土质边坡及易风化剥落的岩石边坡。坡面护墙形式有实体式、孔窗式和拱式三种。

3.7.2　冲刷防护

受经常性或周期性水流冲刷作用的路基,必须采取适当的冲刷防护措施加以防护,以保证路基的稳固和安全。冲刷防护措施可分为直接防护和间接防护两大类。直接防护是对坡岸直接进行加固,它基本不干扰原水流的性质;间接防护是为改变水流方向以减少水流对路基的冲刷作用的导流构造物和河道整治工程。

3.7.3　挡土墙

挡土墙是支撑路基填土或山坡土体、防止填土成土体变形失稳的构造物。在公路工程中,挡土墙广泛应用于支撑路堤填土或路堑边坡,以及桥台、隧道洞口和河流堤岸等处。挡土墙因施工方便,可就地取材,适应性强,在公路工程中得到广泛应用。

按照挡土墙设置的位置,可将其分为路堑墙、路堤墙、路肩墙和山坡墙等类型;按照挡土墙的结构形式,可将其分为重力式挡土墙、锚碇板式挡土墙、扶壁式挡土墙、加筋式挡土墙等;按照挡土墙的修筑材料,可将其分为石砌挡土墙、混凝土挡土墙、钢筋混凝土挡土墙、钢板挡土墙等。如表3-8所示。

表3-8　　　　　　　　　　　　　　　　挡土墙分类

续表

钢筋混凝土悬臂式与扶壁式	

公路工程中,通常以普通重力式挡土墙、衡重式挡土墙和加筋式挡土墙为主。

(1)普通重力式挡土墙。

普通重力式挡土墙是依靠自身重力来抵抗路基土压力,保持路基稳定的结构物。

(2)衡重式挡土墙。

衡重式挡土墙利用衡重台上部填土和墙体重心后移以增加墙身稳定性,减小断面尺寸;且因其胸坡很陡,墙背倾斜,可降低填高,减少开挖工作量,避免过多地降低山体的稳定性,适用于山区、地面横坡较陡的地方。若作为路堑墙,有时还可以利用台后净空拦挡山坡落石。衡重式挡土墙基底面积较小,对地基承载力要求较高,因此应设置在较坚实的地基上。

(3)加筋式挡土墙。

加筋式挡土墙具有圬工工程量少、地基强度要求不高、抗震性能好、造价低、施工方便、进度快等特点,在公路工程中已广泛应用于挡土墙和桥台部位。

(4)锚杆式挡土墙和锚碇板式挡土墙。

① 锚杆式挡土墙。锚杆式挡土墙是由钢筋混凝土墙面和锚杆组成的支挡构造物。它依靠锚固在稳定地层的锚杆所提供的拉力维持挡土墙的平衡,多用于具有较完整岩石地段的路堑边坡支挡。深路堑锚杆式挡土墙可以自上而下逐级施工,比较方便和安全。

② 锚碇板式挡土墙。锚碇板式挡土墙是一种适用于填方的轻型挡土结构,它依靠埋置于填料中的锚碇板所提供的抗拔力维持挡土墙的稳定。其主要特点是结构轻、柔性大。

(5)悬臂式挡土墙和扶壁式挡土墙。

悬臂式挡土墙和扶壁式挡土墙是轻型支挡结构物。其依靠墙身自重和墙底板上填土(包括车辆荷载)的重量维持挡土墙的稳定,适用于石料缺乏和地基承载力较低的填方地段。

3.8 路 基 施 工 >>>

3.8.1 路基施工常用机械

(1)推土机。

推土机[图3-22(a)]是路基土石方工程中最常用的一类施工机械,是土石方工程机械化施工组织中不可或缺的一类施工机械。它的特点是所需作业面小、机动灵活、转移方便、短距离运土效率高。其可以独立工作,也可以配合其他机械施工。推土机主要用于填筑路堤、开挖路堑、平整场地、回填管道和沟渠以及其他辅助作业。

推土机的一个工作循环包括铲土、运送、卸土和空回四个工作过程。

（2）平地机。

平地机[图 3-22（b）]是一种能够从事多种作业的连续型土方机械。其主要用途有从道路路线两侧就地取土；填筑不高于 1 m 的路堤；修整路堤顶的横拱；修刷边坡；开挖路槽和边沟；大面积的场地平整；在路基上拌和、摊铺路面材料，进而完成碎石路面和土质路面的养护工作；清除路肩上的杂草；冬季道路路面除雪等。

平地机是一种铲土、运土、卸土同时进行的连续作业型机械。其主要工作装置是一把刮刀，通过操作调整可以完成四种作业动作，即刮刀平面回转、刮刀左右升降、刮刀左右引伸和刮刀机外倾斜，来完成刮刀刮土侧移、刮刀刃角铲土侧移、刮刀刮土直移和机身外刮土等作业。

（3）挖掘机。

挖掘机[图 3-22（c）]是土石方工程施工的主要机械。它的主要特点是效率高、产量大，但是机动性较差。因此，在选用大型挖掘机施工时要考虑地形条件、工程量以及运输条件等，需要考虑挖掘机的最小工程量和最低工作面高度要求，如在公路、铁路工程施工中，遇到开挖量较大的路堑和填筑工程量较大的高路堤时，选用挖掘机配合运输汽车组织施工是比较合适的。

（4）装载机。

装载机[图 3-22（d）]的循环作业包括装、运、卸、回四个过程。

装载机与汽车运输配合填筑路堤，其施工组织同挖掘机与汽车运输配合大致相同，只是挖掘机挖土后靠铲斗回转至装车处卸土，而装载机是靠移动整机至装车处卸土。

在施工中装载机的转移卸料、车辆位置配合的好坏对生产率影响较大，因此合理地组织施工是十分重要的。一般的组织原则是根据堆料场的大小和料堆的情况，尽可能地做到来回行驶距离短、转弯次数少。

（a） （b）

（c） （d）

（e） （f）

图 3-22 路基施工常用机械
（a）推土机；（b）平地机；（c）挖掘机；（d）装载机；（e）铲运机；（f）自卸汽车

（5）铲运机。

铲运机[图 3-22(e)]是一种使用范围很广的土方施工机械,主要用于较大运距的土方工程,如填筑路堤、开挖路堑、大面积地平整场地等。由于它本身能完成铲装、运输、卸土和铺筑作业,并兼有一定的压实和平整能力,所以在公路、铁路、水利等工程施工中,铲运机是一种主要的土方施工机械。

（6）自卸汽车。

自卸汽车[图 3-22(f)]主要起运输作用,经常与挖掘机、装载机等联合使用。

（7）压实机械。

根据结构形式不同,压实机械有光面型压路机、羊足型碾压机、轮胎型压路机和振动型压路机(图 3-23)。

① 光面型压路机,重型多用于基层压实,而中、轻型则多用于路面压实。

② 羊足型碾压机具有较大的单位压力,多用于路基或回填土的初压工作;特别是对湿度较大、粒度大小不等的黏性土压实效果尤佳,而对松散、颗粒细小但均匀的非黏性土压实效果则较差。

③ 轮胎型压路机能适应各种性质土壤的压实,适用范围广、压实深度大、压实效果好,特别是压实沥青混凝土,更易显出它的优点。

图 3-23   振动型压路机

④ 振动型压路机主要是利用机械高频振动使被压材料微粒产生共振。这类机械压实非黏性土壤效果甚佳,有效压实深度可达 1.5 m 左右。

3.8.2　填方路基(路堤)施工

填方路基(路堤)施工是在原地面上进行路基填筑,它的质量直接影响道路工程的整体质量。因此,只有掌握了正确的施工工序,基底处理方法及填筑材料的选择方法,填筑、压实方法,路基填筑的各种不同施工工艺及质量控制方法,才能顺利地完成填方路基施工任务,保证填方路基的施工质量,保证道路整体的强度和稳定性,为路面基层和面层的施工打好基础。

3.8.2.1　清除表土

由于填筑前的路基范围内有可能存在长有植物的地段(如耕地等),为防止因草皮、树根腐烂成为有机质,导致路基不稳,因此路基填筑前,需要对原地面进行清除表土处理。清除表土的内容包括伐树、挖除树根、除草、清除原地面的表土等。其最常用的机械为推土机。

3.8.2.2　基底处理

基底处理是保证路堤稳定及坚固极为重要的措施。在路堤填筑前进行基底处理,能使路堤填土与原地表土密切结合,增加承载力,避免路堤沿基底发生滑动,防止因草皮、树根腐烂而引起的路堤沉陷,保证路堤填筑的质量,保证路堤具有足够的强度和稳定性。对于一般的基底处理,应按下列规定执行。

（1）基底土密实,且地面横坡不陡于 1:10 时,经碾压符合要求后,可直接在地面上修筑路堤(但在不填、不挖或路堤高度小于 1 m 的地段,应采用先人工后机械的方法清除树根、草皮等杂物)。在稳定的斜坡上,地面横坡为 1:10～1:5 时,基底应清除草皮。地面横坡陡于 1:5 时,原地面应挖成台阶,台阶宽度不小于 1 m,高度不小于 0.5 m,见图 3-24。若地面横坡超过 1:2.5,外坡脚应进行特殊处理,如修护路和护脚。

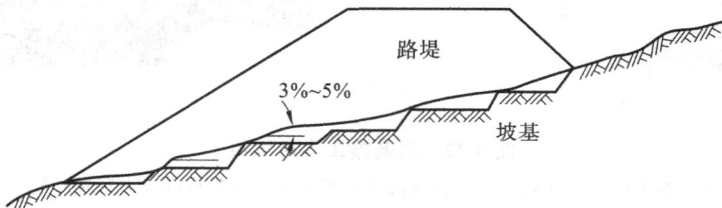

图 3-24   横坡较大时的台阶形基底

（2）基底土为腐殖土，必须用人工或机械将其表层土清除换填，厚度视具体情况而定，一般以不小于30 cm 为宜，并予以分层压实，压实度应符合《规范》要求。

（3）路堤修筑范围内，原地面的坑、洞、基穴等，应用原地的土或砂性土回填，并按《规定》进行压实。

（4）路基受到地下水影响时，应予以拦截或排除，将地下水引至路堤基础范围之外。当路基经过水田、池塘或洼地时，应根据具体情况采取排水疏干，挖除淤泥，打砂桩，抛填片石、砂砾石或石灰（水泥）处理土等措施，以保持基底稳固。

3.8.2.3　填筑材料的选择

（1）路基填料的分类。

按开挖的难易程度将土壤及岩石各分为三类。土壤分为松土、普通土、硬土。岩石分为软石、次坚石、坚石。

公路预算定额分类、六级分类和十六级分类对照见表3-9。

表 3-9　　　　　　　　　　　　　　　　　　填料分类

公路预算定额分类	松土	普通土	硬土	软石	次坚石	坚石
六级分类	I	II	III	IV	V	VI
十六级分类	I～II	III	IV	V～VI	VII～IX	X～XVI

（2）路基填料的选择。

在选择路基的填筑材料时，由于各类用土具有不同的工程性质，应根据不同的土类分别采取不同的工程技术措施，并尽可能地选用稳定性良好且具有一定强度的土石作为填料。

路基填料中最稳定的主要有石质土、砂性土和钢渣、粉煤灰等材料。这几类材料摩擦系数大，不易压缩，透水性好，其强度受水的影响很小，是填筑路基的最佳材料。

一般填土和其他工业废渣，经压实后能获得足够的强度和稳定性，是较好的、常用的填料。使用时应注意，土中的有机质含量不可超过5%；易溶盐含量不应超标；施工时按规定厚度分层铺设、压实，并控制最佳含水量。

砂土黏结性小，易于松散，对流水冲刷和风蚀的抵抗能力很弱，压实困难。但是经充分压实的砂土路基，则压缩变形小，稳定性好。为了加强压实和提高稳定性，可以用振动法压实，并可适量掺些黏土，以改善级配组成，并应将边坡加固，以提高路基的稳固性。

在路基填料中，稳定性差的填料主要有高液限黏土、粉质土等，它们不宜作为公路路基用土。特殊情况下必须调节含水量，并掺入适当的外加剂改良后方可使用。

（3）路基填料的来源。

路基填料的来源共有两个。一是路堑挖方挖出的多余土石方，将土石方进行纵向远运利用而来的填料；二是从路基外围不影响路基的范围外建立取土坑，进行借土，无论是纵向远运利用还是借土都需要进行如下工作（以土方为例）：挖土→集土→装土→运土→到达填方路基位置。

此外，路基填料来源的选择应该综合确定判断。从环保的角度来看，道路的填料优先采用纵向远运利用，但是从经济的角度来说，应该判断经济运距，如果远运利用的费用大于经济运距就应该采用取土坑借土，对此本书前面土石方调配中已经做了介绍，这里不再赘述。

3.8.2.4　填方路基的填筑

路基填筑是把选定的路基填料运送到路基上逐层填起，进行铺平并碾压密实的过程。路基的填土方式可分为水平分层填筑法、纵向分层填筑法、横向填筑法和混合填筑法等。

（1）水平分层填筑法。水平分层填筑法是按照横断面全宽分成水平层次，逐层向上填筑的方法，见图3-25。如原地面不平，应由最低处分层填起。每填一层，经压实合格后再填上一层。此法施工操作方便、安全，压实质量容易保证。

（2）纵向分层填筑法。纵向分层填筑法适用于推土机或铲运机从路堑取土填筑运距较短的路堤。纵向分层填筑法是依纵坡方向分层、逐层推土填筑的方法,见图 3-26。原地面纵坡小于 20°的地段可用此法施工。

图 3-25 水平分层填筑法

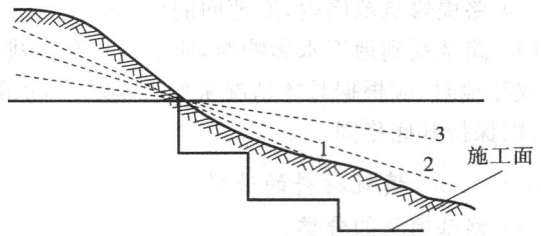

图 3-26 纵向分层填筑法

(注:1,2,3 表示推土作业顺序。)

(3)横向填筑法。横向填筑法是从路基一端按各横断面的全部高度,逐层推土填筑的方法,见图 3-27。其适用于无法自下而上分层填土的陡坡、断岩或泥沼地区。此法不易压实,且还有沉陷不均匀的缺点。为此,应采用必要的技术措施,如选用高效能的压实机械(振动压路机)碾压,采用沉陷量较小的砂性土或皮石方做填料等。

(4)混合填筑法。混合填筑法是当公路路线穿过深谷陡坡,尤其是对上部的压实度标准要求较高时,施工过程中下层采用横向填筑,上层采用水平分层填筑的方法,见图 3-28。

图 3-27 横向填筑法

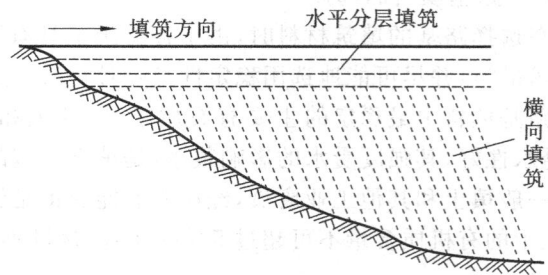

图 3-28 混合填筑法

上述方法中,纵向分层填筑法、横向填筑法、混合填筑法工程质量较难保证,同时不易检测,因此,除工程特殊要求外,一般应尽可能采用水平分层填筑法施工。

高速公路和一级公路,横坡陡峻地段的半填半挖路基,必须在山坡上从填方坡脚向下挖成向内倾斜的台阶。台阶宽度不应小于 1.0 m,其中沿横断面挖方的一侧,在行车范围之内的宽度不足一个行车道宽度时,应挖够一个行车道宽度,其上路床深度范围之内的原地面土应予以挖除换填,并按上路床填方的要求施工。

3.8.3 路基压实

3.8.3.1 压实度

路堤、路床、路堤基底及桥台、挡土墙构造物背后等均应进行压实。压实度是土或者其他填筑材料压实后的干密度 ρ_d 与标准最大干密度 ρ_0 之比,用字母 k 表示,见式(3-11):

$$k = \frac{\rho_d}{\rho_0} \times 100\% \tag{3-11}$$

式中　k——压实度,%;

　　　ρ_d——压实土的干密度,g/cm³;

　　　ρ_0——压实土的标准最大干密度,g/cm³。

压实施工应首先确定压实度,正确选定压实度 k 值,压实度关系土基受力状况、路基路面设计要求、施工条件,必须兼顾需要与可能,讲究实效与经济。

路基压实度标准如表 3-10 所示。

表 3-10 路基压实度标准

填挖类别	路床顶面以下深度/m	路基压实度/%		
		高速公路、一级公路	二级公路	三级、四级公路
零填及挖方	0~0.30	—	—	≥94
	0~0.80	≥96	≥95	—
填方	0~0.80	≥96	≥95	≥94
	0.80~1.50	≥94	≥94	≥93
	>1.50	≥93	≥92	≥90

注:① 表列数值以重型击实试验法为准。

② 特殊干旱或特殊潮湿地区的路基压实度,表列数值可适当降低。

③ 三级公路修筑沥青混凝土或水泥混凝土路面时,其路基压实度应采用二级公路标准。

3.8.3.2 影响压实效果的主要因素

影响路基压实效果的因素是多方面的,大体分为内因和外因两方面。内因是指土质和湿度,外因是指压实功能(如机械性能、压实时间与速度、土层厚度)以及压实时外界自然和人为的其他因素等。

(1)含水量。

土的含水量是影响压实效果的决定性因素。土在最佳含水量时,处于硬塑状态,最易压实,压实到最大密实度的土体水稳定性最好。

(2)土质。

不同性质的土,其最佳含水量及能达到的最佳密实度是不一样的。

(3)压实厚度。

压实条件(土质、含水量与压实功能不变)相同的情况下,密实度随深度递减,距表层 5 cm 处最高。路基分层压实的厚度有具体的规定数值,一般情况下,夯实不宜超过 20 cm;12~15 t 光面压路机,不宜超过25 cm;振动压路机或夯实机,宜以 50 cm 为限。实际施工时的压实厚度应通过现场试验确定。

(4)压实功能。

压实功能是除含水量之外影响压实效果的另一个重要因素。

3.8.3.3 碾压方式及要求

根据工程规模、场地大小、填料种类、压实度要求、气候条件、压实机械效率等因素综合考虑确定压实机械。

(1)压实机具的使用应先轻后重,以使土基强度的增长能适应压实能量的增加。

(2)碾压速度宜先慢后快,对于振动压路机,先静压一遍再振动,先弱振后强振,以便于松土黏结成形,不致被机械急推松散。起始碾压速度不宜超过 4 km/h。

(3)压实路线一般是沿路线纵向进退式进行。在横断面上先两边后中间,平曲线有超离段则应由低一侧向高一侧逐渐推进,以便形成路拱和单向超高横坡。

(4)相邻两次的碾压应重叠 1/3 左右。对于振动压路机,一般重叠 0.4~0.5 m,对三轮压路机,一般重叠轮宽的 1/2,前后相邻两区段应纵向重叠 1~1.5 m。对于夯锤压实,首遍夯实位置宜紧靠,空隙不得大于 15 cm,次遍夯实位置应压在首遍夯实位置的缝隙口。如此反复,无漏压点或死角,确保碾压均匀,避免土基产生不均匀沉陷。

(5)经常注意土的含水量,并且需要采取相应的晾晒或洒水措施。应检验每一压实层的压实度,每 2000 m² 检验 8 点,不足 200 m² 检验 2 点,必要时应加密,以保证压实质量。

(6)施工期间可以让车辆在路基全幅宽度内分散行驶,以尽量利用大型机械的行走对路基上部进行压实,但需避免车辆长时间在同一路线上行驶而导致过度碾压,甚至形成车辙。

(7)用铲运机、推土机和自卸车推运土料填筑路堤时,应将填料整层平铺,且应按设计断面路拱形成 2‰~4‰ 的横坡,并及时压实,以利雨季排水。

(8)路床断面压密完成后,应进行弯沉检验,每幅双车道隔 50 m 需测定 4 点。应在考虑季节影响后符合设计要求,以保证满足路基强度要求。

3.8.4 路基边坡施工

路基边坡施工是路基施工作业中的重要环节,路基边坡施工应符合《标准》的规定。在施工中应注意如下几点:

(1)放样。根据线路中桩和设计表,通过放样定出边坡的位置和坡度,确定路基轮廓,要求放样准确、可靠。

(2)做好坡度式样。按照规定,首先在适当位置做出边坡式样,作为全面施工的参照。

(3)随时测量。对高路堤或深路堑,每做一段距离就要测量放线一次,发现问题,及时纠正,在变坡点处更要注意测量检查。

(4)留有余量。路基修筑时,边坡部位要留有一定的余量,以方便进一步修正后达到设计要求的标准,岩石边坡要尽量一次完成。

(5)边坡附近如需要打眼放炮,则要严格控制炮眼方向及装药量,防止将边坡震松,引起边坡破坏。

填土边坡面,除了截面符合施工图纸形状,并注意上述要点外,施工中最重要的一点是边坡的压实。如果边坡面层和路堤主体相比不够密实,在遇到降雨天气时,很可能在水的作用下发生滑坡等破坏。为了防止这种情况的发生,要对路堤边坡尽可能地采用机械压实的方法,达到密实度要求。

施工中,要考虑施工过程中降雨的情况,采取必要措施预防因雨水洗刷和渗透而发生的边坡滑移。由于填土边坡面的施工程序和压实方法不当,引起路堤崩溃和路侧下沉的情形是经常发生的。路堤边坡施工中应尽量选择既简单又能有效保证路堤边坡安全的方法。

3.8.5 挖方路基施工

路堑开挖施工,应综合考虑开挖段的地形、地质、地貌等自然因素,以及各种施工机械的使用性能。开挖应根据路堑的深度、纵向长度,以及地形、地质、土石方调配情况和机械设备条件等因素确定。在路堑开挖前,应做好各种准备工作,并建立一系列的安全保障措施,保证施工的安全、顺利进行,保证施工的工程质量。挖方路基的施工包括土方路堑开挖和石方路堑开挖两个方面。

3.8.5.1 土方路堑开挖

土方路堑开挖前,应做好现场伐树、除根等清理工作,如果移挖作填,还需将表层土壤单独挖除、清运。土方路堑的开挖根据路堑深度和纵向长度及现场的施工条件,可分为全断面横挖法、纵挖法和混合式开挖法三种。

① 全断面横挖法:对路堑整个横断面的宽度和深度从一端或两端逐渐向前开挖的方式。全断面横挖法可分为一层横向全宽挖掘法和多层横向全宽挖掘法两种方式。

② 纵挖法:是沿道路的纵向进行挖掘。纵挖法分为分层纵挖法、通道纵挖法及分段纵挖法 3 种方式。

③ 混合式开挖法:将横挖法与通道纵挖法混合使用称为混合式开挖法。适用于路堑纵向长度和挖深都很大时,先将路堑纵向挖通后,然后沿横向坡面挖掘,每个坡面应设一个机械班组作业。

(1)土方开挖要求。

① 路基开挖前应对沿线土质进行检测和试验。适用于种植草皮或其他用途的表土,应储存于指定地点;对开挖出的适用材料,应用于路基填筑,可减少挖方弃土和弃土堆的面积,亦可减少填方借土和取土坑的面积。但各类材料不应混杂,因为混杂材料均匀性差,难以保证路基的压实质量。对不适用的材料可作外弃处理。

② 土质路堑地段的边坡稳定极为重要。一方面,要注意施工方法,如采用机械开挖,要注意不要超挖,

超挖易造成坍塌伤人,因而严禁超挖;另一方面,要注意施工顺序,防止因开挖顺序不当而引起边坡失稳崩塌,应按原有自然坡面自上而下挖至坡脚,不可逆序施工,否则极易引起滑坡体坍塌。

③ 施工中如遇土质变化需修改施工方案时,应及时报批;如因冬季或雨季影响,使挖出的土方不能及时用于填筑路堤时,应按路基季节性施工的有关方法进行处理,如路堑路床的表层下为有机土、难以晾干压实的土或不宜做路床的土,均应清除换填,必要时还应设置渗沟,以保证满足路基深度的需要。如遇到特殊土质(盐渍土、黄土、膨胀土等)以及易于坍滑的土时。应按特殊土的有关要求施工。

④ 挖方路基施工标高应考虑压实的下沉值。绝不能将路基的施工标高与路基的设计标高(路线纵断面图上设计标高)混同,造成超挖或欠挖,造成浪费或返工。

(2)排水设施的开挖。

水是造成路基各种病害的主要原因,所以在路堑开挖前应做好截水沟,并根据土质情况做好防渗工作。施工期间应修建临时排水设施。临时排水设施应与永久性排水设施相结合,水流不得排入农田、耕地,不得污染自然水源,也不得引起淤积或冲刷。

(3)边坡开挖。

应做好放样、布设标准边坡等工作。路堑边坡由自然状态土、石开挖而形成,随线路经过地带不同而有较大的变化,工程性质有时差别很大。

(4)压实。

挖至设计标高时,应该留有余量,压实后需要与设计标高相同。压实工艺与填方压实类似,可参照填方压实。

3.8.5.2　石方路堑开挖

石方路堑的开挖通常采用爆破法,有条件时宜采用松土法,局部可采用破碎法开挖。施工时采用的爆破方法,要根据石方的集中程度、地质、地形条件及路基断面形状等具体条件而定,主要方法有深孔爆破、光面爆破与预裂爆破等。

① 深孔爆破。此法的爆破效果较好,一次爆破量较大,对路基边坡的影响比大型爆破要小,安全性较高,爆破效果易于控制。

② 光面爆破。光面爆破是在开挖限界的周边,适当排列一定间隔的炮孔,在有侧向临空面的情况下,用控制抵抗线和药量的方法进行爆破,使之形成一个光滑平整的边坡。

③ 预裂爆破。预裂爆破是在开挖限界处按适当间隔排列炮孔,在没有侧向临空面和最小抵抗线的情况下,用控制药量的方法,预先炸出一条裂缝,使拟爆体与山体分开,作为隔震减震带,起保护开挖限界以外山体或建筑物,以及减弱地震破坏的作用。

3.9　路基工程分项及工程量计算　>>>

3.9.1　清表

清表工程量应按路基开挖线或填筑边线之间的水平投影面积以 m² 为单位计量;胸径超过 10 cm 的树按棵计算,应依据图纸所示路基范围内胸径 10 cm 以上(含 10 cm)的树木,按实际砍伐数量以棵为单位计量;胸径在 10 cm 内的树按照灌木林计算,以 m² 计;除草按照 m² 计,清除表土按照 m³ 计,挖淤泥、湿土、流沙等按照 m³ 计;填前压(夯)实及坡前挖松按照 m³ 计。

【例 3-1】　试根据路基设计表(附录 4),计算清表工程量。

【解】　根据工程量计算规则:清表工程量应按路基开挖线或填筑边线之间的水平投影面积以 m² 为单

位计量,宽度按照平均宽度计算,长度为1000 m。

根据"坡口、坡脚至中桩距离"可知,平均宽度为11.28 m。

由上述可知,清表的面积为:

$$11.28 \times 1000 = 112800(\text{m}^2)$$

清表厚度30 cm,所以清除表土工程量为:

$$112800 \times 0.3 = 33840(\text{m}^2)$$

3.9.2 宽填和填前压实所增加的工程量

3.9.2.1 因基底不实和耕地填前压实所增加的土方数量

因基底不实和耕地填前压实所增加的土方数量应计入填方工程量,按式(3-12)计算:

$$Q = F \cdot h \tag{3-12}$$

式中 Q——压(夯)实增加的填方数量,m^3。

F——填前压实的天然土的地表面积,m^2。

h——压实产生的沉降量,m,按下式计算:

$$h = 0.01 \times p/c \tag{3-13}$$

p——压路机的有效作用力,N/cm^2。12~15 t压路机的有效作用力一般按66 N/cm^2计算。

c——土的抗沉陷系数,N/cm^3,其值可按表3-11计取。

表3-11　　　　　　　　　　部分原状土的抗沉陷系数(c)参考表

原状土名称	c/(N/cm^3)	原状土名称	c/(N/cm^3)	原状土名称	c/(N/cm^3)
沼泽土	1~1.5	松土、松湿黏土、耕土	2.5~3.5	坚实的黏土	10.0~12.5
凝滞土、细粒土	1.8~2.5	大块胶结的砂、潮湿黏土	3.5~6.0	灰泥土	13.0~18.0

3.9.2.2 因路基加宽所增加的填方数量

填方路基边缘部分需要压实,解决方法是填方区边缘处宽填,《公路路基施工技术规范》(JTG F10—2006)中规定:"整修用机械填筑的路堤表面时,应将其两侧超填的宽度切除。超填宽度的允许值为:砂性土0.20~0.30 m,粉性土0.15~0.20 m,黏性土0.10~0.20 m。"增加的土方量可用式(3-14)计算:

$$宽填土方量 = 填方区边缘全长 \times 边坡平均高度 \times 宽填宽度 \times 2 \tag{3-14}$$

【例3-2】 吉林省某二级公路K22+420~K22+460设计段,所处位置为耕地。按设计断面计算的填缺土方为642.46 m^2,平均填土高度为0.1 m,路基平均占地宽度为11.28 m;填方土为粘性土,属于Ⅱ类土,拟采用12 t压路机进行填前压实。试问:填前压实导致填方增加的工程量为多少? 宽填导致增加的工程量为多少? 总计价土石土方量(压实方)为多少?

【解】 填前压实导致填方增加的工程量,12 t压路机可选取66 N/cm^2,再根据表3-11可知耕土的抗沉陷系数c可取3 N/cm^2。根据式(3-13),可知压实产生的沉降量h为:

$$h = 0.01 \times 66 \div 3 = 0.22(\text{m})$$

$$V_{填前压实} = 11.28 \times 40 \times 0.22 = 99.26(\text{m}^3)$$

宽填导致填方增加的工程量,根据填方土为粘性土,宽填可取0.2 m,根据式(3-13),可知宽填导致填方增加的工程量为:

$$V_{宽填} = 40 \times 0.1 \times 0.2 \times 2 = 1.6(\text{m}^3)$$

由于宽填属于保证压实边缘的措施,所以按照天然方计,计价土方为:

$$V_{计价土方} = 642.46 + 99.26 + 1.6 \div 1.16 = 743.10(\text{m}^3)$$

3.9.3　路基主体工程土石方数量

由路基土石方数量计算表汇总路基主体的各种土石方数量。

（1）挖方：只包含路基的挖。

（2）本桩利用填方：只包含本桩利用的填。

（3）远运利用填方：包含远运利用方的运输和填筑。

（4）借土填方：包含借土挖方、运输和填筑。

3.9.4　改河、改渠的土石方

改河、改渠多为挖方，挖方按体积计算，按路线长度乘核定的断面面积，以天然密实方计算体积，内容包括：① 施工防水、排水；② 开挖、装卸、运输；③ 路基顶面挖松、压实等；④ 修整路基。

3.9.5　修整路基

修整路基包含两方面操作，即修整路拱及修整边坡。修整路拱时应按 m^2 计，修整边坡时应按 km 计。

【例3-3】　试根据路基设计表（附录4），计算修整路拱及修整边坡的工程量。

【解】　根据计算规则，修整路拱应该按照面积，以 m^2 计；修整边坡应该按照路基长度，以 km 计。所以修整路拱的工程量为：

$$\frac{10.35+10.11}{2}\times(620-600)+\frac{10.11+10}{2}\times(628.752-620)+10\times(1000-20-8.752)=10005.08(m^2)$$

而修整边坡的工程量为 1 km。

3.9.6　排水工程

边沟、排水沟、截水沟的挖基费用按人工挖截水沟、排水沟定额计算，其他排水工程的挖基费用按土石方工程的相关定额计算。所以排水工程的挖土石方应该计入路基土方的工程量，只计算边沟、排水沟、截水沟的本体工程量。

（1）人工挖截水沟、排水沟应该按照天然方，以 m^3 计。

（2）土质排水内容包括放线，挖松，将土挖出筑成排水地并修坡。

（3）石质排水内容包括打眼、爆破、清理，用手锤及钢钎修理水沟断面直至达到设计要求。

（4）路基盲沟应该以 m 计。

（5）边沟、排水沟、截水沟、急流槽应该计算实体体积，以 m^3 计；如果有钢筋，钢筋应该以 t 计。

【例3-4】　试根据图纸（附录6），计算K14＋600～K15＋600边沟工程量。

【解】　根据路基、路面排水工程数量表（附录7）可知，K14＋600～K15＋160，采用Ⅰ型边沟；K15＋160～K15＋280，采用Ⅴ型边沟；K15＋280～K15＋600，采用Ⅰ型边沟。

对于Ⅰ型边沟，根据图纸，每延米植草工程量为2.87 m^2，所以其工程量为：

$$2.87\times[(K15+160)-(K14+600)]+2.87\times[(K15+600)-(K15+280)]=2525.60(m^2)$$

对于Ⅴ型边沟，根据图纸，每延米M10浆砌片石为0.48 m^3，砂砾垫层为0.13 m^3，所以其工程量为：

M10浆砌片石：

$$0.48\times[(K15+280)-(K15+160)]=57.60(m^3)$$

砂砾垫层：

$$0.13\times[(K15+280)-(K15+160)]=15.6(m^3)$$

3.9.7　软土地基处理工程

（1）袋装砂井及塑料排水板处理软土地基，工程量为设计深度。定额材料消耗中已包括砂袋或塑料排水板的预留长度。

(2)振冲碎石桩定额中不包括污泥排放处理的费用,需要时另行计算。

(3)挤密砂桩和石灰砂桩处理软土地基定额的工程量为设计桩断面面积乘设计桩长。

(4)粉体喷射搅拌桩和高压旋喷桩处理软土地基定额的工程量为设计桩长。

(5)高压旋喷桩定额中的浆液是按普通水泥浆编制的,当设计采用的添加剂或水泥用量与定额不同时,可按照设计进行抽换。

(6)土工布的铺设面积为锚固沟外边缘所包围的面积,包括锚固沟的底面积和侧面积。定额中不包括排水内容,需要时另行计算。

(7)强夯定额适用于处理松、软的碎石土、砂土、低饱和度的粉土与黏性土、湿陷性黄土、杂填土和素填土等地基,定额中已综合考虑坑的排水费用,使用定额时不得另行增加费用。夯击遍数应根据地基土的性质由设计确定,低能量满夯不作为夯击遍数计算。

(8)堆载预压定额中包括堆载四面的放坡、沉降观测,修坡道增加的人工、材料、机械消耗以及施工中测量放线、定位的人工、材料消耗,使用定额时均不得另行计算。

3.9.8 防护工程

3.9.8.1 说明

(1)定额中未列出的其他结构形式的砌石防护工程,需要时按"桥涵工程"项目的有关定额计算。

(2)定额中除注明者外,均不包括挖基、基础垫层的工程内容,需要时按"桥涵工程"项目的有关定额计算。

(3)本章定额中除注明者外,均已包括按设计要求设置的伸缩缝、沉降缝的费用。

(4)定额中除注明者外,均已包括水泥混凝土的拌和费用。

(5)植草护坡定额中均已综合考虑黏结剂、保水剂、营养土、肥料、覆盖薄膜等的费用,使用定额时不得另行计算。

(6)现浇拱形骨架护坡可参考定额中的现浇框格(架)式护坡进行计算。

(7)预应力锚索护坡定额中的脚手架是按钢管脚手架编制的,脚手架宽度按 2.5 m 考虑。

3.9.8.2 工程量计算规则

(1)铺草皮工程量按所铺边坡的坡面面积计算。

(2)护坡定额中以 100 m^2 或 1000 m^2 为计量单位的项目的工程量,按设计需要防护的边坡坡面面积计算。

(3)木笼、竹笼、铁丝笼填石护坡的工程量按填石体积计算。

(4)定额砌筑工程的工程量按砌体的实际体积计算,包括构成砌体的砂浆体积。

(5)定额预制混凝土构件的工程量按预制构件的实际体积计算,不包括预制构件中空心部分的体积。

(6)预应力锚索的工程量按锚索(钢绞线)长度与工作长度的质量之和计算。

(7)抗滑桩挖孔工程量按护壁外缘所包围的面积乘设计孔深计算。

【例 3-5】 试根据路基防护工程设计图(附录 8)及路基防护工程数量表(附录 9),确定 K14＋600～K15＋600 设计段植物防护工程量。

【解】 由路基防护工程数量表可知,K14＋600～K15＋600 设计段左侧采用植物防护,植物类型为植草和紫穗槐,而右侧不采用植物防护。其工程量为:

植草:

对于 K14＋600～K15＋520 设计段,根据路基防护工程数量表 K13＋940～K15＋520 段:

$$3918.40÷1580×[(K15＋520)-(K14＋600)]=2281.60(m^2)$$

对于 K15＋300～K15－600 设计段,根据路基防护工程数量表 K15＋300～K17＋800 段:

$$5050.00 \div 2500 \times [(K15+600) - (K15+300)] = 606.00 (m^2)$$

紫穗槐：

对于 K14+600～K15+600 设计段,仅在 K14+600～K15+520 段有紫穗槐,根据路基防护工程数量表 K13+940～K15+520 段:

$$284.40 \div 1580 \times [(K15+520) - (K14+600)] = 165.60 (m^2)$$

【例 3-6】 试根据 K15+160～K15+280 挡墙设计图(附录 10),计算挡土墙的工程量。

【解】 根据上述内容,挡土墙应该按照体积计算。图纸设计挡土墙为 M10 浆砌片石挡土墙,再根据定额,墙体与基础分开计算工程量。

墙身每延米的工程量为:

$$(0.6+1.66) \div 2 \times (3+1.25) = 4.80 (m^3)$$

基础每延米的工程量为:

$$(0.3+0.5) \div 2 \times 1.96 = 0.78 (m^3)$$

挡土墙在桩号 K15+160～K15+280 一侧,故挡土墙总长度为 120 m,所以,

墙身工程量:

$$4.80 \times 120 = 576.00 (m^3)$$

基础工程量:

$$0.78 \times 120 = 93.6 (m^3)$$

📚 思政案例

它被誉为中国公路史的奇迹,同时也是广大自驾爱好者心神俱往的圣路,如果你未曾亲临此地,就无法切身体会它带来的震撼,也无法感受其中的壮观险峻、刺激恢弘。它就是怒江 72 拐,又被称为 99 道弯和 108 道拐。

怒江 72 拐,位于昌都市八宿县境内,从海拔 4658 m 的业拉山顶到海拔 2800 m 的嘎玛沟山谷,30 公里路段落差有 1800 多米,其因坡陡、弯多而得此名。

望着千仞峭壁、万丈悬崖,让人不禁感叹:70 多年前,进藏解放军凭借着铁锹、十字镐和简易炸药,在"鸟道羊肠、天梯栈道"上修筑公路,付出的艰辛和牺牲可想而知。

【思政要点】

怒江 72 拐只是天路的一个缩影,先辈们献身天路,不仅要吃大苦、耐大劳,更要坚守使命、不惧生死。当年,人民解放军战士一不怕苦,二不怕死,以每公里牺牲一名将士的代价,修筑了通往"世界屋脊"的川藏、青藏公路。

吾辈当自强,练好本领,掌握扎实的理论知识,为祖国公路事业奋斗终身。

图 3-29 怒江 72 拐

知识归纳

（1）横断面由行车道、路肩、中间带、路缘石等组成；行车道的加宽有比例过渡和高次抛物线过渡两种，道路超高分有中间带和无中间带两种。

（2）土石方调配过程中，包括填、挖方量的计算方式，经济运距的计算，横、纵向利用土方的计算，并且通过计算得出的经济运距与实际运距进行对比，从而进行土石方调配。

（3）路基排水分为地面排水和地下排水两大类。地面排水设施主要有边沟、截水沟、排水沟、跌水与急流槽等；地下排水设施有明沟与排水槽、暗沟（盲沟）、渗井和渗沟等。

（4）认识路基常用施工机械及各自的用途，填方路基的施工过程，挖方路基施工方式，压实机械的选择及影响压实的主要因素，了解软土地基处理的方式。

（5）路基工程计算工程量时注意宽填和填前压实所导致的土方数量增加，应计入填方内。

独立思考

3-1　如何进行行车道加宽？

3-2　如何进行道路的超高？

3-3　进行土石方调配需注意哪些问题？

3-4　简述填方路基施工的过程。

3-5　某高速公路路基工程，全长 28 km，按设计断面计算的填缺为 6720000 m³，平均填土高度为 7 m，平均坡长 10.5 m，填宽厚度 0.2 m，路基平均占地宽度 45 m，路基占地及取土坑均为耕地，土质为 Ⅱ 类土，填前用 12 t 压路机压实耕地。求：填前压实增加的土方量，宽填增加的土方量，总计价土石方量（压实方）。

思考题答案

参考文献

[1]　张艳红.道路工程施工.北京：中国建筑工业出版社，2022.

[2]　徐秀维，张爱芳.道路工程施工技术.2 版.北京：化学工业出版社，2021.

[3]　欧阳伟.道路工程施工技术.辽宁：东北大学出版社，2006.

[4]　陈建华.公路工程机械化施工组织.北京：化学工业出版社，2023.

[5]　中华人民共和国交通运输部.公路工程预算定额（上、下册）：JTG/T 3832—2018.北京：人民交通出版社股份有限公司，2018.

4

公 路 路 面

课前导读

内容提要

本章主要内容包括公路路面的作用、分类、层次划分，基层的分类及施工，沥青路面的类型及施工，水泥混凝土路面施工及路面工程的工程量计算。

本章的重点为公路路面的层次划分，基层施工，沥青类路面施工与路面工程的工程量计算；难点为公路路面的层次划分，基层施工，沥青类路面施工及水泥混凝土路面施工。

能力要求

通过对本章的学习，学生应掌握路面施工方法。

数字资源

5分钟看完本章

路面不仅应具有足够的强度和刚度,而且应具有足够的稳定性(包括高温稳定性、低温抗裂性、水稳性和大气稳定性),以及足够的抗滑性能和足够的平整度等基本性能。

4.1 概　　述　>>>

4.1.1　公路路面的作用与基本要求

4.1.1.1　公路路面的作用

路面是道路的重要组成部分,是在路基的顶部用各种材料或混合料分层铺筑的供车辆行驶的一种层状结构物。它直接承受行车荷载和自然因素的作用。路面的性能影响行车速度、安全性、舒适性和运输成本。因此,根据道路等级和任务,合理选择路面结构,精心设计,严格施工,使路面在设计使用年限内具有良好的使用性能,对节约投资、提高运输效益具有十分重要的意义。

4.1.1.2　公路路面的基本要求

为了保证公路与城市道路全年通车,提高行车速度,增强安全性和舒适性,降低运输成本和延长道路使用年限,要求路面具有下述性能。

(1)强度和刚度。

强度是指结构整体及其各组成结构层抵抗行车荷载作用产生各种应力、避免破坏的能力。刚度是指路面抵抗变形的能力。

(2)稳定性。

路面结构裸露于大气之中,无时不受到温度和水分变化的影响,其力学性能也就随之不断发生变化,导致强度和刚度不稳定,路况时好时坏。例如,沥青路面在夏季高温时会变软而产生车辙和推挤,冬季低温时又可能因收缩或变脆而开裂;水泥混凝土路面在高温时会发生拱胀破坏,温度急剧变化时会因翘曲而产生破坏;砂石路面在雨季时,会因雨水渗入路面结构,使其含水量增多而导致强度下降,产生沉陷、轮辙或波浪。

(3)耐久性。

路面结构要承受车辆荷载和冷热、干湿等自然因素的多次重复作用,由此逐渐产生疲劳破坏和塑性变形的累积。另外,路面各结构组成的材料可能由于老化而导致破坏,这些都将缩短路面的使用年限和寿命,增加养护工作的难度。因此,路面结构必须具有足够的抗疲劳强度以及抗老化和抗变形累积的能力。

(4)表面平整度。

不平整的路表面会增大行车阻力并使车辆产生附加的振动作用。这种振动作用会造成行车颠簸,影响行车的速度和安全、驾驶的平稳性和乘客的舒适度。同时,振动作用会对路面施加冲击力,从而加剧路面和汽车机件的损坏及轮胎的磨损,并增大油料的消耗。此外,不平整的路面还会积滞雨水,加速路面的破坏。

(5)表面抗滑性能。

汽车在光滑的路面上行驶时,车轮与路面之间缺乏足够的附着力或摩擦阻力。在雨天高速行车,或紧急制动或突然启动,或爬坡、转弯时,车轮易产生空转或打滑,致使车速降低,油料消耗增多,甚至引起严重的交通事故。

(6)少尘性及低噪声。

汽车在砂石路面上行驶时,车身后面产生的真空吸引力会将表层较细材料吸出而使尘土飞扬,甚至导致路面松散、脱落和坑洞等现象的发生。扬尘会加速汽车机件的损坏,给乘客和沿路居民的环境卫生以及货物和路旁农作物带来不良影响,扬尘还会减短驾驶员行车视距,降低行车速度。因此,要求在行车过程中尽量减少路面扬尘。

4.1.2 路面的分级与分类

4.1.2.1 路面的分级

通常可按面层的使用品质、材料组成类型以及结构强度和稳定性的不同,将路面分成四个等级。表 4-1 列出了各级路面所具有的面层类型及其所适用的公路等级。

表 4-1 　　　　　　　　　　　　各级路面所具有的面层类型及其所适用的公路等级

公路等级	采用路面等级	面层类型
高速公路,一级、二级公路	高级路面	沥青混凝土
		水泥混凝土
二级、三级公路	次高级路面	沥青贯入式
		沥青碎石
		沥青表面处治
四级公路	中级路面	碎石、砾石(泥结或级配)
		半整齐石块
		其他粒料
	低级路面	粒料加固土
		其他当地材料加固或改善土

(1)高级路面,强度和刚度高,稳定性好,使用寿命长,能适应较繁重的交通量;平整无尘,能保证高速行车;养护费用少,运输成本低;但其基建投资大,需要质量较好的材料。

(2)次高级路面,与高级路面相比,强度和刚度较高,使用寿命较短,适应较小交通量、行车速度较低。其造价较高级路面低,但其养护费用和运输成本较高。

(3)中级路面,强度和刚度低,稳定性差,使用期限短,平整度差,易扬尘。其仅适应较小交通量、行车速度低。其造价低,但养护费用和运输成本高。

(4)低级路面,强度和刚度最低,水稳性和平整度均差,易扬尘,只能保证低速行车,适应交通量最小。其造价低,但养护费用和运输成本很高。

4.1.2.2 路面的分类

路面类型一般按路面使用的主要材料划分,如水泥混凝土路面、沥青路面、砂石路面等。但在进行路面结构设计时,主要从路面结构的力学特性出发,将路面划分为柔性路面和刚性路面两大类。

(1)柔性路面。

柔性路面结构整体刚度较小,在行车荷载作用下产生的弯沉变形较大,路面结构层抗弯拉强度较小,行车荷载通过各结构层传给土基,因而使土基承受较大的应力。路面结构主要靠抗压、抗剪强度承受行车荷载作用。柔性路面的路面结构主要由各种未经处治的粒料基层和沥青面层、碎(砾)石面层或块石面层组成。

(2)刚性路面。

刚性路面主要是指用水泥混凝土做面层或基层的路面结构。与柔性路面相比,刚性路面具有较高的抗压、抗弯拉强度和弹性模量,刚度大,具有较强的扩散应力。因此,在车辆荷载作用下,通过板体传递给基层或土基的应力比柔性路面小得多。

4.1.3 路面结构及层次划分

行车荷载和自然因素对路面的作用和影响,随深度的增加而递减。因此,对路面结构的强度、抗变形能力和稳定性的要求也随深度的增加而逐渐降低。根据这一特点,同时考虑筑路的经济性,路面结构一般由各种不同材料分多层铺筑,各个层位分别发挥不同的作用。通常将路面结构主要划分为面层、基层和垫层,如图4-1所示。

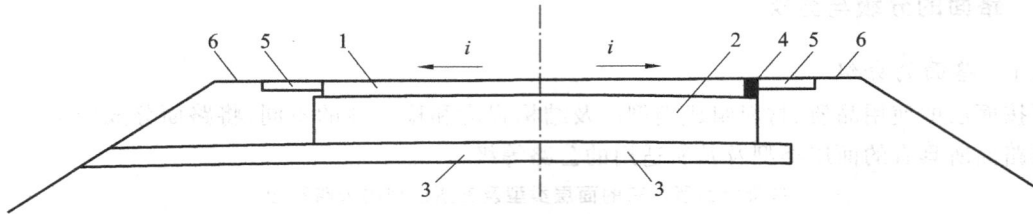

图4-1　路面结构主要层次

1—面层;2—基层;3—垫层;4—路缘石;5—硬路肩;6—土路肩

4.1.3.1　面层

面层是路面结构的最上层,直接与车辆荷载和大气接触。与其他层次相比,面层应具备更高的强度、抗变形能力和较好的稳定性、平整度,同时应具有较好的耐磨性、抗滑性和不透水性。

4.1.3.2　基层

基层设置在面层之下,承受由面层传递下来的行车荷载,并将它扩散和传递到垫层和土基上。虽然基层位于面层之下,但仍然难以避免大气降水从面层渗入,而且可能受到地下水的浸蚀。因此,基层除应具有足够的强度和刚度外,还应具有良好的水稳定性。同时为了保证面层的平整度,要求基层具有一定的平整度。

4.1.3.3　垫层

垫层位于基层和土基之间。它的功能是改善土基的湿度和温度状况,保证基层和面层的强度、刚度和稳定性不受土基的影响。同时垫层将基层传递下来的车辆荷载进一步扩散,从而减小土基顶面的压应力和竖向变形。另外,垫层也能阻止路基土挤入基层。在地下水位较高,以及土质不良或冻深较大的路基上通常都应设置垫层。垫层材料的强度要求不一定高,但水稳定性和隔温性要好。

4.2　路面基层及施工　>>>

路面基层是直接位于面层下的结构层次,它是路面结构中的主要承重层,直接承受由面层传递下来的车轮垂直压力,并将其扩散到面层下的结构中。因此,基层材料应具有足够的抗压强度,较好的应力扩散能力,同时应具有足够的水稳定性,以防基层湿软后变形,从而导致面层损坏。

常用的基层材料主要有碎(砾)石和无机结合稳定集料或稳定土两大类。碎(砾)石类基层属于柔性基层,按强度构成可分为级配型与嵌锁型,级配型粒料基层的强度和稳定性取决于内摩擦力和黏结力。无机结合料稳定类基层属于半刚性基层,是指以石灰、水泥掺入土(集料)中或与工业废渣等共同或分别掺入土(集料)中,通过加水拌和,碾压成型的基层。常用的有石灰土、水泥土、石灰粉煤灰土,以及以此类材料共同或分别掺入砾(碎)石、工业废渣中,成为各种无机结合类材料。

根据材料不同,基层可以划分为一层:基层;两层:基层、底基层;三层:上基层、下基层和底基层。

4.2.1　碎(砾)石类基层

4.2.1.1　级配型碎(砾)石类材料

级配型碎(砾)石类材料是各种粗细碎石(砾石)集料和石屑(砂)各占一定比例,且其颗粒组成符合密实级配要求的混合料,经铺压成型后可用作路面的基层。

连续级配的级配曲线平顺、圆滑,相邻粒径间有一定的重要比例,混合料不易离析。在连续级配中剔除其中一个或几个分级形成一种不连续的级配称为间断级配。间断级配的粒料可以互相靠拢而不受干扰,从而提高混合料的摩擦角;细料部分仍按连续级配原则以保持其黏结力,且粗料的空隙以更小的粒径而不是次级集料填充得到更大的密实度。因此间断级配兼有嵌挤原则与级配原则的优点,是摩擦力、黏结力、密实度都最好的混合料。

4.2.1.2 嵌锁型碎(砾)石类材料

嵌锁原则的理论基础是填充理论,即大颗粒填料间孔隙如何填充才能使孔隙率最小,同时大小颗料间又不会产生干涉(挤开)现象。因此,它的抗剪强度主要取决于剪切面上的法向应力和材料内摩擦角。它由粒料表面的相互滑动摩擦、剪切时体积膨胀而需克服的阻力、粒料重新排列受到的阻力三项因素构成。

4.2.1.3 嵌挤型碎(砾)石类混合料

嵌挤型碎(砾)石类混合料是以尺寸较均匀的机制碎石作为集料,并以石屑和石屑及黏土或石灰土灌缝,来增加其密实度和稳定性。

4.2.2 稳定类基层

4.2.2.1 石灰稳定土基层

在粉碎的或原来松散的土(包括各种粗、中、细粒土)中,掺入足量的石灰和水,经拌和、压实及养护后得到的混合料,当其抗压强度符合《规范》的要求时,称为石灰稳定土。若用石灰稳定细粒土,简称石灰土;用石灰稳定天然砂土或用石灰土稳定级配砂砾时,简称石灰砂砾土;用石灰稳定天然碎石或用石灰土稳定级配碎石时,简称石灰碎石土。

影响石灰土强度的因素主要有土质、灰质、石灰剂量、拌和及压实、养护等方面。

石灰稳定土不但具有较高的抗压强度,而且具有一定的抗弯拉强度。因此,石灰稳定土一般可用于各类路面的基层和底基层。但石灰稳定土因其水稳性较差不宜做高速公路或一级公路的基层,必要时可用作底基层。在冰冻地区的潮湿路段以及其他地区的过湿路段,也不宜采用石灰土作基层。对于二级和二级以下的公路,石灰稳定土基层和底基层可以采用路拌法施工,但二级公路应采用专用的稳定土拌和机;一级公路和高速公路,除直接铺筑在土基上的底基层下层可以用专用稳定土拌和机进行路拌法施工外,其上的各个稳定土层都应采用厂拌法拌制混合料,并用摊铺机摊铺混合料。

4.2.2.2 水泥稳定土基层

在粉碎的或原来松散的土(包括各种粗、中、细粒土)中,掺入足量的水泥和水,经拌和得到的混合料经压实及养护后,当其抗压强度符合规定的要求时,称为水泥稳定土。用水泥稳定砂性土、粉性土得到的混合料;简称水泥土;用稳定砂得到的混合料,简称水泥砂;用水泥稳定粗粒土和中粒土得到的混合料,视所用原材料的不同,可简称水泥碎石(级配碎石和未筛分碎石)、水泥砂砾等。影响水泥稳定土强度的因素有:① 土的类别和性质。② 水泥类型及剂量。③ 施工及养护。

4.2.2.3 石灰工业废渣稳定土基层

将一定数量的石灰和粉煤灰,或石灰和煤渣与其他集料相配合,加入适量的水(通常为最佳含水量),经拌和、压实及养护后得到的混合料,当其抗压强度符合一定要求时,统称石灰工业废渣稳定土,简称石灰工业废渣。

4.2.2.4 稳定类基层的施工

路面基层(底基层)多采用半刚性基层材料,施工中混合料的拌和方式有路拌法和厂拌法。

(1)路拌法施工。

路拌法按拌和方式又可以分为机械路拌法和人工沿路拌和法。摊铺方式有人工摊铺和机械摊铺两种。机械化施工时,人工仅仅起到辅助作用。

半刚性基层机械路拌法施工的主要工序为:准备下承层→施工放样→备料→运输摊铺集料→洒水布料→整平和轻压→摆放和摊铺水泥→干拌和→加水湿拌和→整形→碾压成型→接缝和调头处理→初期养护。

对二级以下公路,石灰稳定土基层和石灰工业废渣稳定土基层与底基层可以采用人工沿路拌和法施工。人工沿路拌和法施工的施工前准备、整形、碾压与机械路拌法相同,备料、拌和方法略有差异。

(2)厂拌法施工。

厂拌法施工流程如图4-2所示。施工要点主要包括:① 拌和与运输;② 摊铺和整形;③ 碾压;④ 接缝处理;⑤ 养护。

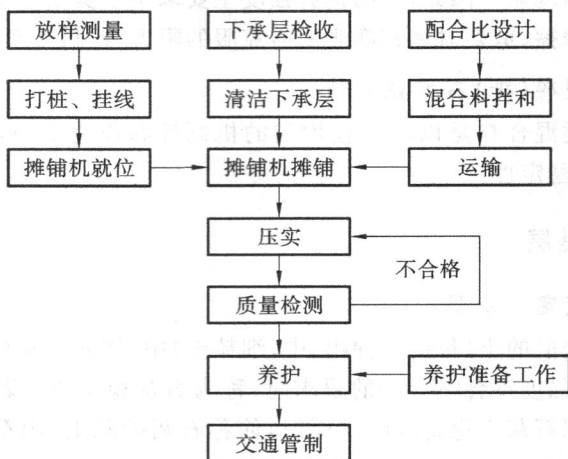

图4-2 厂拌法施工流程

基层主要施工机具包括基层混合料拌和站、自卸汽车、装载机、推土机、平地机、摊铺机、光轮压路机、振动压路机、洒水车等。

4.3 沥青类路面及施工 >>>

沥青类路面由于使用了沥青结合料,因而增强了集料间的黏结力,提高了混合料的强度和稳定性,使路面的使用质量和耐久性都得到提高。与水泥混凝土路面相比,沥青路面具有表面平整,无接缝,行车舒适,耐磨,振动小,噪声低,施工期短,养护、维修简便等优点。但沥青路面的抗弯拉强度较低和透水性小,因而要求基层和土基应具有足够的强度和水稳定性。而且沥青路面的温度稳定性较差,低温时抗变形能力很弱,在寒冷地区,由于土基不均匀冻胀而使沥青路面开裂;高温季节,路面易出现推移、壅包、波浪等破坏现象,受施工季节和气候的影响较大。

沥青搅拌施工视频

4.3.1 沥青类路面类型

沥青类路面通常分为沥青混凝土、热拌沥青碎石、乳化沥青碎石混合料、沥青贯入式、沥青表面处治5种类型。近年来,在工程实验中,又出现了沥青玛琋脂碎石混合料(SMA)、多孔隙沥青混凝土(PAWC)、多碎石沥青混凝土(SAC)等新型沥青混凝土,其中SMA在我国的公路建设中已经得到了一定的应用。目前我国最常用的沥青路面材料是热拌沥青混合料(AC)。按施工工艺,沥青类路面施工可分为层铺法、路拌法和厂拌法。

热拌沥青混合料适用于各种等级道路的沥青面层。高速公路、一级公路和城市快速路、主干路的沥青面层的上面层、中面层及下面层应采用沥青混凝土混合料铺筑,沥青碎石混合料仅适用于过渡层及整平层。其他等级道路的沥青面层的上面层宜采用沥青混凝土混合料铺筑。热拌沥青混合料材料种类应根据具体条件和技术规范合理选用,应满足耐久性、抗车辙、抗裂、抗水损害、抗滑等多方面要求,同时需考虑施工机械、工程造价等实际情况。沥青混凝土混合料面层宜采用双层或三层式结构,其中应有一层或一层以上是密级配沥青混凝土混合料。

4.3.2 沥青类路面施工

沥青类路面按照施工顺序,从下到上依次是:路基→垫层→基层→透层→下面层→粘层→中面层→粘层→上面层,如图 4-3 所示。

4.3.2.1 挖路槽

路基修筑完成后,要在其上面铺筑路面层,需要在修筑好的路基上挖路槽,作为路面的施工铺筑场地。多采用挖掘机施工,如图 4-4 所示。

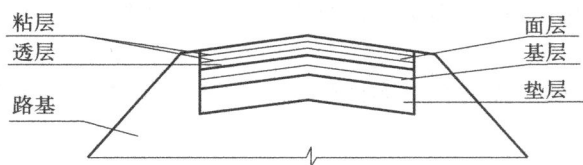

图 4-3　沥青类路面施工结构层次　　　　　　图 4-4　挖路槽

4.3.2.2 基层材料拌和方法

(1)路拌法施工。

基层材料路拌法施工方法有人工沿路拌和、拖拉机带铧犁拌和[图 4-5(a)]、稳定土拌合机拌和[图 4-5(b)]和拖拉机带铧犁原槽拌和。

(a)　　　　　　　　　　　　　　　　(b)

图 4-5　路拌法施工机械

(a)拖拉机带铧犁;(b)稳定土拌合机

(2)厂拌法施工。

基层材料厂拌法施工多用稳定土厂拌设备集中拌和、运输,如图 4-6 所示。

图 4-6　稳定土厂拌设备

4.3.2.3　透层、粘层、封层

(1) 透层。

沥青路面的级配砂砾、级配碎石基层及水泥、石灰、粉煤灰等无机结合料或粒料的半刚性基层上必须浇洒透层沥青油,即液体沥青。

(2) 粘层。

粘层的作用是使上、下沥青层或沥青层与结构物完全黏结成一个整体。因此,符合下列情况时应浇洒粘层沥青:双层式或三层热拌热锅沥青混合料路面,在施工上层前,其下面的沥青层已被污染,旧沥青路面层上加铺沥青层,水泥混凝土路面上铺筑沥青面层;与新铺沥青混合料接触的路缘石、雨水进水口、检查井等的侧面。

(3) 封层。

符合下列情况之一时,应在沥青面层上铺筑上封层:沥青面层的空隙较大,透水严重;有裂缝的旧沥青路面;需加铺磨耗层改善抗滑性能的旧沥青路面;需要铺筑磨耗层或保护层的新建沥青路面。

符合下列情况之一时,应在沥青面层下铺筑下封层:位于多雨地区且沥青面层空隙较大,渗水严重;在铺筑基层后,不能及时铺筑沥青面层,且开放交通。

上封层及下封层可采用拌和法或层铺法施工的单层式沥青表面处治,也可采用乳化沥青稀浆封层(厚度宜为 3~6 mm)。

4.3.2.4　沥青类路面施工过程

以厂拌法,热拌沥青混合料为例,重点讲解沥青类路面面层的施工过程。

(1) 施工准备。

沥青混合料必须在对同类公路配合比设计和使用情况调查研究的基础上,借鉴经验,选用符合要求的材料进行配合比设计。沥青加工及混合料的施工温度应根据沥青标号及黏度、气候条件及铺装层的厚度等确定。铺筑沥青面层前,应检查基层或下卧沥青层的质量。当下承层受到污染时,必须清洗或经铣刨后方可铺筑沥青混合料。

(2) 沥青混合料的拌制与运输。

沥青混合料必须在沥青拌和厂采用拌和机械拌制。在工厂拌制混合料所用的固定式拌和设备有间歇式和连续式两种。前者是在每盘拌和时计量混合料中各种材料的重量,而后者则是在计量各种材料之后连续不断地将材料送进拌和器中拌和。

厂拌沥青混合料通常用自卸汽车运送,必须根据运送的距离和道路交通状况来组织。

(3) 现场铺筑。

热拌法沥青混合料路面的铺筑包括基层准备和放样、混合料的摊铺、混合料的压实等。

面层铺筑前,应对基层或旧路面的厚度、密实度、平整度、路拱等进行检查,为控制摊铺厚度,需在准备好的基层上进行测量放样,沿路面中心线和四分之一路面宽度处设置样桩并标出混合料的松铺厚度。沥青混合料可用人工摊铺或机械摊铺,高等级公路沥青路面应采用机械摊铺。沥青混合料摊铺机有履带式和轮胎式两种,两者的构造和技术性能大致相同。

松铺系数根据混合料的类型、施工机械、施工工艺等,通过试铺、试压确定。松铺厚度要根据试验路面确定的松铺系数调整。

(4) 压实。

沥青混合料摊铺平整之后,应趁热及时进行碾压。沥青混合料压实过程为:初压→复压→终压。湿压时应将驱动轮面向摊铺机,启动、停止均应缓慢进行,以免混合料推移。终压后路面应无轮迹,沥青混合料应符合压实度及平整度的要求,沥青混合料的分层压实厚度不得大于 10 cm。碾压的速度、湿度应符合《规范》的规定。热拌沥青混合料的碾压温度如表 4-2 所示。

表 4-2　　　　　　　　　　　热拌沥青混合料的碾压温度　　　　　　　　　　　（单位：℃）

施工工序		石油沥青标号			
		50 号	70 号	90 号	110 号
开始碾压的混合料内部温度	正常施工	≥135	≥130	≥125	≥120
	低温施工	≥150	≥145	≥135	≥130
碾压终了的表面温度	钢轮压路机	≥80	≥70	≥65	≥60
	轮胎压路机	≥85	≥80	≥75	≥70
	振动压路机	≥75	≥70	≥60	≥55
开放交通温度		≤50	≤50	≤50	≤45

（5）开放交通。

热拌沥青混合料路面待摊铺层表面温度小于 50 ℃时，方可开放交通。

4.4　水泥混凝土路面及施工　>>>

4.4.1　水泥混凝土路面的特点

4.4.1.1　优点

（1）强度高。混凝土路面具有较高的抗压、抗折、抗磨耗、耐冲击等力学性能，适合于繁重交通的路面和机场跑道。

（2）稳定性好。具有良好的水稳性与耐候性。混凝土路面不仅适用于一般地区，还适用于冰冻和水淹等有特殊要求的地区。

（3）整体性好。混凝土路面板体刚度大，荷载应力分布均匀，板面厚度较薄，而且外露于表面，容易进行铺筑与修整，适用于路基软弱地区。

（4）耐久性好。水泥混凝土路面耐久性优于沥青混凝土。

（5）色泽鲜艳。水泥混凝土路面反光力强，有利于夜晚行车，还可根据需要做成不同颜色的混凝土路面。

4.4.1.2　缺点

（1）水泥混凝土路面呈脆性，刚度大，变形性能差，不能承受由温度等因素引起的骤然变形。所以，水泥混凝土路面需要在横向、纵向设置伸缩缝和施工缝。但是，伸缩缝和施工缝会影响路面的连续性和平整性，况且，刚性的路面吸收震动和噪声的能力弱，影响行车舒适性。

（2）水泥混凝土路面对超载比较敏感，一旦外荷载超过设计极限强度，混凝土板便会出现断裂，其修补工作也较沥青混凝土路面困难。

（3）施工期较长。水泥混凝土路面需要一段时间来养护，除碾压混凝土外，不能立即开放交通，一般铺筑完成后需经过 14~28 h 的养护才能投入使用。

4.4.2　接缝的布置

温度的变化会导致混凝土板热胀冷缩，所以在横向、纵向布置接缝，把整个路面分割成许多板块，以避免出现混凝土裂缝，如图 4-7 所示。

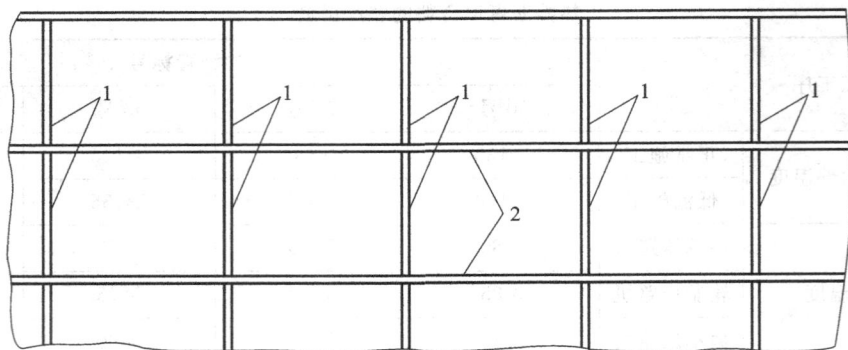

图 4-7 板的接缝设置

1—横缝；2—纵缝

（1）横缝。

横缝有缩缝和胀缝两种。

缩缝保证板体在温度和湿度降低时能自由收缩，从而避免产生不规则的裂缝。缩缝可设置传力杆。缩缝构造如图 4-8 所示。

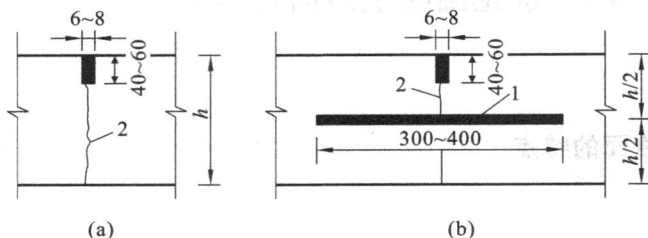

图 4-8 缩缝构造图

（a）无传力杆的假缝；（b）有传力杆的假缝

1—传力杆；2—自行断裂缝

胀缝保证板体在温度和湿度升高时能自由伸张，从而避免产生拱胀或板体挤碎和折断现象，同时胀缝也能保证板体的自由收缩。胀缝需设置传力杆。胀缝构造如图 4-9 所示。

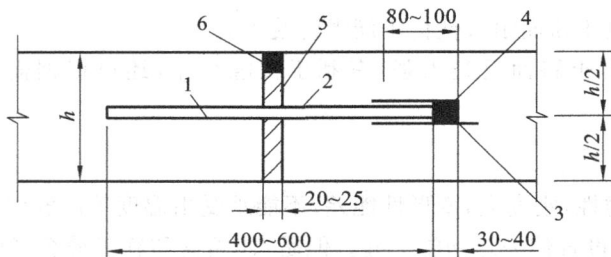

图 4-9 胀缝构造图

1—传力杆固定端；2—传力杆活动段；3—金属套管；4—弹性材料；5—软木板；6—填缝料

另外，混凝土路面每天完工或因雨天及其他原因不能继续施工时，应尽量做到将板体设置在胀缝处，如不能，也应做到设置在缩缝处，并做成工作缝的构造形状。

（2）纵缝。

纵缝是指平行于混凝土行车道方向的接缝，纵缝一般每隔 1 个车道宽度（3～4 m）设置一道。纵缝构造如图 4-10 所示。

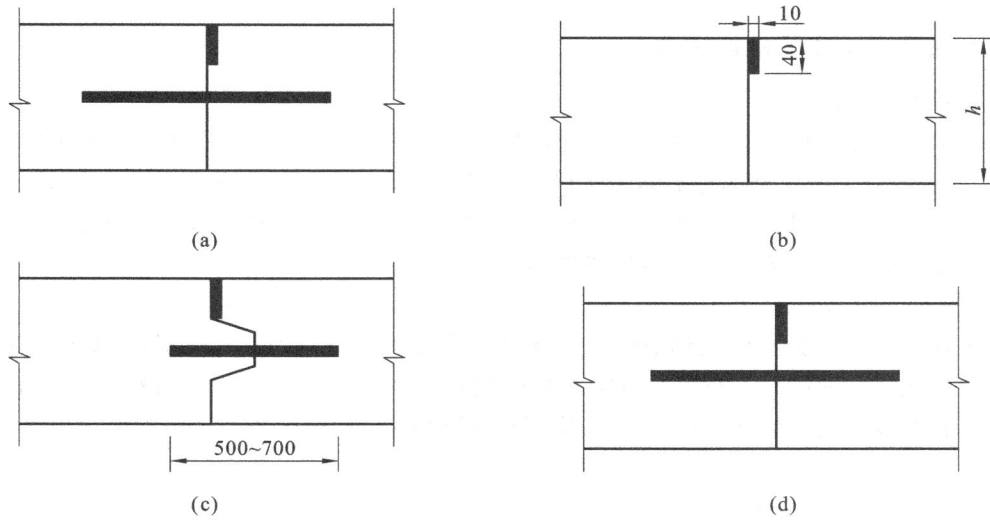

图 4-10 纵缝构造图

4.4.3 钢筋安装

虽然目前广泛采用素混凝土路面,但是根据设计要求,混凝土板中加设钢筋处,应配合摊铺工作一起进行,所采用的钢筋直径、间距,钢筋网的设置位置、尺寸、层数等应符合设计图纸的要求。

(1)边缘钢筋安放。

安放边缘钢筋时,应先沿边缘铺筑一条混凝土拌合物,拍实至钢筋设置高度,然后安放边缘钢筋,在两端弯起处,用混凝土拌合物压住。边缘钢筋布置如图 4-11 所示。

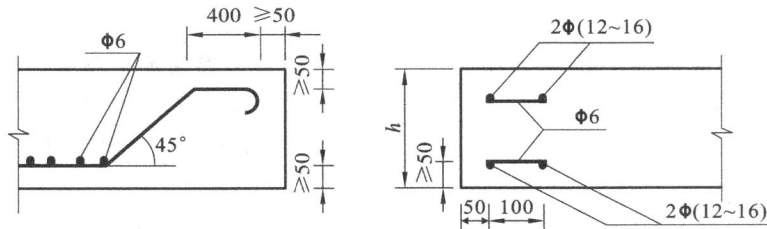

图 4-11 边缘钢筋布置

(2)角隅钢筋安放。

安放角隅钢筋时,应先在安放钢筋的角隅处摊铺一层混凝土拌合物,摊铺高度应比钢筋设计位置预加一定的沉落度。角隅钢筋就位后,用混凝土拌合物压住。角隅钢筋布置如图 4-12 所示。

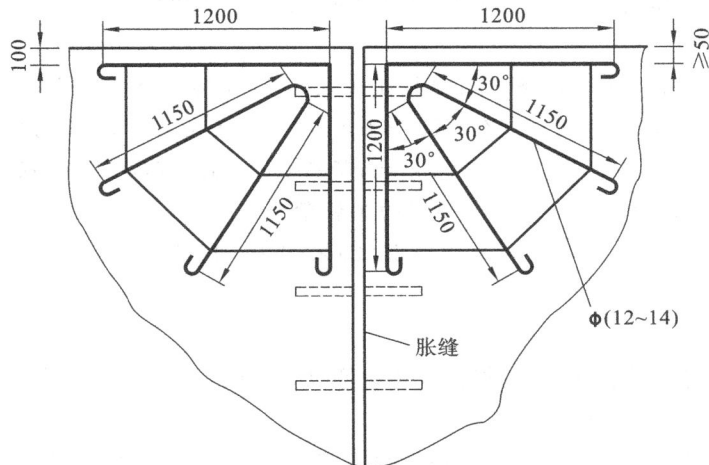

图 4-12 角隅钢筋布置

4.4.4 水泥混凝土路面的施工工艺

（1）水泥混凝土拌合物的搅拌。

（2）水泥混凝土拌合物的运输。水泥混凝土材料的运输应根据施工进度、运量、运距及路况,选配车型和车辆总数,总运力应比总拌和能力略有富余。确保新拌水泥混凝土在规定时间内运到摊铺现场。

（3）水泥混凝土拌合物的铺筑。铺筑的主要设备分为滑模机械、三辊轴机组、轨道摊铺机三种。

（4）水泥混凝土拌合物的捣实,采用振捣棒捣实。

（5）终饰、整修、锯缝及养护。

（6）开放交通。混凝土板达到设计强度时,可允许开放交通。当遇到特殊情况,需要提前开放交通时,根据规定的试验方法测定的混凝土与面板同样条件养护的试块应在设计强度80%及以上,其车辆荷载不得大于设计荷载。在开放交通之前,路面应清扫干净,所有接缝均应封闭好。

4.5 路面工程分项及工程量计算 >>>

本节将按照施工顺序介绍路面工程的工程量计算。

4.5.1 路槽

路槽是为铺筑路面,在路基上按照设计要求修筑的浅槽,路槽大体分为挖路槽与培路肩两类。挖路槽,按 m² 计;培路肩,按图纸所示断面尺寸,按照压实体积以 m³ 为单位计量。

【例4-1】 试根据路面结构设计图(附录11)与计算规则,计算培路肩的工程量。

【解】 由路面工程数量表(附录12),K14+600~K15+600 设计段路槽的施工方式采用培路肩的方式。而培路肩的工程量计算规则为按图纸所示断面尺寸,按照压实体积以 m³ 为单位计量。所以培路肩的工程量为:

$$[(0.5+0.5+0.69\times1.5)\div2\times0.69-(0.15+0.15+0.2\times1)\div2\times0.2-$$
$$(0.15+0.2\times1+0.15+0.15+0.2\times1+0.15+0.2\times1)\div2\times0.2]\times2\times1000$$
$$=1064.15(m^2)$$

4.5.2 垫层

各类垫层依据图纸所示压实厚度,按照铺筑的顶面面积以 m² 为单位计量。

【例4-2】 试根据路面结构设计图(附录11)与计算规则,计算垫层的工程量。

【解】 由路面工程数量表(附录12)可知,K14+600~K15+600 设计段采用新建路面Ⅰ-2型,再由路面设计图纸可知,垫层材料为天然砂砾,厚度为 20 cm,带有坡度,上下面积不同,而垫层的计算规则应该按照垫层铺筑的顶面面积以 m² 为单位计量。故垫层的工程量为:

$$(9+0.5\times2+0.49\times1.5\times2)\times1000=11470.00(m^2)$$

4.5.3 基层

（1）基层工程中,除厂拌法施工时用的拌合设备以座计,运输以 m³ 计外,均依据图纸所示压实厚度,按照铺筑的顶面面积以 m² 为单位计量。

（2）各类稳定土基层、级配碎石、级配砾石基层的压实厚度在 15 cm 以内,填隙碎石一层的压实厚度在

12 cm 以内,垫层、其他种类的基层和底基层压实厚度在 20 cm 以内,拖拉机、平地机和压路机的台班消耗按定额数量计算。如超过上述压实厚度进行分层拌和、碾压时,拖拉机、平地机和压路机的台班消耗按定额数量加倍计算,每 1000 m² 增加 1.5 个工日。

（3）各类稳定土底基层采用稳定土基层定额时,每 1000 m² 路面减少 12～15 t 光轮压路机 0.18 台班。

【例 4-3】 试根据路面结构设计图（附录 11）与计算规则,计算基层的工程量。

【解】 由路面工程数量表（附录 12）可知,K14＋600～K15＋600 设计段采用新建路面 I-2 型,再由路面设计图纸可知,基层分为两层,即基层与底基层,基层采用 20 cm 厚水泥稳定砂砾（水泥剂量 5%）,底基层采用 20 cm 厚水泥稳定砂砾（水泥剂量 4%）,带有坡度,上下面积不同,而基层的计算规则应该按照基层铺筑的顶面面积以 m² 为单位计量。故基层的工程量为:

基层工程量:

$$(9＋0.15×2)×1000＝9300.00(m²)$$

底基层工程量:

$$(9＋0.15×2＋0.2×1×2＋0.15×2)×1000＝10000.00(m²)$$

4.5.4 面层

（1）路面面层工程中,除拌合设备以座计,拌合与运输以 m³ 计以外,均依据图纸所示级配类型及铺筑压实厚度,按照铺筑的顶面面积以 m² 为单位计量。

（2）沥青碎石混合料、沥青混凝土和沥青碎石玛蹄脂混合料路面定额中,均已包括混合料拌和、运输、摊铺作业时的损耗因素。路面实体按路面设计面积乘压实厚度计算。

（3）混凝土路基的传力杆以 t 计。

（4）沥青路面定额中均未包括透层、黏层和封层,需要时可依据图纸所示沥青品种、规格、喷油量,按照洒布面积以 m² 为单位计量。

（5）当设计采用的油石比与定额不同时,可按设计油石比调整定额中的沥青用量,可按下式换算:

$$S_i = S_d × \frac{L_i}{L_d} \tag{4-1}$$

式中　S_i——按设计油石比换算后的沥青数量;
　　　　S_d——定额中的沥青数量;
　　　　L_i——设计采用的油石比;
　　　　L_d——定额中标明的油石比。

【例 4-4】 试根据路面结构设计图（附录 11）与计算规则,计算路面的工程量。

【解】 由路面工程数量表（附录 12）可知,K14＋600～K15＋600 设计段采用新建路面 I-2 型,再由路面设计图纸可知,路面分为两层,即上面层与下面层,上面层采用 4 cm 厚细粒式沥青混凝土 AC－13,下面层采用 5 cm 厚中粒式沥青混凝土 AC－16,不带坡度,而基层的计算规则应该按照面层铺筑的顶面面积以 m² 为单位计量,所以上面层与下面层的工程量相同。故面层的工程量为:

$$9×1000＝9000.00(m²)$$

4.5.5 人行道

人行道的铺砌以 m² 计,路缘石（无论是预制安装,还是现浇）均以 m³ 计。

思政案例

长春自融雪沥青路面分别位于南四环下穿临河街、惠工路机场大道下穿洋浦大街、吉林大路下穿东方广场等几条路段。

最早的一条已经使用4年,从过去几年来看,暂时没有看出融雪效果有减弱迹象。自融雪路面的理论使用寿命在10～15年。

"自动融雪"路面最大的优势如下。

① 传统清雪。

在冬季,我国东北部道路的积雪与结冰会给通行车辆带来极大的安全隐患。对路面积雪和结冰的处理,通常采用外部除冰技术,即撒融雪剂、人工清扫等除雪方式,浪费人力和物力。

② 自融雪路面技术。

内部除冰技术化学类自融雪路面技术,具有自主消除黑冰、冻凝及冰雪功能,路面还具有抑制冻结效果。具有操作方便、对道路桥梁腐蚀性低、能达到多年路面防结冰、降低养护成本等优点,被越来越多的国家重视,成为道路研究的热点问题。

长春的自融雪路面采用的材料,是哈尔滨工业大学研发的一种新材料,该材料获得了国家科技进步奖。该材料成本要高于普通沥青材料几倍,应用相对较少,只在市内重点项目铺设。

长春市也是吉林省首个使用该技术的地区。在效益方面,融雪路面技术可替代传统的撒盐融雪以及使用人工、机械铲雪等被动养护措施,降低了冬季路面管理养护成本。

【思政要点】

1.科技改善生活:融雪路面不仅能够节省人力资源,还能避免冬天大雪清理不及时而造成的交通事故。

2.造价不是决定方案的唯一因素,应该结合使用要求等多方面考虑。

知识归纳

(1) 公路路面分为高级路面、次高级路面、中级路面、低级路面四种。

(2) 基层主要分为碎(砾)石类基层和稳定类基层两大类。

(3) 沥青类路面施工可分为层铺法、路拌法和厂拌法;水泥混凝土路面施工工艺包括水泥混凝土拌合物的搅拌、运输、铺筑、捣实,以及终饰、装修、锯缝及养护等过程。

独立思考

思考题答案

4-1 简述公路路面的分类与分级。

4-2 简述基层的分类及其各自的特点。

4-3 简述路面的结构层次。

4-4 简述沥青类路面和水泥混凝土路面各自的特点。

参考文献

[1] 邓学钧.路基路面工程.3 版.北京:人民交通出版社,2008.

[2] 韦璐,扈惠敏.路基路面工程.2 版.武汉:武汉大学出版社.2022.

[3] 孟勇军.沥青路面材料.北京:人民交通出版社股份有限公司,2019.

[4] 中华人民共和国交通运输部.公路工程预算定额(上、下册):JTG/T 3832—2018.北京:人民交通出版社股份有限公司,2018.

桥梁工程

课前导读

▽ 内容提要

本章主要内容包括桥梁上部结构、下部结构，附属工程的基本结构组成及其特点，并按照桥梁分类和结构组成介绍基本施工方法，同时对桥梁工程分项工程量计算方法进行梳理和归纳。

本章的重点为桥梁工程各个部位的结构组成和施工方法，难点为桥梁施工各分项工程量计算方法。

▽ 能力要求

通过对本章的学习，学生应认知桥梁工程结构组成并了解施工方法，掌握桥梁工程分项工程量计算方法。

▽ 数字资源

5分钟看完本章

5.1 桥梁的基本组成及分类 >>>

5.1.1 桥梁的基本组成

在建筑结构中,桥梁结构复杂、结构类型较多。桥梁有不同的结构体系,如梁式桥、拱式桥、刚架桥、悬吊桥及组合体系桥等。无论何种体系的桥梁,其结构不外乎由上部结构、下部结构、基础、桥面附属结构组成。这几部分经过结构工程师的精心设计,充分发挥各自的功能,有机地结合起来,便组成了一座结构合理的桥梁,如图 5-1 所示。

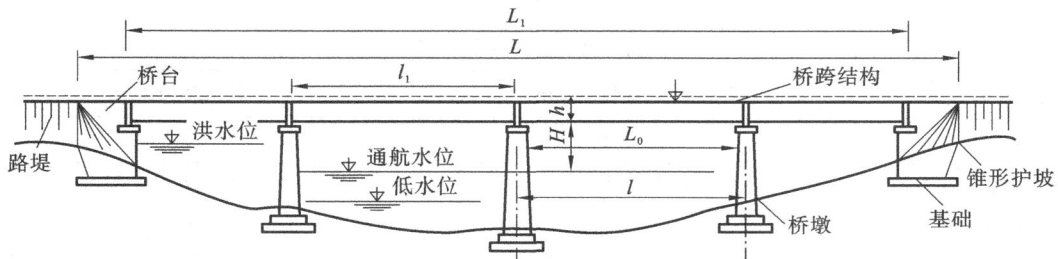

图 5-1 梁式桥的基本组成

5.1.1.1 上部结构

上部结构(桥跨结构)是在一条路线中断时跨越障碍物的主要承载结构。它除了能承受自身重量(亦称恒荷载)外,还要求能安全地承受车辆等荷载。上部结构是桥梁结构中的主要承重结构部分,当跨度较大时,不仅其结构比较复杂,而且施工相当困难。

支座系统支撑上部结构并传递荷载至桥梁墩台上,用于保证上部结构在荷载、温度变化或其他因素作用下所预计的位移。

5.1.1.2 下部结构

下部结构包括桥墩和桥台两部分。它是支撑上部结构并将恒荷载和车辆等活荷载传至地基的建筑物。桥台通常设置在桥的两端,单孔桥梁没有桥墩,只有多孔桥梁才在孔与孔之间设置桥墩连接。

5.1.1.3 基础

基础是桥墩和桥台将全部荷载(包括上部结构)传至地基底部奠基的部分,它是确保桥梁能安全使用的关键。桥梁的基础通常深埋于土层之中,并且需在水下作业,所以基础是桥梁建设中最困难的一部分。

在路堤与桥台衔接处,一般还在桥台两侧设置石砌锥形护坡,其目的是保证迎水部分路堤边坡的稳定。

在桥梁建筑工程中,除了上述基本结构外,根据需要还常常修筑护岸、导流结构物等附属结构。

5.1.1.4 桥面附属结构

桥面附属结构通常包括桥面铺装、防水和排水设施、伸缩缝、人行道(或安全带)、缘石、栏杆和灯柱、抗震挡块、支座垫块等构造,如图 5-2 所示。

5.1.2 桥梁的分类

5.1.2.1 桥梁工程规模划分

桥梁工程中,以桥梁工程的长度来划分其规模,即以其长度来划分特大桥、大桥、中桥、小桥及涵洞。

(1)桥梁、涵洞按其跨径分类,见表 5-1。

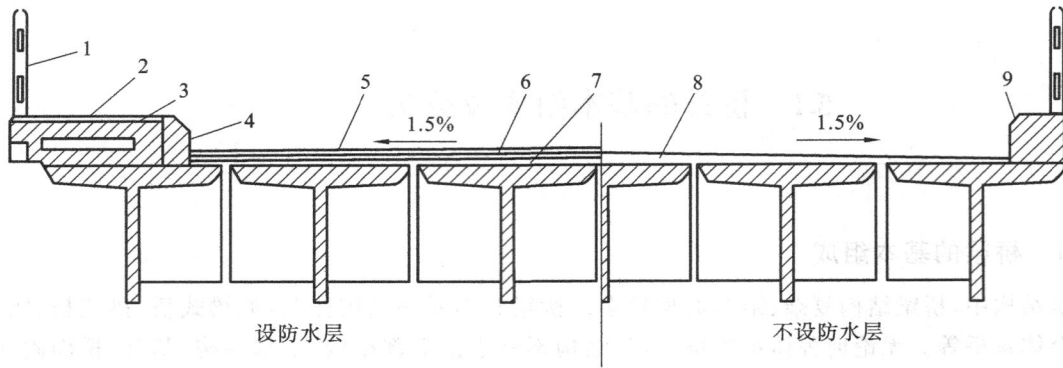

图 5-2 桥面的基本组成

1—栏杆;2—人行道铺装层;3—人行道;4—缘石;5—行车道铺装层;6—防水层;7—三角垫层;8—行车道铺装层;9—安全带

表 5-1   桥梁、涵洞按其跨径分类

桥梁、涵洞分类	多孔跨径总长 L_1/m	单孔跨径 l_b/m
特大桥	$L_1 \geqslant 500$	$l_b \geqslant 100$
大桥	$100 \leqslant L_1 < 500$	$40 \leqslant l_b < 100$
中桥	$30 < L_1 < 100$	$20 \leqslant l_b < 40$
小桥	$8 \leqslant L_1 \leqslant 30$	$5 \leqslant l_b < 20$
涵洞	$L_1 < 8$	$l_b < 5$

(2)涵洞分类。

① 按其横断面的形状不同,可分为圆管涵、盖板涵、箱涵和拱涵。

② 按其所用材料不同,可分为石砌涵洞和混凝土涵洞。

③ 按其构件功能不同,可分为洞口建筑、基础和涵身。

5.1.2.2 桥梁结构体系及分类

桥梁结构的基本体系包括梁式、拱式、刚架桥、悬吊式及组合体系。

(1)梁式桥。

梁式桥是梁作为承重结构,以它的抗弯能力来承受荷载,在桥墩或桥台处均无水平推力。其结构简单,施工方便,对基础承载能力要求不高,较为经济。

梁式桥有简支梁桥[图 5-3(a)]、连续梁桥[图 5-3(b)]、悬臂梁桥[图 5-3(c)]、T 形刚构桥和连续刚构桥。

(2)拱式桥。

拱式桥的主要承重结构是拱圈或拱肋,以承压为主。这种结构在竖向荷载作用下,桥墩或桥台将承受水平推力。拱式桥的基本组成如图 5-4 所示。

① 按照主拱圈的建筑材料,拱式桥可分为圬工拱桥、钢筋混凝土拱桥及钢拱桥;

② 按照拱上建筑的形式,拱式桥可分为实腹式拱桥及空腹式拱桥;

③ 按照桥面的位置,拱式桥可分为上承式拱桥、中承式拱桥和下承式拱桥;

④ 按照主拱的截面形式,拱式桥可分为板拱、肋拱、双曲拱和箱形拱。

(3)刚架桥。

刚架桥是介于梁、拱之间的一种结构形式,它是由受弯的上部(梁或板)与承压的下部(柱或墩)整体结合在一起的结构。刚架桥施工较复杂,一般用于跨径不大的城市桥、高架桥和立交桥。

(4)梁、拱组合体系。

梁、拱组合体系中有系杆拱、桁架拱、刚架拱等。这种体系造型优美,在城市中应用较多。

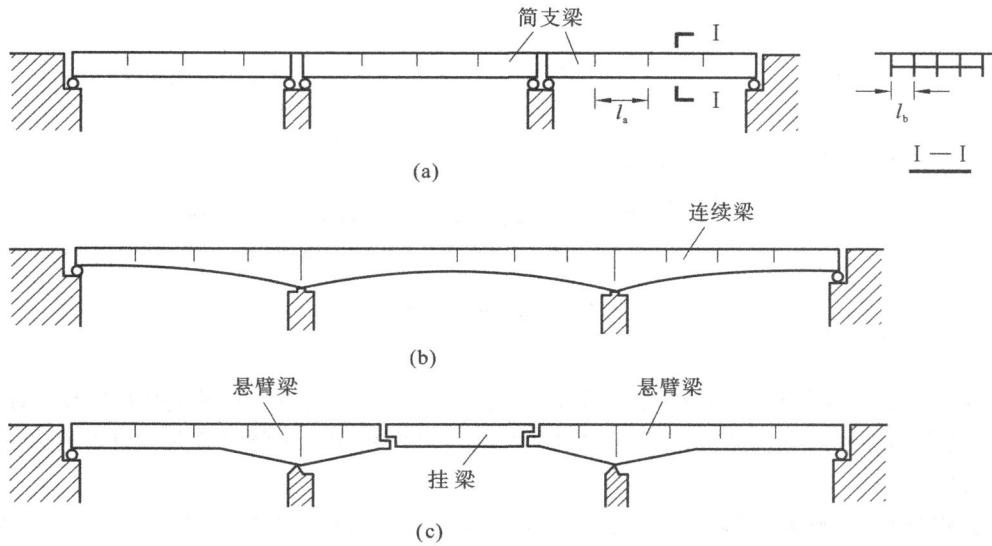

图 5-3 梁式桥的基本体系

（a）简支梁桥；（b）连续梁桥；（c）悬臂梁桥

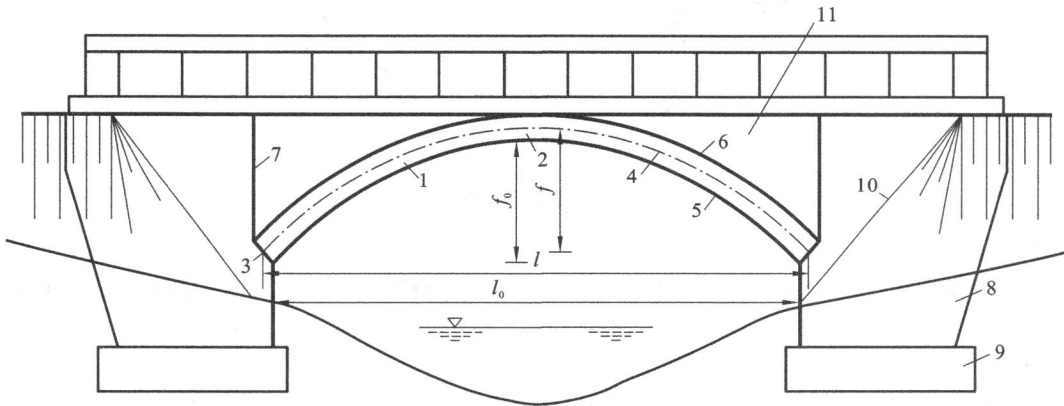

图 5-4 拱式桥的基本组成

1—主拱圈；2—拱顶；3—拱脚；4—拱轴线；5—拱腹；6—拱背；7—伸缩缝；8—桥台；9—基础；10—锥坡；11—拱上建筑

（5）斜拉桥。

斜拉桥是由受压的塔、受拉的索和承弯的梁体组合起来的一种承重结构体系。从用材角度来分，有钢斜拉桥、预应力混凝土斜拉桥及钢与混凝土结合的斜拉桥。

（6）悬索桥。

悬索桥是塔、缆索、吊杆及梁结合而成的承重结构体系。悬索桥是古代原始桥梁的一种结构类型，也是现代特长跨度桥梁的适宜形式。

5.1.2.3 桥梁中常用的术语

在桥梁结构中，有几种表示不同长度的方法，其含义分述如下。

（1）净跨径与总跨径。

净跨径对于梁式桥是设计洪水线上相邻两个桥墩（或桥台）之间的水平距离，用 l_0 表示；对于拱式桥是每孔拱跨两个拱脚截面最低点之间的水平距离，如图 5-5 所示。

总跨径是多孔桥梁中各孔净跨径的总和，也称桥梁孔径。桥梁总跨径反映了桥下排泄洪水的能力。

图 5-5 拱式桥示意图

（2）计算跨径。

计算跨径对于具有支座的桥梁，是指桥跨结构相邻两个支座中心之间的距离，用 l 表示。对于图 5-5 所示的拱式桥，是两个相邻拱脚截面形心点之间的水平距离。桥跨结构的力学计算是以计算跨径 l 为基准的。

（3）桥梁全长。

桥梁全长简称桥长，是桥梁两端两个桥台的侧墙或八字墙后端点之间的距离，以 L 表示。对于无桥台的桥梁，为桥面系行车道的全长，如图 5-6 所示。

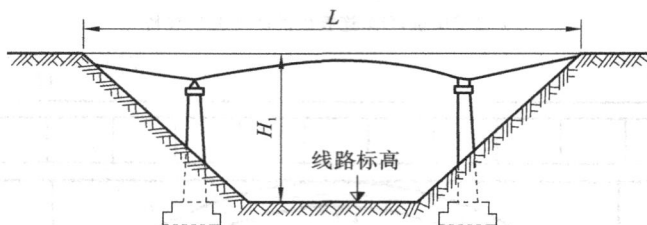

图 5-6 带悬臂的桥梁

（4）标准跨径。

标准跨径对于梁式桥是指两相邻桥墩中线之间的距离，或桥墩中线至桥台台背前缘之间的距离；对于单孔拱桥则是指净跨径。

（5）桥梁总长。

桥梁总长是指对于多孔梁式桥标准跨径的总长，即两桥台台背前缘的距离，以 L_1 表示。对于拱式桥，为两岸桥台内起拱线间的距离；对于单孔跨径的桥梁，是指标准跨径，以 l_b 表示。

（6）其他术语。

① 桥梁高度。桥梁高度简称桥高，是指桥面与低水位之间的高差，或桥面与桥下线路路面之间的距离。桥梁高度在某种程度上反映了桥梁设计、施工的难易程度。

② 建筑高度。桥梁结构的建筑高度是指桥面标高至桥跨结构最下缘之间的距离，通常用 h 表示。它不仅与桥梁结构的体系和跨径有关，而且与桥下通航或排洪所需的净空高度有关，所以桥梁的建筑高度是指桥面不得大于它的容许建筑高度，否则就不能满足桥下的通航或排洪的要求。

③ 桥下净空高度。桥下净空高度是指设计洪水位或通航水位至桥跨结构最下缘之间的距离，以 H 表示。桥下净空高度 H 不得小于排洪及对该河道通航所规定的净空高度。

④ 净矢高。净矢高是从拱顶截面下缘至相邻拱脚截面下缘最低点的连线的垂直距离，以 f_0 表示，如图 5-4 所示。

⑤ 计算矢高。计算矢高是从拱顶截面形心至相邻两拱脚截面形心之间连线的垂直距离，以 f 表示，如图 5-4 所示。

⑥ 矢跨比。矢跨比是拱桥中拱圈（或拱肋）的计算矢高 f 与计算跨径 l 之比（f/l），通常也称拱矢度，它是反映拱桥受力特性的一个重要指标。

5.2　梁式桥的上部构造及施工　>>>

5.2.1　梁式桥的上部构造

上部结构是指桥梁结构中直接承受和传递车辆和其他荷载,并跨越各种障碍物的主要承重结构,包括桥跨结构、桥面附属工程、支座等,如图 5-2 所示。

5.2.1.1　简支梁桥构造

简支梁桥上部结构由支座、简支梁、桥面铺装、排水防水系统、人行道、缘石、栏杆、照明灯具和伸缩缝等组成。简支梁有普通钢筋混凝土梁和预应力钢筋混凝土梁两种类型。由于简支梁是静定结构,结构内力不受地基变形的影响,对基础要求较低,能适用于在地基较差的桥址上建桥。在多孔简支梁桥中,相邻桥孔各自单独受力,便于预制、架设,简化施工管理,施工费用低,因此在城市高架桥、跨河大桥的引桥上被广泛采用。为了减少伸缩缝设置,改善行车平整性与舒适性,国内目前常采用桥面连续的预应力混凝土简支梁桥。

我国预应力混凝土简支梁桥的标准跨径在 50 m 以下。简支梁桥按施工工艺分为整体式和装配式(分片式)两大类,整体式简支梁一般适用于就地浇筑施工;而装配式简支梁为预制拼装施工,是目前广泛采用的桥梁类型。

简支梁桥按承重结构(梁)的横截面形式,可分为简支板桥、简支肋梁桥和简支箱形梁桥。

(1)简支板桥。

在所有的桥梁形式中,板桥因其建筑高度低、外形最简单而久用不衰。

① 整体式简支板桥,其上部结构一般做成实体式等厚度的矩形截面整体板,或为了减轻自重做成矮肋板式截面,也可以做成单波或双波的截面,如图 5-7 所示,跨径一般为 4~10 m。整体式简支板桥采用现浇混凝土施工。

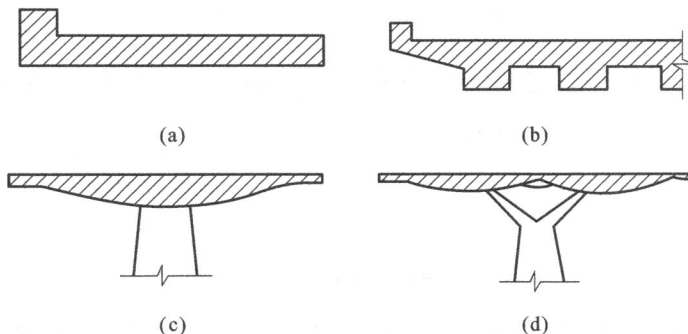

(a) (b) (c) (d)

图 5-7　整体式简支板桥横截面形式

② 装配式简支板桥,其跨径一般为 6~20 m,按横截面形式分为实心板和空心板两种。实心板一般使用 10 m 以下的跨径,当跨径增大时,则宜采用空心板截面,钢筋混凝土空心板桥目前适用跨径范围为 6~13 m,预应力混凝土空心板桥为 8~20 m。空心板的主要开孔形式有矩形、圆形、圆端形、菱形等,如图 5-8 所示。板间横向连接方式有企口混凝土铰接连接和钢板焊接连接。

(2)简支肋梁桥。

简支肋梁桥因其在横截面上具有明显的肋形结构而得名。常用截面形式有 T 形和 I 形,其中 T 形简支梁桥如图 5-9 所示。I 形梁桥通常作为预制部分与现浇桥面板构成组合梁,将在本节组合梁部分进行介绍。

① 整体式简支肋梁桥。常用的整体式 T 形简支梁横断面如图 5-10 所示,为加强整体性,必须设置端横隔梁,并每隔 10 m 加设中间横隔梁。

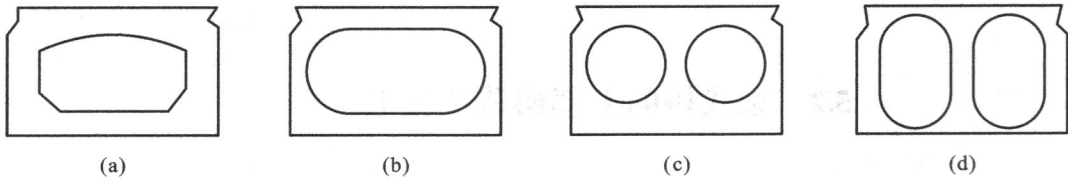

图 5-8 空心板的开孔形式

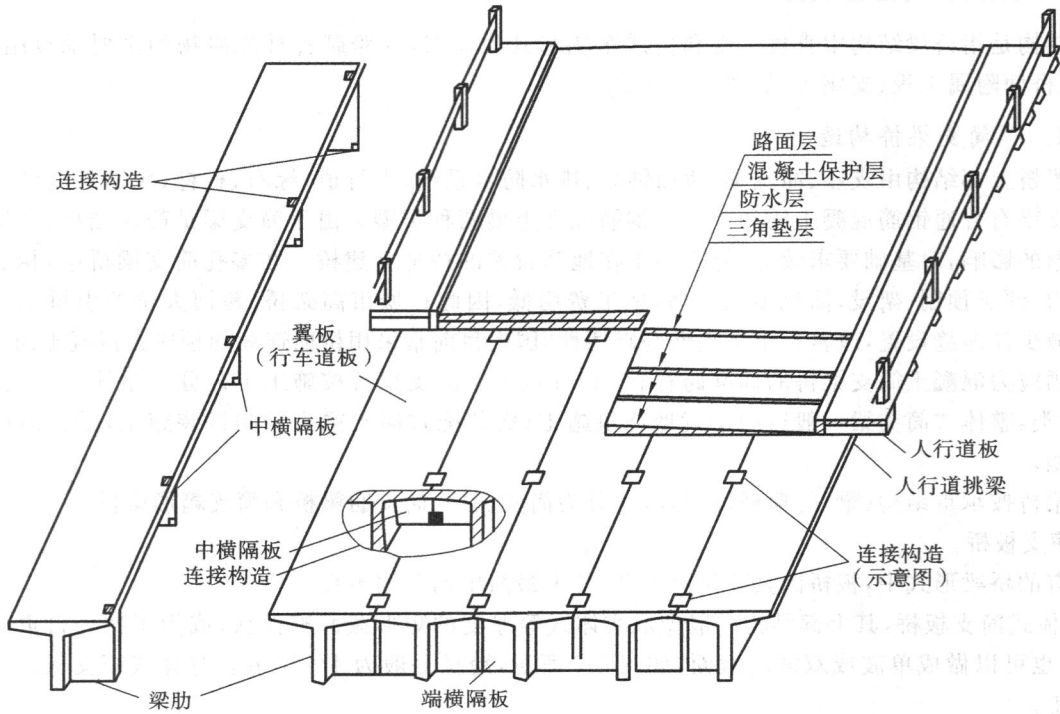

图 5-9 装配式 T 形简支梁桥

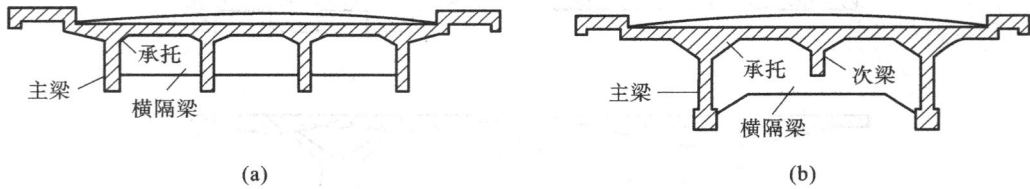

图 5-10 整体式 T 形简支梁横断面

② 预制装配式简支肋梁桥,常用结构形式为装配式 T 形简支梁桥,其横断面如图 5-11 所示。横向连接采用横隔梁,端横隔梁是必须设置的,跨内每隔 5~8 m 设置一道横隔梁。

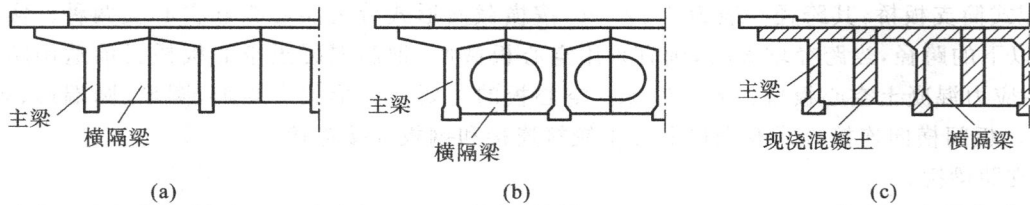

图 5-11 装配式 T 形简支梁桥横断面

（3）简支箱形梁桥。

简支箱形截面具有良好的受力性能，与同等截面面积的肋梁桥和板桥相比，闭口的箱体具有很大的抗扭刚度和横向抗弯刚度。

整体式箱形梁既可在桥孔支架现浇，也可整体预制、整孔架设。其截面形式有单箱单室、单箱多室等，其截面如图 5-12(a)、(b)所示。

装配式简支箱形梁的典型截面如图 5-12(c)所示，此种截面目前多用于先简支后连续结构形式；图 5-12(d)所示为装配式箱形组合梁的典型截面，也称槽形组合梁，目前已较少使用。

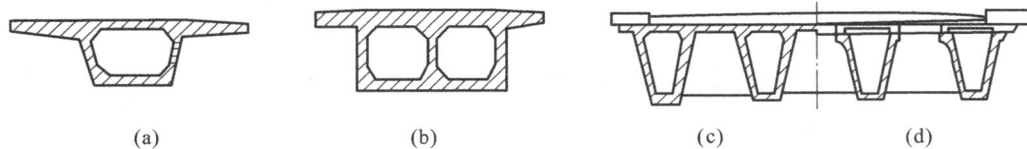

(a)　　　　　　(b)　　　　　　(c)　　　　　　(d)

图 5-12　简支箱形梁截面示意图

（4）组合梁桥。

组合梁桥也是一种装配式的桥跨结构，即用纵向水平缝将桥梁的梁肋部分和桥面板（翼板）分隔开来，使单梁的整体截面变成板和肋的组合截面。施工时先架设梁肋，再安装预制板，最后在接缝内或连同板现浇一部分混凝土，使结构连成整体。

目前，国内外采用的组合式梁桥有两种形式：I 形组合梁桥（图 5-13）和箱形组合梁桥[图 5-12(d)]。

图 5-13　I 形组合梁桥示意图

5.2.1.2　连续梁桥构造

上部结构由连续跨过三个以上支座的梁作为主要承重结构的桥梁称为连续梁桥，可以设计成两跨或三跨一联的，也可以设计成多跨一联的（两个伸缩缝或者结构缝之间的梁体称为一联）。

连续梁桥上部组成除梁体结构采用连续梁外，其余与简支梁桥上部组成相同。连续梁桥按照下部结构的支承形式划分，有普通的单式桥墩、双薄壁柱式桥墩和 V 形桥墩，如图 5-14 所示。

（1）立面布置。

混凝土连续梁桥按立面布置和结构形式，有多种不同的分类。

① 按照桥梁跨径相互关系划分，有等跨连续梁桥和不等跨连续梁桥[图 5-14(a)]；

② 按照桥梁的梁高划分,有等高度的连续梁桥和变高度的连续梁桥[图 5-14(b)];

③ 按照主梁与下部结构的关系划分,有墩梁分离的连续梁桥和墩梁固结的连续梁桥[图 5-14(c)];

④ 按照主梁梁身的构造划分,有实腹式主梁和空腹式桁架结构;

⑤ 按照受力钢筋划分,有预应力混凝土连续梁及钢筋混凝土连续梁。

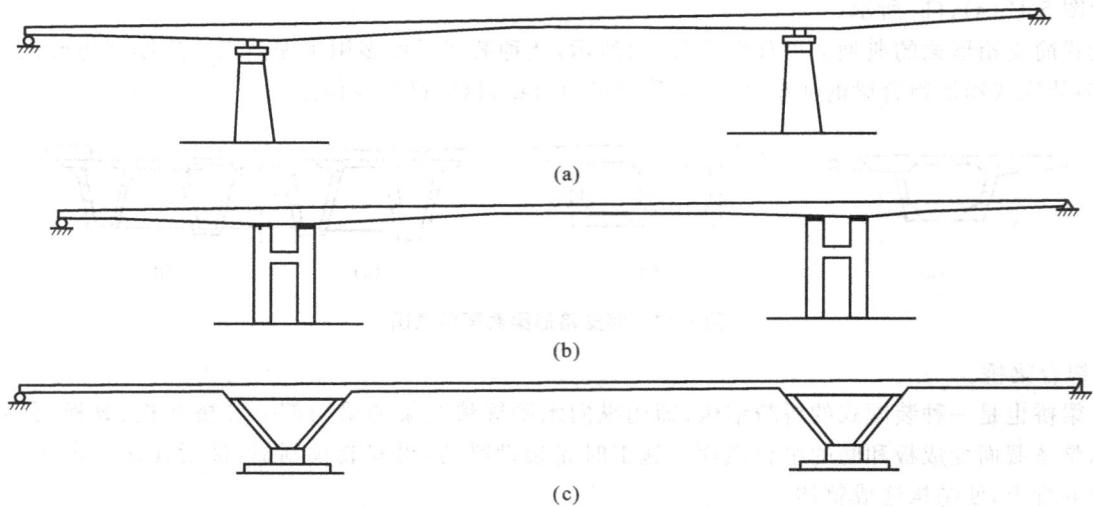

图 5-14 连续梁桥示意图

(2)横截面。

① 横截面形式。连续梁桥的横截面形式主要根据跨径、桥宽和施工方法来选择,一般采用的横截面形式有实(空)心板、T 形及箱形。现浇梁或跨径小于 20 m 的连续梁,一般采用实(空)心截面;装配式连续梁或者跨径大于 20 m 时,一般采用先简支后结构连续的 T 形截面或者小箱梁截面形式,并有相应的标准设计图;对于用顶推法或悬臂法施工的大跨径连续梁,则采用箱形截面。以下重点介绍大跨径桥梁中普遍采用的箱形结构形式。

一般来讲,箱形截面形式主要取决于桥面宽度,此外,与墩台构造形式、施工要求等也有关。常见的箱形截面有单箱单室、单箱多室、多箱单室、多箱多室等(图 5-15)。

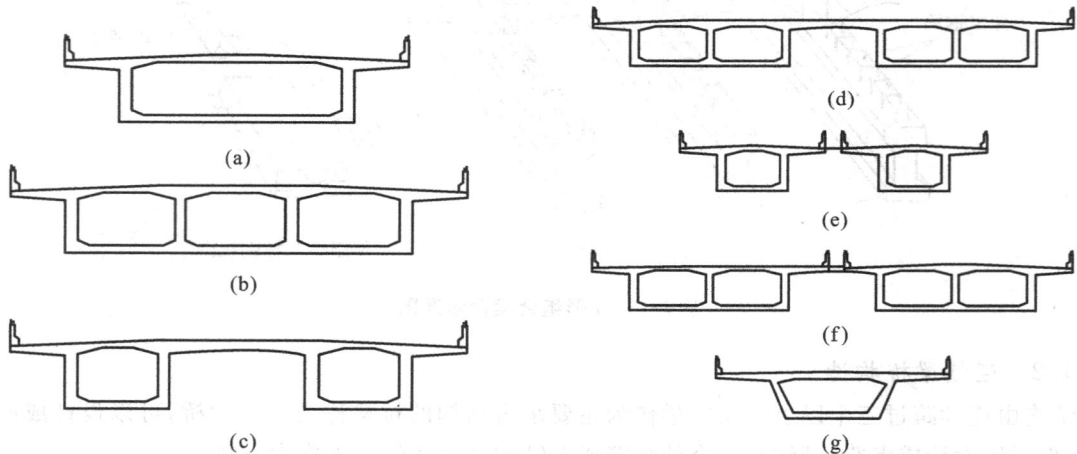

图 5-15 箱形截面形式示意图

在城市高架桥中,考虑美观和建筑高度限制的因素,还可以将箱形结构设计成一种扁平形的低高度截面形式,如图 5-16 所示。

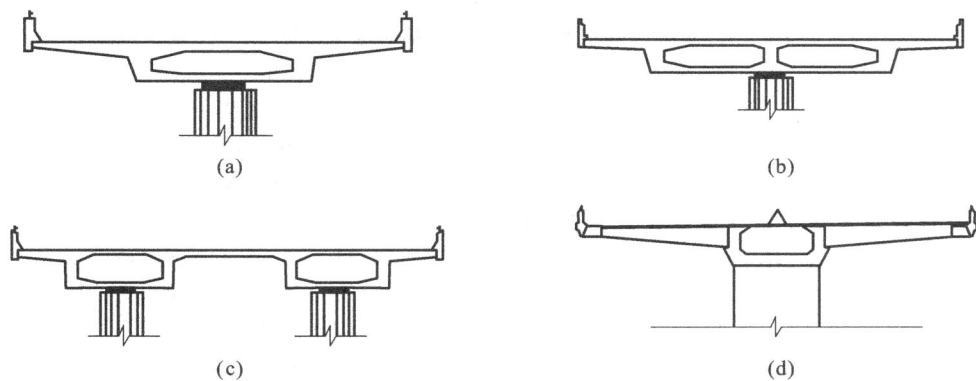

图 5-16 城市高架桥箱形截面形式示意图

② 箱形截面细部组成。箱形梁由顶板、底板、腹板、梗腋(即倒角)等部分组成,其一般构造形式如图 5-17 所示。

按照腹板的垂直程度,可将箱形截面分为直腹板箱形截面(图 5-18)和斜腹板箱形截面(图 5-19)。

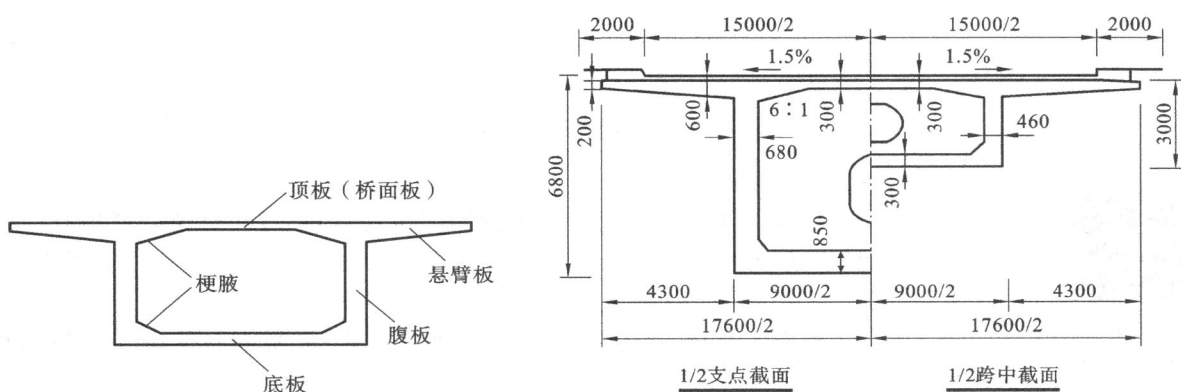

图 5-17 箱形梁一般构造形式

图 5-18 直腹板箱形截面(单位:cm)

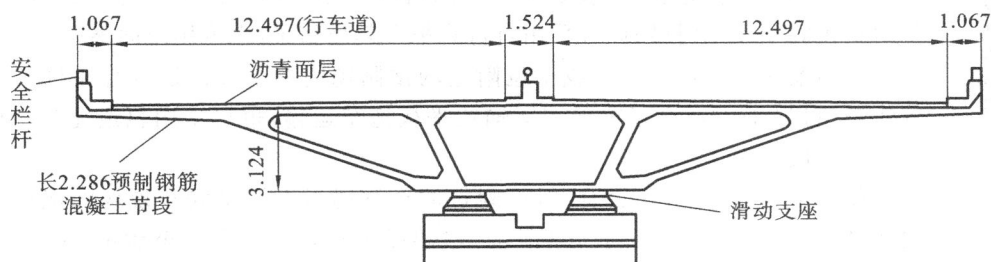

图 5-19 斜腹板箱形截面(单位:cm)

5.2.2 梁式桥上部构造施工

混凝土梁桥的施工方法很多,总结工程实践发现,即使在同一种方法中也有不同的情况,所需的机具、劳动力、施工步骤和施工期限也不一样。因此,桥梁施工方法应根据桥梁的设计要求、施工现场条件、环境、设备、经验等各种因素进行最佳选择。常用的施工方法如图 5-20 所示。

5.2.2.1 装配式混凝土简支梁桥施工

装配式梁桥就是将整孔梁体横向分片或纵向分段在桥梁预制工厂或预制场预制,产品合格运到桥位处,安装就位。

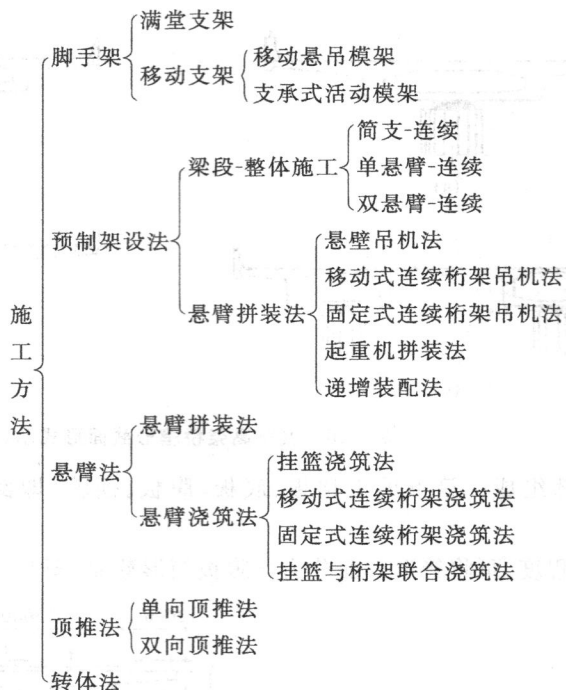

图 5-20　梁桥常用施工方法

（1）混凝土梁的预制。

混凝土梁的预制工作可在专业的桥梁预制厂内进行，也可在桥位处的预制厂内进行。桥梁预制厂一般可生产钢筋混凝土梁、先张法或后张法工艺的预应力混凝土梁、混凝土桥梁的节段构件及其他预制构件。

钢筋混凝土构件的预制工程包括模板工程、钢筋工程、混凝土工程、预应力体系和养护工程等。

（2）预制梁的移梁和运输。

预制梁的移梁方法，一般采用龙门吊机将预制梁起吊后移到存梁处或转运至现场，如简易预制场无龙门吊机，可采用自行式吊车起吊移梁，也可用横向滚移方式移梁。

预制梁在桥梁预制工厂或桥位附近的预制场内的制梁区运至存梁区的运输称为场内运输，可以采用轨道运梁平车运输或平板拖车运输，也可采用轨道龙门吊机运输或轮胎式搬运机运输。

预制梁从桥梁预制工厂或桥位附近的预制场运至施工安装现场的运输称为场外运输，常用大型平板拖车、轨道运梁平车、驳船或火车将预制梁运至桥位现场。当桥梁预制厂距桥位现场甚远时，应首先考虑采用大型平板拖车运输（图 5-21）；当预制场在桥头或桥位处时，应首先考虑采用轨道运梁平车运输。

混凝土 T 形梁
的预制图

预制梁的
移梁图

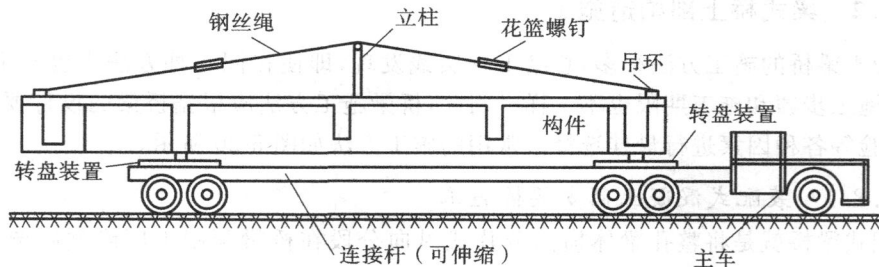

图 5-21　平板拖车运输预制梁示意图

（3）预制梁的安装。

在选择安装方法时，可根据桥位地形条件、桥梁跨径、设备能力等具体情况，从节省工程造价、加快施工速度和充分保证施工安全等方面综合考虑。自行式起重机安装如图 5-22 所示，龙门吊起重机安装如图 5-23 所示，架桥机安装预制梁法如图 5-24 所示。

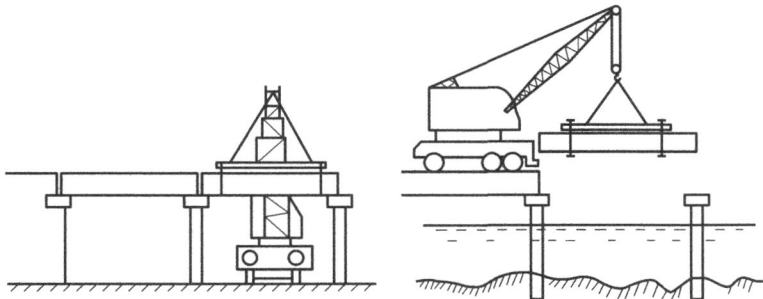

图 5-22　自行式起重机安装示意图

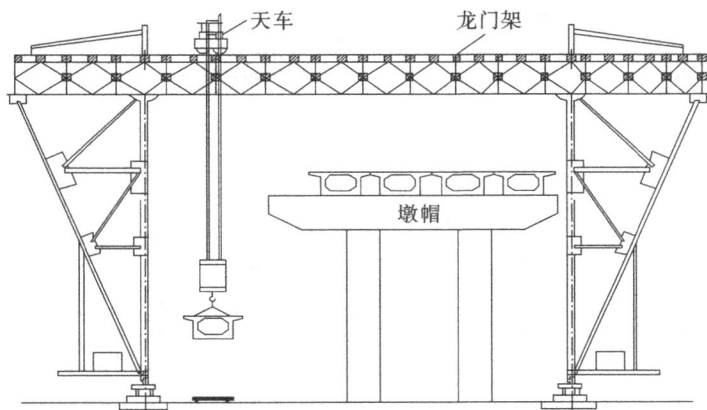

图 5-23　龙门吊跨墩架梁法

此外，还有扒杆吊装法、钓鱼法、摆动式支架架设法、移动支架法、浮式架梁法、缆索起重吊装法，以及用千斤顶、导梁安装预制梁等方法。

5.2.2.2　预应力混凝土连续梁桥施工

（1）固定支架就地浇筑施工法。

支架按所用材料，分为木支架、竹支架、钢支架、钢木混合支架；按其构造形式，一般可分为落地支架和无落地支架（桥墩支撑）两种形式。就目前而言，落地支架中的立柱式支架、梁-柱式支架的应用最为普遍。各种支架的构造如图 5-25 所示。

支架法施工时一般工艺流程有地基处理、支架搭设、支架预压、设置施工预拱度、支架拆除等。

（2）悬臂施工法。

悬臂施工法也称分段施工法。悬臂施工法是在已建成的桥墩上，以桥墩为中心沿桥梁跨径方向对称、逐段悬臂接长的施工方法。悬臂施工法是国内外大跨径预应力混凝土连续梁桥、悬臂梁桥、T 形刚构桥及连续刚构桥最常用的施工方法，属于一种自架设方式，如图 5-26 所示。

悬臂施工法可分为悬臂浇筑法与悬臂拼装法两种。

导梁式架桥机
运架动画

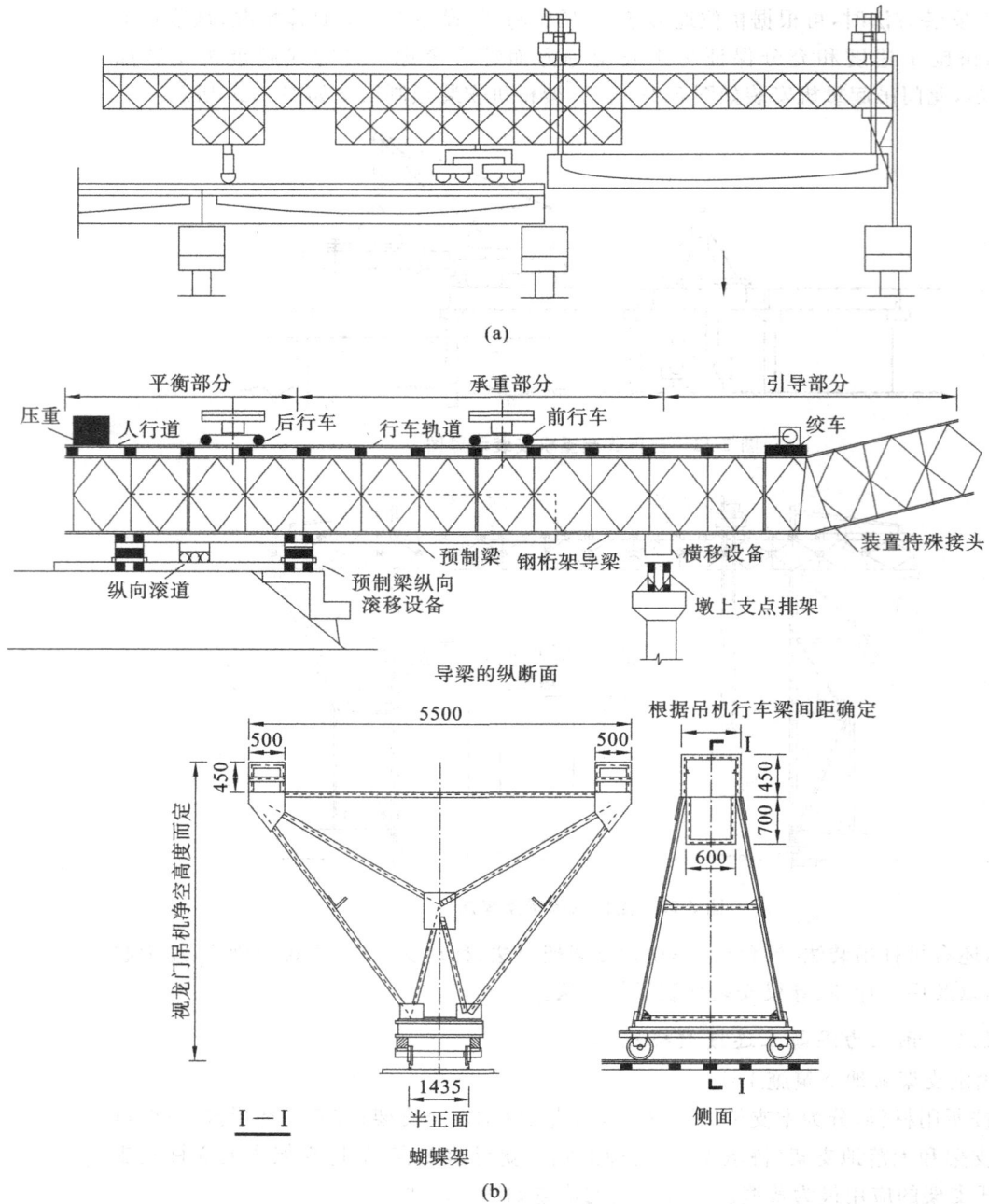

(a)

导梁的纵断面

I—I
半正面
蝴蝶架

侧面

(b)

图 5-24 架桥机安装预制梁法
(a) 宽穿巷式吊机架梁；(b) 联合架桥机架梁

① 悬臂浇筑法。悬臂浇筑法简称悬浇，是利用移动式挂篮作为主要施工设备，以桥墩为中心，在桥墩两侧的挂篮上绑扎钢筋、支设模板、对称浇筑箱梁节段混凝土，待已浇筑节段混凝土强度达到要求的张拉强度后，张拉预应力筋，然后移动挂篮进行下一节段施工，直至全桥合龙。悬臂浇筑法的梁体每个节段长度一般宜为 2~5 m。

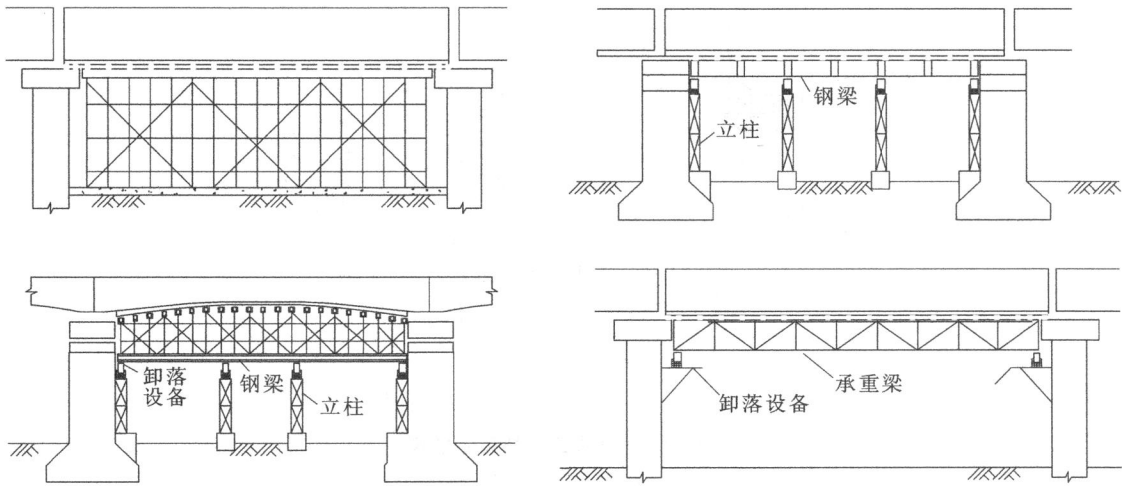

图 5-25 常用支架的主要构造图

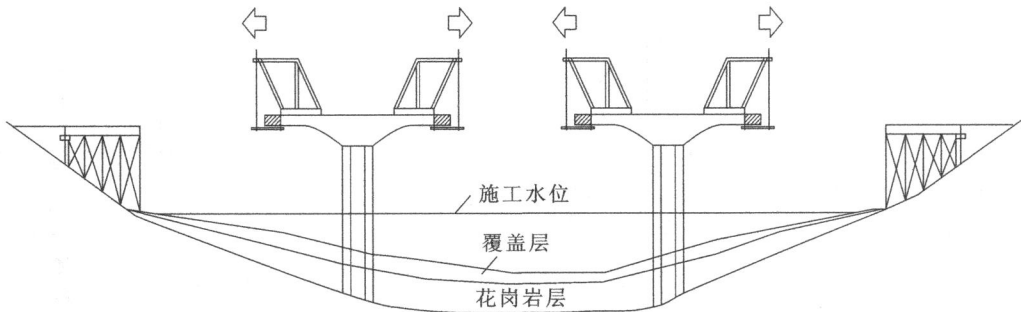

图 5-26 混凝土梁桥悬臂施工示意图

在进行逐段浇筑前,应首先进行墩顶 0 号块施工,一般有落地式支架施工或托架施工两种方式,如图 5-27~图 5-29 所示。

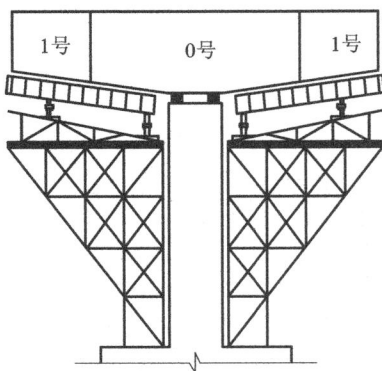

图 5-27 扇形落地式支架示意图

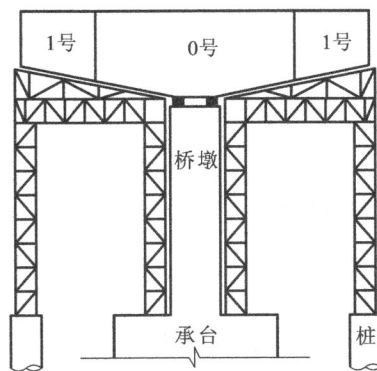

图 5-28 门形落地式支架示意图

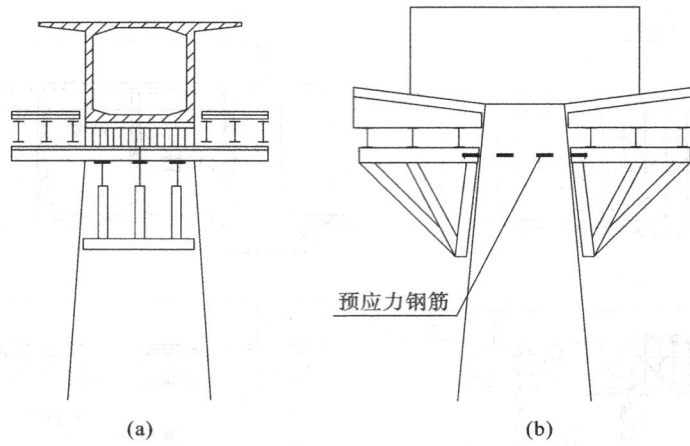

图 5-29　0 号块三角托架示意图

（a）断面；（b）立面

　　在 0 号块施工完成后进行各个节段悬臂浇筑,一般常用悬臂挂篮法施工,各种结构挂篮如图 5-30、图 5-31 所示。

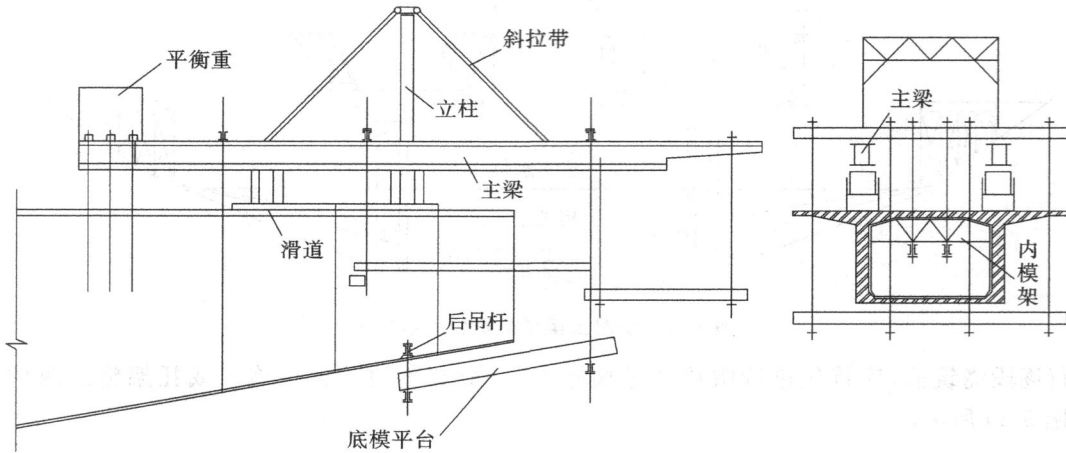

图 5-30　三角斜拉式挂篮

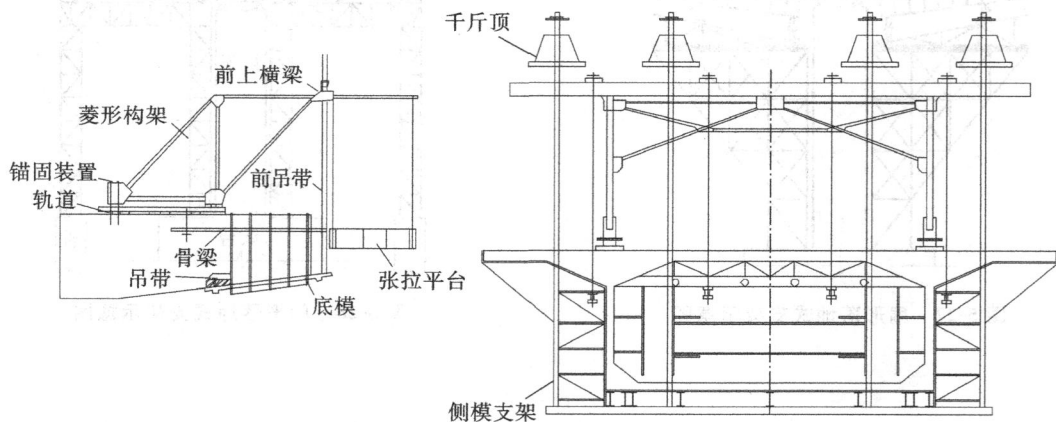

图 5-31　菱形挂篮

此外,还有平行桁架式挂篮、平弦无平衡重挂篮、弓弦式挂篮、组合斜拉式挂篮等多种挂篮形式,需结合具体工程实际进行选择使用。

在对称悬臂浇筑各节段后,需要按照设计要求进行合龙段施工。合龙段施工时通常由两个挂篮向一个挂篮过渡,所以先拆除一个挂篮,用另一个挂篮行走跨过合龙段至另一端悬臂施工梁段上,形成合龙段施工支架,如图 5-32 所示。

挂篮施工动画

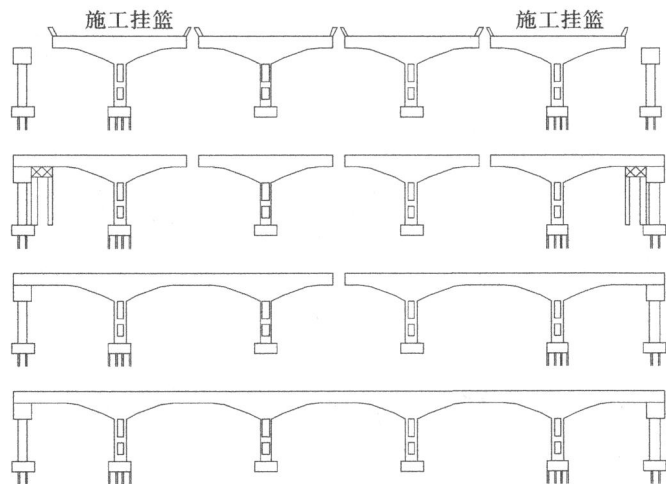

图 5-32 某大桥悬臂浇筑施工顺序图

② 节段悬臂拼装施工。悬臂拼装法是指在预制场预制梁节段,利用移动式悬拼吊机将其起吊至桥位,进行逐节段对称拼装,然后以环氧树脂胶为接缝材料,通过对预应力筋施加应力,使各梁节段连接成整体。一个梁节段张拉锚固后,再拼装下一梁节段。悬臂拼装法梁体的分段长度一般宜为 2~5 m,主要有悬臂吊机拼装法、连续桁架拼装法、起重机拼装法等,各种方法主要使用设备及施工示意图如图 5-33、图 5-34 所示。

连续梁节段悬臂
拼装施工动画

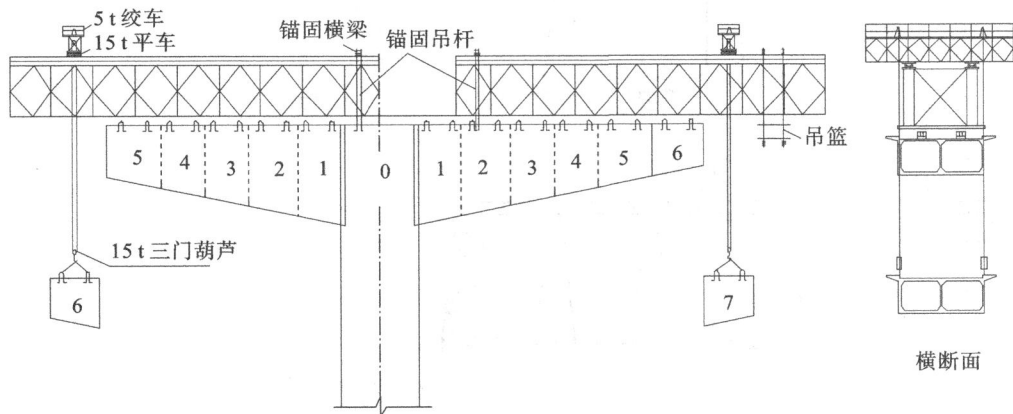

图 5-33 悬臂吊机拼装法
(注:图中数字 1~7 表示拼装顺序。)

③ 结构体系转换。结构体系转换是指在施工过程中,当某一施工程序完成后,桥梁结构的受力体系发生了变化,如简支体系变换为悬臂体系或连续体系等,这种变换过程简称体系转换。

(3)顶推施工法。

顶推施工法主要应用于预应力混凝土等截面连续梁桥的施工。其施工原理是沿桥纵轴方向,在桥台后设置预制场地,分节段浇筑或拼装混凝土梁体,并用纵向预应力筋连成

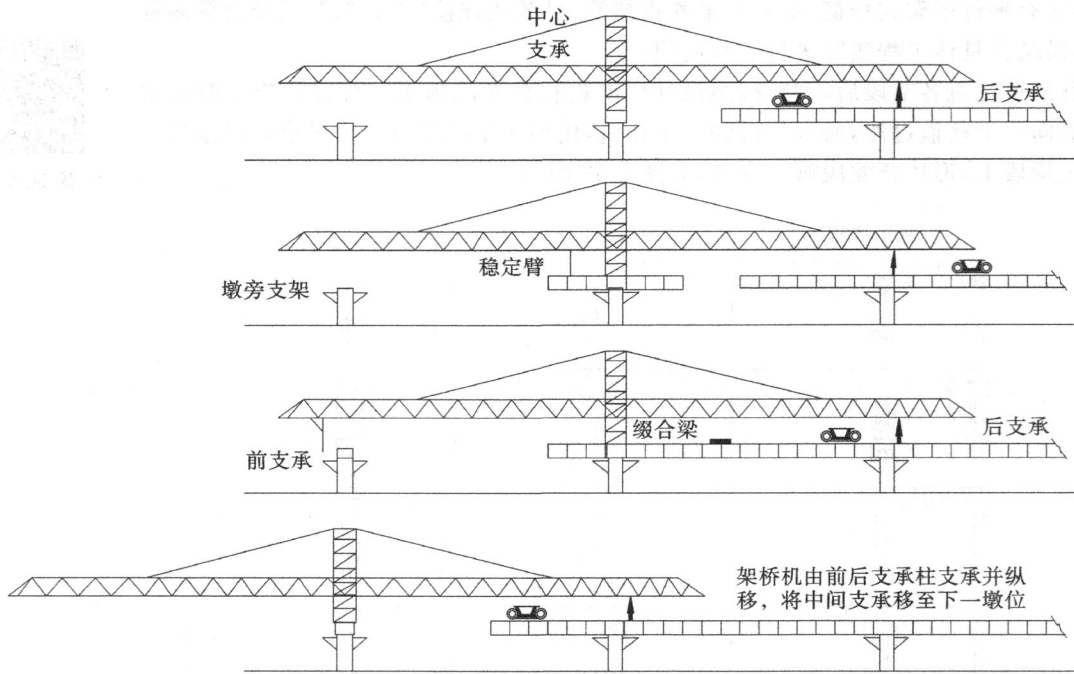

图 5-34　连续桁架拼装法

整体,然后通过水平液压千斤顶施力,借助不锈钢板与聚四氟乙烯模压板组成的滑动装置,将梁逐段向对岸推进,就位后落梁,更换永久支座,完成桥梁施工。

国内外连续梁桥的主梁采用顶推施工法的概况如图 5-35、图 5-36 所示。

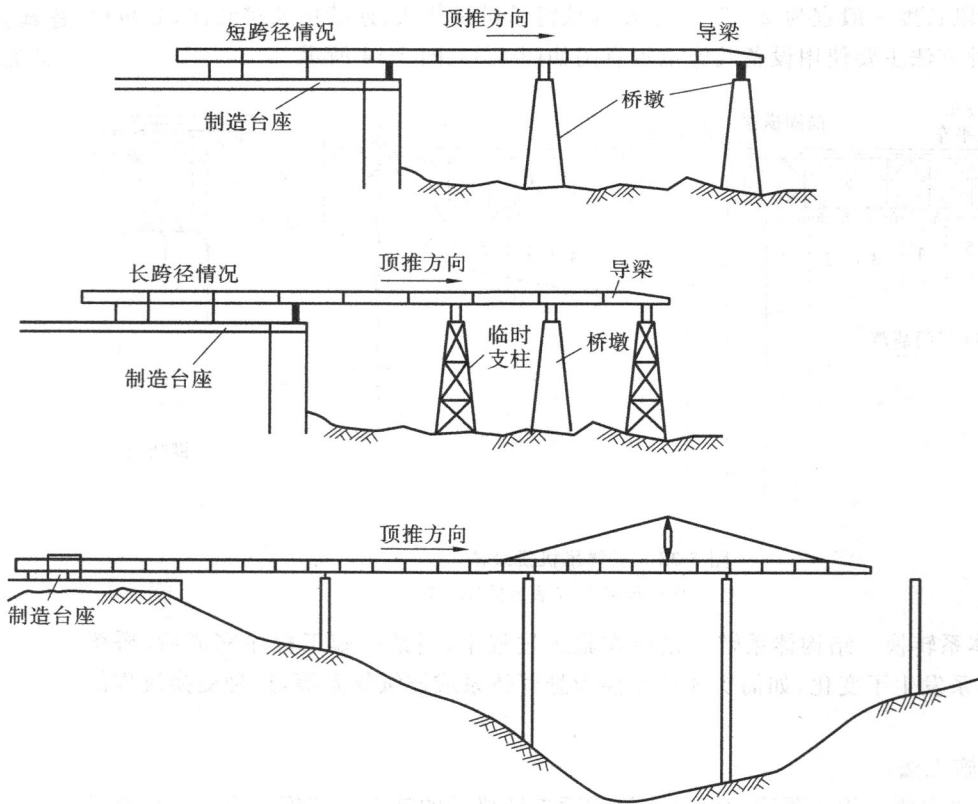

图 5-35　顶推施工法概况

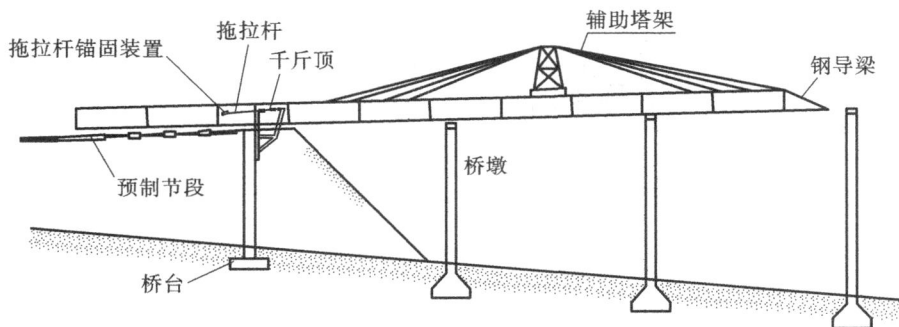

图 5-36 用拉索加劲的顶推施工法

（4）移动模架逐孔施工法。

移动模架逐孔施工法就是在可移动的支架、模板上完成一孔梁桥的全部工序，即模板工程、钢筋工程、浇筑混凝土和张拉预应力筋等，然后移动支架、模板，进行下一孔梁桥的施工。

对中、小跨径连续梁桥或建造在陆地上的桥跨结构，可以使用落地式或轨道移动式支架逐孔施工，如图 5-37 所示。

桥梁转体施工

图 5-37 轨道移动式支架逐孔施工

当桥墩较高、桥跨较长或桥下净空受到限制时，可以采用非落地支承的移动模架逐孔现浇施工。常用的移动模架可分为上行式移动模架（图 5-38）与下行式移动模架两种类型。

（5）转体施工法。

转体施工法可以认为是受开启桥的启发而产生的。它是在河流（谷）的两岸或道路主干线、铁路干线两侧或适当的位置，利用地形或搭设支架先将半桥浇筑或拼装完成，之后以桥梁结构本身为转动体，使用一些机具设备，分别将两个半桥转体到桥位轴线位置合龙成桥。

转体施工法相对于上述的施工方法使用得要少些，但在我国也已在许多桥梁上被采用，积累了成熟的经验。转体施工法不仅在拱桥中被采用，还曾在斜拉桥、T形刚构桥和斜腿刚架桥上被采用，是一种可靠的施工方法。

转体施工法根据桥梁结构的转动方向，可分为竖向转体施工方法、水平转体施工方法和竖向转体与水平转体相结合的施工方法，其中水平转体施工方法应用最多，将在拱桥部分进行详细介绍。

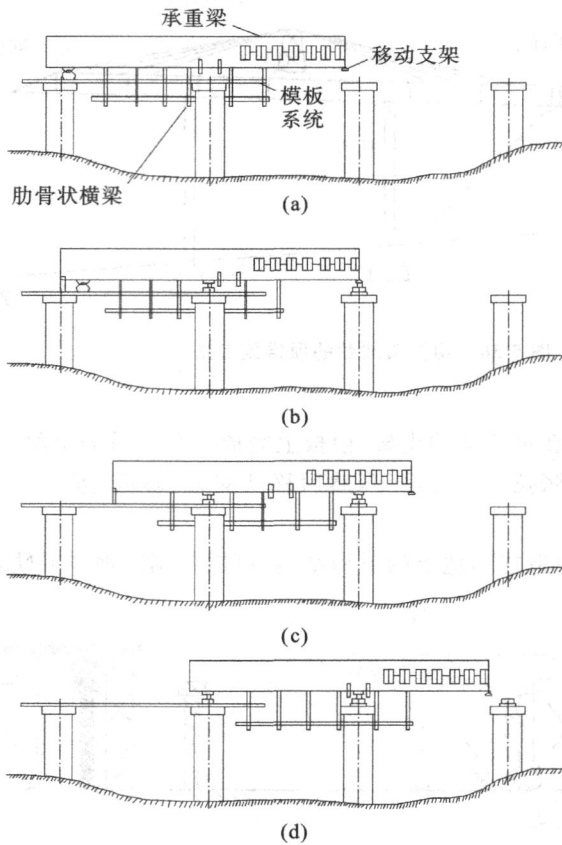

图 5-38　上行式移动模架施工程序

（a）施工完成；（b）移动支撑点；（c）移动模架；（d）待浇状态

5.2.2.3　预应力体系施工

在具有预应力体系梁桥施工中，无论采用装配式混凝土梁桥施工还是预应力混凝土连续梁桥施工，都需要进行预应力体系施工。

预应力体系的施工方法按张拉预应力筋与浇筑混凝土的先后次序分为两种，即先张法（图 5-39）和后张法（图 5-40）。其中先张法一般用于大批量生产预制桥梁构件，而后张法要求先浇筑梁体构件混凝土，经养护达到一定强度后，再在构件上张拉预应力筋。

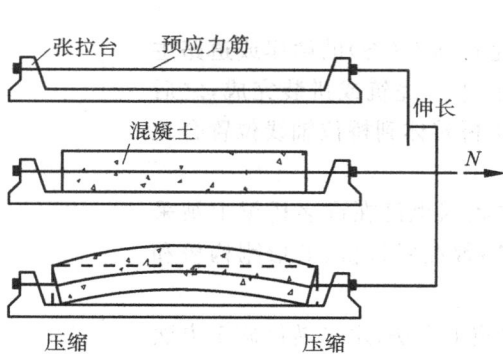

图 5-39　先张法施工示意图

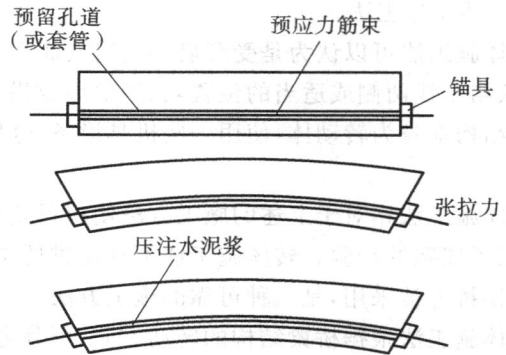

图 5-40　后张法施工示意图

此处以预应力混凝土连续梁桥的预应力体系施工为例进行介绍。

① 预留孔道。在浇筑梁体混凝土前,需在预应力筋的设计位置预先安放制孔器,待混凝土浇筑后,形成预应力筋的孔道。预留孔道的方法可采用抽芯法或预埋管道法。预埋管道法所用管材有金属波纹管(螺旋管)、钢管和塑料波纹管等。

② 预应力束张拉。桥梁工程中通常采用液压拉伸机作为预应力的张拉设备,它由千斤顶和配套的高压油泵、压力表及外接油管等组成。待张拉到设计拉力后,用特制的锚具将预应力筋锚固于混凝土构件上,使混凝土获得并保持其预压应力。

③ 孔道压浆。黏结预应力筋张拉完毕后均需向孔道内压满水泥浆,以保证预应力筋不锈蚀并与构件混凝土连成整体,从而减少预应力损失,并提高结构构件的整体抗弯刚度。孔道压浆应在张拉完毕后尽早进行。

后张法简支梁
的预制视频

5.2.2.4　桥面附属结构施工

桥面附属结构包括桥面伸缩装置、桥面防水层、桥面铺装,以及护轮带、人行道、栏杆与护栏、灯柱等附属工程,如图 5-41 所示。虽然这些都是非主体工程,但其设置是否合理、施工质量好坏,将直接影响整个桥梁的使用,特别是安全方面。

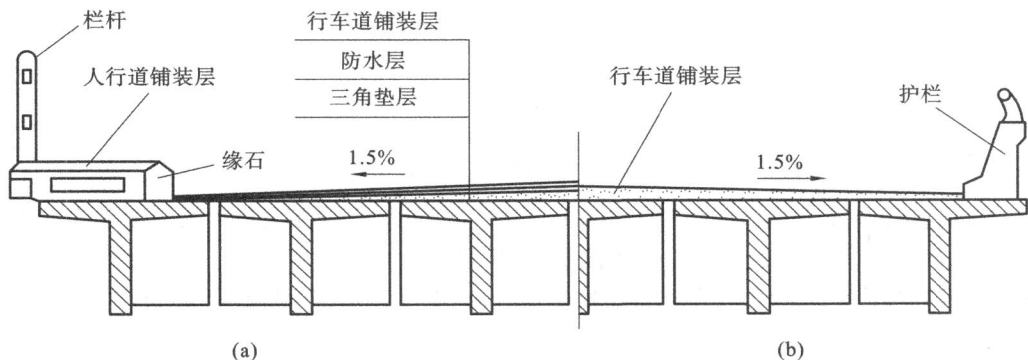

图 5-41　桥面构造示意图
(a)沥青混凝土桥面铺装;(b)水泥混凝土桥面铺装

(1)桥面铺装施工。

桥面铺装对桥梁的总体质量有着直接的影响,行车安全和桥面的耐久性都与桥面铺装的质量直接相关。目前我国常用的桥面铺装主要有沥青混凝土桥面铺装、水泥混凝土桥面铺装两种(图 5-41)。

① 沥青混凝土桥面铺装。桥面铺装采用沥青混凝土铺装时,为防止沥青混凝土中的集料损坏防水层,宜在防水层上先铺一层沥青砂做保护层(图 5-42)。

② 水泥混凝土桥面铺装。桥面铺装采用水泥混凝土铺装时,有两种方式:一种是全桥面铺装防水混凝土,其厚度一般为 60～80 mm;另一种是在桥面铺装层上再设置 70 mm 厚的防水混凝土。

桥面铺装施工时应注意:对预应力混凝土梁式桥,由于预应力损失、桥面铺装及部分恒荷载及活荷载的作用等因素,均会对梁体挠度造成一定影响。当上挠度过大时,将使桥面铺装施工产生困难,导致桥面铺装层在跨中较薄而支点外较厚,从而不能满足设计厚度的要求。因此,除应在梁体施工时采取有效措施防止挠度过大外,当梁体实际上挠度已较大,并不可避免地将对桥面铺装层的施工造成不利影响时,应采取调整桥面高程等措施,以保证桥面铺装层的厚度。

(2)人行道、栏杆(护栏)、护轮安全带和路缘石施工。

人行道、护栏、护轮安全带和路缘石等都属于桥面系附属工程,它们对桥梁的正常使用并较好地完成桥梁功能也是非常重要的。下面简要介绍这些附属工程的施工。

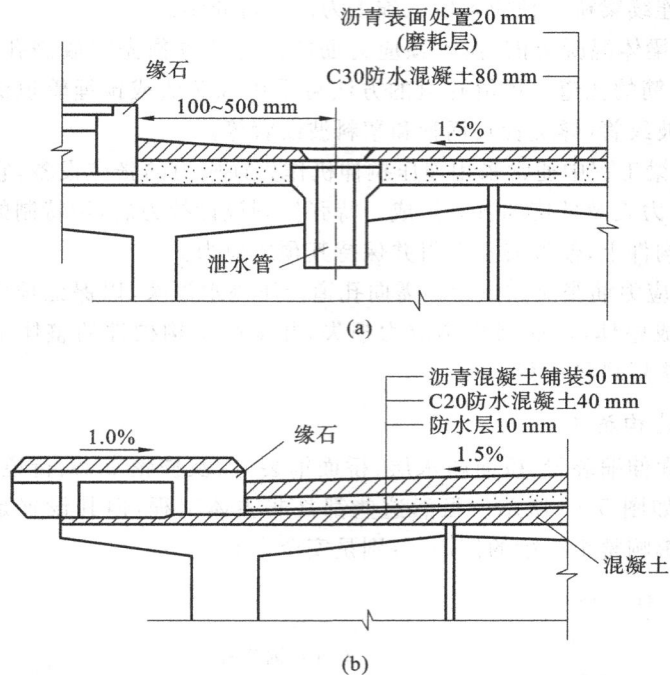

图 5-42 桥面铺装示意图
(a)沥青表面处置桥面铺装;(b)沥青混凝土桥面铺装

① 人行道施工。人行道顶面一般高出桥面 250~300 mm,按人行道板安装在主梁上的位置分为搁置式和悬臂式。有吊装能力时,可将人行道板和梁整体分块预制,整体悬砌出边梁之外,使施工快而方便。人行道板一般是预制拼装,也可现浇。人行道应在桥面断缝处做成伸缩缝,人行道防水层通过人行道板与路缘石砌缝外桥面防水层连成整体。

② 栏杆(护栏)施工。栏杆(护栏)是桥梁工程的重要组成部分,对桥梁工程图的评价起着直接的作用。栏杆(护栏)施工不仅要保证质量,还要满足艺术和美观的要求(图 5-43)。

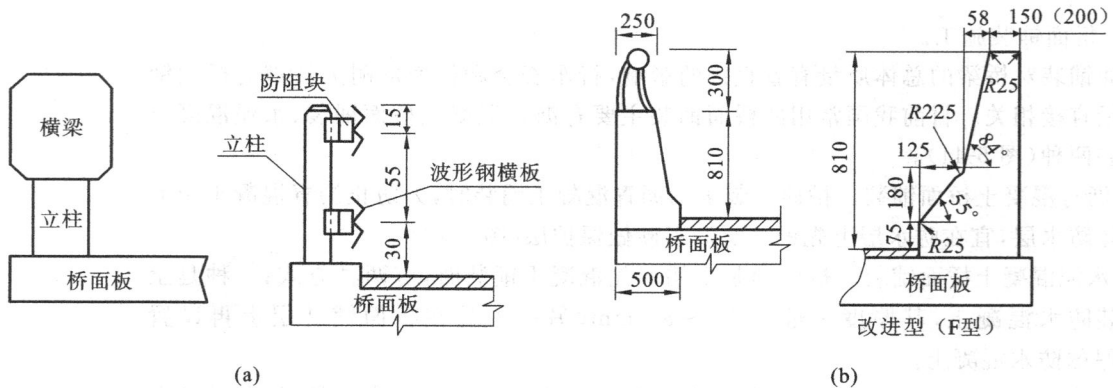

图 5-43 护栏示意图(单位:cm)
(a)钢筋混凝土梁柱式护栏;(b)钢筋混凝土墙式护栏

栏杆(护栏)施工的一般规定和要求:安装或现浇栏杆(护栏),应在人行道板施工完成后进行;金属制栏杆(护栏)构件在安装前应进行质量检查和试验;栏杆(护栏)必须全桥对直、校平;栏杆(护栏)的连接必须牢固;栏杆(护栏)的外表应平整、光洁、美观,钢筋混凝土栏杆(护栏)不应出现蜂窝、麻面;伸缩缝要妥善处理。

③ 护轮安全带(图 5-44)和路缘石施工。护轮安全带可以做成预制块件安装或与桥面铺装层一起现浇。预制的护轮安全带块件有矩形截面和肋板截面两种,其中矩形截面最为常用。路缘石一般为 80~350 mm,与护轮安全带类似,其施工的方法和工艺要求亦与护轮安全带相同。

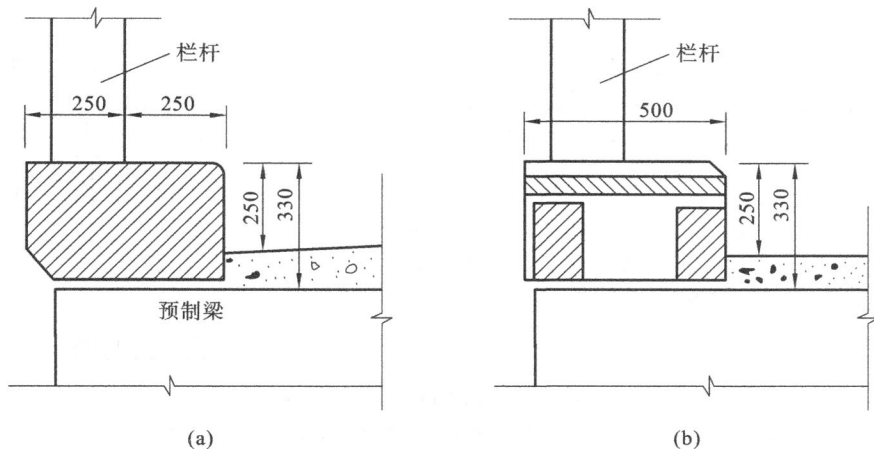

图 5-44 护轮安全带示意图(单位:cm)

（3）伸缩缝安装施工。

桥梁伸缩装置是为了使车辆平稳通过桥面并满足桥面变形的需要,而在桥面伸缩接缝处所设置的各种装置的总称。目前我国常用的伸缩装置按传力方式和构造特点大致可分为钢板伸缩装置和橡胶伸缩装置。

① 钢板伸缩装置。钢板伸缩装置有梳形钢板伸缩装置和滑动钢板伸缩装置。梳形钢板伸缩装置是由梳形板、锚栓、垫板、锚板、封头板及排水槽等组成的,有的还在梳齿之间填塞合成橡胶,以起防水作用。滑动钢板伸缩装置,一侧用螺栓锚碇牵引板,另一侧搁置在桥台边缘处的角钢上,角钢与牵引板间设置滑板,用钢板的滑动适应结构的伸缩。

② 橡胶伸缩装置。橡胶伸缩装置是指伸缩体采用橡胶构件的伸缩装置。伸缩体所用的橡胶有良好的耐老化、耐气候和抗腐蚀的性能。橡胶伸缩装置有空心板形、W 形或 M 形。

（4）照明灯柱。

常规采用 8～12 m 高的灯杆顶端安装照明器,灯杆沿纵桥向布置,包括单侧布置、双向对称布置、中心对称布置、交错布置等。根据制作灯柱的材料,其可分为混凝土灯柱和金属灯柱两大类。灯柱的柱脚可以利用钢筋锚固于桥面板中,也可通过预埋在桥面板中的锚固螺栓来固定。

雅西高速公路干海子特大桥施工

悉尼拱桥视频

5.3 拱桥的上部构造及施工 >>>

5.3.1 拱桥的上部构造

拱桥桥跨结构主要包括主拱圈和拱上建筑(图 5-45)。

5.3.1.1 主拱圈

拱桥的主拱圈沿拱轴线可以做成等截面或变截面的形式。等截面拱,就是沿桥跨方向主拱的横截面尺寸是相同的,如图 5-46(a)所示;变截面拱,主拱的纵截面从拱顶到拱脚是逐渐变化的。截面变化的方式又可分为两种:一种是截面宽度不变,而截面高度逐渐变化,如图 5-46(b)所示;另一种则正好相反,如图 5-46(c)所示。

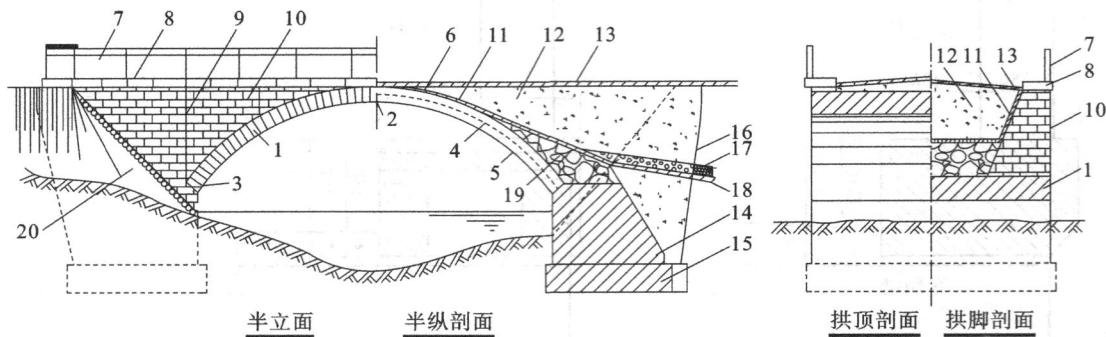

图 5-45　拱桥的基本组成

1—主拱圈;2—拱顶;3—拱脚;4—拱轴线;5—拱腹;6—拱背;7—栏杆;8—路缘;9—伸缩缝;10—拱上侧墙;11—防水层;
12—拱上填料;13—桥面铺装;14—桥台;15—基础;16—桥台侧墙;17—台后排水盲沟;18—黏土层;19—护拱;20—锥形护坡

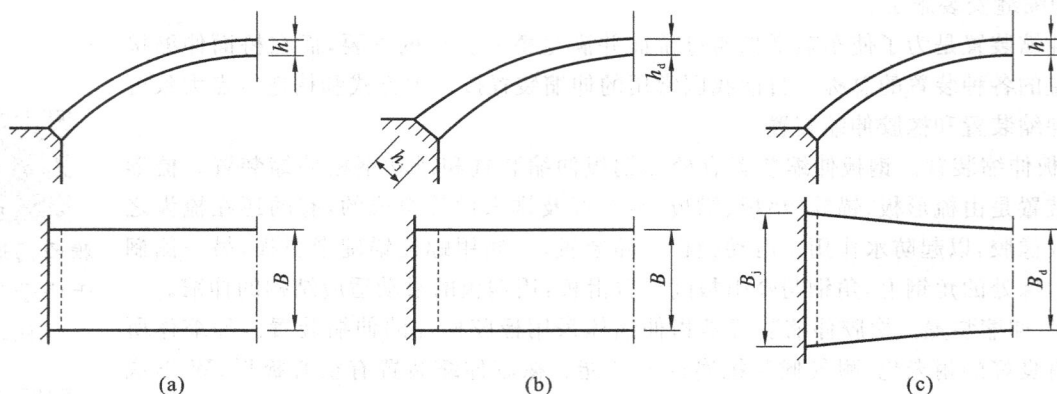

(a)　　　　　　　　　　　(b)　　　　　　　　　　　(c)

图 5-46　主拱纵截面变化形式

(a) 等截面;(b) 拱厚自拱顶向拱脚增加;(c) 拱宽自拱顶向拱脚增加

等截面拱的横截面形式如图 5-47 所示,等截面箱形拱闭合箱构造示意图如图 5-48 所示。

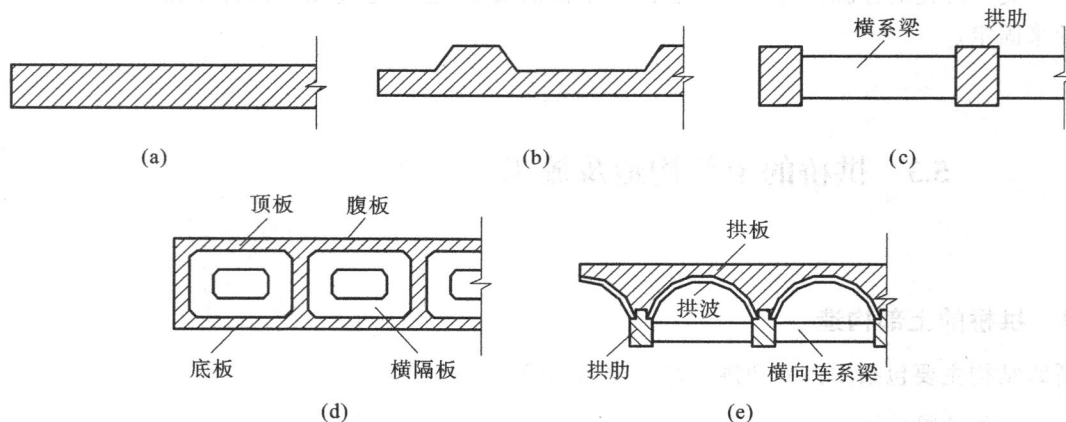

(a)　　　　　　　　　　　(b)　　　　　　　　　　　(c)

(d)　　　　　　　　　　　(e)

图 5-47　等截面拱的横截面形式

(a) 板拱;(b) 板肋拱;(c) 肋拱;(d) 箱形拱;(e) 双曲拱

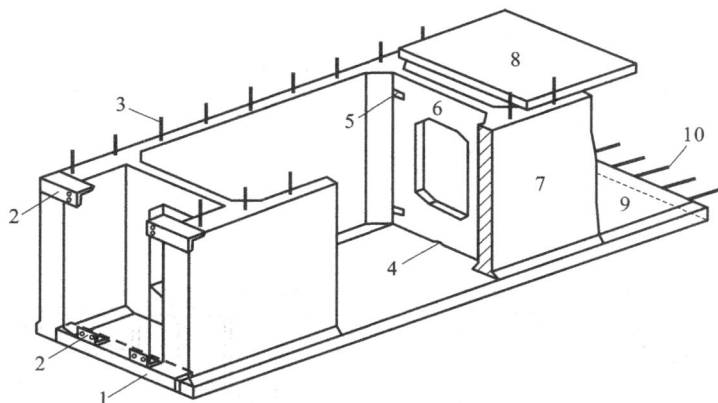

图 5-48 等截面箱形拱闭合箱构造示意图

1—预埋角钢;2—定位角钢;3—联结钢筋;4—预留泄水孔;5—钢板;
6—横隔板;7—侧板;8—顶板;9—底板;10—纵向主筋

5.3.1.2 拱上建筑

按照拱上建筑构造方式的不同,可将其分为实腹式和空腹式两种。

(1)实腹式拱上建筑。

实腹式拱上建筑由侧墙、拱腹填料、护拱、变形缝以及防水、排水设施和桥面系组成,如图 5-45 所示。

(2)空腹式拱上建筑。

空腹式拱上建筑除具有与实腹式拱上建筑相同的构造外,还具有腹孔和腹孔墩。

① 腹孔。腹孔通常对称地布置在主拱圈两侧结构高度所容许的范围内。其形式大致可以分为拱式腹孔和梁(板)式腹孔两类。

a. 拱式腹孔。拱式腹孔简称腹拱。腹拱圈可以采用石砌、混凝土预制或现浇的圆弧形板拱,也可以采用微弯板和扁壳结构(图 5-49)。

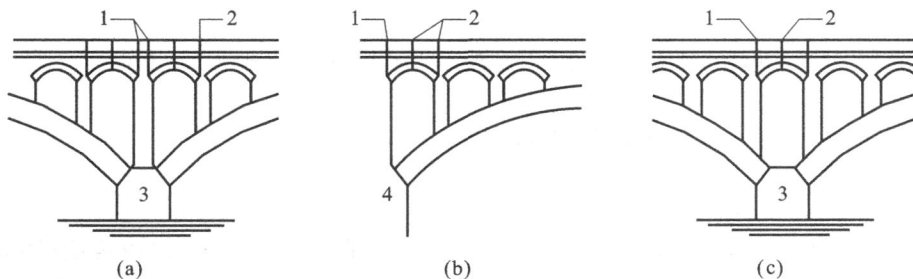

图 5-49 墩台上腹拱的布置方式

1—伸缩缝;2—变形缝;3—桥墩;4—桥台

b. 梁(板)式腹孔。梁(板)式腹孔有简支式[纵铺桥道板(梁),图 5-50(a)、(b)]、连续式[横铺桥道板(梁),图 5-50(c)]和框架式[图 5-50(d)]等多种形式。

② 腹孔墩。腹孔墩由底梁、墩身和墩帽组成。按照墩身的结构形式可分为横墙式[图 5-51(a)]和立柱式[图 5-51(b)]两种。

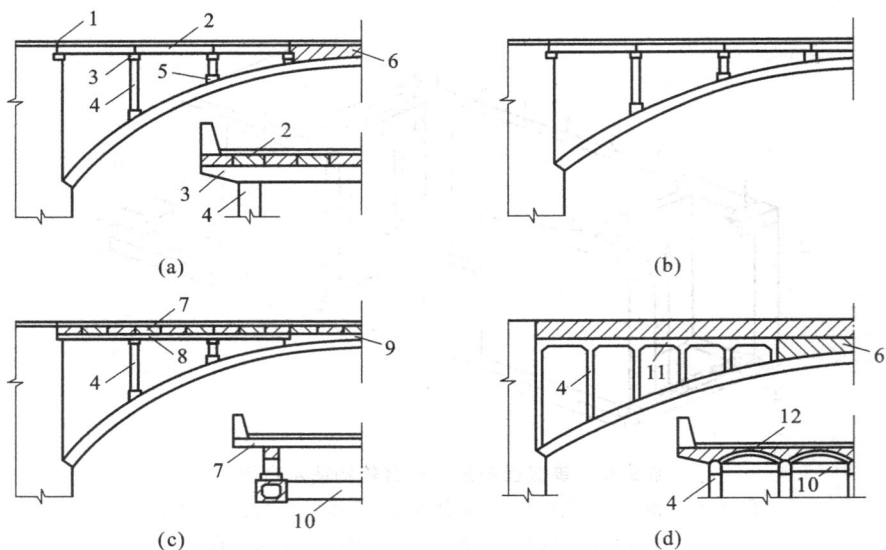

图 5-50 梁(板)式拱上建筑示意图

1—伸缩缝;2—纵铺桥道板(梁);3—盖梁;4—立柱;5—底梁(底座);6—实腹段;
7—横铺桥道板(梁);8—纵向连系梁;9—垫墙;10—横向连系梁;11—钢架梁;12—拱形板

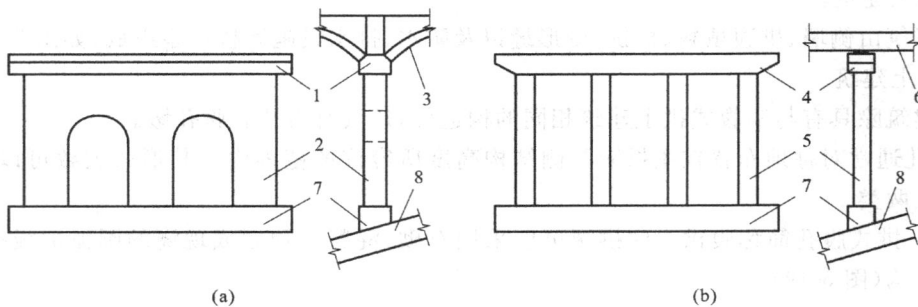

图 5-51 腹孔墩构造

(a)横墙式;(b)立柱式

1—墩帽;2—横墙;3—腹拱;4—盖梁;5—立柱;6—腹孔;7—底梁;8—主拱

5.3.2 拱桥上部构造施工

5.3.2.1 现浇法与拼装法

拱桥上部结构施工,可以按照原位现浇的方式,分为支架浇筑法(图 5-52)和悬臂浇筑法(图 5-53);也可以按照预制安装法,分为整体安装法和节段悬臂拼装法(图 5-54)。现浇法和拼装法与梁式桥上部构造施工方法类似,此处不再赘述。仅对具有代表性的转体施工法进行介绍。

5.3.2.2 转体施工法

转体施工法在我国拱桥建设上被广泛采用,积累了成熟的经验,是一种可靠的施工方法。转体施工根据桥梁结构的转动方向,可分为竖向转体施工方法、水平转体施工方法和竖向转体与水平转体相结合的施工方法,其中水平转体施工方法应用最多。

(1)竖向转体施工方法(简称竖转法)。

竖转法主要用于肋拱桥。我国的习惯做法是拱肋在低位的支架上浇筑或拼装,然后向上提升达到设计位置合龙,即拱圈绕拱座做竖向转动合龙(图 5-55)。

云桂铁路南盘江
特大桥施工

拱桥施工图

有平衡重转体
施工动画

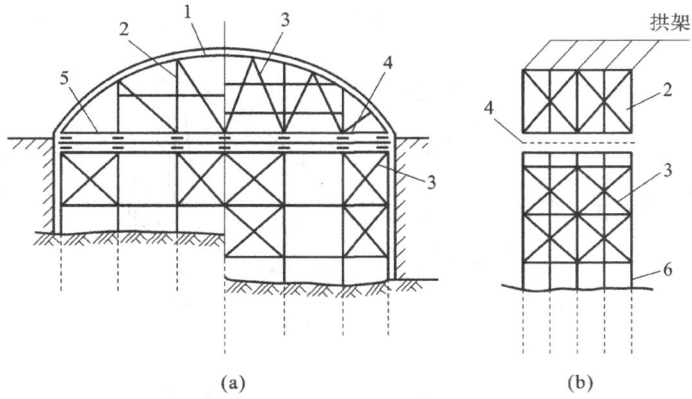

图 5-52 拱桥支架浇筑法

1—弓形木;2—立柱;3—斜撑;4—落拱设备;5—水平拉杆;6—桩

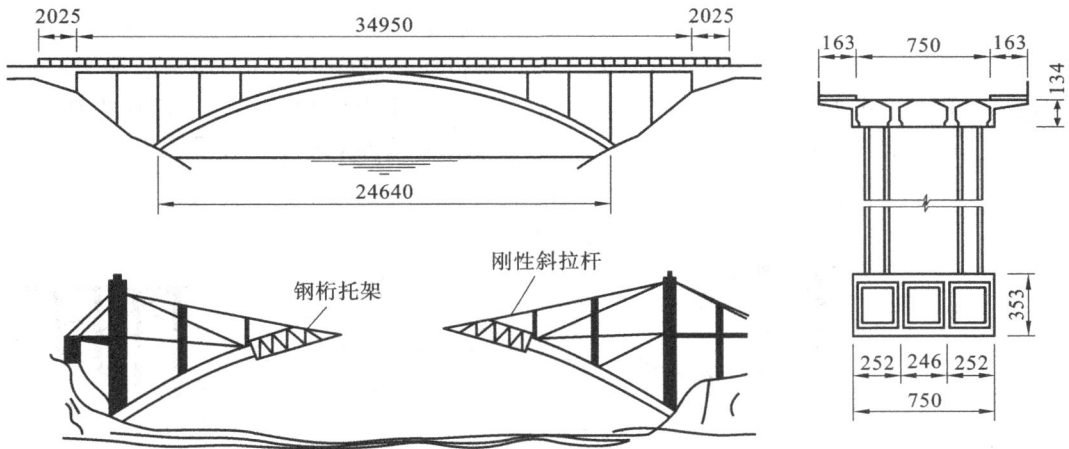

图 5-53 悬臂浇筑箱形拱示意图(单位:cm)

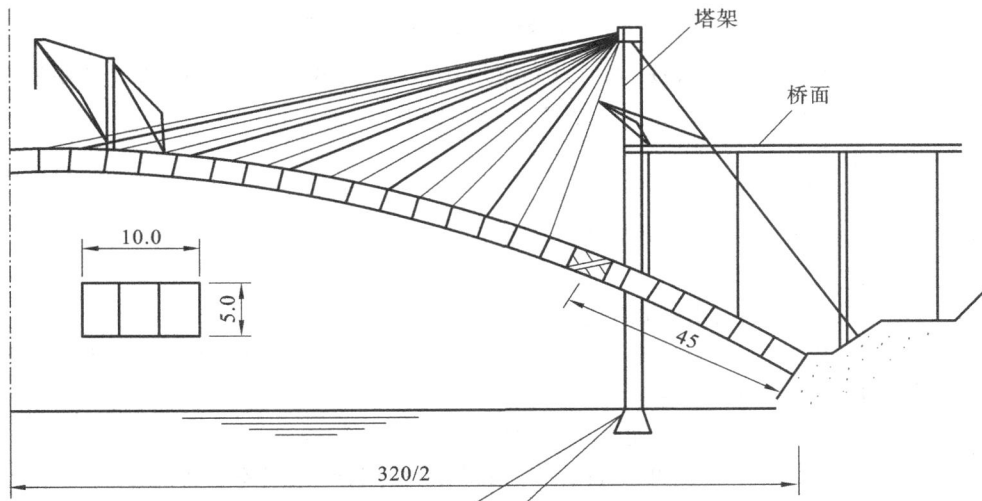

图 5-54 节段悬臂拼装示意图(单位:cm)

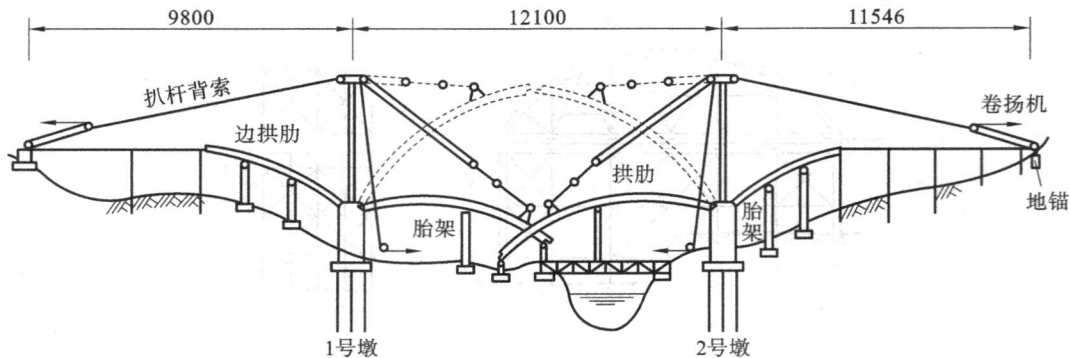

图 5-55 扒杆吊装法竖向转体施工示意图(单位:cm)

竖转法的转动体系通常由牵引系统、索塔、拉索组成。竖转法一般在中、小跨径的拱桥中应用,其原因是当跨径较大,拱肋较长,竖向转动不易控制时,容易发生事故。

(2)水平转体施工方法(简称平转法)。

平转法是我国最先采用的一种施工方法。平转法是将半拱在河岸上的支架先浇筑或拼装好,然后在其平面内转动至设计桥位处合龙(图 5-56)。平转法分为有平衡重转体和无平衡重转体两种施工方法。有平衡重时,上部结构与桥台一起作为转动结构,若桥台不能平衡悬臂主拱,则在桥台上配重以满足平衡,这种方法采用较多。无平衡重转体法取消平衡重,采用锚锭体系平衡悬臂拱的重量。

沪杭高铁转体桥
平转施工方案

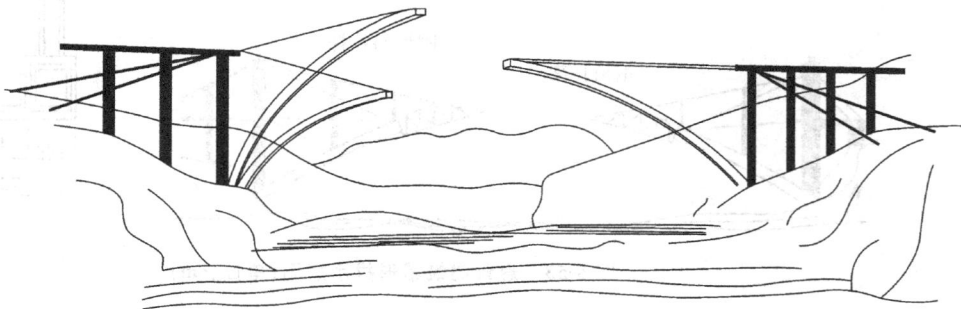

图 5-56 水平转体施工示意图

平转体系由上转盘、下转盘和牵引体系组成,整个上部结构的重量均作用在转盘上。有平衡重平面转体拱桥的主要施工程序如下:

① 制作底盘;

② 制作上转盘;

③ 试转上转盘到预制轴线位置;

④ 浇筑背墙;

⑤ 浇筑主拱圈上部结构;

⑥ 张拉拉杆,使上部结构脱离支架,并和上转盘、背墙形成一个转动体系,通过配重基本把重心调到圆心处;

⑦ 牵引转动体系,使半拱平面转动合龙;

⑧ 封上、下盘,夯填桥台背土,封拱顶,松拉杆,实现体系转换。

(3)竖向转体与水平转体相结合的施工方法。

竖向转体与水平转体相结合的施工方法,即先竖向就位后再平转就位(设计桥位)、合龙。

转体施工将半跨主跨和一个边跨作为一个转动单元,沿河岸搭设支架拼装边跨劲性骨架,并在低支架上拼装半跨主跨钢管拱肋,竖转主跨钢管拱肋就位,然后利用边跨平衡,平转就位、合龙。

5.4 墩台的构造及施工 >>>

桥梁工程下部结构的施工方法是多种多样的,特别是基础部分的施工,受到的约束条件甚多,如地质、水文、施工条件等。墩台作为桥梁结构的组成部分,其结构的可靠性影响整体结构的力学性能和使用。基础形式和施工方法的选择要针对桥跨结构的特点和要求,并结合地形、地质条件、施工条件、技术设备、工期季节、水利水文等多种因素综合考虑。

下面介绍常用的桥梁墩、台构造及其施工方法。

5.4.1 桥墩构造及施工

5.4.1.1 桥墩构造

(1)实体桥墩。

实体桥墩,又称重力式桥墩,主要靠自身的重量平衡外荷载,墩身自重大,稳定性好,一般用于地基承载能力强的桥位或流水、漂流物较多的河道。在多跨拱桥的设计中,由于推力的存在,也常用实体桥墩(图5-57)。

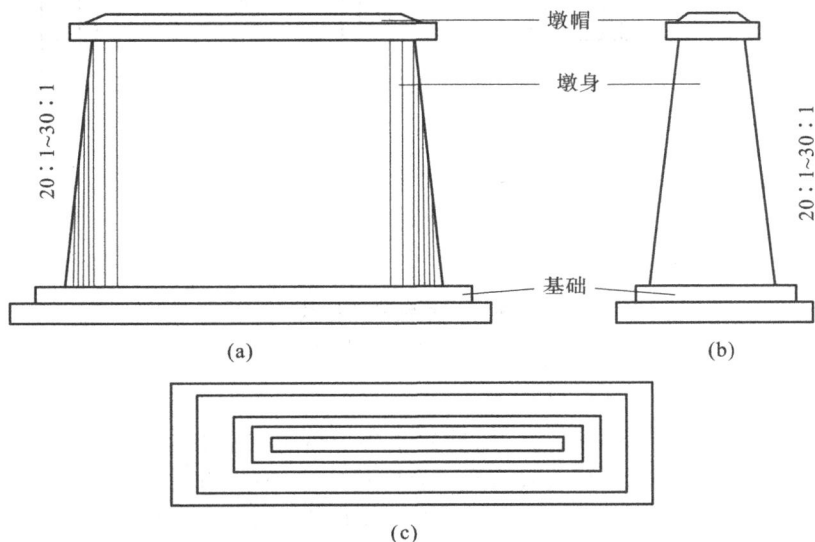

图 5-57 实体桥墩
(a)立体;(b)侧面;(c)平面

(2)柱式桥墩。

柱式桥墩有单柱式、双柱(多柱)式、哑铃式和混合式四种,如图5-58所示。单柱式桥墩在水流与桥轴线交角较大及曲线梁桥中用得较多。双柱(多柱)式桥墩是桥梁建筑中采用较多的一种形式,它具有施工方便、造价低和美观等优点。在有较严重漂流物或流冰现象的河流上或墩身较高时,可采用哑铃式桥墩或混合式桥墩。

(3)柔性排架桩墩。

钢筋混凝土柔性排架桩墩,由成排的预制钢筋混凝土打入桩或钻孔桩顶端连以钢筋混凝土盖梁组成。它可分为单排架墩和双排架墩两种(图5-59)。

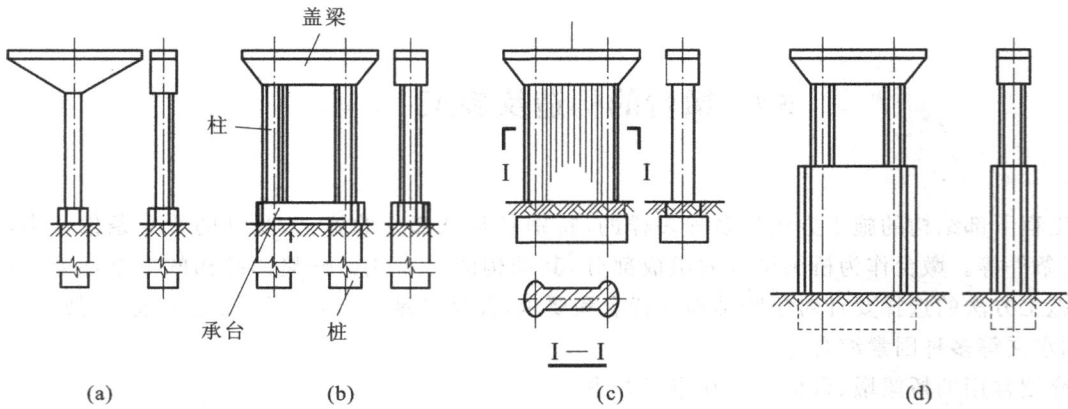

图 5-58 柱式桥墩的类型

(a)单柱式桥墩;(b)双柱(多柱)式桥墩;(c)哑铃式桥墩;(d)混合式桥墩

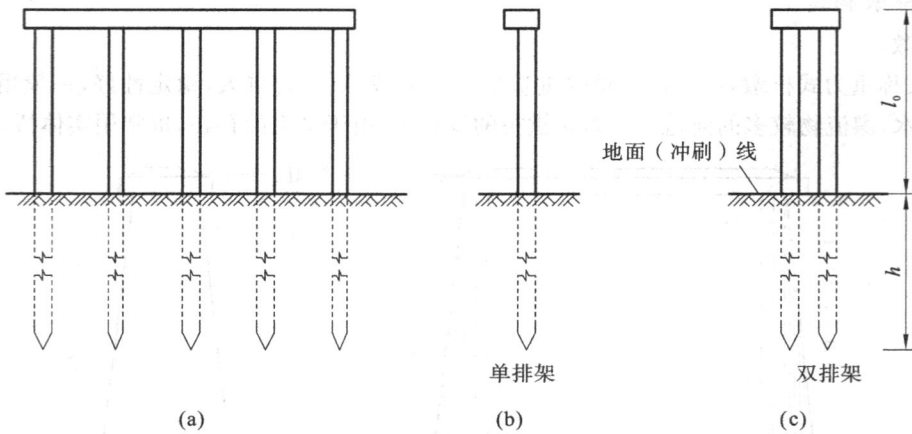

图 5-59 柔性排架桩墩

(a)立面;(b),(c)侧面

(4)空心薄壁墩。

空心薄壁墩由于用料少、自重轻,对地基桥墩的要求可以降低,同时可采用滑模施工,大大加快了施工速度,因此特别适用于高墩。空心薄壁墩的截面形式有圆形空心、双圆孔空心、圆端形空心、菱形空心、矩形空心、双矩形空心等(图 5-60)。为加大局部和整体稳定性,中间可设置横隔板。

除以上常用的桥墩形式外,还有 V 形墩、X 形墩、Y 形墩等。

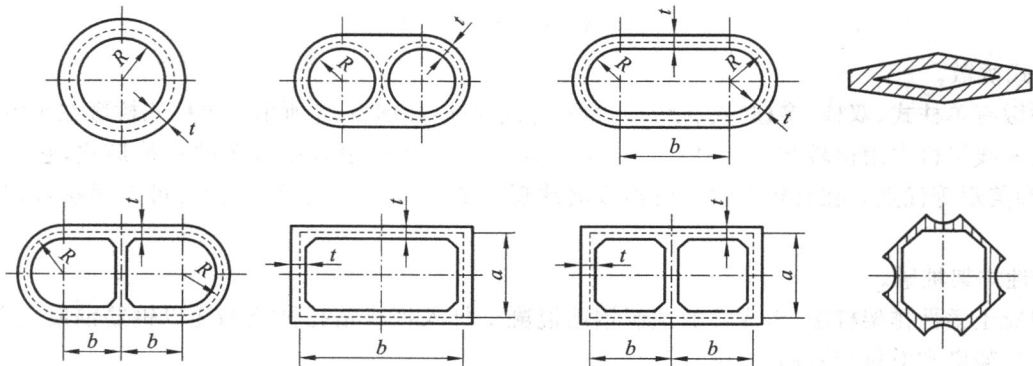

图 5-60 空心薄壁墩

5.4.1.2 桥墩施工

桥墩一般都是就地浇筑,常见的模板和脚手架平台做法有以下几种。

(1)支架及模板施工。

当桥墩高度较小时,可采用从地面或墩顶搭设支架作业平台、安装模板的方法浇筑混凝土。模板可采取多块拼装或整段制作吊装的方法,要视模板的大小和重量,吊装机械的起吊能力而定,这种方法是普遍使用的。

(2)爬升模板及平台施工。

采用爬升模板及平台的施工方法是将工作平台与模板拼成可自动升降的整体装置,利用下节已凝固混凝土中预埋的钢构件逐节提升模板与平台结构,该方法机械化程度较高,可缩短工期,适用于大型桥墩、桥塔的施工。

(3)滑动模板施工。

滑动模板施工是将模板悬挂在平台的周围,即模板与工作平台组成可自动向上滑移的整体装置,沿着所施工的混凝土结构随混凝土的浇筑由千斤顶带动逐渐向上滑升,混凝土的浇筑可以连续不断地进行,因此该方法工期最短。滑动模板一般主要由工作平台、内外模板、混凝土平台、工作吊篮和提升设备等组成。

5.4.2 桥台构造及施工

5.4.2.1 桥台构造

桥台和桥墩一样,也有多种不同的形式,选用何种桥台形式,要根据工程的具体情况而定。

(1)重力式桥台。

重力式桥台也称实体式桥台,它主要靠自重来平衡后台的土压力,台身多数用石砌、片石混凝土或混凝土等圬工材料就地施工。

重力式桥台根据跨径、台高及地形条件的不同有多种形式,常用的有 U 形桥台、埋置式桥台、八字式桥台和一字式桥台等。

a. U 形桥台由台身(前墙)、台帽、基础与两侧的翼墙组成,在平面上呈 U 形(图 5-61)。

b. 埋置式桥台台身埋置于台前溜坡内,不需另设翼墙,仅由台帽两端耳墙与路堤衔接。

c. 八字式桥台和一字式桥台台身两侧为独立的翼墙,一般在台身和翼墙间设变形缝将其分开。

(2)轻型桥台。

钢筋混凝土轻型桥台的结构特点是利用钢筋混凝土结构的抗弯能力来减少圬工体积,使桥台轻型化。

a. 框架式轻型桥台是一种在横向呈框架式的桩基础轻型桥台,它所受的土压力较小,适用于地基承载能力较低、台身较高、跨径较大的桥梁,如图 5-62 所示。

b. 锚碇板式(锚拉式)轻型桥台有分离式和结合式两种。分离式的台身主要承受上部结构传递的竖向力和水平力,土压力由锚碇板结构承受;结合式则起台身兼立柱的作用,将锚碇板结构与台身结合在一起,假定此时的台身仅承受竖向力,所有的水平力都由锚碇板承受,如图 5-63 所示。

坝陵河特大桥
液压自爬模
系统讲解

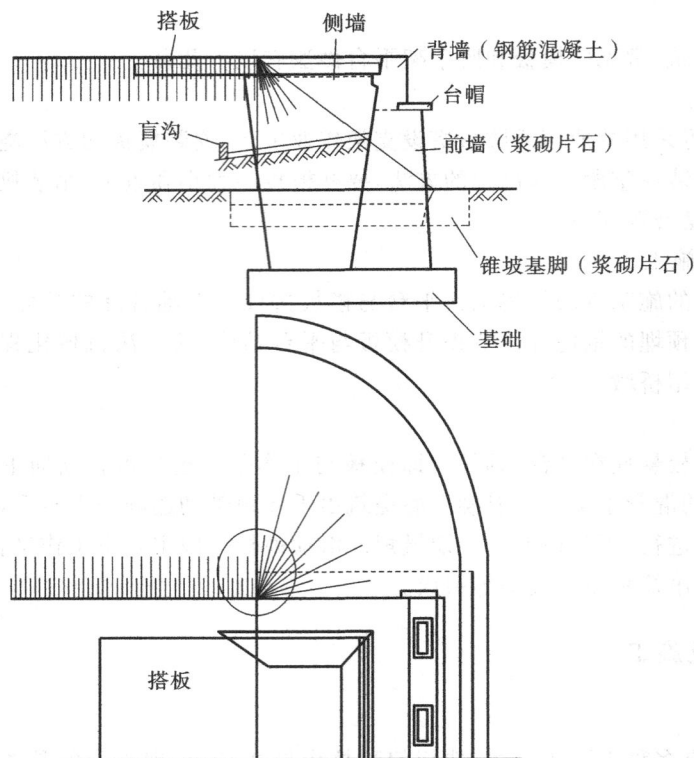

图 5-61　重力式 U 形桥台

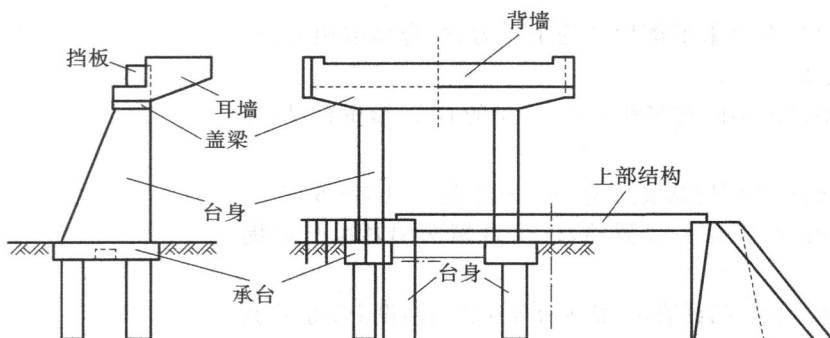

图 5-62　框架式轻型桥台

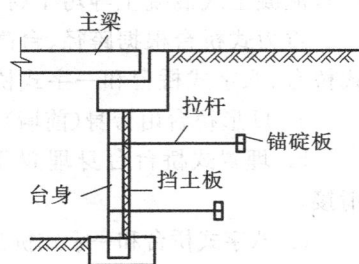

图 5-63　锚碇板式轻型桥台

　　轻型桥台还有其他结构形式,如薄壁轻型桥台、支撑梁轻型桥台(图 5-64)、过梁式桥台等多种形式,可根据不同的地形、结构形式选用。

5.4.2.2　桥台施工

　　(1)桥台在施工前应在基础顶面测量放样出台身的纵横向轴线和内外轮廓线,其平面位置应准确。当台身较长需要设置沉降缝时,应在施工前确定其设置位置。

　　(2)桥台后背的回填填料应符合设计规定。后背回填应严格控制土的分层厚度和压实度,检查频率应每 50 m² 检验一点,不足 50 m² 时应至少检验一点,每点均应合格,且宜采用小型机械压实。桥涵台背填土的压实度应不小于 96%。

　　(3)重力式桥台的施工应符合下列规定。

　　a. 混凝土或钢筋混凝土台身宜一次连续浇筑完成,当台身较长或截面积过大,一次连续浇筑完成难以保证混凝土质量时,可分段或分层浇筑。分段浇筑时,其接缝宜设置在沉降缝处;分层浇筑时,应采取有效措施控制接缝的外观质量,防止产生过大的层间错台。

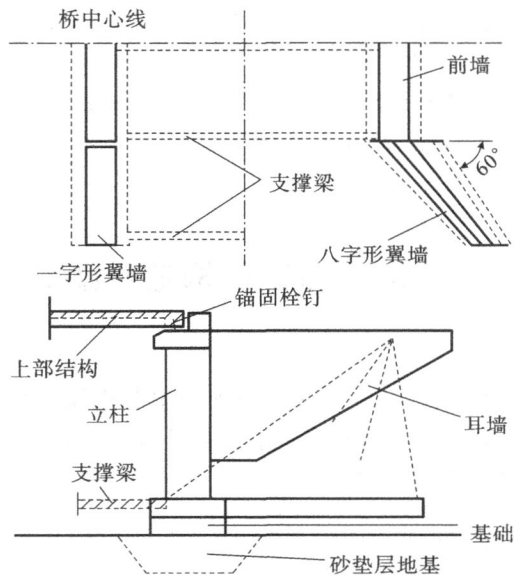

图 5-64　支撑梁轻型桥台

b. 采用片石混凝土浇筑圬工台身时,应选用无裂纹、无夹层、未煅烧过并具有抗冻性的石块。对于片石混凝土的施工,可在混凝土中掺入不多于该结构体积 20% 的片石。

c. 翼墙、八字墙施工时,其顶面坡度的变化应与台后边坡的坡度相适应。

d. 桥台后背与回填土接触面的防水处理应符合设计规定。

(4)肋板式埋置式桥台施工时,肋板的斜面方向应符合设计规定的方向,避免反置。柱式和肋板式等埋置式桥台施工完成后的填土要求均应符合本节的规定,台前溜坡的坡度及其坡面防护应符合设计规定。

(5)薄壁轻型桥台施工时,对混凝土的浇筑应采取有效措施,保证其浇筑质量。

施工完成后,台背的填土要求除应符合本节的规定外,对设置有支撑梁的,尚应在支撑梁安装完成后再填土。

(6)组合式桥台应按其各组成部分的相应要求进行施工。锚碇(拉)板式组合桥台可按第(7)条的规定进行施工;挡土墙组合桥台中,挡土墙的施工应符合《公路路基施工技术规范》(JTG/T 3610—2019)的规定;后座式组合桥台中,后座可按重力式桥台的规定进行施工,台身与后座之间的构造缝应严格按设计要求施工。

(7)加筋土桥台施工应符合下列规定。

a. 混凝土面板的预制施工应符合《公路桥涵施工技术规范》(JTG/T 3650—2020)混凝土施工的规定。露于面板混凝土外面的钢拉环、钢板锚头应作防锈处理,加筋带与钢拉环的接触面应作隔离处理。筋带的强度和受力后的变形应满足设计要求,筋带应能与填料产生足够的摩擦力,接长与面板的连接应简单。

b. 面板应按要求的垂度挂线安砌,安砌时单块面板可内倾 1/200～1/100,作为填料压实时面板外倾的预留度。不得在未完成填土作业的面板上安砌上一层面板。

c. 钢带应平顺铺设于已压实整平的填料上,不得弯曲或扭曲;钢筋混凝土带可直接铺设在已压实整平的填料上或在填料上挖槽铺设;加筋带应呈扇形辐射状铺设,不宜重叠,不得卷曲或折曲,并不得与尖锐棱角的粗粒料直接接触。在与桥台立柱或肋板相互干扰时,筋带可适当避让。

d. 台背筋带锚固段的填筑宜采用粗粒土或改性土等填料。当填料为黏性土时,宜在面板后不小于 0.5 m 的范围内回填砂砾材料。

e. 填料摊铺厚度应均匀一致,表面平整,并应设置不小于 3% 的横坡。当采用机械摊铺时,摊铺机械距面板应不小于 1.5 m。机械的运行方向应与筋带垂直,并不得在未覆盖填料的筋带上行驶或停车。

f. 台背填料应严格分层碾压,碾压时宜先轻后重,并不得使用羊足碾。压实作业应先从筋带中部开始,逐步碾压至筋带尾部,再碾压靠近面板部位,且压实机械距面板应不小于 1.0 m。台背填筑施工过程中应随时观测加筋土桥台的变化。

（8）对位于软土地基处的桥台，可先填筑路堤，并待其沉降基本稳定后，再以反开挖的方式进行基础和台身的施工。

（9）桥台的耳墙和背墙宜在台背回填之前施工，但在后续的其他工序施工中，应采取有效措施对其进行保护，防止产生碰撞、挤压等损伤。

5.5 基础的构造及施工 >>>

基础是桥梁的重要组成部分。基础的主要作用是承受上部结构及下部结构传来的荷载，并将荷载及本身自重传给地基。基础按埋置深度可分为浅基础和深基础，其中深基础又包括桩基础和沉井基础。

5.5.1 基础形式

5.5.1.1 浅基础

浅基础是指埋入地层深度较浅，施工一般采用敞开挖基坑修筑的基础。根据受力条件及构造，可将浅基础分为柔性基础[图5-65(a)]和刚性基础[图5-65(b)]。

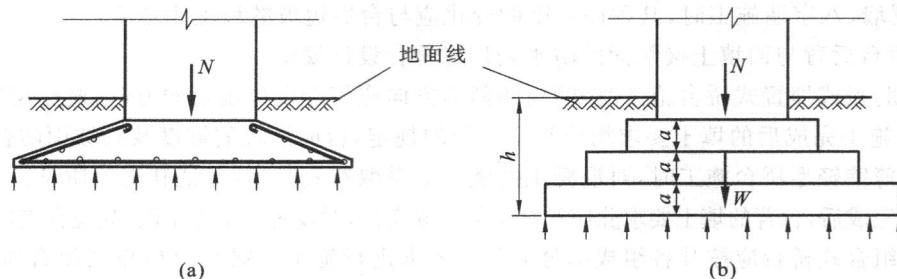

图 5-65 浅基础示意图
(a) 柔性基础；(b) 刚性基础

5.5.1.2 深基础

（1）桩基础。

① 打入桩。在桥梁基础中常用钢筋混凝土方桩和预应力混凝土方桩作为打入桩基础。

② 灌注桩。灌注桩是在现场地基中钻（挖）桩孔，然后向孔内放置钢筋笼，再灌注混凝土而成的桩。按成孔方式可分为沉管灌注桩、钻孔灌注桩、挖孔灌注桩。

（2）沉井基础。

沉井是一种井筒状结构物，是依靠在井内挖土，借助井体自重及其他辅助措施而逐步下沉至预定设计标高，最终形成建筑物基础的一种深基础形式。

沉井由井壁（侧壁）、刃脚、内隔墙、井孔、封底和顶盖板等组成，如图5-66所示。

5.5.2 基础施工

5.5.2.1 明挖扩大基础

扩大基础的施工一般采用明挖的方法进行。当基底在地下水位以上、土质较好时可采用坑壁不加支撑的方法开挖，视土质情况可采取竖向坑壁、斜坡坑壁及阶梯形坑壁，若为阶梯形坑壁，每梯高度以0.5～1.0 m为宜。当基底在地下水位以下，坑壁土质不稳定

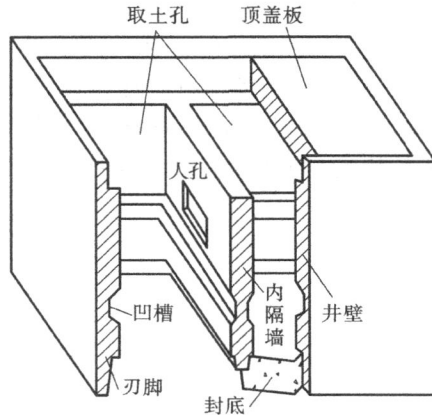

图 5-66 沉井构造示意图

时,可采用坑壁设支撑,支撑的形式有多种,可根据实际情况确定。基坑的施工可采取人工开挖、机械开挖及人工机械配合开挖等方法,要根据开挖土方量来定。有的水中基础也采用明挖的施工方法,这时必须设置围堰。

5.5.2.2 桩基础

常见的桩基础有打入桩基础和钻孔灌注桩基础两大类,在公路桥梁中常用钻孔灌注桩基础。

(1)打入桩基础。

在桥梁基础中常用钢筋混凝土方桩和预应力混凝土方桩,在大型桥梁工程中也采用钢筋混凝土管桩和预应力混凝土管桩,预应力混凝土管桩按混凝土强度等级,又分为预应力混凝土管桩(代号 PC)和高强度预应力混凝土管桩(代号 PHC)。管桩一般在工厂以离心成型法制成。

(2)钻孔灌注桩基础。

钻孔灌注桩的关键是钻孔。钻孔的方法可归纳为如下 3 种。

① 冲击法:用冲击钻机或卷扬机带动冲锥,借助锥头因自重下落产生的冲击力,反复冲击破碎土石或把土石挤入孔壁中,用泥浆浮起钻渣,或用抽渣筒或空气吸泥机排出而形成钻孔。

② 冲抓法:用冲抓锥靠自重产生冲击力,切入土层或破碎土层,用叶瓣抓土、弃土以形成钻孔。

③ 旋转法:用钻机通过钻杆带动锥或钻头旋转切削土壤,用泥浆浮起钻渣并将其排出以形成钻孔。

以上每种方法根据动力与设备功能的不同可分为多种。图 5-67 所示为几种钻孔方法的施工布置示意图。

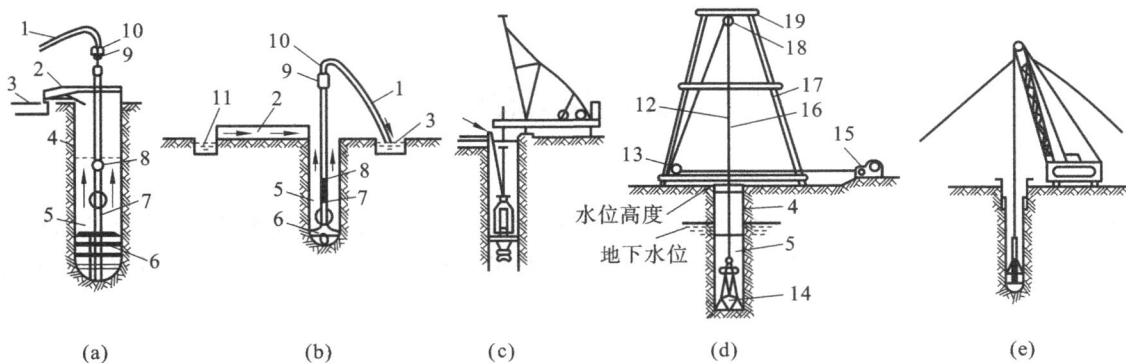

图 5-67 几种钻孔方法的施工布置示意图

(a)正循环旋转钻;(b)反循环旋转钻;(c)潜水工程钻;(d)冲抓钻;(e)冲击钻

1—胶管;2—流槽;3—沉淀池;4—护筒;5—钻孔;6—钻头;7—钻杆;8—接头;9—旋转活接头;10—水龙头;11—泥浆池;12—吊起钢丝绳;13—转向滑轮;14—冲抓锥;15—双筒卷扬机;16—开合钢丝绳;17—钻架;18—天滑轮;19—横梁

钻孔灌注桩基础在桥梁工程中最为常见。钻孔灌注桩工艺适用性很强,不受地质条件限制,钻孔深度可达100 m,常用的桩径有100 cm、120 cm、150 cm、200 cm和250 cm。钻孔灌注桩按力学性能分为摩擦桩和柱桩,按施工方法分为冲击成孔灌注桩、旋转成孔灌注桩和冲抓成孔灌注桩等。正、反循环钻孔桩基础施工要考虑的问题比较多,如桩的成孔、钻孔平台、护壁泥浆、护筒、下钢筋笼、浇筑水下混凝土、围堰等。钻孔灌注桩施工示意图如图5-68所示。成桩的施工工艺程序主要包括:

① 搭设钻孔平台。

② 埋设护筒。

③ 泥浆制备。

④ 成孔。

a. 旋转式成孔。

b. 冲抓式钻机成孔。

c. 冲击式钻机成孔。

⑤ 清孔。

⑥ 下钢筋笼。

⑦ 灌注混凝土。

⑧ 凿桩头。

钻孔灌注桩施工因成孔方法不同,施工工艺流程会有些差异。

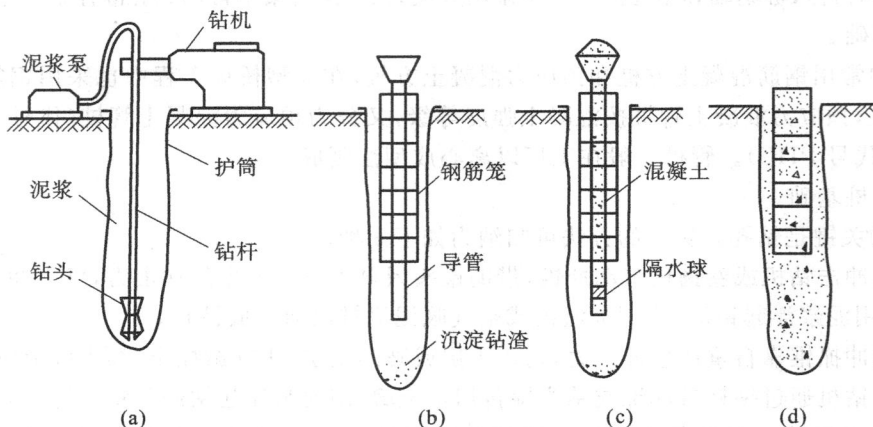

图5-68 钻孔灌注桩施工示意图

5.6 桥梁工程分项及工程量计算 >>>

桥梁工程结构复杂,类型繁多,特别是近年来随着桥梁设计、施工技术的不断发展,新结构、新工艺、新材料的不断应用,桥梁工程的计价项目日益增多,工程计量的难度也相应增大。下面将桥梁工程计量的主要方法和规则分述如下。

5.6.1 实体结构物的工程计量

桥涵的主体工程如基础、墩、台及上部构造等,一般都具有较规则的几何形体,或者是由若干个简单的几何形体组成。因此,桥梁的实体结构物可以通过计算几何图形的面积、体积计量其工程数量。常用的工程结构面积计算包括三角形平面图形面积计算,四边形平面图形面积计算,内接多边形平面图形面积计算,圆形、椭圆形平面图形面积计算等;实物工程结构体积和表面积计算主要是多面体的体积和表面积计算。

由于篇幅所限,此处不再叙述,可以通过翻阅工具书查找相应的计算公式。

但在计算中值得注意的是,在计量现浇混凝土、预制混凝土、构件安装的工程量时,其实体结构物是指构筑物或预制构件的实际体积,即不包括其中空心部分的体积。在计量钢筋混凝土项目时,其工程量不扣除钢筋所占的体积。

5.6.2 基础工程计量规则

桥梁基础工程主要有基坑开挖、筑岛围堰、打桩及灌注桩等,其工程量计量规则如下。

5.6.2.1 基坑开挖、筑岛围堰计量规则

(1)基坑开挖工程量按基坑容积计算,其计算公式如下。

当基坑为平截方锥时(图5-69),体积按下式计算:

$$V = \frac{h}{6} \times [ab + (a + a_1)(b + b_1) + a_1 b_1]$$

当基坑为截头圆锥时(图5-70),体积按下式计算:

$$V = \frac{\pi h}{3} \times (R^2 + Rr + r^2)$$

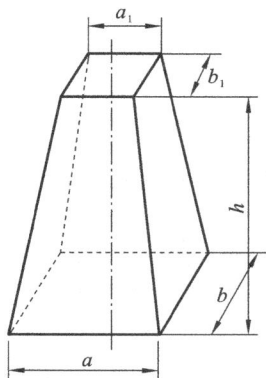

图 5-69 平截方锥基坑   图 5-70 截头圆锥基坑

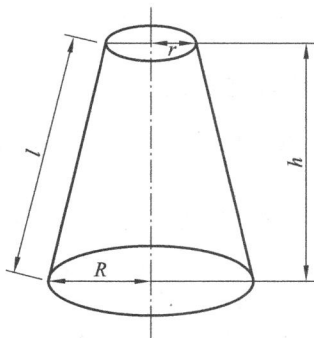

(2)基坑挡土板的支挡面积,按坑内需支挡的实际侧面积计算。

(3)草土、草(麻)袋、竹笼围堰长度按围堰中心长度计算,高度按施工水深加0.5 m计算。木笼铁丝围堰实体为木笼所包围的体积。

(4)套箱围堰的工程量为套箱金属结构的质量,套箱整体下沉时悬吊平台的钢结构及套箱内支撑的钢结构均已综合在定额中,不得作为套箱工程量进行计算。

(5)沉井制作的工程量,重力式沉井为设计图纸井壁及隔墙混凝土数量;钢丝网水泥薄壁浮运沉井为刃脚及骨架钢材的质量,但不包括铁丝网的质量;钢壳沉井的工程量为钢材的总质量。

(6)沉井下沉定额的工程量按沉井刃脚外缘所包围的面积乘沉井刃脚下沉入土深度计算。沉井下沉按土、石所在的不同深度分别采用不同下沉深度的定额。定额中的下沉深度指沉井顶到作业面的高度。定额中已综合了溢流(翻砂)的数量,不得另加工程量。

(7)沉井浮运、接高、定位落床定额的工程量为沉井刃脚外缘所包围的面积,分节施工的沉井接高工程量应按各节沉井接高工程量之和计算。

5.6.2.2 打桩工程计量规则

(1)打预制钢筋混凝土方桩和管桩的工程量,应根据设计尺寸及桩的长度以体积计算(管桩的空心部分应予以扣除)。设计中规定凿去的桩头部分的数量,应计入设计工程量内。

(2)钢筋混凝土方桩的预制工程量应为打桩定额中括号内的备制数量。

(3)拔桩工程量按实际需要数量计算。

(4)打钢板桩的工程量按设计需要的钢板桩质量计算。

(5)打桩用的工作平台的工程量,按施工组织设计所需的面积计算。

(6)船上打桩工作平台的工程量,根据施工组织设计,按一座桥梁实际需要打桩机的台数和每台打桩机需要的船上工作平台面积的总和计算。

5.6.2.3 灌注桩工程计量规则

(1)灌注桩成孔工程量按设计入土深度计算。定额中的孔深是指护筒顶至桩底(设计标高)的深度。造孔定额中同一孔内的不同土质,不论其所在的深度如何,均采用总孔深定额。

(2)人工挖孔的工程量按护筒(护壁)外缘所包围的面积乘设计孔深计算。

(3)浇筑水下混凝土的工程量按设计桩径横断面面积乘设计桩长计算,不得将扩孔因素计入工程量。

(4)灌注桩工作平台的工程量按施工组织设计需要的面积计算。

(5)钢护筒的工程量按护筒的设计质量计算。设计质量为加工后的成品质量,包括加劲肋及连接用法兰盘等全部钢材的质量。当设计提供不出钢护筒的质量时,可参考表5-2的质量进行计算,桩径不同时可用内插法进行计算。

表5-2 　　　　　　　　　　　　　　　**不同桩径的护筒质量**

桩径/cm	100	120	150	200	250	300	350
护筒单位质量/(kg/m)	170.2	238.2	289.3	499.1	612.6	907.5	1259.2

5.6.3 上部构造计量规则

梁、板桥上部构造的工程量包括梁、板、横隔板、箱梁0号块、桥面连续结构的工程量以及安装时的现浇混凝土的工程量。

拱桥上部构造的工程量包括拱圈、拱波、填平层、拱板、横墙、侧墙(薄壳拱的边墙、端梁)、横隔板(梁)、拱眉、行车道板、护拱、帽石(第一层以下或有人行道梁的第一层以下)的工程量,以及安装时拱肋接头混凝土、浇筑的横隔板、填塞砂浆的工程量。其计量规则如下。

(1)预制构件的工程量为构件的实体积(不包括空心部分),但预应力构件的工程量为构件预制体积与构件端头封锚混凝土的数量之和。

(2)安装的工程量为安装构件的体积。

(3)构件安装时现浇筑混凝土的工程量为现浇混凝土和砂浆的数量之和。

(4)预应力钢绞线、预应力精轧螺纹粗钢筋及配锥形(弗氏)锚的预应力钢丝的工程量为锚固长度与工作长度的重量之和。

(5)涵洞拱盔支架、板涵支架定额单位的水平投影面积为涵洞长度乘净跨径。

(6)桥梁拱盔定额单位的立面积是指起拱线以上的弓形侧面积,其工程量按式(5-1)计算:

$$F = K \times (净跨)^2 \tag{5-1}$$

式中,K 值按表5-3的规定选用。

表5-3 　　　　　　　　　　　　　　　　　　　**K值数量表**

拱矢度	1/2	1/2.5	1/3	1/3.5	1/4	1/4.5	1/5	1/5.5	1/6	1/6.5	1/7	1/7.5	1/8	1/9	1/10
K	0.393	0.289	0.241	0.203	0.172	0.154	0.138	0.125	0.113	0.104	0.096	0.090	0.084	0.076	0.067

(7)桥梁支架定额单位的立面积为桥梁净跨径乘高度,拱桥高度为起拱线以下至地面的高度,梁式桥高度为墩、台帽顶至地面的高度,这里的地面指支架地梁的底面。

(8)大型预制构件平面底座适用于T形梁、I形梁等截面的箱梁,每根梁底座面积的工程量按式(5-2)计算:

$$底座面积 = (梁长 + 2.00 \text{ m}) \times (梁宽 + 1.00 \text{ m}) \tag{5-2}$$

曲面底座适用于梁底为曲面的箱形梁(如 T 形刚构等),每块梁底座的工程量按式(5-3)计算:

$$底座面积＝构件下弧长×底座实际修建宽度 \tag{5-3}$$

(9)蒸汽养护室有效面积的工程量按每一养护室安置两片梁,梁间距离为 0.8 m,并按长度每端增加 1.5 m,宽度每边增加 1.0 m 计算。

以本书第三章吉林省某二级公路中的一座中桥作为实例,该桥中心桩号 K13＋921,交角 60°(以下简称 K13 中桥),基础采用扩大基础,上部采用预制空心板,采用先简支后连续的施工方式。

【例 5-1】 根据附录 13、附录 14,分析 K13 中桥的桥墩、台的扩大基础,试求其钢筋及混凝土的工程量。

综合性实例
参考图

【解】 根据图纸,桥墩、台采用扩大基础。根据附录 13 可知,一个桥台的扩大基础的工程量如下。

钢筋:根据《一个桥台扩大基础材料数量表》可知,所用钢筋均为带肋钢筋,其工程量如下。

光圆钢筋:0

带肋钢筋:372.0＋674.0＋434.8＝1480.8 kg＝1.481(t)

混凝土:采用 C30 混凝土,其工程量如下。

$$12.225×4.2×1＋10.625×2.6×1＝78.97(m^3)$$

根据附录 14 可知,一个桥墩的扩大基础如下。

钢筋:根据《一个桥墩扩大基础材料数量表》可知,所用钢筋均为带肋钢筋,其工程量如下。

光圆钢筋:0

带肋钢筋:382.3＋675.1＋434.8＝1492.2 kg＝1.492(t)

混凝土:采用 C30 混凝土,其工程量如下。

$$12.244×4.3×1＋10.644×2.7×1＝81.39(m^3)$$

桥台、墩扩大基础钢筋汇总如下。

光圆钢筋:0

带肋钢筋:1.481×2＋1.492×2＝5.946(t)

桥台、墩扩大基础 C30 混凝土汇总如下。

$$78.97×2＋81.39×2＝320.70(m^3)$$

【例 5-2】 根据附录 15～附录 18,桥台采用柱式桥台,桥墩采用柱式桥墩,试求桥墩、桥台钢筋及混凝土的工程量。

【解】 根据 K13 中桥图纸,即附录 15～附录 18 得如下内容。

钢筋工程量:

0 号桥台台柱工程量,根据《0 号桥台台柱材料数量表(2 根)》可知,桥台台柱钢筋均采用带肋钢筋,其工程量为:

$$912.4＋187.3＝1099.7 kg＝1.100(t)$$

3 号桥台台柱工程量,根据《3 号桥台台柱材料数量表(2 根)》可知,桥台台柱钢筋均采用带肋钢筋,其工程量为:

$$1012.1＋203.0＝1215.1 kg＝1.215(t)$$

1 号桥墩墩柱工程量,根据《1 号桥墩墩柱材料数量表(2 根)》可知,桥台台柱钢筋均采用带肋钢筋,其工程量为:

$$1098.5＋220.4＝1318.9 kg＝1.319(t)$$

2号桥墩墩柱工程量,根据《2号桥墩墩柱材料数量表(2根)》可知,桥台台柱钢筋均采用带肋钢筋,其工程量为:

$$1188.3+234.5=1422.8 \text{ kg}=1.423(\text{t})$$

桥墩、桥台钢筋工程量汇总如下。

光圆钢筋:0

带肋钢筋:$1.100+1.215+1.319+1.423=5.057(\text{t})$

桥墩、台 C40 混凝土工程量汇总如下。

$$\pi \times 0.5^2 \times 3.682 \times 2+\pi \times 0.5^2 \times 4.315 \times 2+\pi \times 0.55^2 \times 4.239 \times 2+$$
$$\pi \times 0.55^2 \times 4.784 \times 2=29.71(\text{m}^3)$$

【例 5-3】 根据二维码,试计算桥台、桥墩的盖梁工程量。

【解】 根据 K13 中桥图纸,见二维码,可知:

一个桥台盖梁钢筋:

$$2015.9+104+926.3=3046.2 \text{ kg}=3.046(\text{t})$$

一个桥墩盖梁钢筋:

$$2240.2+95.3+892.8=3228.30 \text{ kg}=3.228(\text{t})$$

一个桥台盖梁 C30 混凝土:

$$14.434 \times 1.2 \times 1.1=19.05(\text{m}^3)$$

一个桥墩盖梁 C30 混凝土:

$$13.787 \times 1.3 \times 0.5+(13.787+11.477) \div 2 \times 0.6 \times 1.3=18.81(\text{m}^3)$$

桥台、桥墩盖梁工程量汇总如下。

钢筋工程量:

光圆钢筋:0

带肋钢筋:$3.046 \times 2+3.228 \times 2=12.548(\text{t})$

C30 混凝土:$19.05 \times 2+18.81 \times 2=75.72(\text{m}^3)$

【例 5-4】 根据二维码,试求耳、背墙的工程量。

【解】 根据二维码,耳、背墙钢筋的工程量如下。

光圆钢筋:0

带肋钢筋:$447.8+680.5=1128.3 \text{ kg}=1.128(\text{t})$

耳、背墙混凝土采用 C30 混凝土,其工程量为:

$$[(0.5+1.951) \div 2 \times 0.5 \times 3.05 \times 2+1.951 \times 0.115 \times 0.5 \times 2+(0.215+0.636) \times$$
$$(0.45-0.115) \times 0.5 \times 2+0.636 \times 0.3 \times (14.434-0.577 \times 2)] \times 2=13.56(\text{m}^3)$$

【例 5-5】 根据二维码,试求挡块的工程量。

【解】 对于桥台盖梁挡块,其工程量如下。

钢筋工程量:

光圆钢筋:0

带肋钢筋:$(44.1+7.8) \times 2 \times 2=207.6 \text{ kg}=0.208(\text{t})$

C30 混凝土:$(5.8 \times 2+11.5 \times 2) \div 100 \times 0.3 \times 0.9 \times 4=0.37(\text{m}^3)$

对于桥墩盖梁挡块,其工程量如下。

光圆钢筋:0

带肋钢筋:$(50.16+11.5) \times 2 \times 2=246.64 \text{ kg}=0.247(\text{t})$

C30 混凝土:$(5.8 \times 2+11.5 \times 2) \div 100 \times 1.3 \times 0.3 \times 4=0.54(\text{m}^3)$

桥台、桥墩盖梁挡块工程量汇总如下。

钢筋工程量:

光圆钢筋:0

带肋钢筋:0.208+0.247=0.455(t)

C30 混凝土:0.37+0.54=0.91(m³)

【例 5-6】 根据二维码,试求支座垫石的工程量

【解】 对于垫石的工程量,计算如下。

钢筋工程量:

光圆钢筋:0

带肋钢筋:3.87×18×4=278.64 kg=0.279(t)

由于 0 号台,1、2 号墩,3 号台垫块布置相同,所以 C40 混凝土工程量为:

$$0.3×0.3×(0.100+0.116+0.121+0.137+0.142+0.158+0.164+0.180+0.182+$$
$$0.182+0.183+0.170+0.166+0.154+0.150+0.138+0.134+0.122)×2×2=0.97(m³)$$

【例 5-7】 根据二维码,试计算预制板的工程量。

【解】 预制板的工程量包括钢筋、混凝土及预应力钢丝束、锚具、波纹管等。

1.对于一块中板,其工程量如下。

钢筋工程量:

光圆钢筋:172+44+33+15=264 kg=0.264(t)

带肋钢筋:381+239+145=765 kg=0.765(t)

预制板 C50 混凝土,根据图形计算可得:

预制板 C50 混凝土工程量为 6.3 m³

预制板端部封锚 C40 混凝土工程量为 0.27 m³

预应力钢绞线(每孔 2 根型号为 3ϕ^s15.2,单根长小于 20 m)的工程量为 183 kg=0.183(t)

波纹管(D56)的工程量为 49.4 m

2.对于一块边板的工程量如下。

(1)钢筋工程量如下。

光圆钢筋:235+43+33+7+20=338 kg=0.338(t)

带肋钢筋:155+487+231+152=1025 kg=1.025(t)

(2)对于预制板封锚端钢筋,根据二维码,其工程量如下。

光圆钢筋:0

带肋钢筋:(18+32)×9×3=1350 kg=1.350(t)

(3)对于预制板附加筋,根据二维码,其工程量如下。

光圆钢筋:0

带肋钢筋:30×9×3=810 kg=0.810(t)

(4)对于板底加强筋,根据二维码,其工程量如下。

光圆钢筋:0

带肋钢筋:38×9×3=1026 kg=1.026(t)

(5)预制板 C50 混凝土,根据图形计算可得预制板 C50 混凝土工程量为 8.2 m³。

(6)预制板端部封锚 C40 混凝土工程量为 0.27 m³。

(7)预应力钢绞线(每孔 2 根型号为 4ϕ^s15.2,单根长小于 20 m)的工程量为 183 kg=0.183 t,预应力钢绞线(每孔 2 根型号为 3$\phi\phi^s$15.2,单根长小于 20 m)的工程量为:91 kg=0.091 t,波纹管(D56)的工程量为 49.4 m。

3.预制板工程量汇总如下。

(1)光圆钢筋:

$$0.264×7×3+0.338×2×3=7.572(t)$$

带肋钢筋:

$$0.765×7×3+1.025×2×3+1.350+0.810+1.026=25.401(t)$$

(2)预制板 C50 混凝土：
$$6.3×7×3+8.2×2×3=181.50(m^3)$$

(3)预制板端部封锚 C40 混凝土：
$$0.27×7×3+0.27×2×3=7.29(m^3)$$

(4)预应力钢绞线(每孔2根型号为3ϕ^s15.2,单根长小于20 m)的工程量为：
$$0.183×7×3+0.091×2×3=4.389(t)$$

(5)预应力钢绞线(每孔2根型号为4ϕ^s15.2,单根长小于20 m)的工程量为：
$$0.183×2×3=1.098(t)$$

(6)波纹管(D56)的工程量为：
$$49.4×7×3+49.4×2×3=1333.80(m)$$

【例5-8】 根据二维码,试求板间铰缝工程量。

【解】 对于铰缝钢筋：

光圆钢筋:0

带肋钢筋：
$$(67+13)×8×3=1920 \text{ kg}=1.920(t)$$

对于铰缝混凝土,采用 C50 混凝土,其工程量为：
$$0.9×8×3=21.60(m^3)$$

对于铰缝处使用的砂浆,砂浆采用 M15 砂浆,其工程量为：
$$0.027×8×3=0.648(m^3)$$

【例5-9】 根据附录19～附录21,试求桥面铺装工程量。

【解】 根据附录19～附录21,其桥面铺装与桥面钝角加强钢筋工程量为：

光圆钢筋:0

带肋钢筋：
$$2140.2×3+(548.58+239.72)×2+71×3=8210.2 \text{ kg}=8.210(t)$$

桥面铺装混凝土采用 C50 混凝土,其工程量为：
$$12.96×12.5×0.1×3=48.60(m^3)$$

【例5-10】 根据二维码,试计算 K13 中桥护栏相应工程量。

【解】 K13 中桥护栏由底座、立柱及横梁组成。分为桥头与桥上两种类型。

根据二维码,对于底座：

钢筋工程量：

光圆钢筋:0

带肋钢筋：
$$41.79×2×2+216.8×2×3=1467.96 \text{ kg}=1.468(t)$$

护栏底座混凝土采用 C40 混凝土,其工程量为：
$$[(37.5+36)÷2÷100×3.5×0.5]×2×2+[(17.5+16)÷2÷100×12.96×0.5]×2×3=9.08(m^3)$$

除底座外,钢护栏其余部分可根据实际情况,自行计量、计价。

【例5-11】 根据二维码,试计算 K13 中桥桥头搭板的工程量。

【解】 钢筋工程量：

光圆钢筋:0

带肋钢筋：
$$(1131.64+25.41+1415.58+339.92)×2=5825.1 \text{ kg}=5.825(t)$$

桥头搭板采用 C40 混凝土,其工程量为：
$$(4.5×11.48×0.3+1.5×11.48×0.42)×2=45.46(m^3)$$

桥头搭板下采用 20cm 厚水稳砂砾,其工程量为：
$$6×11.48×0.2×2=27.56(m^3)$$

对以上工程量进行汇总,如表5-4所示。

表5-4

桥梁案例工程量汇总表

例题编号	构件名称	钢筋		混凝土		备注
		钢筋类型	工程量/t	混凝土等级	工程量/m³	
5-1	扩大基础	光圆钢筋	0.000	C30	320.70	
		带肋钢筋	5.946			
5-2	桥墩、桥台	光圆钢筋	0.000	C40	29.71	
		带肋钢筋	5.057			
5-3	盖梁	光圆钢筋	0.000	C30	75.72	
		带肋钢筋	12.548			
5-4	耳、背墙	光圆钢筋	0.000	C30	13.56	
		带肋钢筋	1.128			
5-5	挡块	光圆钢筋	0.000	C30	0.91	
		带肋钢筋	0.455			
5-6	垫石	光圆钢筋	0.000	C40	0.97	
		带肋钢筋	0.279			
5-7	预制板	光圆钢筋	7.572	C50	181.50	3 ϕ^s15.2 钢绞线:4.389 t
		带肋钢筋	25.401	C40	7.29	4 ϕ^s15.2 钢绞线:1.098 t D56 波纹管:1333.80 m
5-8	板间铰缝	光圆钢筋	0.000	C50	21.60	铰缝 M15 砂浆:0.648 m³
		带肋钢筋	1.920			
5-9	桥面铺装	光圆钢筋	0.000	C50	48.60	
		带肋钢筋	8.210			
5-10	护栏	光圆钢筋	0.000	C40	9.08	
		带肋钢筋	1.468			
5-11	桥头搭板	光圆钢筋	0.000	C40	45.46	搭板下 20 cm 厚水稳砂砾垫层:27.56 m³
		带肋钢筋	5.825			

注:此工程量为案例例题工程量,并非全部工程量,感兴趣的读者,可自行计算。

🗐 思政案例

武汉长江大桥是新中国成立后在"天堑"长江上修建的第一座大桥,也是古往今来,长江上的第一座大桥,是中国第一座复线铁路、公路两用桥。该桥建成之后,成为连接中国南北的大动脉,对促进南北经济的发展起到了重要作用。

武汉长江大桥的建设得到了当时苏联政府的帮助,苏联专家为大桥的设计与建造提供了大量的指导,后来苏联政府撤走了全部专家,最后的建桥工作是茅以升先生主持完成的。1956 年 6 月,毛泽东首次在武汉畅游长江后(当时武汉长江大桥正在建设)作《水调歌头·游泳》,其中"一桥飞架南北,天堑变通途"一句,正是描写武汉长江大桥对沟通中国南北交通的重要作用。大桥自建成以来,一直都是武汉市的标志性建筑。武汉长江大桥全长 1670.4 m,正桥是铁路公路两用的双层钢木结构梁桥,上层为公路桥,下层为双线铁路桥,桥身共有八墩九孔,每孔跨度为 128 m,桥下可通万吨巨轮,八个桥墩除第七墩外,其他都采用"大型管柱钻孔法",这是由中国桥梁工作者首创的新型施工方法,凝聚着中国桥梁工作者的智慧和精湛的工艺。

大桥通车后,产生的社会经济效益巨大,仅通车的前5年,通过的运输量就有8000多万吨,缩短火车运输时间约2400万车小时,节约的货运费超过了整个工程造价。大桥通车前,一列铁路货车车厢经轮渡过江,需往返多次,最快也需5个多小时。公路桥部分,30多年中过桥车流量逐年增长,1988年昼夜行车在3万辆次以上。随着国民经济的不断发展,大桥的通过量也不断增加,直接和间接的经济效益难以计数,在国民经济建设中发挥了无可替代的重大作用。

【思政要点】

学习桥梁前辈们自力更生、自强不息、勇于创新、不怕苦、不怕累的精神以及精益求精、严谨务实的工作作风,激发学生的爱国主义情怀和家国情怀。

知识归纳

(1)桥梁的基本组成。

桥梁结构的基本体系包括梁式桥、拱式桥、刚架桥、梁拱组合体系、斜拉桥、悬索桥等。

桥梁主要构造包括上部结构(梁、支座)、下部结构(桥墩和桥台)、基础及桥面附属结构。简支梁桥上部由支座、简支梁、桥面铺装、排水防水系统、人行道、缘石、栏杆、照明灯具和伸缩缝等组成。连续梁上部组成除梁体结构采用连续梁外,其余与简支梁上部组成相同。

(2)桥梁工程施工的基本方法和特点。

① 装配式混凝土简支梁桥施工。

梁的预制可分为桥梁预制厂内预制和桥位处的预制厂内预制;常用的架设方法有自行式起重机安装、龙门吊起重机安装、架桥机安装等;其他架设方法有扒杆吊装法、钓鱼法、摆动式支架架设法、移动支架法、浮式架梁法、缆索起重吊装法以及用千斤顶、导梁安装预制梁等方法。

② 预应力混凝土连续梁桥施工。

预应力混凝土连续梁桥施工方法包括固定支架就地浇筑施工法、悬臂施工法(分为悬臂浇筑法、节段悬臂拼装施工)、顶推施工法、移动模架施工法、转体施工法等。

(3)桥梁工程各个分项工程量计算方法。

① 实体结构物的工程量计量。

② 基础工程计量规则:基坑开挖、筑岛围堰计量规则,打桩工程计量规则,灌注桩工程计量规则。

③ 上部构造计量规则。

独立思考

思考题答案

5-1 桥梁工程的基本分类有哪些?构造有哪些?

5-2 桥梁工程中简支梁和连续梁的构造有哪些?

5-3 装配式混凝土简支梁桥施工方法有哪些?

5-4 预应力混凝土连续梁桥施工方法有哪些?

5-5 预应力体系施工中有哪些注意事项?

5-6 桥梁工程分项工程量计算有哪些注意事项?

参考文献

[1] 张丽华.公路工程概预算编制指南.2 版.北京:人民交通出版社,2008.

[2] 周世生,董伟智.公路工程造价.2 版.北京:人民交通出版社,2012.

[3] 中华人民共和国交通运输部.公路工程预算定额(上、下册):JTG/T 3832—2018.北京:人民交通出版社股份有限公司,2018.

[4] 邵旭东,等.桥梁工程.5 版.北京:人民交通出版社股份有限公司,2022.

[5] 姚玲森.桥梁工程.3 版.北京:人民交通出版社股份有限公司,2021.

[6] 王旻,张振和.图解公路工程施工技术.北京:机械工业出版社,2020.

6

隧道工程

课前导读

▽ 内容提要

　　本章主要内容包括隧道工程的基本构造、基本施工方法以及隧道施工辅助方法的类型、特点，隧道洞内爆破作业以及隧道施工辅助坑道的种类等，同时介绍隧道工程分项及工程量计算方法。

　　本章的重点为矿山法隧道施工开挖方法的种类和隧道施工辅助方法的类型及特点；难点为隧道工程分项及工程量计算方法。

▽ 能力要求

　　通过对本章的学习，学生能认知隧道工程的构造组成，了解矿山法隧道施工开挖方法，掌握隧道工程分项及工程量计算方法。

▽ 数字资源

5分钟看完本章

隧道工程是指供交通车辆通行并穿过障碍物的结构物,可分为主体建筑物和附属建筑物。洞身衬砌、洞门和明洞组成了隧道的主体支护结构,其作用是保持岩体稳定和行车安全。为了保证隧道的正常使用,还需设置一些附属建筑物。

隧道施工是指修建隧道及地下洞室的施工方法、施工技术和施工管理的总称。隧道施工方法的选择主要依据工程地质和水文地质条件。根据隧道穿越地层的不同情况和目前隧道施工方法的发展,隧道施工方法可按以下方式分类。

(1)山岭隧道施工方法:矿山法(钻爆法)、掘进机法。

(2)浅埋及软土隧道施工方法:明挖法、盖板法、浅埋暗挖法、盾构法。

(3)水底隧道施工方法:沉埋法、盾构法。

本章主要以矿山法为例进行详细介绍。

6.1 洞身工程 >>>

6.1.1 洞身工程构造

隧道的洞身工程一般包括围岩预加固、锚杆、钢拱架支护、喷射混凝土、防排水体系、混凝土衬砌、仰拱、仰拱填充、排水沟、盖板、电缆槽、洞内防火体系和内部装饰等,如图 6-1～图 6-3 所示。

其中隧道衬砌包括以下几种类别。

仰拱图

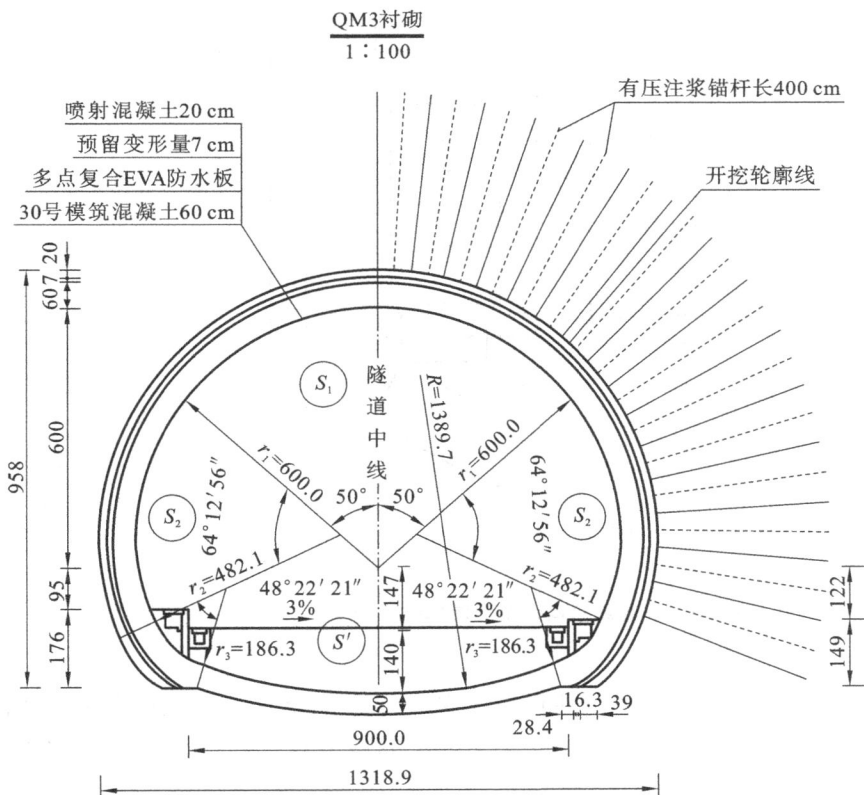

图 6-1　洞身构造示意图(单位:cm)

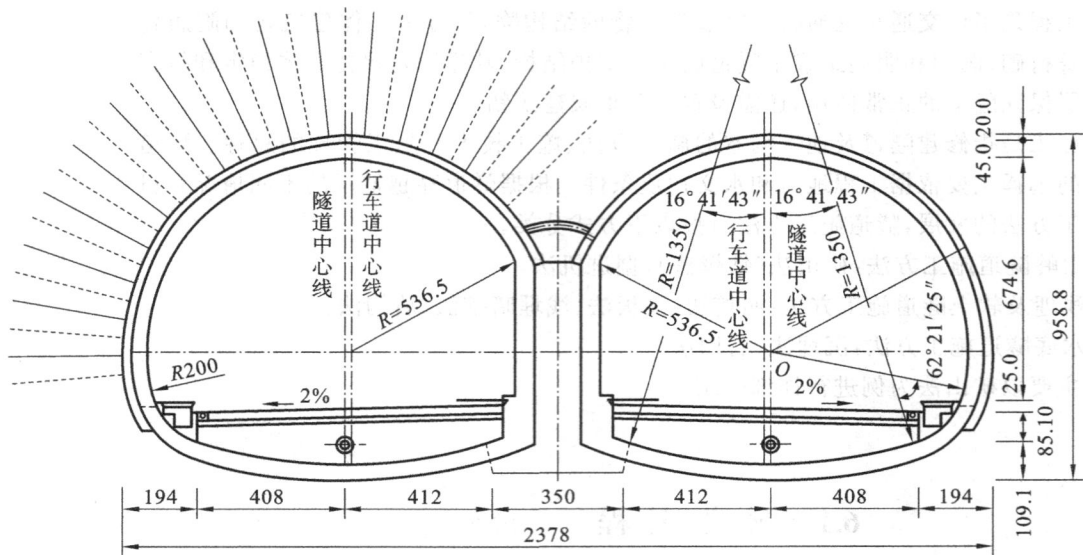

图 6-2　双连拱隧道洞身构造示意图(单位:cm)

(1)整体式混凝土衬砌。

整体式混凝土衬砌按照工程类别、不同的围堰采用不同的衬砌厚度,其形式有直墙式和曲墙式两种,曲墙式又分为仰拱和无仰拱两种。

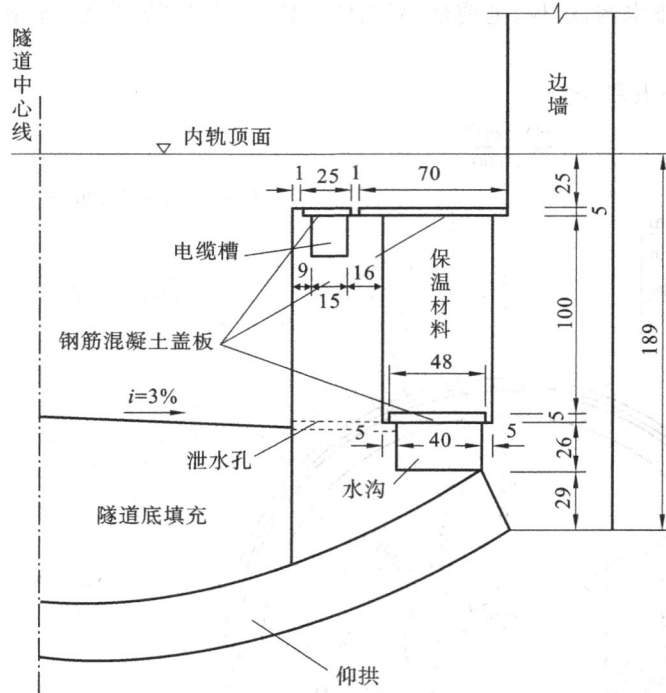

图 6-3　洞身细部构造示意图(单位:cm)

(2)装配式衬砌。

装配式衬砌是将衬砌分成若干块构件,这些构件在现场或工厂预制,然后运至坑道内用机械将它们拼装成一环接一环的衬砌。装配式衬砌便于机械化施工,改善劳动条件,节省劳力,目前多在使用盾构法施工的城市地下铁道和水底隧道采用。

(3)锚喷式衬砌。

锚喷式衬砌是指锚喷结构既作为隧道临时支护,又作为隧道永久结构的形式。它具有隧道开挖后衬砌及时、施工方便和经济的显著特点。特别是纤维混凝土技术,显著改善了喷射混凝土的性能。

（4）复合式衬砌。

复合式衬砌是指把衬砌分成两层或两层以上，按内外衬砌的组合情况可分为锚喷支护与混凝土衬砌。先在开挖好的洞壁表面喷射一层早强的混凝土（有时也同时施作锚杆），凝固后形成薄层柔性支护结构（称为初期支护），一般待初期支护与围岩变形基本稳定后再施作内衬。为了防止地下水流入或渗入隧道内，在外衬与内衬之间设防水层。

复合式衬砌可以满足初期支护施作及时、刚度小、易变形的要求，是一种合理的结构形式，是目前公路、铁路隧道主要的结构形式。

6.1.2 洞身工程施工

6.1.2.1 隧道开挖工作面辅助稳定措施（围岩预加固）

隧道施工中常用的辅助稳定措施如图 6-4 所示。

（1）地面砂浆锚杆。

地面砂浆锚杆垂直地表设置，采用Ⅱ级钢筋制作，长度根据隧道覆盖厚度和实际施工能力确定。锚杆钻孔使用一般凿岩机械，钻孔前根据设计要求定出孔位。

（2）超前锚杆或超前小钢管支护。

超前锚杆或超前小钢管支护与钢架支撑配合使用，用早强水泥砂浆锚杆，从钢架腹部穿过，特殊情况下可以在拱架底部或顶部穿入，长度大于循环进尺。在提前形成的围岩锚固圈的保护下进行开挖等作业（图 6-5）。

洞身工程
施工图

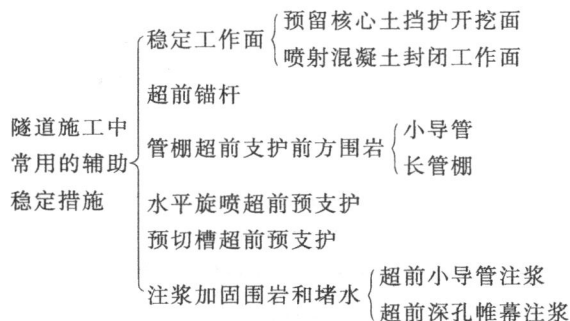

图 6-4 隧道施工中常用的辅助稳定措施

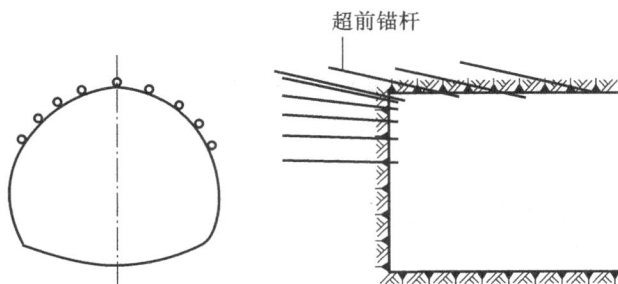

图 6-5 超前锚杆预锚固围岩示意图

（3）管棚钢架超前支护。

管棚是指利用钢拱架沿开挖轮廓线以较小的外插角，向开挖面前方打入钢管构成的棚架来形成对开挖面前方围岩的预支护（图 6-6）。施作时在开挖工作面处先安设受力拱架，标明管棚位置，保证钢架安装垂直度、中线及高程。在钢架上沿隧道开挖轮廓线纵向设管棚孔，钻孔一般按由高孔位向低孔位的顺序进行。如需增加管棚钢架支护的刚度，可在钢管内注入水泥砂浆。

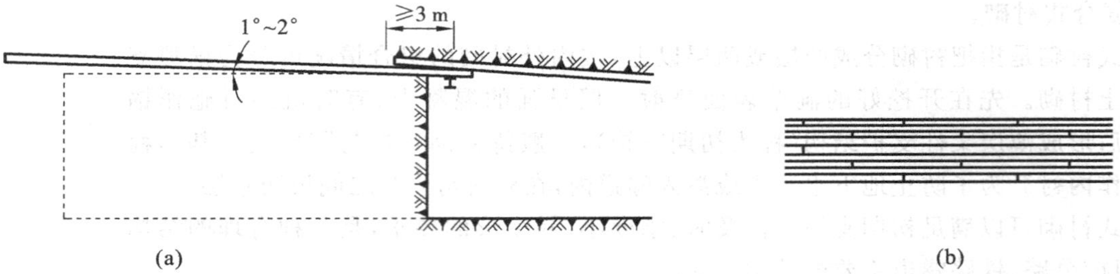

图 6-6 管棚预支护围岩示意图
(a)管棚支护;(b)管棚钢管纵向错接

(4)超前小导管预注浆。

在开挖前,沿坑道周边向前方围岩钻孔并安装带孔小导管,或直接打入带孔小导管,通过注浆形成有一定厚度的加固圈,在此加固圈保护下进行安全开挖等作业(图6-7)。施工用小导管通常采用直径为32～50 mm的钢管制作,长度宜为3～6 m,将小导管打入地层,再进行小导管预注浆。

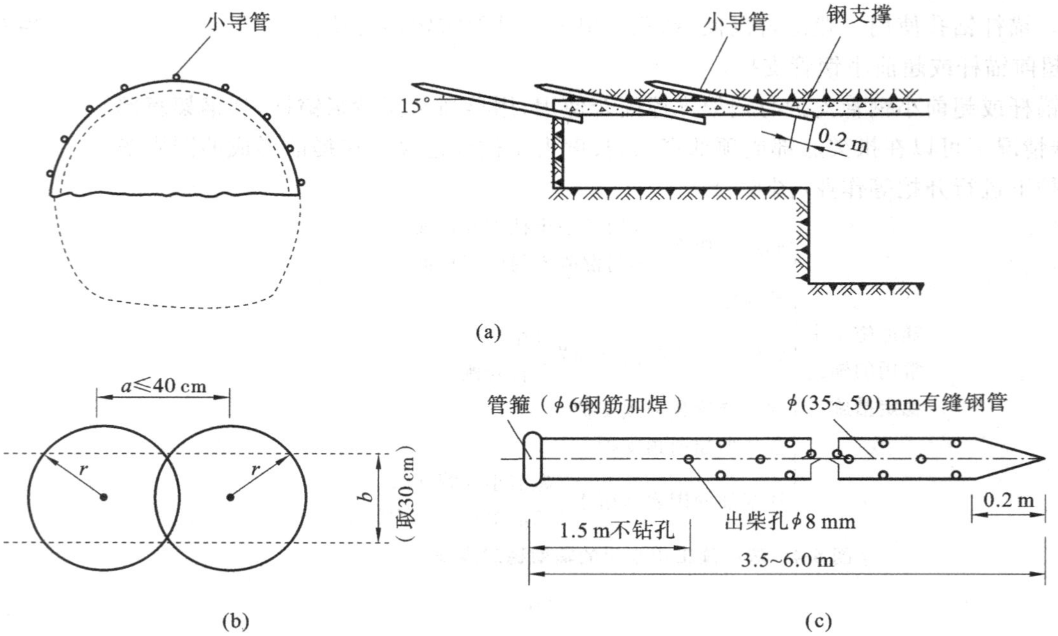

图 6-7 超前小导管注浆预加固围岩示意图
(a)超前小导管布置;(b)注浆半径及孔距选择;(c)小导管全图

(5)超前围岩预注浆加固。

对于破碎岩层,采用超前预注浆加固,可形成有相当厚度和较长区段的筒状加固区,以便于开挖施作(图6-8)。

(6)平行导坑向正洞预注浆加固。

当隧道坑道开挖工作面注浆有困难,或要增加开挖工作面时,经技术、经济比选后,可设置由平行导坑向正洞进行预注浆加固(图6-9)。

(7)周边劈裂注浆及周边短孔预注浆加固。

对粒径小于0.05 mm的粉砂及黏性软弱地层,进行加固围岩和堵封出水,为节省注浆材料,可使用水泥类、水泥-水玻璃类浆液,并采用周边劈裂注浆法进行预注浆,加固围岩或止水。

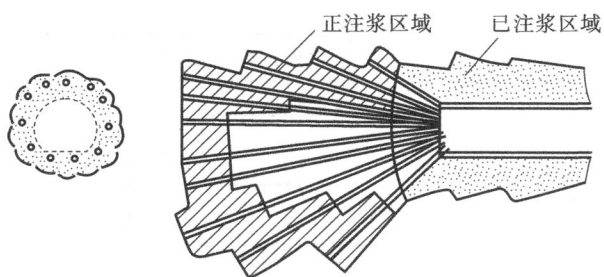

图 6-8　洞内超前注浆示意图　　　　　　图 6-9　平导超前注浆示意图

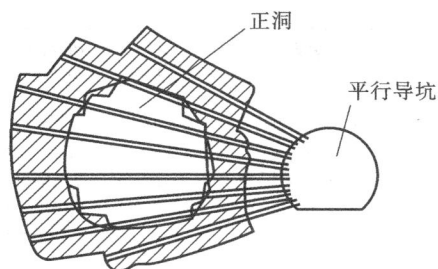

除上述围岩预加固方法外,还有水平旋喷预支护和机械预切槽法等措施。

6.1.2.2　爆破技术

采用钻爆法开挖坑道时,为了减少超挖、控制对围岩的扰动,应综合考虑地质情况、开挖断面大小、开挖进尺快慢、爆破器材性能、钻眼机具和出渣能力等因素,在此基础上编制钻爆设计。

钻爆设计应包括炮眼的布置图、数目、深度和角度,装药量,起爆方法和爆破顺序等,并绘制爆破设计图。根据隧道工程地质条件选用开挖方法和爆破方法:当对硬质岩采用全断面一次开挖时,应采用光面爆破法;对软质岩采用预裂爆破法;对松软地层采用分部开挖时,宜采用预留光面层光面爆破法。

6.1.2.3　开挖施工

隧道施工就是要挖除坑道范围内的岩体,并尽量保持坑道围岩的稳定。在选择开挖方法时,应对隧道断面大小及形状、围岩的工程地质条件、支护条件、工期要求、工区长度、机械配备能力、经济性等相关因素进行综合分析,采用恰当的开挖方法,尤其应与支护条件相适应。

隧道开挖方法实际上是指开挖成型方法。按开挖隧道的横断面分布情况,开挖方法可分为全断面开挖法、台阶法、分部开挖法等,见表 6-1。

表 6-1　　　　　　　　　　　　　　　　　隧道主要开挖方法一览表

序号	名称	横断面示意图	纵断面示意图
1	全断面开挖法		
2	台阶法		
3	环形开挖预留核心土法		
4	单侧壁导坑法		

续表

序号	名称	横断面示意图	纵断面示意图
5	双侧壁导坑法		
6	中洞法		
7	中隔壁法(CD法)		
8	交叉中隔壁法(CRD法)		

6.1.2.4 装渣与运输

将开挖的石渣迅速装车运出洞外,是提高隧道掘进速度的重要环节。出渣作业占全部开挖作业的50%左右,控制着隧道的施工进度。

(1)装渣。

装渣就是把开挖下来的石渣转入运输车辆。出渣量按照开挖后的虚渣体积计算,即单循环出渣量以设计单循环进尺岩体体积 V 与超挖系数(一般取 $1.05\sim1.15$)和岩体松胀系数 R(表6-2)的乘积计算。

表6-2 岩体松胀系数 R

岩体级别	Ⅵ		Ⅴ		Ⅳ	Ⅲ	Ⅱ	Ⅰ
土石名称	砂砾	黏性土	砂夹卵石	硬黏土	石质	石质	石质	石质
松胀系数 R	1.15	1.25	1.30	1.35	1.6	1.7	1.8	1.9

装渣方式可采用人力装渣或机械装渣。隧道用的装渣机又称装岩机,按照走行方式有轨道走行和轮胎走行两种。施工中常见的装渣机有翻斗式装渣机(又称铲斗后卸式装渣机,有风动和电动之分)、蟹爪式装渣机、立爪式装渣机、挖掘式装渣机、铲斗式装渣机等。

(2)运输。

隧道施工的洞内运输(出渣和运料)分为有轨运输和无轨运输。

① 有轨运输出渣车辆普遍采用斗车、梭式矿车和槽式矿车等。常用的牵引机车有电动(电瓶车)和内燃两类。隧道内钢轨一般采用 $38\ kg/m$ 以上的钢轨。曲线轨道应有适当的加宽和外轨超高值。

② 无轨运输主要是指汽车运输,多采用自卸汽车(又称翻斗车),现行施工中应用广泛,运输灵活、快速,管理简单,配套设备少。但其产生的废气会造成洞内污染严重,尤其是在长、大隧道中使用时,需要有强大的通风设施。

6.1.2.5 锚杆

隧道工程坑道开挖后,应尽快安设锚杆。一般先喷射混凝土,再钻孔安设锚杆,锚杆的孔位、孔径、孔深及布置形式应符合设计要求。

锚杆施工视频

6.1.2.6 钢拱架支护

在围岩软弱、破碎较严重、自稳性差的隧道地段(Ⅰ、Ⅱ类围岩和Ⅲ类围岩中的软岩),钢拱架因其整体刚度较大,可以提供较大的早期支护刚度;钢架支撑可以很好地与锚杆、钢筋网、喷射混凝土合理组合,构成联合支护,增强支护功能的有效性。

(1)钢拱架构造和制作。

用作支护结构的钢拱架的材料较多,可采用 H 形钢、V 形钢和工字钢及钢管或钢轨加工制作的钢架。一般在现场采用加工制成的格栅钢拱架较多,通过冷弯或热弯方法加工焊接而成。

(2)钢拱架安设与施工。

钢拱架应按设计位置安设,钢架之间必须用钢筋纵向连接,拱脚必须放在特制的基础上或原状土上。钢拱架应垂直于隧道中线。

(3)为方便安设,每榀钢拱架一般应分为 2～6 个单元,并保证接头刚度满足要求。

6.1.2.7 喷射混凝土

喷射混凝土可作为隧道工程Ⅱ～Ⅴ类围岩中的临时性和永久性支护,也可以与各种形式的锚杆、钢纤维、钢拱架、钢筋网等构成复合式支护结构。

喷射混凝土图

(1)喷射混凝土的基本原理及特点。

喷射混凝土时使用混凝土喷射机,按一定的混合程序,将掺有速凝剂的混凝土拌合料与高压水混合,经过喷嘴喷射到岩壁表面上,混凝土迅速凝固,结成一层支护结构,从而对围岩起到支护作用。

(2)喷射混凝土的工艺流程种类。

喷射混凝土的工艺流程有干喷(图 6-10)、潮喷(图 6-10)、湿喷(图 6-11)和混合喷法(图 6-12)四种,应根据实际情况选用。

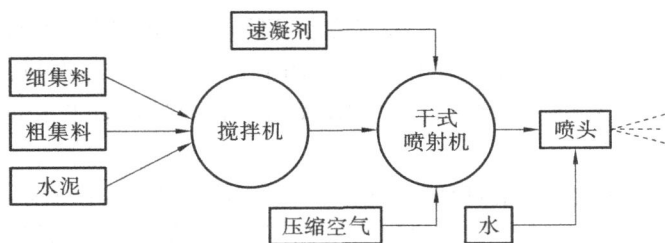

图 6-10 干喷、潮喷工艺流程

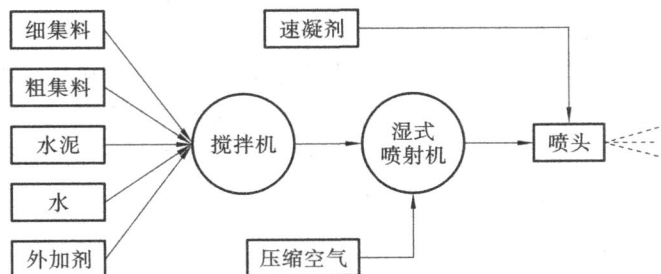

图 6-11 湿喷工艺流程

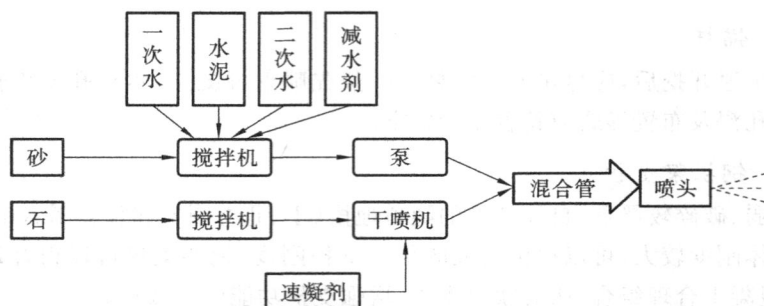

图 6-12　混合喷法工艺流程

① 干喷是用搅拌机将集料和水泥拌和好,投入喷射机料斗,同时加入速凝剂,压缩空气,使干混合料在软管内呈悬浮状态,压送到喷枪,在喷头处加入高压水混合,以较高速度喷射到岩面上。

② 潮喷是将集料预加少量水,实质呈潮湿状,再加入水泥拌和,从而减少上料、拌和和喷射时的粉尘,潮喷工艺流程和施工用机械同干喷工艺。目前隧道施工现场较多使用潮喷工艺。

③ 湿喷是将集料、水泥、水和外加剂按设计配合比拌和均匀,用湿式喷射机将拌和好的混凝土混合料压送到喷头处,再在喷头上添加速凝剂后喷出。此法回弹和粉尘较少,是值得推广的应用技术。此法对湿喷机械要求较高,机械清洗和故障处理较困难。对于喷层较厚的软岩和渗水隧道,不宜采用湿喷混凝土工艺施工。

④ 混合喷法(SEC式喷法),又称水泥裹砂造壳喷射法,分别由泵送砂浆系统和风送混合料系统两套机具组成。

混合式喷射法是将分次投料搅拌工艺与喷射工艺相结合,其关键是水泥裹砂(或砂、碎石)造壳工艺技术。其工艺流程与干喷工艺基本相同,但混凝土的质量较干喷混凝土的质量好,粉尘和回弹大大减少。由于该法机械复杂、故障处理麻烦,一般只在喷射量较大和大断面隧道工程中使用。

6.1.2.8　防排水

隧道衬砌防水工程可采取浇筑抗渗混凝土与铺设塑料防水板相结合的办法进行处理。

抗渗混凝土是在混凝土中掺加市场上常见的增强防水剂。防水层一般采用外贴式防水层;对于复合式衬砌,设置夹层防水层。目前隧道施工多采用防水板工艺,其工艺流程和要求如下。

(1)防水板铺设前,应测量隧道开挖断面,对欠挖部位加以凿除,表面凹凸显著部位,分层喷射找平;切除外露的锚杆头及钢筋网;隧道开挖中因塌方掉边造成的坑洼或岩溶洞穴,必须进行回填处理,并待稳定后再铺设塑料防水层。

(2)防水板铺设应在初期支护变形基本稳定和二次衬砌灌注前进行。采用无纺布作滤层时,防水板与无纺布应密切叠合,整体铺挂。

(3)防水板搭接方法有环向搭接(每卷塑料板材沿衬砌横断面环向进行设置)、纵向搭接(板材沿隧道纵断面方向排列)。纵向搭接要求呈鱼鳞状,以利于排水。防水板通常采用自动爬行热合机双焊缝焊接,热熔衬垫挂设在初期支护的喷射混凝土表面,如图6-13所示。

6.1.2.9　洞身衬砌

整体式衬砌为永久性的隧道模筑混凝土衬砌(常用于传统的矿山法施工)。复合式衬砌由初期支护和二次支护组成,初期支护是帮助围岩达成施工期间的初步稳定,二次支护则是提供安全储备或承受后期围岩压力。此时隧道已成型,因此二次支护都采用顺

洞身衬砌图

作法,即以由下到上、先墙后拱的顺序连续灌注。在隧道纵向,则需要分段支护,分段长度一般为9~12 m。

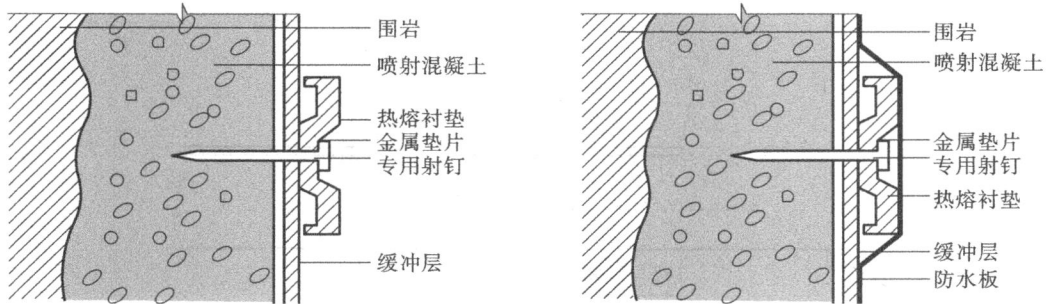

图6-13 无钉铺设防水板示意图

二次衬砌多采用模筑混凝土作为内层衬砌结构,通常使用整体移动式模板台车完成(图6-14)。

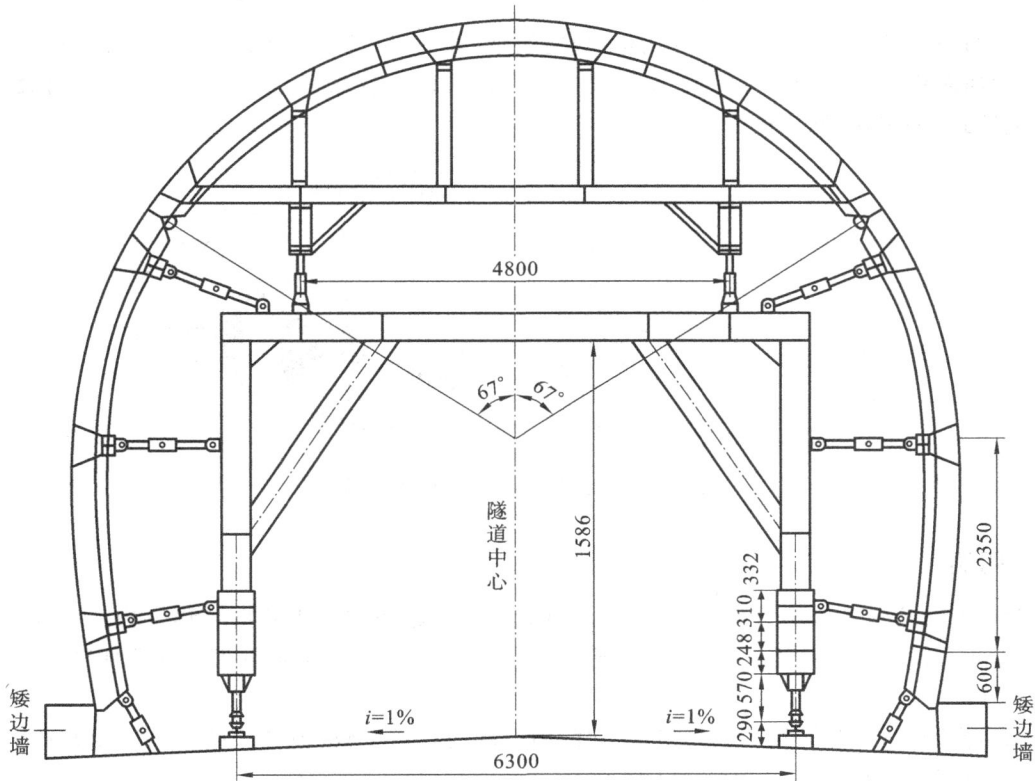

图6-14 整体移动式二次衬砌台车示意图(单位:cm)

6.2 洞口与明洞工程 >>>

6.2.1 洞口、洞门

隧道施工的洞口地段,是指隧道进口(或出口)附近对隧道施工有影响的地段(图6-15),该地段通常因地质地形复杂需要做特殊处理。隧道洞口工程主要包括边、仰坡土石方,边坡、仰坡防护,端墙、翼墙等洞门圬工,洞口排水系统,洞口检查设备安装以及洞口段洞身衬砌等。

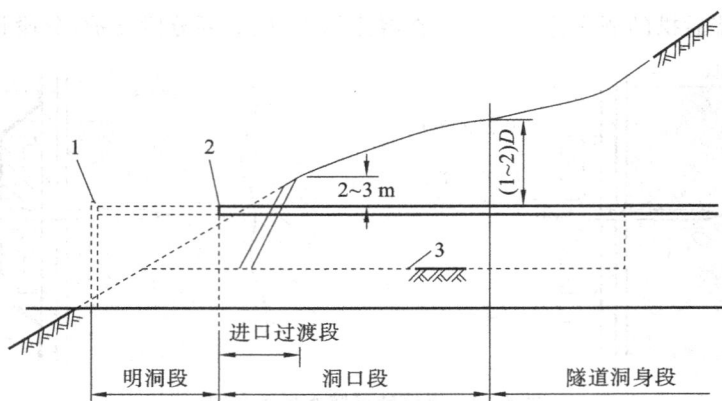

图 6-15　洞口段一般范围示意图

1—洞门位置;2—洞口位置;3—上、下部开挖分界线;D—最大洞跨

　　隧道洞门的作用是减少洞口土石方开挖量,稳定边坡、仰坡,引离地表水流以及装饰洞口。其形式根据所处的地形、地质条件不同可分为环框式、端墙式(一字式)、翼墙式(八字墙)、柱式、台阶式、斜交式、喇叭口式等。其中端墙式(一字式)洞门最为常见,如图 6-16 所示。

图 6-16　端墙式(一字式)洞门示意图

6.2.2　明洞

　　明洞一般修筑在隧道的进出口处,它是隧道洞口或线路上起防护作用的重要建筑物。明洞的结构类型常根据地形、地质和危害程度的不同,分为多种形式,采用最多的为拱式明洞和棚式明洞两种。

　　(1)拱式明洞。

　　拱式明洞由拱圈、边墙和仰拱(铺底)组成,它的内轮廓与隧道一致,但结构截面的厚度要比隧道大一些(图 6-17)。拱式明洞可分为如下几种。

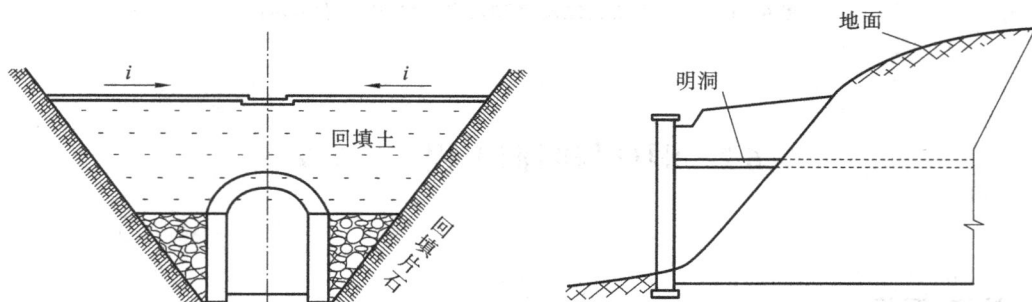

图 6-17　拱式明洞示意图

　　① 路堑式对称型。适用于边坡处于对称或接近对称的路堑。此种明洞承受对称荷载,拱、墙均为等截面,边墙为直墙式。洞顶做防水层,上面夯填土石后,覆盖防水黏土层,并在其上做纵向水沟,以排除地表流水。

　　② 路堑式偏压型。适用于两侧边坡高差较大的不对称路堑。它承受不对称荷载,拱圈为等截面,边墙

为直墙式,外侧边墙厚度大于内侧边墙厚度。

其他还有半路堑式偏压型、半路堑式单压型等。

(2)棚式明洞。

有些傍山隧道,地形的自然横坡比较陡,外侧没有足够的场地设置外墙及基础或确保其稳定,此时可采用棚式明洞(简称棚洞)。

棚洞常见结构形式有盖板式、钢架式和悬臂式三种。

① 盖板式棚洞,由内墙、外墙及钢筋混凝土盖板组成简支结构。其上回填土石,以保护盖板不受山体落石的冲击,如图 6-18 所示。

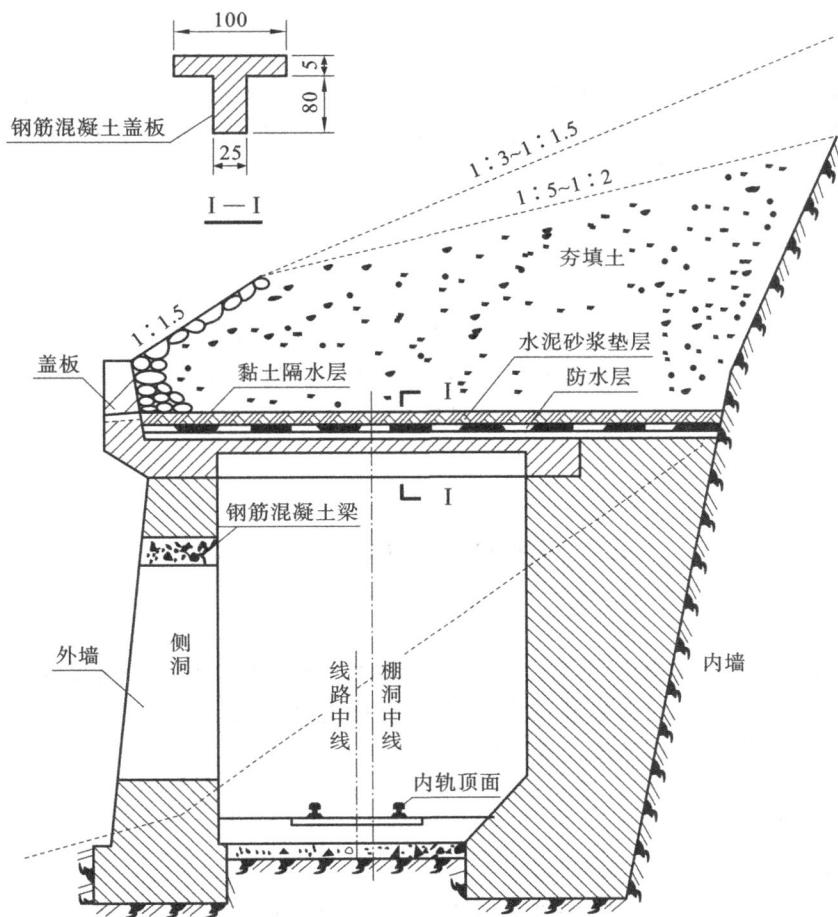

图 6-18　盖板式棚洞示意图

② 钢架式棚洞,主要由外侧钢架、内侧重力式墩台结构、横顶梁、底横撑及钢筋混凝土盖板组成,并做防水层及回填土石处理。

③ 悬臂式棚洞,它的内墙为重力式,上端接悬臂式横梁,其上铺以盖板,在盖板的内端设平衡重来维持结构在受外荷载作用下的稳定性。

6.3　辅 助 坑 道　>>>

当隧道较长时,可选择设置适当的辅助坑道,如横洞、斜井、竖井、平行导坑等,用以增加施工作业面,加快施工进度,改善施工条件(通风、排水等)。

6.3.1 横洞

横洞是隧道侧面修筑的与之相交的坑道。当隧道傍山沿河、侧向覆盖层较薄时,可考虑设置横洞。其运输方式可采用无轨运输或有轨运输。

6.3.2 斜井

斜井是在隧道侧面上方开挖的与之相连的倾斜坑道。当隧道洞身一侧有较开阔的山谷且覆盖不太厚时,可考虑设置斜井。

6.3.3 竖井

竖井是在隧道上方开挖的与隧道相连的竖向坑道。覆盖层较薄的长隧道或在中间适当位置覆盖层不厚,具备提升设备,施工中又需要增加工作面时,则可采用竖井增加工作面。竖井深度一般不超过 150 m。竖井的位置可设在隧道一侧,与隧道的距离一般情况下为 15～25 m,或设置在隧道正上方。

根据地质及水文条件,竖井采用人工开挖或下沉沉井的方法进行施工。

6.3.4 平行导坑

平行导坑是与隧道平行修筑的坑道。对于长大越岭隧道,由于地形限制,或因机具设备条件、运输道路等条件的限制,无法选用横洞、斜井、竖井等辅助坑道时,为了加快施工进度及超前地质勘查,可采用平行导坑方案。大断面开挖的隧道,一般不需要采用平行导坑。

6.4 附属工程 >>>

为了使隧道正常使用,保证安全运营,除上述主体建筑外,还要修筑一些附属建筑物,其中包括防排水设施、电力及通信设备的安放设施及营运通风设施等,还包括消火栓、消防水泵接合器、水流指示器、气压水罐、泡沫比例混合器、自动报警系统、防火门等设施。

6.4.1 隧道附属建筑物

隧道附属建筑物包括内装、顶棚、路面等。

(1)常用于隧道的粘贴内装材料有块状混凝土材料,饰面板、镶板等质地致密材料以及瓷砖镶面材料、油漆材料等。

(2)顶棚用漫反射材料可以避免产生眩光,可根据实际需要做成平顶或拱顶。

(3)隧道内路面需具有足够的强度和耐久性。路面材料主要有水泥混凝土和沥青混凝土两种。

(4)目前隧道内吸声材料较多,吸声材料兼有内装作用。可用材料有多孔吸声材料,如玻璃棉、矿棉、无机纤维材料及其成型板材等。利用吸声结构吸声的有膜共振吸声结构、板共振吸声结构、腔共振吸声结构、穿孔板式共振吸声结构等。

6.4.2 其他附属设施

公路隧道的其他附属设施包括通风设施、照明设施、安全设施、应急设施以及公用设施。

6.5 隧道工程分项及工程量计算 >>>

隧道工程主要有开挖、支护、防排水、衬砌、装饰、照明、通风及消防设施,门洞及辅助坑道等项目,工程计量规定如下。

(1)隧道长度均指隧道进出口(不含与隧道相连的明洞)洞门端墙墙面之间的距离,即两端端墙面与路面的交线同路线中线交点间的距离。双线隧道按上、下行隧道长度的平均值计算。

(2)洞身开挖出渣工程量按设计断面数量(成洞断面加衬砌断面)计算,包含洞身及所有附属洞室的数量。定额中已考虑超挖因素,不得将超挖数量计入工程量。

(3)现浇混凝土衬砌中浇筑、运输的工程数量,均按设计断面衬砌数量计算,包含洞身及所有附属洞室的衬砌数量。定额中已综合因超挖及预留变形需回填的混凝土数量,不得将上述因素的工程量计入计价工程量中。

(4)防水板、明洞防水层的工程数量按设计敷设面积计算。

(5)止水带(条)盲沟、透水管的工程数量均按设计数量计算。

(6)拱顶压浆的工程数量按设计数量计算,设计时可按每延长米 0.25 m³ 综合考虑。

(7)喷射混凝土的工程量按设计厚度乘喷射面积计算,喷射面积按设计外轮廓线计算。

(8)砂浆锚杆工程量为锚杆、垫板及螺母等材料质量之和,中空注浆锚杆、自进式锚杆的工程量按锚杆设计长度计算。

(9)格栅钢架、型钢钢架工程数量按钢架的设计质量计算,连接钢筋的数量不得作为工程计算。

(10)管棚、小导管的工程量按设计钢管长度计算,当管径与定额不同时,可调整定额中钢管的消耗量。

(11)横向塑料排水管每处为单洞两侧的工程数量,纵向弹簧管按隧道纵向每侧敷设长度之和计算,环向盲沟按隧道横断面敷设长度计算。

(12)洞内通风、风水管及照明、管线路的工程量按隧道设计长度计算。

(13)斜井洞内通风、风水管及照明、管线路的工程量按斜井设计长度计算。

隧道掌子面
不良地质现象

思政案例

提起中国人修路、架桥、打通隧道的能力,如今人们会很自然地想到一个词语——"基建狂魔"。

在中国境内绵延 1700 公里、平均海拔超 3500 m 的天山山脉横贯新疆,将新疆大地分为南疆与北疆,造就了天山南北各具特色的自然、人文景观。但也是这座巍巍雪山,在地理上阻隔了南北疆经济文化交流。

跨越天山,曾是多少人的梦想。而第一条真正意义上贯通天山的公路就是被誉为"中国最美公路"的独库公路。这条纵贯天山南北的公路,连接了克拉玛依市独山子区至库车市,因此也被当地人称为天山公路。全长 561 公里中,有一半路段的海拔在 2000 m 以上,最高处的铁力买提达坂海拔达到 3400 多米。

20 世纪 70 年代,天山独库公路工程建设拉开序幕。这条沟通南疆与北疆的交通大动脉,地势曲折险峻,沿途要穿越大量的悬崖绝壁、冰雪冻土,且雪崩、泥石流等自然灾害时有发生。

在当时的技术条件下,勘测工程师和筑路官兵采用手提肩扛的原始手段,克服极端气候与环境开凿隧道。

1983年,独库公路正式建成,跨越天山成为现实。

2021年12月,历时5年4个月建设、全长11.775公里的东天山隧道正式开通。该隧道由中交一公局集团有限公司投资建设运营,是新疆目前通车运营最长的公路隧道,也是第二条贯通天山的交通要道,连接畅通哈密天山以北和天山以南区域交通。

新疆乌尉公路包项目,2019年正式动工,其中长约22.1公里的天山胜利隧道是目前世界上在建最长的高速公路隧道。

如果从1983年独库公路正式建成算起,到2023年恰好40年。从独库公路到东天山隧道,再到天山胜利隧道,三条打通天山南北之路,见证了中国基建的高速发展,也见证了中国人民无惧无畏、敢将天险变通途的意志与决心。

"跨越天山"的故事还在继续。2023年6月,中国交通建设集团有限公司中标G219线昭苏至温宿公路全线控制性工程西天山特长隧道。项目建成后,从伊宁至阿克苏的里程将由1710公里缩短至500公里。该线路也将成为继独库公路、东天山隧道、天山胜利隧道之后,第四条跨越天山的通道。

【思政要点】

大家应该为"基建狂魔"的称号而骄傲,为祖国的强大而自豪。作为教师,应该具有使命感,为祖国建设培养、输出优秀的建筑人才;作为学生,应该努力学习,提高专业技能,苦练本领,为祖国建设增砖添瓦。

知识归纳

(1)隧道工程的基本构造及矿山法施工方法。

① 隧道工程由洞身衬砌、洞门和明洞及一些附属建筑物组成。

a. 洞身工程包括围岩预加固、锚杆、钢拱架支护、喷射混凝土、防排水系统、混凝土衬砌、仰拱、仰拱填充、排水沟、盖板、电缆槽、洞内防火体系和内部装饰等。

b. 洞口工程包括边、仰坡土石方,边、仰坡防护,端墙、翼墙等洞门圬工,洞口排水系统,洞口检查设备安装以及洞口段洞身衬砌等。

c. 附属建筑物包括防排水设施,电力及通信信号的安放设施、营运通风设施等,以及消火栓、消防水泵接合器、水流指示器、气压水罐、泡沫比例混合器、自动报警系统、防火门等。

② 矿山法施工方法分为全断面开挖法、台阶开挖法、分部开挖法等。

(2)隧道施工辅助方法的类型及特点。

隧道施工辅助方法包括地面砂浆锚杆、超前锚杆或超前小钢管支护、管棚钢架超前支护、超前小导管预注浆、超前围岩预注浆加固、平行导坑向正洞预注浆加固、周边劈裂注浆及周边短孔预注浆加固,还有水平旋喷预支护和机械预切槽法等措施。

(3)隧道施工辅助坑道的种类。

隧道施工辅助坑道的种类包括横洞、平行导坑、斜井、竖井。

(4)隧道工程分项及工程量计算方法。

略。

独立思考

6-1 隧道工程的基本构造有哪些？

6-2 矿山法隧道施工开挖方法的种类及特点有哪些？

6-3 隧道施工辅助方法的类型、特点有哪些？

6-4 隧道施工辅助坑道的种类有哪些？

6-5 隧道作业中爆破作业有哪些注意事项？

6-6 隧道工程分项及工程量计算有哪些规定？

思考题答案

参考文献

[1] 张丽华.公路工程概预算编制指南.2 版.北京：人民交通出版社,2008.

[2] 周世生,董伟智.公路工程造价.2 版.北京：人民交通出版社,2012.

[3] 朱永全,宋玉香,隧道工程.4 版.北京：中国铁道出版社有限公司,2021.

[4] 中华人民共和国交通运输部.公路工程预算定额（上、下册）:JTG/T 3832—2018.北京：人民交通出版社股份有限公司,2018.

[5] 张丽,晏彬.隧道工程.4 版.北京：人民交通出版社股份有限公司,2021.

7

公路沿线其他工程

课前导读

◇ 内容提要

本章主要内容包括安全设施、绿化及环境保护等公路沿线工程，绿化工程定额的相关说明。

本章的重点为安全设施、绿化等公路沿线工程及绿化定额说明；难点为绿化定额说明

◇ 能力要求

通过对本章的学习，学生能进行公路沿线工程计量。

◇ 数字资源

5分钟看完本章

7.1　安全设施及预埋管线工程　>>>

安全设施及预埋管线包括护栏、隔离设施、道路交通标志、道路诱导设施、防眩设施、通信管道及电力管道、预埋（预留）基础、收费设施和地下通道工程。有关问题的说明及提示如下。

（1）护栏的地基填筑、垫层材料、砌筑砂浆、嵌缝材料、油漆以及混凝土中的钢筋、钢缆索护栏的封头混凝土等均不另行计量。

（2）隔离设施工程所需的清场、挖根、土地平整和设置地线等工程均为安装工程的附属工作，均不另行计量。

（3）道路交通标志工程所有支撑结构、底座、硬件和为完成组装而需要的附件，均不另行计量。

（4）道路诱导设施中路面标线玻璃珠包含在涂敷面积内，附着式轮廓标的后底座、支架连接件，均不另行计量。

（5）防眩设施所需的预埋件、连接件、立柱基础混凝土及钢构件的焊接，均作为附属工作，均不另行计量。

（6）预埋管线工程的挖基及回填、压实及接地系统，所有封缝料等作为相关工程的附属工作，均不另行计量。

（7）收费设施及地下通道工程：

① 挖基、挖槽及回填、压实等作为相关工程的附属工作，均不另行计量。

② 收费设施的预埋件为各相关工程项目的附属工作，均不另行计量。

③ 凡未列入计量项目的零星工程，都包含在相关工程项目内，均不另行计量。

7.2　绿化及环境保护　>>>

7.2.1　绿化的意义和作用

绿化可以缓解因道路施工、营运给沿线地区带来的各种影响，保护自然环境，改善生活环境，并通过绿化提高道路交通安全和舒适性。绿化是道路景观设计的重要组成部分，其主要起安全运输作用和改善道路景观作用。

道路绿化图

7.2.1.1　安全运输作用

（1）诱导作用：在小半径竖曲线顶部、道路直线段两侧、平曲线外侧等处植树，可以起到视线诱导、线形预告的作用。

（2）过渡作用：在隧道洞口外、路堤路堑变化等处，栽植高大乔木可以防止光线明暗急剧变化，对驾驶员视线起过渡作用。

（3）防眩作用：在中分隔带、主线与辅道，栽植常绿灌木、矮树等，可以隔断对向车灯的眩光。

（4）缓冲作用：在低填方且没有设护栏的路段或互通式立交出口端部，栽植一定宽度的密集灌木或矮树，可以缓冲事故车辆的冲击，缓解驾驶员的紧张心理。

(5)遮藏作用:对道路沿线各种影响视觉景观的物体,宜栽植中低树进行遮蔽,道路声屏障宜采用攀缘植物予以绿化和遮蔽。

(6)标示作用:当沿线景观、地形缺少变化,难以判断历经地点时,宜栽植有别于沿途植被的树木等,形成明显标志,预告设施位置。

(7)隔离作用:在道路用地边缘的隔离栅内侧,宜栽植常绿灌木及攀缘植物等,防止人或动物进入。

(8)休闲作用:在道路边坡、服务设施区域、立交等地的绿化可以缓减驾驶员和乘客旅途的疲劳感。

7.2.1.2　改善道路景观作用

绿化可以使由于施工而破坏的自然景观得到有效恢复或改善、弥补,使新建道路对周围环境景现的负面影响降低,使道路构造物巧妙地融入周围环境之中,给驾驶员及乘客提供优美、舒适、和谐的行车环境。

7.2.2　绿化的环境保护作用

(1)防护作用:在风沙大的道路沿线或多雪地带等,栽植防护林带可以有效减轻风沙或风雪的侵袭。

(2)防污作用:在学校、医院、疗养院、住宅区附近,栽植防噪声、防气体污染林带,能够吸收和阻滞车辆排放的各种有害气体(如 CO、NO_x 等)、烟尘以及交通噪声,减轻并防治污染,净化和改善大气环境。

(3)护坡作用:道路路基、弃土堆、隔声堆筑体等边坡坡面的绿化,可以保持水土,防止边坡冲刷,增进边坡稳定。

7.3　绿化工程定额相关说明　>>>

(1)挖树穴以 m^3 计,树(树根)的栽植以株计,栽植绿篱以 m 计,栽植地被以 m^2 计。

(2)死苗补植在栽植子目中已包含,使用定额时不得更改。盆栽植物均脱盆的规格套用相应的定额子目。

(3)苗木及地被植物的场内运输已在定额中综合考虑,使用定额时不得另行增加。

(4)当编制中央分隔带部分的绿化工程预算时,若中央分隔带内的土壤没有计入该项工程预算,其填土可按路基土方有关定额子目计算,但应扣除树穴所占的体积。

(5)定额中的胸径是指距地坪 1.30 m 高处的树干直径,株高是指树顶端距地坪的高度,篱高是指绿篱苗木顶端距地坪的高度。

知识归纳

(1)安全设施包括护栏、隔离设施、道路交通标志、道路诱导设施、防眩设施、通信管道及电力管道、预埋(预留)基础、收费设施和地下通道工程。

(2)绿化可以保护自然环境、改善生活环境,提高道路的交通安全性和舒适性。

(3)注意绿化用土的工程量计算、绿化苗木的工程量计算等。

独立思考

7-1　简述道路绿化的作用。

7-2　道路安全设施包括哪些内容？

参考文献

［1］　李柏林.公路工程施工与计量.北京:人民交通出版社,2009.

［2］　中华人民共和国交通运输部.公路环境保护设计规范:JTG B04—2010.北京:人民交通出版社,2010.

［3］　刘朝晖,张映雪.公路线形与环境设计.北京:人民交通出版社,2003.

思考题答案

下 篇

公路造价

8 公路工程定额

公路工程定额

课前导读

▽ **内容提要**

本章主要内容包括定额的概念、类型特点和生产要素定额的确定；公路工程施工定额、公路工程预算定额等的编制和应用。

本章的重点为公路工程施工定额和预算定额的使用说明和应用；难点为预算定额路面工程章和桥涵工程章的说明及应用。

▽ **能力要求**

通过对本章的学习，学生应熟练掌握预算定额的应用，从而能进行分项工程费用计算。

▽ **数字资源**

5分钟看完本章

8.1 定 额 概 述 >>>

8.1.1 定额的概念及作用

"定额"二字，"定"是确定，"额"是数额、标准，综合起来是确定标准。定额就是在正常生产条件下，合理地组织施工、合理地使用材料和机械，完成单位合格产品所必需的人工、材料、机械设备及资金消耗的限额标准。定额水平是一定时期社会生产力的反映，因此定额必须随着生产力水平的提高而不断进行补充和修订，以适应生产发展的需要。

公路工程定额属于工程建设定额的一类，是公路工程概算定额、预算定额、施工定额等的统称。设计概算及施工图预算、施工预算、竣工决算都是按照公路工程定额编制的。在设计、计划、施工、劳动工资、财务等各项工作中，都必须以定额为工作尺度。认真贯彻和执行定额，才能有周密的计划和合理的施工，才能有真正的经济核算。因此，定额是现代科学管理的基础，其作用主要有以下几方面。

（1）定额是确定工程造价的依据。

（2）定额是企业经营核算、考核成本的依据。

（3）定额是工资核算、实行经济承包责任制的依据。

8.1.2 定额的分类和特点

8.1.2.1 定额的分类

（1）按生产要素分类。

公路工程定额是建立在实物法的编制基础上的，因此人工、材料、机械台班三要素在公路工程定额中是主要内容，见表 8-1。

表 8-1　　　　　　　　　　　　　　定额按生产要素分类

项目	表现形式	内容解释	计量单位	相关关系
人工定额	时间定额	生产单位数量合格产品所消耗的劳动量标准	劳动量单位/产品单位，如工日/m³	时间定额与产量定额互为倒数
	产量定额	劳动者在单位劳动量内完成合格产品的数量	产品单位/劳动量单位，如 m³/工日	
材料定额	材料净消耗	在合理的施工条件下，生产单位合格产品所消耗的材料净用量	以材料的实物计量单位来表示，如 m、kg、t 等	材料消耗＝(1＋材料损耗率)×完成单位产品的材料净用量
	必要损耗	在施工过程中发生的自然和工艺性的损耗量		
	材料产品定额	一定规格的原材料在合理的操作前提下，规定完成合格产品的数量	件、块、根等可以表达产品数量的单位	
	材料周转定额	周转性材料（如模板、支架的木料）在施工中合理使用的次数和用量标准	表达为每次使用的摊销量，其单位可用实物计量单位来表示	影响因素：一次使用量，每周转使用一次材料的损耗，周转使用次数，最终回收折价

项目	表现形式	内容解释	计量单位	相关关系
机械台班定额	时间定额	在一定的操作内容、质量和安全要求的前提下,规定完成单位数量产品或任务所需作业量(如台时、台班等)的数量标准	作业量单位/产品单位,如台班/m³	机械台班消耗定额的时间定额与机械台班消耗定额的产量定额互为倒数
	产量定额	在一定的操作内容、质量和安全要求的前提下,规定每单位作业量(如台时、台班等)完成的产品或任务的数量标准	产品单位/作业量单位,如m³/台班	
	费用定额	以一个机械台班为单位,规定其所消耗的工时、燃料及费用等数量标准并可折算为货币形式表现的定额	金额/台班,如600元/台班	

（2）按使用要求分类。

在公路基本建设活动中,工程建设工作所处的阶段不同,编制造价文件的主要依据是不同的。定额按其用途分为施工定额、预算定额、概算定额、投资估算指标等,见表8-2。

表8-2　　　　　　　　　　　　　　定额按使用要求分类

名称	施工定额	预算定额	概算定额	投资估算指标
对象	工序	分部分项工程	单位工程	单项工程或建设项目
用途	编施工预算	编施工图预算	编初步设计概算	编投资估算
项目划分	最细	细	较粗	粗
定额水平	平均先进	社会平均	社会平均	社会平均
定额性质	生产性定额	计价性定额		

（3）按编制单位和执行定额的范围分类。

定额按编制单位和执行定额的范围,分为全国统一定额、行业统一定额、地区统一定额、企业定额和补充定额,见表8-3。

表8-3　　　　　　　　　　　　定额按编制单位和执行定额的范围分类

名称	编制单位	适用范围	内容
全国统一定额	国家建设行政主管部门	全国范围	分为两类:一类是通用性较强的,另一类是专业性较强的,如公路工程的定额
行业统一定额	各行业部门	在本行业和相同专业性质的范围内使用	考虑到各行业部门专业工程技术特点,以及施工生产和管理水平编制的专业定额,如公路工程定额、矿井建设工程定额、铁路建设工程定额等
地区统一定额	省、自治区、直辖市	地区内	如建筑工程预算定额、市政工程预算定额、房屋修缮定额等结合各地区特点编制的定额
企业定额	企业自行编制	企业内部	企业定额水平一般应高于国家现行定额,才能满足生产技术发展、企业管理和市场竞争的需要
补充定额	一般由施工企业提出,与建设单位协商议定	在指定的范围内使用,只作为一次使用,并同时报主管部门备查	是指随着设计、施工技术的发展,在现行定额不能满足需要的情况下,为了补充缺项所编制的定额,经过总结和分析,往往成为补充或修订正式统一定额的基本资料

8.1.2.2　定额的特点

公路工程定额具有科学性、权威性、强制性、稳定性、时效性和针对性的特点。

8.1.3 劳动定额

劳动定额是在一定的施工组织和技术条件下,为完成单位合格产品所必需的劳动消耗标准。劳动定额是人工的消耗定额,又称人工定额。劳动定额的表现形式有时间定额和产量定额两种。

(1)时间定额:单位合格产品所消耗的工作时间(工日)。

$$时间定额=\frac{1}{一个工人每日产量} \qquad (8-1)$$

(2)产量定额:单位时间(工日)内完成合格产品的数量。

$$产量定额=\frac{1}{单位产品时间定额(工日)} \qquad (8-2)$$

【例 8-1】 施工定额中人工开挖上导洞(附录 22),用手推车运输软石,每 1 m³ 人工定额为 $\frac{2.22}{0.45}$。计算如下:

时间定额=2.22 工日/m³;产量定额=0.45 m³/工日;0.45×2.22≈1。

8.1.4 机械台班使用定额

8.1.4.1 机械台班使用定额的定义

在合理使用机械和合理的施工组织条件下,完成单位合格产品所必须消耗的机械台班数量的标准,称为机械台班消耗定额,也称机械台班使用定额。

8.1.4.2 机械台班使用定额的表现形式

一个台班是指一个工作班的延续时间,我国现行规定一般条件下施工时间为 8 h。

(1)机械时间定额。

机械时间定额是指在正常施工条件和劳动组织的条件下,使用某种规定的机械,完成单位合格产品必须消耗的台班数量。

(2)机械台班产量定额。

机械台班产量定额是指在正常施工条件和劳动组织的条件下,某种机械在一个台班时间内必须完成的单位合格产品的数量。机械台班产量定额与机械时间定额互为倒数。

(3)机械和人工共同作用时的人工定额,按式(8-3)、式(8-4)计算:

$$人工时间定额=\frac{1}{机械台班产量定额}\times 机械台班内工人的工日数 \qquad (8-3)$$

$$人工产量定额=\frac{机械台班产量定额}{定员人数} \qquad (8-4)$$

【例 8-2】 用 6 t 塔式起重机吊装某种混凝土构件,由一名吊车司机、7 名安装起重工、2 名电焊工组成的综合小组共同完成。已知机械台班产量定额为 40 块,试求吊装每一块混凝土构件的机械时间定额和人工时间定额。

【解】 (1)吊装每一块混凝土构件的机械时间定额:

$$机械时间定额=\frac{1}{机械台班产量定额}=\frac{1}{40}=0.025(台班)$$

(2)吊装每一块混凝土构件的人工时间定额:

① 分工种计算。

$$安装起重工时间定额=7\times 0.025=0.175(工日)$$
$$电焊工时间定额=2\times 0.025=0.050(工日)$$

② 按综合小组计算。

$$人工时间定额＝(7＋2)×0.025＝0.225(工日)$$

或

$$人工时间定额＝\frac{7＋2}{40}＝\frac{9}{40}＝0.225(工日)$$

8.1.5 材料消耗定额

8.1.5.1 材料消耗定额的概念

材料消耗定额是指在合理使用材料的条件下,生产单位合格产品所必须消耗的一定品种、规格的原材料、燃料、半成品、配件和水、电、动力等资源(统称材料)的数量标准。

在施工过程中材料的损耗是不可避免的,材料损耗按其损耗特点可以分为两大类:一类是场外运输损耗,另一类是场内运输及操作损耗。

(1) 场外运输损耗。

场外运输损耗是指在施工现场以外发生的损耗,即材料由供应点至工地的运输途中发生的损耗。如砂、石、黏土等松散类材料,在运输途中都难免会发生损耗。在编制概算、预算时,这类损耗是在材料预算单价中考虑的,《公路工程建设项目概算预算编制办法》(JTG 3830—2018)(附录23)规定了材料场外运输操作损耗定额,如表8-4所示。

表 8-4　　　　　材料场外运输操作损耗率表

材料名称		场外运输(包括一次装卸)/%	每增加一次装卸/%
块状沥青		0.5	0.2
石屑、碎砾石、砂砾、工业废渣		1.0	0.4
砖、瓦、桶装沥青、石灰、黏土		3.0	1.0
草皮		7.0	3.0
水泥(袋装、散装)		1.0	0.4
砂	一般地区	2.5	1.0
	多风地区	5.0	2.0

注:汽车运水泥,如运输距离超过500 km,损耗率增加,袋装材料的损耗率为0.5%。

(2) 场内运输及操作损耗。

场内运输及操作损耗是指原材料、成品、半成品从现场堆放点或场内加工点到操作或安装地点,因场内水平或垂直运输而发生的损耗及必要的工艺性损耗。这部分损耗是在材料消耗定额中考虑的,其定额值"场内运输及操作损耗"以百分率的形式体现在《公路工程预算定额(上、下册)》(JTG/T 3832—2018)附录四(附录24)中。

8.1.5.2 材料消耗定额的制定方法

(1) 直接性材料消耗定额的制定。

完成单位合格建筑产品所必需的直接性材料消耗量由两部分组成,即单位合格产品生产中所必需的材料净用量及其合理损耗量,按式(8-5)计算。

$$材料消耗量＝材料净用量＋材料损耗量＝材料净用量×(1＋损耗率) \tag{8-5}$$

编制材料消耗定额的基本方法有观察法、试验法、统计法和计算法。

(2) 周转性材料的消耗量。

工程建设中,施工上除了使用直接性消耗的材料外,还有另一类材料,即周转性材料。周转性材料是指在施工中不是一次性消耗的材料,而是能够多次重复使用、周转的材料。它随着多次使用而逐渐消耗,并在使用过程中不断补充、多次重复使用,如脚手架、挡土板、临时支撑、混凝土工程的模板等。因此,周转性材料的消耗量应按照多次使用、分次摊销的方法进行计算。周转使用量是指将周转材料完成规定周转次数所必需的材料总用量分摊到每一次周转使用过程中的数量。

周转性材料的摊销量与周转次数、施工方法和材料类型等有直接关系,摊销量按式(8-6)计算:

$$\text{摊销量} = \frac{\text{一次使用量}}{\text{周转次数}} \quad \text{或} \quad Q = \frac{A(1+k)}{nV} \tag{8-6}$$

式中 Q——周转材料的单位定额用量,m^3 或 kg/m^3;

   A——周转材料的图纸一次用量,kg/m^3 或 m^3;

   k——场内运输及操作损耗率,%;

   n——周转及摊销次数;

   V——工程设计实体,m^3。

【例 8-3】   根据选定的现浇基础梁模板设计图纸,基础梁每 $10\ m^3$ 接触面的接触面积为 $77\ m^2$,每 $10\ m^2$ 接触面积需板材 $0.752\ m^3$,损耗率为 5%,周转 8 次,计算每 $10\ m^3$ 基础梁模板板材的摊销量。

【解】   一次使用量 $= 77 \times 0.0752 \times (1 + 5\%) = 6.080\ (m^3)$

$$\text{摊销量} = \frac{6.080}{8} = 0.760\ (m^3)$$

8.2   公路工程施工定额   >>>

8.2.1   概述

8.2.1.1   施工定额

施工定额是规定在合理的劳动组织和正常的施工条件下,为完成单位合格产品生产所需耗用的人工、材料和机械台班的数量标准。

施工定额是以先进合理的定额水平制定的。先进合理原则是指在合理的生产技术组织条件下,经过努力,部分工人可以超额,多数工人可以达到的水平。

根据公路工程的特点,《公路工程施工定额》除列有人工定额外,还列有机械台班定额。本定额中所列的机械台班定额,均不包括在《公路工程机械台班费用定额》(JTG/T 3833—2018)(附录 25)规定配备的操作机械工人的人工定额中。有些项目虽说明是在某种机械配合下进行的,但未列出机械台班定额,这些机械的时间定额可按配合的班组时间定额推算确定。

材料消耗在《公路工程施工定额》中并未列出,可以参照《公路工程预算定额(上、下册)》(JTG/T 3832—2018)。

8.2.1.2   公路工程施工定额的编制

(1)公路工程施工定额的编制依据。

① 中华人民共和国交通运输部颁发的各项建筑安装工程施工及验收技术规范;

② 施工操作规程和安全操作规程;

③ 建筑安装工人技术等级标准;

④ 技术测定资料、经验统计资料等。

(2)公路工程施工定额的内容。

公路工程施工定额的内容包括文字说明、定额表和附录三部分。

① 文字说明。

文字说明又分为总说明、章说明和节说明。

a. 总说明：有关定额全部具有共同性的问题和规定，通常列入总说明中。总说明的基本内容有定额的用途、适用范围及编制依据，定额水平，有关定额全册综合性工作内容，工程质量及安全要求，定额指标的计算方法，有关规定及说明等。

b. 章说明：主要内容有使用范围、工作内容、定额计算方法、质量要求、施工方法、术语说明以及其他说明。

c. 节说明：主要内容有工作内容、施工方法、小组成员等。

② 定额表。

定额共有十八章，分别为准备工作，路基工程，路面工程，隧道工程，基础工程，打桩工程，灌注桩造孔工程，砌筑工程，模板、架子及木作工程，钢筋及钢丝束工程，混凝土及钢筋混凝土工程，预制构件运输工程，安装工程，钢桥工程，杂项工程，临时工程，备料，材料运输。

定额表是定额中的核心部分和主要内容，又可分为表头、表格和表注，其中表格又包括人工定额表和机械定额表两部分。

附注一般列在定额表的下面，主要是根据施工条件的变动，规定人工、材料、机械定额用量的增减变化，通常采用乘系数和增减工日或台班的方法来计算。附注是对定额表的补充，也是对定额使用的限制。

③ 附录。

附录放在定额分册的最后，作为使用定额的参考和换算的依据。附录包括：名词解释，必要时附图解说明；先进经验及先进工具介绍；参考资料；部分材料消耗定额。

8.2.2 公路工程施工定额的运用

8.2.2.1 第一章准备工作

(1)特别注意内容。

应用中大部分定额根据实际工程内容属于直接套用，但要特别注意章说明和各定额表下的"注"。

(2)准备工作定额运用。

【例 8-4】 某路清理场地过程中，人工挖芦苇根 1200 m²，深度 35 cm，试用施工定额计算其所用人工工日数。

【解】 查定额 1-4 人工割草、挖草皮、挖竹根(附录 22)，挖竹根每 1 m³ 人工定额 0.328 工日，由表下注解知挖芦苇根按挖竹根时间定额乘系数 0.73。所以其所用人工工日数：

$$1200 \times 0.35 \times 0.328 \times 0.73 = 100.56 (工日)$$

8.2.2.2 第二章路基工程

(1)特别注意内容。

应用中大部分定额根据实际工程内容属于直接套用，但要特别注意章说明里的第一、二、七条和各定额表下的"注"。

(2)路基工程定额运用。

【例 8-5】 一路基开挖工程，其中边沟开挖土方 10 m³，槽外土方 200 m³，槽内土方 100 m³，均为硬土，手推车运输 40 m。试计算需多少工日。

【解】 查定额 2-2 人工挖运土方(附录 22)，见表 8-5。

表 8-5 人工挖运土方

工作内容:挖运:挖、装、运 20 m,卸土、空回;增运:平运 10 m,空回。

人工挖运每 1 m³ 的人工定额

项目	第一个 20 m 挖运						每增运 10 m	
	槽外			槽内			挑运	手推车
	松土	普通土	硬土	松土	普通土	硬土		
时间定额	0.158	0.231	0.33	0.177	0.269	0.379	0.033	0.01
每工产量	6.33	4.33	3.03	5.65	3.72	2.64	40	100
编号	1	2	3	4	5	6	7	8

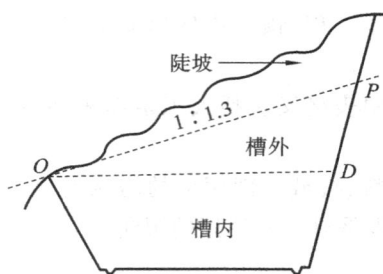

图 8-1 路基土石方开挖类型

(1) 说明中规定,路基土石方开挖定额中已包括边沟开挖,不得再使用边沟开挖定额。

(2) 定额中基础运距 20 m,因此,增运距应为:40－20＝20(m)。

(3) 路基土石方开挖类型分三种情况,如图 8-1 所示。

(4) 计算如下。

① 挖运槽内土方,定额为 2-2-6 及 2-2-8。

$(100+10)\times0.379+20\div10\times0.01\times(100+10)=43.89$(工日)

② 挖运槽外土方,定额为 2-2-3 及 2-2-8。

$200\times0.33+20/10\times0.01\times200=70$(工日)

③ 合计用工。

合计用工 $=43.89+70=113.89$(工日)

【例 8-6】 一路基开挖工程,槽外石方 200 m³ 为次坚石,机械打眼开炸,并用推土机清运,试求所消耗的人工、机械时间定额。

【解】 查定额 2-15 机械打眼开炸石方(附录 22),见表 8-6。

表 8-6 机械打眼开炸石方

工作内容:开工作面,收放皮管,选炮位,手持凿岩机打眼,换钻杆钻头,装药爆破,排险,清理解小,装、卸、运 20 m 及放安全哨等全部操作

每 100 m³ 的人工、机械时间定额

项目		槽外			槽内		
		软石	次坚石	坚石	软石	次坚石	坚石
人工定额		$\dfrac{32.3}{0.031}$	$\dfrac{38.6}{0.0259}$	$\dfrac{45.7}{0.0219}$	$\dfrac{37.6}{0.0266}$	$\dfrac{44.9}{0.0223}$	$\dfrac{54.1}{0.0185}$
机械时间定额	9 m³/min 以内机动空压机	$\dfrac{0.358}{2.793}$	$\dfrac{0.652}{1.534}$	$\dfrac{1.096}{0.912}$	$\dfrac{0.4}{2.5}$	$\dfrac{0.736}{1.359}$	$\dfrac{1.24}{0.806}$
	凿岩机	$\dfrac{0.896}{1.12}$	$\dfrac{1.63}{0.613}$	$\dfrac{2.74}{0.365}$	$\dfrac{1}{1}$	$\dfrac{1.84}{0.543}$	$\dfrac{3.1}{0.323}$
编号		1	2	3	4	5	6

注:如用推土机清运,人工定额减少 20 工日。

根据附注的说明,如用推土机清运,人工定额减少 20 工日。

(1) 人工定额。

$200\div100\times(38.6-20)=37.2$(工日)

(2) 机械时间定额。

对于 9 m³/min 以内机动空压机:

$200\div100\times0.652=1.304$(台班)

对于凿岩机：

$$200÷100×1.63＝3.26(台班)$$

8.2.2.3　第三章路面工程

（1）特别注意内容。

本章大部分定额根据实际工程内容属于直接套用，但要特别注意章说明里的第二、四条和各定额表下的"注"。

（2）路面工程定额运用。

【例 8-7】 某路用 75 kW 以内拖拉机拌和稳定土混合料，压实厚度 30 cm，分两层铺筑，工程量为 2000 m²，试求人工定额和机械时间定额。

【解】 查定额 3-9（附录 22），根据附注说明，时间定额乘系数 2.0。

人工定额：

$$2000÷1000×1.37×2.0＝5.48(工日)$$

机械时间定额：

$$2000÷1000×0.23×2.0＝0.92(台班)$$

8.2.2.4　第四章隧道工程

（1）特别注意内容。

应用中大部分定额根据实际工程内容属于直接套用，但需要特别注意章说明中的第三、五条，以及清渣孔定额中如采用爆破开挖，时间定额乘系数 0.9。

（2）隧道工程定额运用。

【例 8-8】 某土质隧道采用人工开挖，需要爆破，上导洞工程量 200 m³，试求人工装渣、手推车运输的人工定额。

【解】 查定额 4-1-1（附录 22），根据附注及题意需进行系数调整。

人工定额：

$$1.67×200÷1×0.9＝300.6(工日)$$

8.2.2.5　第五章基础工程

（1）特别注意内容。

在应用过程中大部分定额根据实际工程内容属于直接套用，但仍有需要说明的几点。

① 特别注意章说明中的第二、三条。

② 定额 5-1 人工挖基坑土方，挖深超过 6 m 时，按 6 m 以内定额干处递增 5%，湿处递增 10% 计算。例如基坑深 8 m，都为干处开挖，挖第 7 m 时定额消耗量：6 m 以内定额消耗乘（1＋5%）；挖第 8 m 时定额消耗量：6 m 以内定额消耗乘（1＋5%）²。

③ 定额 5-2 人工挖基坑石方，挖深超过 6 m 时，每加深 1 m，按 6 m 以内定额递增 5%。

（2）基础工程定额运用。

【例 8-9】 某桥采用人工开挖基坑的施工方法，基坑深 6 m，其中下面 2 m 为干处普通土开挖，下面 4 m 为湿处硬土开挖，开挖土方量共 100 m³，试求劳动消耗。

【解】 查定额5-1(附录22),根据说明要求干处、湿处开挖必须全部采用坑深6 m的定额。

干处普通土开挖人工:

$$100 \div 1 \times 0.2346 = 23.46(工日)$$

湿处硬土开挖人工:

$$100 \div 1 \times 0.5508 = 55.08(工日)$$

劳动消耗:

$$23.46 \times \frac{2}{6} + 55.08 \times \frac{4}{6} = 44.54(工日)$$

8.2.2.6 第六章 打桩工程

(1)特别注意内容。

在应用过程中大部分定额根据实际工程内容属于直接套用,但需要特别注意章说明中的第三、四、五条和各定额表6-2、表6-3、表6-6、表6-7(附录22)的注。

(2)打桩工程定额运用。

【例8-10】 某桩基础人工夯打,桩为斜圆木桩,直径在15 cm以下,桩共有15根,每根入土3 m,试求劳动消耗为多少。

【解】 查定额6-2-1(附录22),根据章说明及附注说明,本例需要进行系数调整,计算如下:

$$15 \times 3 \times 0.173 \times 0.65 \times 1.08 = 5.47(工日)$$

8.2.2.7 第七章 灌注桩造孔工程

(1)特别注意内容。

在应用过程中大部分定额根据实际工程内容属于直接套用,但需要注意章说明中的第三、五条。

(2)灌注桩造孔工程定额运用。

【例8-11】 某灌注桩采用回旋钻机钻孔,桩径100 cm以内,孔深共计30 m,上面10 m为黏土,下面20 m为软石,试求人工定额、机械时间定额。

【解】 根据章说明的要求,查定额7-6-1及定额7-6-5(附录22),计算如下。

人工定额:

$$0.376 \times \frac{1}{3} + 2.716 \times \frac{2}{3} = 1.936(工日/m)$$

机械时间定额:

$$0.094 \times \frac{1}{3} + 0.679 \times \frac{2}{3} = 0.484(台班/m)$$

8.2.2.8 第十一章 混凝土及钢筋混凝土工程

(1)特别注意内容。

在应用过程中大部分定额根据实际工程内容属于直接套用,但需要特别注意章说明中第二条和定额11-4(附录22)在运用时附注的要求。

(2)混凝土及钢筋混凝土工程定额运用。

【例8-12】 现浇混凝土基础,已知混凝土土方量为20 m³,人工配运料50 m,250 L混凝土搅拌机拌和(60 s),1 t机动翻斗车运混凝土,到浇筑现场的运距为300 m,机械捣固,露天养护。试计算从后场运料到混凝土养护完毕所需用工数及机动翻斗车的机械台班数。

【解】　(1)人工配运料及机械拌和用工。

查定额 11-1-2(附录 22),即:

人工定额

$$0.369 \times 20 = 7.38(工日)$$

250 L 搅拌机台班数

$$0.0231 \times 20 = 0.462(台班)$$

(2)浇筑混凝土基础。

查定额 11-4-1(附录 22),根据说明,若用 1 t 机动翻斗车运输,则定额应予以换算,即:

$$0.559 - 0.21 = 0.349(工日/m^3)$$

人工定额

$$0.349 \times 20 = 6.98(工日)$$

(3)1 t 机动翻斗车。

查定额 18-3-1(附录 22),即:

1 t 机动翻斗车台班数 $= 2.41 \times 20/100 + (300-100)/100 \times 20/100 \times 0.277 = 0.5928(台班)$

(4)养护。

查定额 11-11-4(附录 22),即人工定额:

$$0.11 \times 20 = 2.2(工日)$$

(5)合计用工。

$$7.38 + 6.98 + 2.2 = 16.56(工日)$$

250L 搅拌机为 0.462 台班,1 t 机动翻斗车为 0.5928 台班。

施工定额以后各章的内容运用比较简单,基本上属于根据实际工程内容直接套用情况,只是特别注意系数调整即可,在此不多做说明。

8.3　公路工程预算定额　>>>

8.3.1　概述

8.3.1.1　预算定额的概念

预算定额是用来确定一定计量单位的分项工程或结构构件的人工、材料和机械台班消耗量的数量标准。预算定额是一种具有广泛用途的计价定额。与施工定额的性质不同,预算定额不是企业内部使用的定额,不具有企业定额的性质。

8.3.1.2　预算定额的作用

(1)预算定额是编制施工图预算、确定建筑安装工程造价的基础。

(2)预算定额是编制施工组织设计的依据。

(3)预算定额是工程结算的依据。

(4)预算定额是施工单位进行经济活动分析的依据。

(5)预算定额是编制概算定额的基础。

(6)预算定额是合理编制招标标底、投标报价的基础。

8.3.1.3　预算定额编制的原则和依据

(1)编制原则:① 按社会平均水平确定预算定额;② 简明适用;③ 坚持统一性和差别性相结合;④ 专家

编审责任制原则。

(2)编制依据:① 国家的有关规定;② 技术标准和规范;③ 设计施工图纸;④ 公路工程施工定额;⑤ 人工工资标准、材料单价和机械台班单价;⑥ 以前的预算定额和一些基础数据等。

8.3.2 预算定额消耗量指标的制定

8.3.2.1 人工消耗量指标

人工消耗量指标是根据测算后综合取定的工程数量和参照施工定额中的人工消耗指标计算出来的。人工消耗量不分工种、不分技术等级,全部综合在一起,再考虑人工幅度差,则可制定出该项目的人工消耗量指标。

(1)预算定额的用工数量按式(8-7)计算:

$$用工数量=(基本用工+超运距用工+辅助用工)×人工幅度差系数 \qquad (8-7)$$

① 基本用工:指完成单位合格产品所必须消耗的技术工种用工。按技术工种相应劳动定额工时定额计算,以不同工种列出定额工日。

如现浇钢筋混凝土基础工程,包括:① 模板制作、安装、拆除、修理、涂脱模剂;② 混凝土配料、拌和、运输、浇筑、捣固、养护等基本工作的基本用工。将以上两个过程的用工综合累计后就是预算定额的基本用工。

② 超运距用工:当材料、半成品等的运距超过劳动定额规定的运距时,需要额外增加用工数量[式(8-8)]。

$$超运距距离=预算定额规定的运距-施工定额规定的运距$$

$$超运距用工=\sum 超运距材料数量×时间定额 \qquad (8-8)$$

③ 辅助用工:技术工种劳动定额内不包括而在预算定额内又必须考虑的工时。如机械土方配合用工,电焊着火用工等。辅助用工量的计算方法与基本用工量的计算方法相同。

④ 人工幅度差系数:考虑在劳动定额中没有包括的,而在一般情况下又避免不了的一些用工增加为人工幅度差。按劳动定额综合后的数量设为1,再增加一定百分数后,构成人工幅度差系数。

《公路工程预算定额(上、下册)》(JTG/T 3832—2018)取用的人工幅度差系数见表 8-7。

表 8-7
人工幅度差系数表

预算定额工程项目	人工幅度差系数
准备工作、土方、石方、安全设施、材料采集加工、材料运输	1.04
路面、临时工程、纵向排水、整修路基、其他零星工程	1.06
砌筑、涵管、木作、支拱架、混凝土及钢筋混凝土、沿线房屋	1.80
隧道、基坑、围堰、打桩、造孔、沉井、安装、预应力、钢桥	1.10

(2)基本用工工日数计算示例。

【例 8-13】 人工挖运土的预算定额按陡坡土方 5%、槽内土方 15%、槽外土方 80% 取定,天然密实土,定额单位为 100 m³。试计算挖普通土、人工运输 20 m 的基本用工及定额用工。

【解】 ① 挖陡坡土方的用工量。

查劳动定额 2-1-2,见表 8-8,人工定额为 0.14 工日/m³。

$$用工量=100×5%×0.140=0.7(工日)$$

表 8-8
人工挖陡坡土方 1 m³ 的人工定额

项目	松土	普通土	硬土
时间定额	0.085	0.14	0.21
每工产量	11.8	7.14	4.76
编号	1	2	3

② 挖槽内土方的用工量。

查劳动定额 2-2-5,见表 8-5,人工定额为 0.269 工日/m³。

$$用工量=100×15\%×0.269=4.035(工日)$$

③ 挖槽外土方的用工量。

查人工定额 2-2-2,见表 8-5,人工定额为 0.231 工日/m³。

$$用工量=100×80\%×0.231=18.48(工日)$$

设工人等级与人工定额规定的工人等级相同。

④ 本项目无超运距用工及辅助用工。

⑤ 基本用工。

$$基本用工=0.7+4.035+18.48=23.215(工日)$$

⑥ 查人工幅度差系数表(表 8-7)知,幅度差系数为 1.04。

⑦ 定额用工。

$$定额用工=23.215×1.04=24.144(工日)$$

8.3.2.2　材料消耗量指标

预算定额的材料消耗量由材料的净用量和各种合理损耗组成。各种合理损耗是指场内运输损耗和操作损耗,而场外运输损耗和工地仓库保管损耗则计入材料预算价格之中。

① 主要材料:

$$材料消耗量=净用量×(1+场内运输及操作损耗率)$$

② 周转性材料:

$$材料消耗量=周转摊销量$$

③ 其他材料:

$$其他材料费=材料预算单价×数量$$

④ 金属设备:

$$设备摊销费=140(180)元/t×设备重量(t)×施工期(月)$$

注意金属设备的类型,如龙门架、贝雷梁等。

8.3.2.3　机械台班消耗量指标

预算定额中的机械台班消耗量指标,是根据其施工定额各分项工程的机械台班耗用量,并考虑机械的幅度差来确定。

(1)主要机械和小型机具计算。

① 主要机械,按式(8-9)计算:

预算定额中某种机械台班消耗量

$$=\sum_{i=1}^{n}(施工定额中该种机械台班消耗量×工程数量)×该种机械幅度差系数 \quad (8-9)$$

② 小型机具(包括仪器仪表使用费),按式(8-10)计算:

$$小型机具使用费=\sum(小型机具台班预算单价×台班数) \quad (8-10)$$

(2)机械的幅度差。

机械的幅度差是指在施工定额测定范围内未包括的,而在预算定额中又必须考虑的因素导致增加的机械台班数量。

(3)公路工程预算定额的机械台班消耗量指标确定方法。

① 按施工定额的机械台班消耗量乘幅度差系数的方法来确定预算定额。

② 按劳动组织配备计算机械台班数量时幅度差系数一律按 1.05 进行计算。

8.3.3 预算定额的组成

《公路工程预算定额(上、下册)》(JTG/T 3832—2018)(附录 24)的组成部分包括颁发定额的文件,目录,总说明,各种工程章说明、节说明、定额表和附录。

8.3.3.1 说明

在《公路工程预算定额(上、下册)》(JTG/T 3832—2018)(附录 24)中编有总说明 20 条,章说明 9 个,除此之外,每章又含若干节,每节前面都有节说明。

(1)总说明。

总说明是涉及定额使用方面的全面性规定和解释,综合阐述定额的编制原则、指导思想和编制依据,以及定额的作用,并对编制定额时已经考虑和没有考虑的因素及有关规定和使用方法作了介绍。《公路工程预算定额(上、下册)》(JTG/T 3832—2018)共有 20 条总说明,在使用定额时应真正理解这部分内容。

(2)章说明。

章说明主要介绍各章的工程内容及主要施工过程,定额子目的划分依据,工程量计算方法和规定,计算单位,应扣除和应增加的部分,以及计算的附表等。这部分内容是工程量计算及应用定额的基准,必须全面准确地掌握。

(3)节说明。

预算定额在各章又分节,桥涵工程包括的内容多,分节最多,按工程项目类别分为 11 节。节说明主要是介绍本节工程项目的统一规定,本节工程的工作内容、施工方法、允许抽换的规定、工程项目的工程量计算规定等。

(4)附注。

附注是针对某一项定额的补充说明或规定,并非所有定额都有附注,附注仅在那些需要说明而定额表中又难以表示清楚的定额后出现。附注一般放在需要说明的定额表的左下方。

要想准确而又熟练地运用定额,必须透彻地理解这些说明,而且争取全部记住,故需反复、认真地学习好这些说明。

8.3.3.2 定额表

预算定额表包括路基工程、路面工程、隧道工程、桥涵工程、交通工程及沿线设施、绿化及环境保护工程、临时工程、材料采集及加工、材料运输,共九章。

定额表是各类定额的最基本组成部分,是定额指标数额的具体表示。在每个定额表中,人工以合计工日数的形式表示;材料部分只列出主要材料消耗量,次要、零星材料以"其他材料费"表示;机械部分将主要施工机械台班数量列出,非主要施工机械以"小型机具使用费"表示。定额表的构成及主要栏目如下。

(1)表号及定额表名称,如《公路工程预算定额(上、下册)》(JTG/T 3832—2018)(附录 24)1144 页中"8-1-4 采砂砾、碎(砾)石土、砾石、卵石"(表 8-9)。

表 8-9　　　　　　　　　**采砂砾、碎(砾)石土、砾石、卵石**　　　　　　　(单位:100 m³ 堆方及码方)

工程内容:① 挖松;② 过筛;③ 洗石;④ 成品堆码方。

顺序号	项目	单位	代号	采堆		采码卵石	采、筛、堆砾石			采、筛、洗、堆砾石		
				砂砾、天然级配方	碎石土、砾石土	粒径 8 cm 以上	成品率/%					
							30~50	51~70	70 以上	30~50	51~70	70 以上
				1	2	3	4	5	6	7	8	9
1	人工	工日	1001001	16.4	17.2	32.8	49.2	34.6	26.9	65.7	51	43.4
2	基价	元	9999001	1743	1828	3486	5229	3677	2859	6983	5420	4613

注:如需备水洗石,每 1 m³ 石料用水量按 0.3 m³ 计算,运水工另行计算。

（2）工程内容,主要说明本定额表所包括的操作内容。查定额时,必须将实际发生的项目操作内容与表中的工程内容进行比较,若不一致,应进行抽换或采取其他措施。

（3）工程项目计量单位,如 10 m³、10 m 构件、1000 m²、1 km、1 公路公里、1 道涵长及每增减 1 m 等。

（4）顺序号,表征人工、材料、机械及费用的顺序号,起简化说明的作用。

（5）项目,即本定额表的工程所需人工、材料、机械及费用的名称、规格。

（6）代号,当采用电算方法编制公路工程概、预算时,可引用表中代号作为对人工、材料、机械名称的识别符号。

（7）工程细目,表征本定额表所包括的工程细目,如预算定额表 8-1-4（表 8-9）中的"采堆""采码卵石"等。

（8）栏号,指工程细目编号,如表 8-9 所示定额中"采堆"栏号为 1、2,"采码卵石"栏号为 3。

（9）定额值,即定额表中各种资源的消耗量数值。其中括号内的数值,一般是指所需半成品的数量（定额值）。如定额表 4-7-12 所示定额中的"30 号水泥混凝土"所对应的"（10.10 m³）",是指预制 10 m³ T 形或 I 形梁实体,需消耗 30 号水泥混凝土 10.10 m³。注意此值在编制概算、预算文件时不可直接列入。

8.3.3.3　附录

附录包括路面材料计算基础数据、基本定额、材料周转及摊销以及"定额基价人工、材料代号及人工、材料、半成品单位质量、损耗、单价表"等四项内容。

定额附录是配合使用不可缺少的一个重要组成部分,其作用如下。

（1）了解定额编制时采用的各种统一规定,如路面材料计算基础数据;预制构件混凝土与模板的接触面积,每 10 m² 接触面积的模板所需的人工、材料及机械的周转使用量。

（2）供抽换定额中混凝土强度等级、砂浆强度等级时使用的混凝土、砂浆配合比表。

（3）编制补充预算定额所需的统一规定,如材料的周转次数、规格,单位质量、代号、基价等。

（4）便于使用单位经过施工实践核定定额水平,并对定额水平提出意见,作为修订定额的重要资料。

8.3.4　预算定额的运用

预算定额的运用主要有直接套用和换算两种形式。要想充分、正确地运用好定额,必须很好地理解、掌握定额中的规定。下面对总说明及各章节的规定加以详细说明。

8.3.4.1　关于预算定额中总说明的运用

定额的总说明是涉及定额使用方面的全面性规定和解释。它是非常重要的,需要真正理解、切实掌握,而且应当记住。

（1）定额表的工程内容。

定额表的工程内容,均包括定额项目的全部施工过程。定额内除扼要说明施工的主要操作工序外,均包括准备与结束、场内操作范围内的水平与垂直运输、材料工地小搬运、辅助和零星用工、工具及机械小修、场地清理等工程内容。

（2）材料消耗。

定额中的材料消耗量是按现行材料标准的合格料和标准规格料计算的。定额内材料、成品、半成品均已包括场内运输及操作损耗,编制预算时,不得另行增加。其场外运输损耗、仓库保管损耗,应在材料预算价格内考虑。

（3）周转性材料说明。

定额中周转性的材料、模板、支撑、脚手杆、脚手板和挡土板等的数量,已考虑了材料的正常周转次数并计入定额内。其中就地浇筑钢筋混凝土梁用的支架及拱圈用的拱盔、支架,如确因施工安排达不到规定的周转次数,可根据具体情况进行换算并按规定计算回收,其余工程一般不予抽换。

（4）施工图设计采用的混凝土、砂浆强度等级或水泥强度等级与定额所列强度等级不同时,可按配合比表进行换算。但当实际施工配合比材料用量与定额配合比表用量不同时,除配合比表说明中允许换算者外,均不得调整。

混凝土、砂浆配合比表的水泥用量,已综合考虑了采用不同品种水泥的因素,实际施工中不论采用何种水泥,均不得调整定额用量。

（5）定额中各项目的施工机械种类、规格是按一般合理的施工组织确定的,如施工中实际采用机械的种类、规格与定额规定的不同,一律不得换算。

（6）定额中各类混凝土均按施工现场拌和进行编制;当采用商品混凝土时,可将相关定额中的水泥、中（粗）砂、碎石的消耗量扣除,并按定额中所列的混凝土消耗量增加商品混凝土的消耗。

（7）定额中只列工程所需的主要材料用量和主要机械台班数量。对于次要、零星材料和小型施工机具均未一一列出,分别列入"其他材料费"及"小型机具使用费"内,以元表示,编制预算即按此计算。

（8）其他未包括的项目,各省、自治区、直辖市交通厅（局）可编制补充定额在本地区执行,所有补充定额均按照《公路工程预算定额（上、下册）》(JTG/T 3832—2018)的编制原则、方法进行编制。

（9）定额表中注明"某某数以内"或"某某数以下"者,均包括某某数本身;而注明"某某数以外"或"某某数以上"者,则不包括某某数本身。定额内数量带"()"者,表示基价中未包括其价值。

8.3.4.2 路基工程定额及运用

《公路工程预算定额（上、下册）》(JTG/T 3832—2018)的路基工程章分四节,现对各节说明中特别强调的部分予以介绍。

（1）关于土石方计算。

对于路基工程的土壤岩石类别,定额按开挖难易程度将其分为六类,即松土、普通土、硬土、软石、次坚石、坚石。

路基工程章第一节说明的第 8 条(1)指出:除定额中另有说明者外,土方挖方按天然密实体积计算,填方按压（夯）实后的体积计算,石方爆破按天然密实体积计算。当以填方压实体积为工程量,采用以天然密实方为计量单位的定额时,如路基填方为利用方,所采用的定额应乘压实方与天然密实方间的换算系数(表 3-6)。

① 压实方与天然密实方间换算系数的含义及应用。

路基工程设计图纸给出的土石方数量,是按工程的几何尺寸计算出来的压实方,必然存在着天然密实方与压实方之间的量差。它直接影响土石方数量计算、调配以及土石方工程定额的确定。

② 各种土石方量套用的定额、计量单位及计价内容。

a. 挖方:按土质分类分别套用相应的定额,定额单位为天然密实方。本桩利用挖方只计挖方费用,远运利用挖方和弃方挖方分别计挖、运的费用。

b. 填方:套用相应的压实定额,定额单位为压实方。利用土石方填筑只计算填筑压实费用,借方填筑计挖、装、运和填筑压实费用。

当土方进行运输时,由于有运输损耗,在计算土方运输定额消耗时需要考虑运输损耗对运输量的影响。运输量的确定方法如下:利用方的增运定额按表 3-6 的系数进行计算,借方的挖和运在表 3-6 系数的基础上增加 0.03 的土方运输损耗。弃方运输不应计算运输损耗。

例如某路段需要 100 m³ 的填方,在一借土场借普通土,用自卸汽车运输,试确定挖方量和运输土方量。由表 3-6 及说明知:挖普通土量为 $100 \times (1.16+0.03)$,自卸汽车运输土方量为 $100 \times (1.16+0.03)$。

对于路基各种土石方量间的关系及计价情况,可通过下面的例子来说明。

【例 8-14】 某高速公路一路段挖方 1000 m³（松土 200 m³,普通土 600 m³,硬土 200 m³）,填方数量为 1200 m³,本断面挖方可利用方量为 900 m³（松土 100 m³,普通土 600 m³,硬土 200 m³）,远运利用方量为普通土 200 m³（天然方）,利用机械翻斗车进行借土（类型为普通土）运输,试确定路基相关土石方数量、计价土石方数量及计价情况。

【解】 本桩利用 900 m³,换算为压实方:

$$100 \div 1.23 + 600 \div 1.16 + 200 \div 1.09 = 782(\text{m}^3)$$

远运利用 200 m³，换算为压实方：

$$200 \div 1.16 = 172 \text{(m}^3\text{)}$$

故需借方（压实方）：

$$1200 - 782 - 172 = 246 \text{(m}^3\text{)}$$

弃方（天然方）：

$$1000 - 900 = 100 \text{(m}^3\text{)}$$

计价土石方数量：

$$1000 + 246 = 1246 \text{(m}^3\text{)}$$

挖方 1000 m³（天然方）中，本桩利用 900 m³ 只计挖方费，弃方 100 m³ 计算挖方和运输费用；远运利用 200 m³ 计算挖方和运输费用；借方 246 m³（压实方）；246 m³ 压实方计算填筑费用，$246 \times (1.16 + 0.03) = 292.74 \text{(m}^3\text{)}$ 计算挖土费用，$246 \times (1.16 + 0.03) = 292.74 \text{(m}^3\text{)}$ 计算运输费用。

【例题拓展】 如果规定远运利用运距为 100 m，弃方和借方运距都为 1000 m，合理选取定额确定路基土石方的人工和机械的消耗量。

（2）应由施工组织设计提出，并计入填方数量内的几种土石方数量。

下列各种土石方数量的发生，如图 8-2 所示，在编制预算定额时没有考虑在定额内，必须以计量形式计入预算之中：

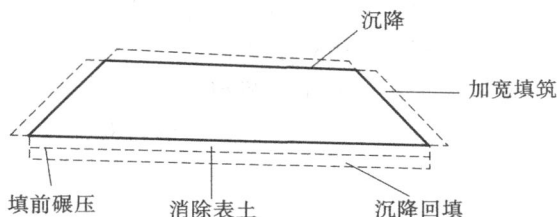

图 8-2 路基各种土石方

① 清除表土数量。按施工组织设计数量计列。

② 因基底不实和耕地填前压实所增加的土方数量按式（8-11）计算。

$$Q = F \cdot h \tag{8-11}$$

式中　Q——压（夯）实增加的填方数量，m³。

　　　　F——填前压（夯）实的天然土的地面面积，m²。

　　　　h——压实产生的沉降量，m：

$$h = 0.01 \times p/c$$

　　　　p——压路机有效作用力，N/cm²，12～15 t 压路机的有效作用力一般为 6.6 N/cm²。

　　　　c——土的抗沉陷系数，N/cm³，其经验数值见表 8-10。

表 8-10　　　　　　　　　　　　　　　　**各种原状土的 c 值参考表**

原状土名称	c/(N/cm³)	原状土名称	c/(N/cm³)	原状土名称	c/(N/cm³)
沼泽土	1～1.5	松砂、松湿黏土、耕土	2.5～3.5	坚实的黏土	10.0～12.5
凝滞土、细粒砂	1.8～2.5	大块胶结的砂、潮湿黏土	3.5～6.0	泥灰石	13.0～18.0

③ 路基因加宽所应增加的填方数量。

填方路基边缘部分需要压实，解决的方法就是将填方区边缘处宽填，但这样就要增加土方用量。为使路基边缘达到压实标准，设计时应根据具体情况予以增加。需要填的边缘土方量是很大的，需宽填的土方量一般可按式（8-12）计算：

$$宽填土方量＝填方区边缘全长×边坡平均高度×宽填宽度×2(侧) \qquad (8-12)$$

④ 路基因沉降而增加的土方量。

随着高等级公路的修建,路堤高度一般较高,路基沉降而引起土方量增加的因素愈加明显,对于软弱地基处的路基尤为如此。土方增加数量由设计者根据沉降理论计算或根据地区经验取定。

(3) 注意定额表的附注及工程内容。

选用定额时应注意定额有无附注,还要注意其工程内容,防止重复计算及漏项。

① 如伐树、挖根、除草定额中增加了清除表土子目,定额附注中指出:清除表土与除草定额不可同时套用。清除的表土如需远运,应套用土方运输定额另计。

② 挖掘机挖装淤泥、流沙定额附注中指出:定额中不包括挖掘机的场内支垫费用,如铺设垫层等,应按具体情况计列。另外,挖出的淤泥、流沙如需远运,则按土方运输定额另行计算,并乘系数1.1。

③ 机动翻斗车、手扶拖拉机配合人工运土石方定额附注指出:定额中不包括人工挖土、开炸石方及装、卸车的工料消耗,需要时按"人工挖运土方、装运石方"定额附注的有关规定计算。

④ 挖掘机挖装土方是按挖土装车编制的,如不需装车,应按附注规定乘系数0.87。

⑤ 装载机装土石方定额中,装载机按轮式编制的,其施工条件考虑为较好的土质和比较方便的装载条件,所以当土质固结,装载机挖掘困难或施工条件不便(如平地取土)时,应按定额附注规定考虑推土机配合推松、集土。另外装载机与自卸汽车配合也可按附注中表列取定。

⑥ 推土机推土定额中当推运的坡度大于10％时,推土机的运距应乘附注指明的系数。

⑦ 铲运机铲运土方定额是按拖式铲运机编制的,当采用自行式铲运机时,应按附注规定乘系数0.7。当重车行驶坡度大于10％时,运距应按附注规定乘表列系数。

⑧ 路基碾压定额中编制了推土机整平土方及平地机摊平土方两种方式,推土机的台班数量列于括号内。推土机及平地机不可同时选用,定额基价是按平地机计算的。对铺设高等级路面的三级公路,零填及挖方路段路基压实按二级公路取定。

⑨ 渗水路堤定额中片石的价格应按材料采集定额中捡清片石计算。因为用片石填筑渗水路堤一般是利用开山石方,所以不应按购买片石或自采材料计算。

⑩ 洒水汽车洒水定额中的水不计费用。若用水需计水费,应按相应的水价另行计算。

⑪ 袋装砂井处理软土地基定额是按砂井直径7 cm编制的,如砂井直径不同,可按砂井截面积的比例关系调整砂的用量,其他不予调整。

(4) 施工机械的选择与配合。

在土石方工程中,应根据工程规模、工期、工地条件、其他现场调查资料以及施工组织设计选择恰当的施工方法,合理地选用定额。

① 根据工程规模、工地条件等选定施工机械,参见表8-11。

表 8-11   **施工机械的选择与配合**

工作种类		施工机械
新建道路	半填半挖	推土机
	半挖装载	挖掘机、装载机＋自卸汽车
	明挖	推土机、铲运机、挖掘机、装载机＋自卸汽车
现有道路加宽		推土机、挖掘机、装载机＋自卸汽车
现有道路改建		挖掘机、装载机＋自卸汽车

② 对于挖掘装载机械,应根据土质条件及现场施工条件合理选用。对于松土、普通土,采用装载机挖装比较适宜,但当挖土高度大于3 m时,应有推土机辅助。对于稍微固结的土质,可用挖掘机挖装,也可使用装载机挖装,但需推土机辅助。对于结构紧密的土质,应在推土机推松后采用装载机或挖掘机装载。

③ 每种施工机械都有其比较经济的运距,依照不同的情况运距可能稍有不同,一般如下:推土机 50 m 以内,拖式铲运机 50~300 m,自行式铲运机 300~2000 m,自卸汽车 1000~2000 m。

(5)路基工程土方量计算示例。

【例 8-15】 某公路用袋装砂井法处理软土地基,使用带门架的袋装砂井机,砂井直径 9 cm,试求 1500 m 砂井的人工、铁件、中(粗)砂及袋装砂井机(带门架)的消耗量。

【解】 查定额 1-2-1,由附注知本例需对中(粗)砂消耗量进行比例扩大,而其他不变。

人工: $6.6 \times 1500 \div 1000 = 9.9$(工日)

铁件: $4.5 \times 1500 \div 1000 = 6.75$(kg)

中(粗)砂: $4.56 \times 1500 \div 1000 \times 9 \div 7 = 8.79$(m³)

袋装砂井机(带门架): $1.45 \times 1500 \div 1000 = 2.175$(台班)

【例 8-16】 某平原微丘区二级公路,其中一段的路基工程全部采用借土填方,采用推土机集土、装载机装土、自卸汽车运土方式施工,填方量计 130000 m³,借土场土方类型为Ⅱ类普通土,借方平均运距为 3 km,试确定定额消耗量指标。

【解】 (1)推土机集土。

根据借方数量,拟采用 105 kW 推土机进行集土。

查定额表 1-1-12(105 kW 以内推土机第一个 20 m 普通土),定额单位 1000 m³,则工程量为:130000/1000=130 个定额单位,并参考定额表 1-1-10 附注 1,和第 1 节节说明第 8 条如为借方需增加 0.03 的系数。计算如下:

人工: $2.6 \times 130 \times 1.19 \times 0.8 = 321.78$(工日)

105 kW 以内履带式推土机:

$1.87 \times 130 \times 1.19 \times 0.8 = 231.43$(台班)

(2)装载机装土。

查定额 1-1-10(2 m³ 装载机装土方),2 m³ 以内轮式装载机:

$1.41 \times 130 \times 1.19 = 218.13$(台班)

(3)自卸汽车运输土方。

根据定额建议的装载机与自卸汽车配备,可选用 10 t 以内自卸汽车运输土方。

查定额 1-1-11(5)(10 t 以内自卸汽车配合装载机运输土方第一个 1 km)、1-1-11(6)(10 t 以内自卸汽车配合装载机运输土方每增运 0.5 km)。此时的增运距为 2 km,则 2÷0.5=4(个),即 4 个定额单位,还应考虑土方运输时的换算系数:1.16+0.03=1.19。

10 t 以内自卸汽车:

$(6.82 + 0.83 \times 4) \times 130 \times 1.19 = 1568.66$(台班)

(4)填方压实。

查定额 1-1-18-6(12~15 t 钢轮压路机碾压二级公路路基),拟采用推土机推平土方。

人工: $2.1 \times 130 = 273$(工日)

内履带式推土机: $1.2 \times 130 = 156$(台班)

案例:由第 3 章案例可得如下信息,见表 8-12。

1.清除表土工程量:33840 m³。

2.填前压实导致填方增加的工程量:99.26 m³。

3.宽填导致填方增加的工程量:1.6 m³。

4.路基土石方计算及调配表,总结如下。

(1)挖Ⅰ类土:283.59 m³;挖Ⅱ类土:850.76 m³;挖Ⅳ类石:283.59 m³;本桩利用土方:647.66 m³;本桩利用石方:189.17 m³;

(2)远运利用:土方:9.18 m³,按天然方Ⅱ类土为 9.18×1.16=10.65 m³ 进行运费计算,运距 80 m;石

方:34.02 m³,运距 80 m;

远运利用:石方:35.04 m³,运距 90 m;

远运利用:土方:80.34 m³,按天然方Ⅱ类土为 80.34×1.16＝93.19 m³ 进行运费计算,石方:45.3 m³,运距 130 m。

(3)借方Ⅱ类土:路基主体 556.70 m³,宽填 3.2 m³,填前压实 99.26 m³,清表增加填方量 11.28×40×0.3 m³＝135.36 m³,共计 794.52 m³ 计填筑的费用;(794.52－3.2)×1.16＋1.6＝920 m³,运距 8 km,计挖和运的费用。

(4)弃方由于弃于道路两侧,不计运费。

5.修整路拱及修整边坡的工程量:

(1)修整路拱的工程量为:10005.08 m²

(2)修整边坡的工程量为 1 km。

6.边沟防护:

(1)植草工程量:2525.60 m²

(2)M10 浆砌片石:57.60 m³

(3)砂砾垫层:15.6 m³

7.边坡防护:

(1)植草:606＋2281.60＝2887.6 m²

(2)紫穗槐:165.60 m²

(3)M10 浆砌片石挡土墙墙身工程量:4.80×120＝576.00 m³

基础工程量:0.69×120＝82.80 m³

表 8-12　　　　　　　　工程量统计、定额表情况

项目	工程量	定额表号	项目	工程量	定额表号
清表	33840 m³	1-1-1-11	利用石方填筑	308 m³	1-1-18-15
填前碾压工程量	451 m²	1-1-5-2	借土方填筑	填筑:795 m³;挖、运:920 m³;运距 8 km	填筑 1-1-18-8;挖 1-1-9-2;运 1-1-11-1＋1-1-11-2×7/0.5
挖Ⅰ类土(弃于道路两侧)	284 m³	1-1-12-9	修整路拱	10005 m²	1-1-20-1
挖Ⅱ类土	851 m³	1-1-12-10	修整边坡	1 km	1-1-20-4
挖Ⅳ类石	284 m³	1-1-14-4	植草防护	5414 m²	1-4-2-5
远运利用Ⅱ类土	11 m³,运距 80 m	1-1-12-12×6	紫穗槐	166 m²	1-4-2-5
远运利用Ⅱ类土	93 m³,运距 130 m	1-1-12-12×11	砂砾垫层	16 m³	4-11-5-1
远运利用石方	35 m³,运距 90 m	1-1-12-25＋28×7	M10 浆砌片石边沟	58 m³	1-3-3-1
远运利用石方	45 m³,运距 130 m	1-1-12-25＋28×11	M10 浆砌片石挡土墙基础	83 m³	1-4-16-5
远运利用石方	34 m³,运距 80 m	1-1-12-25＋28×6	M10 浆砌片石挡土墙墙身	576 m³	1-4-16-7
利用土方填筑	733 m³	1-1-18-8	零填及挖方路基碾压	10829 m²	1-1-18-24

注:工程量按四舍五入取整。

8.3.4.3　路面工程定额及应用

(1)正确使用路面工程预算定额,应注意了解以下各点。

① 路面预算定额可调整的情况详见路面工程一章说明的 4、6,第一节说明的 1、2、6,第二节说明的 1、9、

10。其中第一节说明的第 2 条提出了当设计配合比与定额标明的配合比不同时,求算各种路面实体材料消耗量的换算公式(8-13):

$$C_i = [C_d + B_d \times (H_1 - H_0)] \times L_i \div L_d \tag{8-13}$$

式中　C_i——按设计配合比换算后的材料数量;

　　　　C_d——定额中基本压实厚度的材料数量;

　　　　B_d——定额中压实厚度每增减 1 cm 的材料数量;

　　　　H_0——定额的基本压实厚度;

　　　　H_1——设计的压实厚度;

　　　　L_d——定额标明的该种材料的百分率;

　　　　L_i——设计配合比的该种材料的百分率。

②　其他注意项。

a. 全部挖除旧路面项目,如果挖除的废渣需远运,另按路基土方运输定额计算;废渣清除后,底层如需碾压,每 1000 m² 可增加 15 t 以内振动压路机 0.14 台班。

b. 挖路槽项目按路槽断面编制,挖除的土、石需远运时,另按路基土、石方运输定额计算。如为半填半挖路槽,人工工日乘系数 0.8。

c. 培路肩的土方数量应在路基填方内计算,包括开挖、远运等费用。此处的培路肩只是培筑、压实、修整路槽等工作内容。

d. 稳定土厂拌设备和沥青混合料拌和设备的安拆项目中,不包括场地清理、平整、加铺垫层、碾压等工作内容,需要时可按具体情况另行计算。至于多少公里设一座,应由施工组织设计确定。

(2) 路面工程工程量计算示例。

【例 8-17】　某天然砂砾路面面层机械摊铺工程,厚度 16 cm,路面宽 8.0 m,路段长 12 km,试计算所需人工劳动量及机械作业量。

【解】　根据路面工程章说明 1 的规定,天然砂砾路面的计量单位是以"1000 m² 路面面积"计,故本工程的工程量为 8×12000=96000(m²)=96(1000 m² 路面面积)。

又根据路面工程章第二节说明 1 的规定,可知人工定额增加 1.5 工日/1000 m²,压路机台班按定额数加倍。

由定额表 2-2-4(表 8-13),则本工程所需:

人工劳动量=(1.5+0.1×6+1.5)×96=345.6(工日)

18~21 t 压路机作业量=0.34×2×96=65.28(台班)

12~15 t 压路机作业量=0.25×2×96=48(台班)

洒水汽车作业量=(0.1+0.01×6)×96=15.36(台班)

表 8-13　　　　　　　　　　　　　　　　天然砂砾路面　　　　　　　　　　　　　　　　(单位:1000 m²)

工程内容:① 清扫整理下承层;② 铺料、整平;③ 洒水,碾压,找补。

顺序号	项目	单位	代号	人工摊铺		机械摊铺	
				压实厚度 10 cm	每增减 1 cm	压实厚度 10 cm	每增减 1 cm
				1	2	3	4
1	人工	工日	1001001	14	1.1	1.5	0.1
2	水	m³	3005004	11	1	—	—
3	砂砾	m³	5503007	133.62	13.36	133.62	13.36
4	120 kW 以内自行式平地机	台班	8001058	—	—	0.23	—
5	12~15 t 光轮压路机	台班	8001081	0.25	—	0.25	—

续表

顺序号	项目	单位	代号	人工摊铺		机械摊铺	
				压实厚度 10 cm	每增减 1 cm	压实厚度 10 cm	每增减 1 cm
				1	2	3	4
6	18～21 t 光轮压路机	台班	8001083	0.34	—	0.34	—
7	10000 L 以内洒水汽车	台班	8007043	—	—	0.1	0.01
8	基价	元	9999001	8147	742	7173	644

【例 8-18】 某稳定土拌和机拌和水泥、石灰稳定土基层工程,定额标明的配比为 6:4:90,设计配比为 5.5:3.5:91,厚度 25 cm,试确定水泥、石灰、土的实用定额值。

【解】 根据路面工程章第一节说明 2 的规定,并由定额表 2-1-6(Ⅲ)(表 8-14)的定额值,按式(8-13)计算相关材料的实用定额值。

表 8-14 稳定土拌和机拌和 (单位:1000 m²)

顺序号	项目	单位	代号	水泥石灰土 水泥:石灰:土为 6:4:90		水泥石灰土砂 水泥:石灰:土:砂为 6:4:26:64		水泥石灰砂砾 水泥:石灰:砂砾为 5:5:90	
				压实厚度 20 cm	每增减 1 cm	压实厚度 20 cm	每增减 1 cm	压实厚度 20 cm	每增减 1 cm
				21	22	23	24	25	26
1	人工	工日	1001001	11.4	0.5	12.3	0.5	16	0.7
2	土	m³	5501002	268.07	13.4	84.46	4.22	—	—
3	熟石灰	t	5503003	14.943	0.747	16.297	0.815	22.629	1.131
4	砂	m³	5503004	—	—	170.73	8.54	—	—
5	砂砾	m³	5503007	—	—	—	—	241.62	12.08
6	32.5 级水泥	t	5509001	20.392	1.02	22.24	1.112	20.983	1.049
7	其他材料费	元	7801001	301	—	301	—	301	—
8	120 kW 以内自行式平地机	台班	8001058	0.3		0.41		0.3	
9	12～15 t 光轮压路机	台班	8001081	0.25		0.25		0.25	
10	18～21 t 光轮压路机	台班	8001083	0.8		0.8		0.8	
11	235 kW 以内稳定土拌和机	台班	8003005	0.26	0.02	0.26	0.02	0.26	0.02
12	10000 L 以内洒水汽车	台班	8007043	0.33	0.02	0.35	0.02	0.38	0.02
13	基价	元	9999001	16519	766	29188	1387	28028	1335

$$C_i = [C_d + B_d \times (H_1 - H_0)] \times L_i \div L_d$$

水泥: $[20.392 + 1.02 \times (25-20)] \times 5.5/6.0 = 23.37(t)$

石灰: $[14.943 + 0.747 \times (25-20)] \times 3.5/4.0 = 16.34(t)$

土: $[268.07 + 13.4 \times (25-20)] \times 91/90 = 338.79(m^3)$

【例 8-19】 某冬五区沥青贯入式面层工程,路面宽 9.0 m,铺装长度 8 km,设计厚度 6 cm,需铺粘层,已查得面层人工定额为 5.6 工日/1000 m²、石油沥青定额为 6.283 t/1000 m²,粘层石油沥青定额为 0.412 t/1000 m²。试求其总劳动量和总沥青用量。

【解】 根据路面工程章第二节说明 9 的规定,面层定额用油量应乘系数 1.028,粘层定额用油量没有系数。

$$面层人工劳动量＝9.0\times8000\times5.6/1000＝403.2（工日）$$

$$面层用油量＝9.0\times8000\times6.283/1000\times1.028＝465.04（t）$$

根据第二节说明 5 的规定,应另计粘层的人工、材料、机械等。

$$粘层用油量＝9.0\times8000\times0.412/1000＝29.664（t）$$

$$总计人工劳动量＝403.2 工日$$

$$总计用石油沥青量＝465.04＋29.664＝494.704（t）$$

【例 8-20】 某石灰土砂砾基层工程,共 $64000 m^2$,采用 10000 L 洒水汽车洒水,需在距工地 7 km 处吸取自来水。已知 2-1-3-15 子目洒水汽车定额为 0.34 台班/1000 m^2,自来水单价为 0.30 元/m^3,又由路基工程的"洒水汽车洒水"定额中查得洒水增运定额为每增运 0.5 km 是 0.26 台班/1000 m^2 水,试计算增列水费和该子目实用洒水汽车定额及总作业量(台班)。

【解】 根据路面工程章说明 4 的规定,计算如下。

(1) 增列水费。

$$0.34\times35\times0.30\times64000/1000＝228.48（元）$$

(2) 实用总计洒水汽车定额。

$$洒水汽车增运运距:\qquad 7-5＝2（km）$$

$$增列洒水汽车定额:\quad 0.26\times(2/0.5)\times0.34\times35/1000＝0.012（台班/1000 m^2）$$

$$实用洒水汽车定额:\qquad 0.34＋0.012＝0.352（台班/1000 m^2）$$

(3) 洒水汽车总计作业量: $0.352\times64000/1000＝22.53（台班）$

案例:由第 4 章案例可得如下信息,见表 8-15。

1. 培路肩:1064.15 m^2。

2. 20 cm 厚天然砂砾垫层:11470 m^2。

3. 20 cm 厚水泥稳定砂砾(水泥剂量 5%)基层:9300 m^2;20 cm 厚水泥稳定砂砾(水泥剂量 4%)底基层:10000 m^2,都采用 100 t/h 拌合设备厂拌,8 t 自卸汽车运距 10 km,9.5 m 以内摊铺机摊铺。

4. 5 cm 厚中粒式沥青混凝土 AC-16 下面层:9000 m^2;4 cm 厚细粒式沥青混凝土 AC-13 上面层:9000 m^2,都采用 60 t/h 拌合设备厂拌,8 t 自卸汽车运距 10 km。

表 8-15　　　　　　　　　　　　　　　工程量统计、定额表情况

项目	工程量	定额表号	项目	工程量	定额表号
培路肩	1064 m^3	2-3-2-5	20 cm 厚水泥稳定砂砾(水泥剂量 4%)底基层	10000 m^2	1. 拌和定额:2-1-7-3,水泥和砂砾用量按水泥剂量 4% 进行调整,拌合设备按 100 t/h 进行调整; 2. 运输定额:按 9300×0.2＝1860 m^3 查定额 2-1-8-1＋2-1-8-2×9/0.5; 3. 摊铺定额:2-1-9-10
20 cm 厚天然砂砾垫层	11470 m^2	2-1-1-12＋2-1-1-17×5,另外人工每 1000 m^2 增加 1.5 工日,平地机、压路机台班翻倍	5 cm 厚中粒式沥青混凝土 AC-16 下面层	9000×0.05＝450 m^3	1. 拌和定额:2-2-11-9; 2. 运输定额:2-2-13-1＋2-2-13-2×9/0.5; 3. 摊铺定额:2-2-14-35
20 cm 厚水泥稳定砂砾(水泥剂量 5%)基层	9300 m^2	1. 拌和定额:2-1-7-3,拌合设备按 100 t/h 进行调整; 2. 运输定额:按 9300×0.2＝1860 m^3 查定额 2-1-8-1＋2-1-8-2×9/0.5; 3. 摊铺定额:2-1-9-9	4 cm 厚细粒式沥青混凝土 AC-13 上面层	9000×0.04＝360 m^3	1. 拌和定额:2-2-11-16; 2. 运输定额:2-2-13-1＋2-2-13-2×9/0.5; 3. 摊铺定额:2-2-14-36

注:工程量按四舍五入取整。

8.3.4.4　隧道工程定额及运用

《公路工程预算定额(上、下册)》(JTG/T 3832—2018)(附录 24)隧道工程章分四节,对其理解及应用如下。

(1)隧道工程较重要的几点说明。

① 按隧道现行设计、施工技术规范将围岩分为土质(Ⅰ、Ⅱ)、软石(Ⅲ)、次坚石(Ⅳ)、坚石(Ⅴ、Ⅵ)共四种六级。

② 本章定额中混凝土工程均未考虑拌和费用,应按桥涵工程相关定额另行计算。

③ 洞内出渣运输定额已综合洞门外 500 m 运距,当洞门外运距超过此距离时,可按路基工程自卸汽车运输土石方的增运定额加计增运部分的费用。

④ 本定额未包括混凝土及预制块的运输,需要时应按有关定额另行计算。

⑤ 洞内挖基、仰坡及天沟开挖、明洞明挖土石方等,应采用其他章节定额。

⑥ 洞内工程项目如需采用其他章节的有关项目,所采用定额的人工工日、机械台班数量及小型机具使用费应乘系数 1.26。

⑦ 本定额中凡是按不同隧道长度编制的项目,均只编制到隧道长度 5000 m 以内。当隧道长度超过 5000 m 时,以隧道长度 5000 m 以内定额为基础,与隧道长度 5000 m 以上每增加 1000 m 定额叠加使用。

(2)隧道工程定额应用示例。

【例 8-21】　某隧道工程,围岩为Ⅲ级,工作面距洞口长度为 2500 m 以内,采用机械开挖,自卸汽车运输施工,试确定其人工、硝铵炸药和 20 t 以内自卸汽车的预算定额值。

【解】　(1)由于工作面距洞口长度为 2500 m 以内,所以隧道长度为 5000 m,由第一节说明 7 和围岩Ⅲ级查定额表 3-1-3(Ⅰ)-27 和定额表 3-1-3(Ⅱ)-55 分别计算开挖和出渣的人工、炸药和自卸汽车的定额总消耗量。

(2)定额值的确定(100 m³ 自然密实石方)。

开挖:人工 26.8 工日;硝铵炸药 99 kg。

出渣:人工 1.1 工日;20 t 以内自卸汽车 1.49 台班。

总计:人工 26.8+1.1＝27.9(工日);硝铵炸药 99 kg;20 t 以内自卸汽车 1.49 台班。

【例 8-22】　某隧道工程(长度 1000 m)内,需做路面砂砾垫层,厚度 15 cm,试计算其人工铺料预算定额值。

【解】　路面垫层需到路面工程中去查定额表 2-1-1-2。

根据本章说明 7 的规定,所采用定额的人工工日、机械台班数量及小型机具使用费应乘系数 1.26。故隧道内每 1000 m² 路面垫层的定额值为:

人工:18.2×1.26＝22.93(工日)。

材料:

水:19×1＝19(m³);

砂砾:191.25×1＝191.25(m³)。

机械:

18～21 t 光轮压路机:0.3×1.26＝0.378(台班);

12～15 t 光轮压路机:0.16×1.26＝0.20(台班)。

8.3.4.5　桥涵工程定额章说明及运用

(1)桥涵工程章说明。

① 混凝土工程的说明。

a. 定额除小型构件外,均按采用机拌机捣计算。

b. 关于采用蒸汽养护时使用定额的规定。

c. 关于混凝土拌和费用的考虑。

② 钢筋工程的说明。

a. 如施工图的钢筋(HPB300、HRB400)比例与定额有出入,可以调整钢筋品种的比例关系。

b. 定额中钢筋直径在 10 mm 以上的接头均采用电弧搭接或电阻对接焊。

③ 模板工程的说明。

a. 模板不单列项目,其周转摊销量已计入混凝土定额之中。

b. 关于钢模板材料及组合钢模板的说明。

④ 设备摊销费的说明。

定额中设备摊销费所指的设备,是指属于固定资产的金属设备,包括万能杆件、装配式钢桥桁架及有关配件拼装的金属架桥设备。挂篮、移动模架设备摊销费按设备质量每吨每月 180 元计算,其他设备摊销费按设备质量每吨每月 140 元(除设备本身折旧费用外,还包括设备的维修、保养等费用)计算。各项目中凡注明允许调整的,可按计划使用时间调整。

⑤ 工程量计算一般规定。

a. 混凝土工程按构筑物、构件的实际体积,不包括其中的空心体积、不扣除钢筋混凝土中的钢筋体积。

b. 构件安装定额中在括号内所列的构件数量(体积),表示安装时需要备制的构件数量。

c. 一般工程钢筋因接长所需的搭接长度,定额中已计入。

(2)桥涵工程定额应用示例。

【例 8-23】 某桥采用跨墩门架架设主梁,门架高 12 m,跨径 30 m,使用期为 6 个月,计算其设备摊销费。

【解】 根据桥梁工程章说明四及定额表 4-7-28"金属结构吊装设备"定额,因使用期为 6 个月,超过定额表的 4 个月使用期,故定额表中的定额值不能直接套用,而应按每吨每月 140 元计算,则设备摊销费定额:

$$6\times140\times10=8400(元/10\ t)$$

【例 8-24】 某桥预制等截面箱梁的设计图纸中 HPB300 钢筋为 2.50 t,HRB400 钢筋为 8.20 t,试确定该分项的钢筋定额。

【解】 根据桥梁工程章说明二、2 的规定,要核对图纸中钢筋的比例是否与定额的比例有出入。

(1)由目录可知该分项定额在定额表 4-7-16。由表查得 HPB300 钢筋与 HRB400 钢筋的比例为0.196/0.829=0.24。

(2)设计图纸中 HPB300 钢筋与 HRB400 钢筋的比例为 2.5∶8.20=0.305,由此知其与定额不符,应进行抽换。

(3)由《公路工程预算定额(上、下册)》(JTG/T 3832—2018)附录四可知,HPB300 钢筋、HRB400 钢筋的场内运输及操作损耗为 2.5%。

(4)实用定额(1 t 钢筋)计算。

HPB300 钢筋为: $\dfrac{2.5}{2.5+8.2}\times(1+0.025)=0.239(t)$

HRB400 钢筋为: $\dfrac{8.2}{2.5+8.2}\times(1+0.025)=0.786(t)$

8.3.4.6 桥涵工程节说明及示例

《公路工程预算定额(上、下册)》(JTG/T 3832—2018)桥涵工程章共有十一节,每节都有节说明,其节说明及示例如下。

(1)开挖基坑节说明及示例。

桥涵工程第一节为开挖基坑,其节说明共十条,对节说明的理解如下。

① 定额运用时不得另行计算的项目:开挖基坑定额已综合了基底夯实、基坑回填及捡平石质基底用工,湿处挖基还包括挖边沟、挖集水井及排水作业用工,编制预算时,不得另行计算。详见定额表4-1-1～表4-1-3。

② 定额运用时允许另行计算的项目:

a. 开挖基坑土、石方运输按弃土于坑外10 m范围内考虑,如坑上水平运距超过10 m,另按路基土、石方增运定额计算。详见定额表4-1-1～表4-1-3。

b. 开挖基坑定额不包括挡土板,需要时应据实按有关定额另行计算。

c. 挖基定额中未包括水泵台班。挖基及基础、墩台砌筑所需的水泵台班按"基坑水泵台班消耗"表的规定计算,并计入挖基项目中。详见定额表4-1-1～表4-1-3。

d. 基坑开挖定额均按原土回填,若采用取土回填则按路基工程定额另计取土费用。详见定额表4-1-1～表4-1-3。

③ 定额表中的数据需要调整的说明。

a. 基坑水泵台班,如钢板桩围堰打进覆盖层,定额中的水泵台班数量乘系数0.7。

b. 土方基坑深超过6 m时,每加深1 m,按挖基坑深度6 m以内定额干处递增5%、湿处递增10%。

④ 工程量计算规则。

a. 基坑开挖工程量按基坑容积计算。

b. 基坑挡土板的支挡面积,按坑内需支挡的实际侧面积计算。

c. 墩(台)基坑水泵台班消耗=湿处挖基工程量×挖基水泵台班+墩(台)座数×修筑水泵台班。

d. "基坑水泵台班消耗"表中水位高度栏中"地面水"适用于围堰内挖基,水位高度是指施工水位至坑顶的高度,其水泵消耗台班已包括排除地下水所需台班数量,不得再按"地下水"加计水泵台班;"地下水"适用于岸滩湿处的挖基,水位高度是指施工水位至坑底的高度,其工程量应为施工水位以下的湿处挖基土方数量,施工水位至坑顶部分的挖基,应按干处挖基对待,不计水泵台班。

⑤ 开挖基坑定额应用示例。

【例8-25】 某小桥两个靠岸桥台基坑开挖工程,土质为砂砾石(砾石含量大于50%),由于工期紧张,采取两个基坑开挖平行施工,用电动卷扬机配抓斗开挖。已知施工期无常水,基坑顶面中心标高99.5 m,地下水位99.0 m,基底标高96.0 m,一个基坑挖基总量300 m³,其中干处开挖50 m³,基底以上20 cm人工开挖15 m³,运距50 m,按施工组织需湿处挡土板50 m²,试确定一个基坑开挖所需的人工、机械、基价的预算定额值。

【解】 (1)电动卷扬机配抓斗系机械挖基,定额中无干处、湿处之分,也无基坑深度之分,故没有必要区分干处、湿处及挖坑深度等。

(2)根据节说明7规定,机械挖基定额已综合了基底以上20 cm的人工开挖和基底修理用工,故人工挖方15 m³不必再列。

(3)卷扬机配抓斗挖基土石方查定额表4-1-3-1,每1000 m³实体的定额值:人工146.5工日。

机械:30 kN以内单筒慢速卷扬机20台班;小型机具使用费625.3元。

(4)据节说明2规定,因砾石运距大于10 m,应另按路基土石方增运定额增列人工等消耗。查定额表1-1-6-8,每1000 m³天然密实方定额值:人工7.7工日。

(5)对基坑挡土板,查定额表4-1-4-1,每100 m²挡土板的定额值:人工11工日。

(6)挖基、砌筑用水泵台班。

按第一节说明第9、10条规定计算所需水泵台班,并计入挖基项目中。

基坑水泵台班消耗=湿处挖基工程量×挖基水泵台班+墩(台)座数×修筑水泵台班

本例计算1个靠岸桥台基坑,覆盖层土壤类别为Ⅲ类土,地下水位高度为99.0－96.0＝3(m)(按3 m以内计),湿处挖基工程量250 m³,基坑深99.5－96＝3.5(m)(按6 m以内计),根据基坑水泵台班消耗表得水泵台班消耗:

$$250 \div 10 \times 0.21 + 1 \times 3.12 = 8.37 (台班)(\phi 150 水泵)$$

（2）筑岛、围堰及沉井工程节说明及示例。

筑岛、围堰及沉井工程节说明共十四条，对节说明的理解如下。

① 定额运用时不得另行计算的项目。

a. 沉井下沉用的工作台、三脚架、运土坡道、卷扬机工作台均已包括在定额中。井下爆破材料除硝铵炸药外，其他列入"其他材料费"中。详见《公路工程预算定额（上、下册）》（JTG/T 3832—2018）（附录 24，下同）定额表 4-2-9。

b. 沉井下水轨道的钢轨、枕木、铁件按周转摊销量计入定额中，定额还综合了轨道的基础及围堰等的人工、材料，编制预算时，不得另行计算。详见定额表 4-2-8。

c. 沉井浮运定额仅适用于只有一节的沉井或多节沉井的底节，分节施工的沉井除底节外的其余各节的浮运、接高均应执行沉井接高定额。详见定额表 4-2-8。

d. 导向船、定位船船体本身加固所需的人工、材料、机械台班消耗及沉井定位落床所需的锚绳均已综合在沉井定位落床定额中，编制预算时，不得另行计算。详见定额表 4-2-8。

e. 无导向船定位落床定额已将所需的地笼、锚碇等的人工、材料、机械台班消耗综合在定额中，编制预算时，不得另行计算。详见定额表 4-2-8。

f. 锚碇系统定额均已将锚链的消耗计入定额中，并已将抛锚、起锚所需的人工、材料、机械台班消耗综合在定额中，编制预算时，不得随意进行抽换。详见定额表 4-2-8。

② 定额运用时允许另行计算的项目。

a. 草土、塑料编织袋、竹笼、木笼铁丝围堰定额中已包括 50 m 以内人工挖运土方的工日数量，定额中括号内所列"土"的数量不计价，仅限于取土运距超过 50 m 时，按人工挖运土方的增运定额，增加运输用工。详见定额表 4-2-1～表 4-2-4。

b. 沉井下水轨道基础的开挖工作，本定额中未计入，需要时按有关定额另行计算。详见定额表 4-2-8。

c. 有导向船定位落床定额未综合锚碇系统，应按有关定额另行计算。详见定额表 4-2-8。

d. 钢壳沉井接高所需的吊装设备定额中均未计算，需要时应按金属结构吊装设备定额另行计算。详见定额表 4-2-8。

e. 钢壳沉井作钢围堰使用时，应按施工组织设计计算回收，但回收部分的拆除所需的人工、材料、机械台班消耗量定额中未计算，需要时应根据实际情况另行计算。

f. 围堰高度不够时用内插法计算。详见定额表 4-2-1～表 4-2-4。

g. 地下连续墙定额中未包括施工便道、挡水帷幕、注浆加固等，需要时应根据施工组织设计另行计算。挖出的土石方或凿铣的泥渣如需要外运，应按路基工程中相关定额进行计算。详见定额表 4-2-11。

③ 定额表中的数据需要调整的说明。

沉井下沉应按土、石所在的不同深度分别采用不同的下沉深度定额。如沉井下沉在 5 m 以内的土、石应采用下沉深度 0～5 m 的定额，当沉井继续下沉到 10 m 以内时，对于超过 5 m 的土、石应执行下沉深度 5～10 m 的定额。当下沉深度超过 40 m 时，按每增加 10 m 为一档，每增加一档按下沉深度 30～40 m 的定额乘系数 2 计算。详见定额表 4-2-9。

④ 筑岛、围堰及沉井工程定额应用示例。

【例 8-26】 某桥编织袋围堰工程，围堰中心长 30 m，宽 25 m，高 2.5 m，装编织袋土的运距为 200 m，试确定该工程的预算定额值及总用工数量。

【解】 （1）工程量计算。

按节说明 14，围堰工程量为（30＋25）×2＝110（m）。

（2）查定额表 4-2-2-7，每 10 m 长围堰的定额值：人工 34.7 工日。

材料：编织袋 1498 个，土 88.40 m³。

用工数量小计：

$$34.7 \times 110 \div 10 = 381.7（工日）$$

(3) 取土运距大于 50 m,增列超运距用工,查定额表 1-1-6-4 得 1000 m³ 天然密实土每增运 10 m 定额值:人工 5.9 工日。

人工小计:

$$5.9 \times (200-50) \div 10 \times 88.4 \div 1000 \times 110 \div 10 = 86.06(工日)$$

(4) 用工数。

$$381.7 + 86.06 = 467.76(工日)$$

(3) 打桩工程节说明及示例。

桥涵工程章第三节为打桩工程,其节说明共十一条,对节说明的理解如下。

① 定额运用时不得另行计算的项目。

a. 利用打桩时搭设的工作平台拔桩时,不得另计搭设工作平台的人工、材料消耗。详见定额表 4-3-6。

b. 打每组钢板桩时,用的夹板材料及钢板桩的截头、连接(接头)、整形等的材料已按摊销方式,将其人工、材料消耗计入定额中,编制预算时,不得另行计算。详见定额表 4-3-5。

c. 钢板桩木支撑的制作、试拼、安装的人工、材料消耗,均已计入打桩定额中,拆除的人工、材料消耗已计入拔桩定额中。详见定额表 4-3-5。

d. 船上打桩工作平台所需驳船台班,包括在打桩或拔桩的定额中。详见定额表 4-3-5。

e. 打桩定额中已包括打导桩、打送桩及打桩架的安、拆工作,并将打桩架、送桩、导桩及导桩夹木等的人工、材料按摊销方式计入定额中,编制预算时,不得另行计算。详见定额表 4-3-1~表 4-3-3、表 4-3-5。

② 定额运用时允许另行计算的项目。

a. 打桩定额中,均按在已搭好的工作平台上操作,但未包括打桩用的工作平台的搭设和拆除等的人工、材料消耗,需要时应按打桩工作平台定额另行计算。详见定额表 4-3-1~表 4-3-3、表 4-3-5。

b. 打桩定额中均未包括拔桩,需要时另行计算。破桩头工作,已计入承台定额中。

c. 如需搭设工作平台,可根据施工组织设计规定的面积,按打桩工作平台人工消耗的 50% 计算人工消耗,但各种材料一律不计。详见定额表 4-3-7。

d. 打钢板桩定额中未包括钢板桩的防锈工作,如需进行防锈处理,另按相应定额计算。详见定额表 4-3-5。

e. 打钢管桩工程如设计钢管桩数量与本定额不相同,可按设计数量抽换定额中的钢管消耗。详见定额表 4-3-3。

③ 定额表中的数据需要调整的说明。

a. 打桩定额均为打直桩,如打斜桩,机械乘系数 1.20,人工乘系数 1.08。详见定额表 4-3-1~表 4-3-3、表 4-3-5。

b. 本定额为不射水打桩,如为射水打桩,按相应定额人工及机械台班消耗乘系数 0.98,并按打桩机台班数量增加多级水泵台班,其余不变。详见定额表 4-3-1。

c. 接头定额是指考虑在打桩时接桩,如在场地预先接桩时扣除打桩机台班,人工乘系数 0.5,其余不变。详见定额表 4-3-1、表 4-3-2。

d. 打钢管桩工程如设计钢管桩数量与本定额不相同,可按设计数量抽换定额中的钢管消耗。详见定额表 4-3-3。

④ 工程量计算规则。

a. 打预制钢筋混凝土方桩和管桩的工程量,应根据设计尺寸及长度以体积计算(管桩的空心部分应予以扣除)。设计中规定凿去的桩头部分的数量,应计入设计工程量内。

b. 钢筋混凝土方桩的预制工程量,应为打桩定额中括号内的备制数量。

c. 拔桩工程量按实际需要数量计算。

d. 打钢板桩的工程量按设计需要的钢板桩重量计算。

e. 打桩用的工作平台的工程量,按施工组织设计所需的面积计算。

f. 船上打桩工作平台的工程量,根据施工组织设计,按一座桥梁实际需要打桩机的台数和每台打桩机需要的船上工作平台面积的总和计算。

　　⑤ 打桩工程定额应用示例。

　　【例 8-27】 某桥采用陆地工作平台上打钢筋混凝土桩基础,地基土层从上到下依次为轻亚黏土 4 m,亚黏土 3 m,干的固结黄土 3 m,砂砾 8 m,设计垂直桩入土深度 15 m,斜桩入土深度 16 m,设计规定凿去桩头 1 m,根据施工组织设计,打桩工作平台 200 m²,试计算打钢筋混凝土方桩预算定额值。

　　【解】　(1) 黏土层 7 m,干的固结黄土与砂砾 11 m,根据节说明 2,应按 II 组土计算。

　　(2) 根据节说明 4,破桩头工作已计入承台定额中,这里不再计列。又根据节说明 11 工程量计算规则的规定,凿去桩头的数量应计入打桩的工程量中。

　　(3) 打钢筋混凝土方桩的定额表为 4-3-1。

　　(4) 打钢筋混凝土垂直桩(10 m³)的定额值:人工 13.6 工日。

　　材料:锯材 0.02 m³,钢丝绳 0.001 t,其他材料费 44.1 元。

　　机械:1.8 t 以内柴油打桩机 2.35 台班。

　　(5) 根据节说明 5 的规定,打斜桩时,机械乘系数 1.2,人工乘系数 1.08,故打钢筋混凝土斜桩(10 m³)的定额值为:人工 13.6×1.08＝14.69(工日);材料定额值同垂直桩;机械:1.8 t 以内柴油打桩机为 2.35×1.2＝2.82(台班)。

　　(6) 打桩工作平台定额值:根据节说明 3 的规定,应按定额表 4-3-7-1 另列打桩工作平台(100 m²),计算定额值:人工 6.8 工日。材料:锯材 1.1 m³,型钢 0.206 t,铁件 7.3 kg,铁钉 2.5 kg,其他材料费 0.4 元。

　　机械:小型机具使用费 0.9 元。

　　(4) 灌注桩工程节说明及示例。

　　桥涵工程章第四节为灌注桩工程,其节说明共十一条,对节说明的理解如下。

　　① 定额运用时不得另行计算的项目。

　　a. 成孔定额分为人工挖孔、卷扬机带冲击锥冲孔、冲击冲孔、回旋钻机钻孔、潜水钻机钻孔、旋挖钻机钻孔、全套管钻机钻孔等 7 种。定额中已按摊销方式计入钻架的制作、拼装、移位、拆除及钻头维修所耗用的人工、材料、机械台班数量,钻头的费用已计入设备摊销费中,编制预算时,不得另行计算。

　　b. 灌注桩混凝土定额,按机械拌和、工作平台上导管倾注水下混凝土编制,定额中已包括设备(如导管等)摊销的人工、材料费用及扩孔增加的混凝土数量,编制预算时,不得另行计算。详见定额表 4-4-8。

　　c. 钢护筒定额中,干处埋设按护筒设计重量的周转摊销量计入定额中,编制预算时,不得另行计算。详见定额表 4-4-9。

　　d. 护筒定额中,已包括陆地上埋设护筒用的黏土或水中埋设护筒定位用的导向架及钢质或钢筋混凝土护筒接头用的铁件、硫黄胶泥等埋设时用的材料、设备消耗,编制预算时,不得另行计算。详见定额表 4-4-9。

　　② 定额运用时允许另行计算的项目。

　　a. 桩基工作平台中的设备摊销费按每吨每月 140 元并按使用 4 个月编制,如施工期与定额不同,可予以调整。详见定额表 4-4-10。

　　b. 浮箱工作平台的浮箱质量为 5.321 t/只,其设备摊销费按每吨每月 140 元并按使用 1 个月编制,如浮箱质量和施工期与定额不同,可予以调整。详见定额表 4-4-10。

　　c. 使用成孔定额,且不使用泥浆船时,拖轮和驳船的用量应调整。

　　d. 水中筑岛成孔定额应使用陆地成孔定额。

　　e. 造浆时若采用膨润土造浆用量的调整。

　　f. 设计桩径与定额桩径不同时的调整。

　　③ 工程量计算规则。

　　a. 灌注桩成孔工程量按设计入土深度计算。定额中的孔深指护筒顶至桩底的深度。成孔定额中同一孔内的不同土质,不论其所在的深度如何,均执行总孔深定额。

b. 人工挖孔的工程量按护筒外缘包围的面积乘孔深计算。

c. 浇筑水下混凝土工程量按设计桩径断面面积乘设计桩长计算,不得将扩孔因素计入工程量。

d. 灌注桩工作平台工程量按施工组织设计需要的面积计算。

e. 钢护筒的工程量按护筒的设计重量计算。设计重量为加工后的成品重量,包括加劲肋及连接用法兰盘等全部钢材重量。

④ 灌注桩工程定额应用示例。

【例 8-28】 某桥用冲击钻机冲孔,设计桩深 30 m,直径 150 cm,地层由上到下为轻亚黏土 9 m,粒径 2～20 mm 的角砾含量为 42% 土的 15 m,以下为松软、胶结不紧、节理较多的岩石,钢护筒干处施工,试确定该项目的预算定额值。

【解】 (1)由节说明 1 钻孔土质分类方法可知,第一层轻亚黏土应为"砂土"类,第二层角砾应为"砂砾"类,第三层应为"软石"类。

(2)根据成孔方法,成孔的定额表为表 4-4-3-33、表 4-4-3-35、表 4-4-3-38,混凝土拌和定额表为表 4-11-11-1,灌注桩混凝土及钢筋定额表为表 4-4-8-4、表 4-4-8-24,钢护筒制作、埋设、拆除定额表为表 4-4-9-7。

(3)钻孔定额值。

人工:$9 \div 30 \times 12 + 15 \div 30 \times 20.2 + 6 \div 30 \times 37.8 = 21.26$(工日)

材料:

电焊条:$9 \div 30 \times 0.3 + 15 \div 30 \times 0.8 + 6 \div 30 \times 2.7 = 1.03$(kg)

水:$9 \div 30 \times 31 + 15 \div 30 \times 41 + 6 \div 30 \times 36 = 37$(m³)

黏土:$9 \div 30 \times 10 + 15 \div 30 \times 14 + 6 \div 30 \times 12.27 = 12.45$(m³)

其他材料费 2 元。

设备摊销费:$9 \div 30 \times 165.8 + 15 \div 30 \times 197.8 + 6 \div 30 \times 244.2 = 197.48$(元)

机械:

JK8 型电动冲击钻机:$9 \div 30 \times 2.18 + 15 \div 30 \times 7.08 + 6 \div 30 \times 16.92 = 7.578$(台班)

42 kV·A 以内交流电焊机:$9 \div 30 \times 0.03 + 15 \div 30 \times 0.08 + 6 \div 30 \times 0.28 = 0.105$(台班)

(4)混凝土拌和查定额表 4-11-11-1,每 10 m³ 的定额值为:人工 2 工日,250 L 搅拌机 0.4 台班。

(5)灌注桩混凝土查定额表 4-4-8-4,卷扬机配吊斗每 10 m³ 的定额值如下。

人工:17.1 工日。

材料:32.5 级水泥 5.423 t;水 27 m³;中(粗)砂 6.48 m³;碎石 8.76 m³;其他材料费 2.2 元;设备摊销费 55.5 元。

机械:50 kN 以内单筒慢速卷扬机 0.95 台班;小型机具使用费 6.3 元。

(6)钢筋每吨的定额值如下。

人工:4.2 工日。

材料:HPB300 钢筋 0.112 t;HRB400 钢筋 0.91 t;电焊条 4.1 kg;20～22 号铁丝 1.8 kg。

机械:25 t 以内汽车起重机 0.07 台班,32 kV·A 以内交流电焊机 0.79 台班,小型机具使用费 10.6 元。

(7)钢护筒制作、埋设、拆除每吨的定额值如下。

人工:4.4 工日。

材料:钢护筒 0.100 t;黏土 5.49 m³。

机械:20 t 以内汽车起重机 0.14 台班。

【例 8-29】 某桥的灌注桩采用浮箱工作平台 20 只,预计使用 2 个月,求预算定额下的人工、材料、机械台班消耗量。

【解】 查定额表 4-4-10,定额单位 10 只,根据定额表下注的要求对定额注做如下调整,计算如下。

人工:$94.6 \times 2 \times 20 \div 10 = 378.4$(工日)

锯材:$3.56 \times 2 \times 20 \div 10 = 14.24$(m³)

钢板:0.042×2×20÷10=0.168(t)

其他材料消耗量的计算方法与此相同,要按照乘2(个月),再乘2(20÷10)的系数调整。

8 t 以内载货汽车:9.09×2×(20÷10)=36.36(台班)

12 t 以内轮胎式起重机:9.9×2×(20÷10)=39.6(台班)

其他机械台班消耗量的计算方法与此相同,要按照乘2(个月),再乘2(20÷10)的系数调整。

(5) 砌筑工程节说明及示例。

桥涵工程章第五节为砌筑工程,其节说明共七条,对节说明的理解如下。

① 定额运用时允许另行计算的项目。

a. 定额中的 7.5 号水泥砂浆为砌筑用砂浆,10 号水泥砂浆为勾缝用砂浆,设计若与此不同,可按配合比进行抽换,抽换方法见章说明部分。

b. 浆砌混凝土预制块定额中,未包括预制块的预制,应按定额中括号内所列预制块数量,另按预制混凝土构件的有关定额计算。

c. 桥涵拱圈定额中,未包括拱盔和支架,需要时按第九节"拱盔、支架工程"中有关定额另行计算。

d. 定额中均未包括垫层及拱背、台背填料和砂浆抹面,需要时应按第十一节"杂项工程"中有关定额另行计算。

② 砌筑工程定额应用示例。

【例 8-30】　某石砌桥实体式墩高 15 m,用 7.5 号砂浆砌料石镶面及填腹石,试确定该项目的预算定额。

【解】　(1) 根据节说明 1 规定,7.5 号水泥砂浆为砌筑用砂浆;按节说明 4 规定,浆砌料石做镶面时,内部按填腹石计算。该项目应按两个子目计算。

(2) 桥墩料石镶面,查定额表 4-5-4-1,每 10 m³ 定额值如下。

人工:9 工日。

材料:原木 0.01 m³;锯材 0.05 m³;钢管 0.011 t;铁钉 0.3 kg;8~12 号铁丝 1.8 kg;32.5 级水泥0.56 t;水 11 m³;中砂 2.28 m³;粗石料 9.00 m³;其他材料费 5.4 元。

(3) 桥墩填腹石定额,查定额表 4-5-3-9,每 10 m³ 定额值如下。

人工:7.5 工日。

材料:原木 0.01 m³;锯材 0.05 m³;铁钉 0.3 kg;钢管 0.011 t;8~12 号铁丝 1.8 kg;32.5 级水泥0.718 t;水 7 m³;中(粗)砂 2.94 m³;块石 10.5 m³;其他材料费 5.4 元。

机械:1.0 m³ 以内轮胎式装载机 0.1 台班,400 L 以内灰浆搅拌机 0.12 台班。

(6) 现浇混凝土及钢筋混凝土节说明及示例。

桥涵工程第六节为现浇混凝土及钢筋混凝土,其节说明共十条,对节说明的理解如下。

① 定额运用时不得另行计算的项目。

a. 定额中片石混凝土中片石含量均按 15% 计算。

b. 有底模承台适用于高桩承台施工。详见定额表 4-6-1。

c. 使用套箱围堰浇筑承台混凝土时,应采用无底模承台的定额。详见定额表 4-6-1。

② 定额运用时允许另行计算的项目。

a. 定额中未包括现浇混凝土及钢筋混凝土上部构造所需的拱盔、支架,需要时按有关定额另行计算。详见定额表 4-6-8、表 4-6-9、表 4-6-10、表 4-6-12。

b. 定额中均不包括扒杆、提升模架、拐脚门架、悬浇挂篮、移动模架等金属设备,需要时,按有关定额另行计算。

c. 索塔高度为基础顶、承台顶或系梁底到索塔顶的高度。当塔墩固结时,工程量为基础顶面或承台顶面以上至塔顶的全部数量;当塔墩分离时,工程量应为桥面顶部以上至塔顶的数量,桥面顶部以下部分的数量按墩台定额计算。详见定额表4-6-5。

    d. 斜拉索锚固套筒定额中已综合加劲钢板和钢筋的数量,其工程量以混凝土箱梁中锚固套筒钢管的质量计算。

    ③ 现浇混凝土及钢筋混凝土工程定额应用示例。

【例 8-31】 某桥梁下部为高桩承台,上部构造为钢桁梁。试确定用起重机配吊斗施工的高桩承台预算定额值(不含钢筋)。

【解】 (1)根据节说明3规定,高桩承台应按有底模承台,查定额表4-6-1-6,每10 m³混凝土定额值如下。

    人工:10 工日。

    材料:钢模板0.028 t;铁件4.72 kg;32.5级水泥3.417 t;水12 m³;中(粗)砂4.9 m³;碎石8.47 m³;其他材料费5元。

    机械:25 t以内汽车式起重机0.2台班;小型机具使用费9元。

    (2)250 L混凝土搅拌机搅拌查定额表4-11-11-1。

    人工:2.0 工日。

    机械:250 L搅拌机0.4台班。

    (7)预制、安装混凝土及钢筋混凝土构件节说明及示例。

    预制、安装混凝土及钢筋混凝土构件节说明共十五条,对节说明的理解如下。

    ① 定额运用时不得另行计算的项目。

    a. 预制立交箱涵、箱梁的内模、翼板的门式支架等人工、材料消耗已包括在定额中,详见定额表4-7-7。

    b. 预应力钢筋、钢丝束及钢绞线定额中均已计入预应力管道及管道压浆的消耗量,编制预算时不得另行计算。详见定额表4-7-20。

    ② 定额运用时允许另行计算的项目。

    a. 顶进立交箱涵、圆管涵的顶进靠背由于形式很多,宜根据不同的地形、地质情况设计,定额中未单独编列子目,需要时可根据施工图纸采用有关定额另行计算。详见定额表4-7-8。

    b. 顶进立交箱涵、圆管涵定额是根据全部顶进的施工方法编制的。顶进设备未包含在顶进定额中,应按顶进设备定额另行计算。"铁路线加固"定额除了铁路线路的加固外,还包括临时信号灯、行车期间的线路维修和行车指挥等全部工作。详见定额表4-7-8。

    c. 顶推预应力连续梁是按多点顶推的施工工艺编制的,顶推使用的滑道单独编列子目,其他滑块、拉杆、拉锚器及顶推用的机具、预制箱梁的工作平台均摊入顶推定额中。顶推用的导梁及工作平台底模顶升千斤顶以下的工程,本定额中未计入,应按有关定额另行计算。详见定额表4-7-18。

    d. 制作、张拉预应力钢筋、钢丝束定额,是按不同的锚头形式分别编制的,当每吨钢丝的束数或每吨钢筋的根数有变化时,可根据定额进行抽换。详见定额表4-7-19。

    e. 本节定额中凡采用金属结构吊装设备和缆索吊装设备安装的项目,均未包括吊装设备的费用,应按有关定额另行计算。

    ③ 预制、安装混凝土及钢筋混凝土构件定额应用示例。

【例 8-32】 某省拟新建一条六车道高速公路,地处平原微丘区,有一座钢筋混凝土盖板涵,标准跨径4.00 m,涵高3.00 m,八字墙,路基宽度35.00 m,其施工图设计主要工程量见表8-16。试列出本题中各工程细目对应的预算定额表号。

表 8-16   主要工程量

序号	项目	单位	序号	项目	单位
1	挖基坑土方（干处）	m³	4	混凝土帽石	m³
2	浆砌片石基础、护底、截水墙	m³	5	矩形板混凝土	m³
3	浆砌片石台、墙	m³	6	矩形板钢筋	t

【解】 根据题意综合列表 8-17。

表 8-17   定额表情况

序号	工程细目名称	定额表号	序号	工程细目名称	定额表号
1	挖基坑土方（干处）	4-1-1-1	5	预制矩形板混凝土	4-7-9-1
2	浆砌片石基础、护底、截水墙	4-5-2-1	6	矩形板钢筋	4-7-9-3
3	浆砌片石台、墙	4-5-2-5	7	安装矩形板	4-7-10-1
4	混凝土帽石	4-6-3-2			

【例 8-33】 试确定某桥梁工程的预制钢筋混凝土 T 形梁的预算定额。已知 T 形梁混凝土设计标号为 40 号，采用蒸汽养护施工（不考虑蒸汽养护室建筑）。

【解】 本工程包括混凝土、钢筋、蒸汽养护三个工程细目，按三个工程细目分别查定额。

（1）预制 T 形梁混凝土工作。

① 《公路工程预算定额（上、下册）》(JTG/T 3832—2018)桥梁工程章说明规定："如采用蒸汽养护，应从各有关定额减去 1 工日及其他材料费 4 元，并按蒸汽养护有关定额计算。"

② 根据《公路工程预算定额（上、下册）》(JTG/T 3832—2018)总说明第九条的规定：当设计混凝土标号与定额表所列标号不相同时，可按配合比表换算。

③ 预制 T 形梁混凝土工作的定额表为表 4-7-12-1。

T 形梁混凝土的定额值（每 10 m³ 实体）如下。

人工：18.6－1＝17.6（工日）。

材料：直接查得锯材 0.04 m³；HPB300 钢筋 0.002 t；钢板 0.03 t；电焊条 4.3 kg；钢模板 0.174 t；铁件 15.4 kg；水 16 m³；其他材料费 28.3－4.0＝24.3（元）。

换算确定值为每 10 m³ 实体需 C40 混凝土 10.10 m³；由《公路工程预算定额（上、下册）》(JTG/T 3832—2018)附录二中基本定额表砂浆及混凝土材料消耗部分（1215 页）算得：

32.5 级水泥 0.488×10.10＝4.93（t）；

中（粗）砂 0.43×10.10＝4.34（m³）；

碎石 0.78×10.10＝7.88（m³）。

机械：50 kN 以内单筒慢速卷扬机 3.59 台班；32 kV·A 以内交流电焊机 0.94 台班；小型机具使用费 46.9 元。

④ 混凝土搅拌查定额 4-11-11-1：人工 2 工日，250 L 以内混凝土搅拌机 0.4 台班。

（2）预制 T 形梁钢筋工作。

钢筋定额表编号为 4-7-12-2，每吨钢筋的定额值如下。

人工：6.6 工日。

材料：HPB300 钢筋 0.246 t；HRB400 钢筋 0.779 t；电焊条 5.93 kg；20～22 号铁丝 2.07 kg。

机械：30 kN 以内单筒慢速卷扬机 0.14 台班；32 kV·A 以内交流电焊机 0.99 台班；150 kV·A 以内交流对焊机 0.08 台班；小型机具使用费 20.5 元。

（3）蒸汽养护：其定额表编号为 4-11-8-2，查得每 10 m³ 构件定额值如下。

人工：4.7 工日。

其他材料费:18.3 元。

机械:30 kN 以内单筒慢速卷扬机 0.64 台班;1 t/h 以内工业锅炉 1.70 台班。

（8）构件运输节说明及示例。

桥涵工程章第八节为构件运输,其节说明共四条,对节说明的理解如下。

① 本节的各种运输距离以 10 m、50 m、1 km 为计量单位,不足第一个 10 m、50 m、1 km 者,均按 10 m、50 m、1 km 计,超过第一个定额运距单位时,其运距尾数不足一个增运定额单位的半数时不计,超过半数时按一个定额运距单位计算。

② 运输便道、轨道的铺设,栈桥码头、扒杆、龙门架、缆索的架设等,均未包括在定额内,应按有关章节定额另行计算。

③ 定额中未单列构件出坑堆放,如需出坑堆放,可按相应构件运输第一个运距单位定额计列。

④ 凡以手摇卷扬机和电动卷扬机配合运输的构件重载升坡时,第一个定额运距单位不增加人工及机械,每增加定额单位运距应乘以下规定的换算系数。

a. 手推车运输每增运 10 m 定额的人工换算系数为:坡度 1%以内,系数取 1;坡度 5%以内,系数取1.5;坡度 10%以内,系数取 2.5。

b. 垫滚子绞运每增加 10 m 定额的人工和小型机具使用费的换算系数为:坡度 0.4%以内,系数取 1.0;坡度 0.7%以内,系数取 1.1;坡度 1.0%以内,系数取 1.3;坡度 1.5%以内,系数取 1.9;坡度 2.0%以内,系数取 2.5;坡度 2.5%以内,系数取 3.0。

c. 轻轨平车运输配电动卷扬机每增运 50 m 定额的人工及电动卷扬机台班的换算系数为:坡度 0.7%以内,系数取 1.0;坡度 1.0%以内,系数取 1.05;坡度 1.5%以内,系数取 1.10;坡度 2.0%以内,系数取 1.15;坡度 3.0%以内,系数取 1.25。

⑤ 构件运输定额应用示例。

【例 8-34】 某桥梁工程以手推车运输预制构件,每件构件重 0.2 t,需出坑堆放,运输重载升坡 5%,运距 66 m,试确定其预算定额值。

【解】 （1）由节说明 3 规定,构件需出坑堆放,按相应构件运输第一个运距单位定额计列。

（2）由节说明 1,运距尾数超过一个增运定额单位半数时,按一个运距单位计,本例超过基本运距 56 m,按 60 m 计。

（3）由节说明 4,重载升坡时,每增加定额单位运距应乘 1.5 的换算系数。

（4）定额值查定额表 4-8-1-1、表 4-8-1-2:

人工:1.4+0.2×(60÷10)×1.5=3.2(工日)。

其他材料费:14.4 元。

（9）拱盔、支架工程节说明及示例。

桥涵工程章第九节为拱盔支架工程,其节说明共十三条,对节说明的理解如下。

① 定额运用时允许另行计算的项目。

a. 桥梁拱盔、木支架及简单支架均按有效宽度 8.5 m 计,钢支架按有效宽度 12 m 计,如实际宽度与定额不同,可按比例换算。

b. 桁构式拱盔安装、拆除用的人字扒杆、地锚移动用工及拱盔缆风设备人工、材料已计入定额,但不包括扒杆制作的人工、材料,扒杆数量根据施工组织设计另行计算。

c. 木支架及轻型门式钢支架的帽梁和地梁已计入定额中,地梁以下的基础工程未计入定额中,如需要,应按有关相应定额另行计算。

d. 钢拱架的工程量为钢拱架及支座金属构件的重量之和,其设备摊销费按 4 个月计算,若实际使用期与定额不同可予以调整。

e. 桥梁简单支架高度不同时可用内插法换算。

f. 桥梁拱盔定额的设备摊销费按每吨每月 140 元计,并按使用 4 个月编制,如施工期不同,可予以调整。

② 拱盔、支架工程节示例。

【例 8-35】 某 2 孔净跨径 50 m 的拱桥,拱矢度 1/5,起拱线至地面高度为 10 m,由于工期紧张,施工组织安排做 2 孔满堂式木拱盔及木支架,拱盔、木支架有效宽度 20 m,试计算 2 孔拱盔立面积、2 孔支架立面积。

【解】 (1)由节说明 1,桥梁拱盔、木支架按有效宽度 8.5 m 计,该桥有效宽度为 20 m,应按比例换算定额值。

(2)拱盔立面积。

由节说明 9 得:

$$F = K \times (净跨)^2 \times 2$$
$$= 0.138 \times 50^2 \times 2 = 690 (\text{m}^2)$$

(3)支架立面积。

由节说明 10 得:

$$F = 2 \times 50 \times 10 = 1000 (\text{m}^2)$$

(10)钢结构工程节说明及示例。

桥涵工程章第十节为钢结构工程,其节说明共十三条,对节说明的理解如下。

① 定额运用时不允许另行计算的项目。

钢索吊桥定额中已综合了缆索吊装设备及钢桁油漆项目,编制预算时不得另行计算。详见定额表 4-10-2。

② 定额运用时允许另行计算的项目。

a. 钢桁梁桥定额是按高强螺栓栓接、连孔拖拉架设法编制的,钢索吊桥的加劲桁拼装定额也是按高强螺栓栓接编制的,如采用其他方法施工,应另行计算。详见定额表 4-10-1。

b. 主索锚碇除套筒及拉杆、承托板以外,其他项目如锚洞开挖、衬砌,护索罩的预制、安装,检查井的砌筑等,应按其他章节有关定额另计。详见定额表 4-10-4。

c. 抗风缆结构安装定额中未包括锚碇部分,编制预算时应按有关相应定额另行计算。详见定额表 4-10-2。

d. 施工电梯、施工塔式起重机未计入定额中,需要时根据施工组织设计另行计算其安、拆及使用费。

e. 钢管拱桥定额中未计入钢塔架、扣塔、地锚、索道的费用,应根据施工组织设计套用《公路工程预算定额(上、下册)》(JTG/T 3832—2018)(附录 24)第四章第七节相关定额另行计算。详见定额表 4-10-6。

f. 悬索桥的主缆、吊索、索夹、检修道定额未包括涂装防护,应另行计算。详见定额表 4-10-8、表 4-10-10 等。

g. 本定额未含施工监控费用,需要时另行计算。

h. 本定额未含施工期间航道占用费,需要时另行计算。

i. 塔索鞍罩为钢结构,以套为单位计算,1 个主索鞍处为 1 套。塔索鞍罩的防腐和抽湿系统费用需另行计算。

【例 8-36】 某钢桁梁桥,采用镀锌螺栓栓接,连孔拖拉架设,试确定该上承式桥的人工、镀锌螺栓、机械的预算定额。

【解】 由节说明 1,本例的桥梁结构和施工方法与定额要求完全相符,查定额表 4-10-1-1,每 10 t 钢桁梁的定额值如下。

人工:6.2 工日。

镀锌螺栓:0.241 t。

机械:25 t 以内汽车起重机 0.26 台班;0.6 m³/min 机动空压机 0.17 台班;小型机具使用费 26.9 元。

(11) 杂项工程节说明及示例。

桥涵工程章第十一节为杂项工程,其节说明共七条,对节说明的理解如下。

① 杂项工程内容包括拆除旧建筑物、锥坡填土等17个项目,适用于桥涵及其他构造物工程。

② 大型预制构件底座定额分为平面底座和曲面底座两项。

平面底座定额适用于 T 形梁、I 形梁、等截面箱梁,每根梁底座面积的工程量按式(8-14)计算:

$$底座面积=(梁长+2.00 \text{ m})\times(梁宽+1.00 \text{ m}) \tag{8-14}$$

曲面底座定额适用于梁底为曲面的箱形梁(如 T 形刚构等),每块梁底座的工程量按式(8-15)计算:

$$底座面积=构件下弧长\times底座实际修建宽度 \tag{8-15}$$

③ 模数式伸缩缝预留槽钢纤维混凝土中钢纤维的含量按水泥用量的1%计算,如设计钢纤维含量与定额不同时,可按设计用量抽换定额中钢纤维的消耗。

④ 蒸汽养护室面积按有效面积计算,其工程量按每一养护室安置两片梁,其梁间距离为0.8 m,并按长度每端增加1.5 m,宽度每边各增加1.0 m考虑。定额中已将其附属工程及设备按摊销量计入定额中,编制预算时不得另行计算。

⑤ 杂项工程定额应用示例。

【例8-37】 某桥预制构件场预制 T 形梁的梁长19.96 m、梁肋底宽0.18 m、翼板宽1.60 m,共12个底座。试计算预制 T 形梁底座所需人工、水泥用量、基价和养护12片梁所需的蒸汽养护室工程量。

【解】 (1)预制 T 形梁的底座所需人工、水泥用量。

由杂项工程节说明2可知,每个底座面积:

$$(梁长+2.00 \text{ m})\times(梁宽+1.00 \text{ m})=(19.96+2.00)\times(0.18+1.00)=25.91(\text{m}^2)$$

$$底座总面积=25.91\times12=310.92(\text{m}^2)$$

由定额表4-11-9-1查得定额值,按底座工程量计算人工、水泥用量。

人工:　　　　　　　$8.3\times310.92\div10=258.06(工日)$

32.5级水泥:　　　　$0.836\times310.92\div10=25.99(\text{t})$

(2)蒸汽养护室工程量。

由节说明3可知,每个养护室面积:

$$(19.96+2\times1.5)\times(2\times1.6+0.8+2\times1.0)=137.76(\text{m}^2)$$

$$养护室总工程量=12\div2\times137.76=826.56(\text{m}^2)$$

8.3.4.7 《公路工程预算定额(上、下册)》(JTG/T 3832—2018)后五章各章说明及示例

《公路工程预算定额(上、下册)》(JTG/T 3832—2018)后五章是定额的第五至九章,分别是交通工程及沿线设施、绿化及环境保护工程、临时工程、材料采集及加工、材料运输等。

(1) 临时工程章说明及示例。

定额第七章是"临时工程",本章定额内容包括汽车便道、临时便桥、临时码头、轨道铺设、架设输电线路、人工夯打小圆木桩等6个项目。

大部分定额可直接套用,使用中应特别注意以下几点。

① 定额运用中不得另行计算的项目。

钢筋混凝土锚定额中已包括栓锚钢丝绳及锚链的数量,编制预算时不得另行计算。详见定额表7-1-3。

② 定额运用中允许另行计算的项目。

a. 重力式砌石码头定额中不包括码头拆除的工程内容,需要时可按"桥涵工程"项目的"拆除旧建筑物"定额另行计算。

b. 定额中临时便桥,输电线路的木料、电线的材料消耗均按一次使用量计列,编制预算时应按规定计算回收;其他各项定额分不同情况,按其周转次数摊入材料数量。详见定额表7-1-2、表7-1-5。

c. 定额中的设备摊销费按使用 4 个月编制,使用期不同可调整。详见定额表 7-1-2。

d. 定额中的钢管为使用一年的消耗量,使用期不同可调整。详见定额表 7-1-2。

e. 浮箱码头定额中每 100 m² 码头平面面积的浮箱质量为 25.365 t,其设备摊销费按每吨每月 140 元,并按使用 12 个月编制,若浮箱实际质量和施工期不同,可予以调整。详见定额表 7-1-3。

f. 设备摊销费为变压器的费用,按施工期二年计算,若施工期不同可按比例调整。详见定额表 7-1-5。

③ 定额表中的数据需要调整的说明。

a. 汽车便道项目中未包括便道使用期内养护所需的人工、材料、机械数量,如汽车便道使用期内需要养护,编制预算时,可根据施工期按章说明增加数量。详见定额表 7-1-1。

b. 轨道铺设如需设置道岔时,每处道岔人工、材料按相应轨道铺设增加,轨重 11 kg/m、15 kg/m 的增加 16 m,轨重 32 kg/m 的增加 31 m。详见定额表 7-1-4。

④ 临时工程定额应用示例。

【例 8-38】 某汽车便道工程,位于山岭重丘地区,路基宽 4.5 m,天然砂砾路面压实厚度 15 cm,路面宽 3.5 m,使用期 40 个月,便道长 5 km,需要养护。试计算该便道工程的预算定额值及养护所需的人工、材料、机械数量。

【解】(1)查定额表 7-1-1-4,每公里汽车便道路基的定额值为:人工 56.5 工日;75 kW 以内履带式推土机 12.5 台班;6~8 t 光轮压路机 0.99 台班;8~10 t 光轮压路机 0.62 台班;12~15 t 光轮压路机 2.62 台班。

(2)砂砾路面:查定额表 7-1-1-6,每公里路面定额值如下。

人工:100.4 工日。

材料:天然级配 716.04 m³;水 67 m³。

机械:8~10 t 光轮压路机 0.69 台班;12~15 t 光轮压路机 1.48 台班;0.6 t 以内手扶式振动碾 4.19 台班。

(3)汽车便道养护:查定额表 7-1-1-8,每千米每月人工 1.5 工日;天然砂砾 10.8 m³;6~8 t 光轮压路机 1.123 台班。

根据便道长度及使用期,修建及养护所需人工、材料、机械总量:

人工: 1.5×5×40=300.0(工日)

天然砂砾: 10.8×5×40=2160(m³)

6~8 t 光轮压路机: 1.123×5×40=224.6(台班)

(2)材料采集及加工章说明及示例。

本章定额包括人工种植及采集草皮,土、黏土采筛,采筛洗砂及机制砂,采砂砾、碎(砾)石土、砾石、卵石,片石、块石开采,料石、盖板石开采,机械轧碎石,采筛路面用石屑、煤渣、矿渣,人工洗碎(砾、卵)石,堆、码方,碎石破碎设备安、拆等项目。

本章定额中机制砂、机械轧碎石用到的片石均按捡清片石计算。

本章定额中材料采集及加工定额已包括采、筛、洗、堆及加工等操作损耗。

① 定额运用中允许另行计算的项目。

a. 需要清除表土及备水洗石时,其工日另计。每 1 m³ 石料按 0.3 m³ 用水量计算,运水工另行计算。详见定额表 8-1-4。

b. 如需爆破,按开采块石所需材料计列。详见定额表 8-1-6。

② 定额表中的数据需要调整的说明。

a. 如需备水洗石时,每 1 m³ 石料用水量按 0.3 m³ 计算,运水工另行计算。详见定额表 8-1-4。

b. 如需备水洗石时,每 1 m³ 碎(砾、卵)石用水量按 0.3 m³ 计算,运水工另行计算。详见定额表 8-1-9。

③ 材料采集及加工定额应用示例。

【例 8-39】 某浆砌块石桥墩,需用大量块石,在采石场机械开采块石,试确定其人工、材料、机械的预算定额值。如果该块石是利用开炸路基石方时捡清块石,试确定其人工、材料、机械的预算定额值。

【解】 (1)采石场机械开采块石的定额表为 8-1-6-5,查定额表,100 m³ 码方定额值如下。

人工:47.6 工日。

材料:空心钢钎 0.9 kg;合金钻头 3 个;硝铵炸药 11.9 kg;导爆索 9 m;雷管 20 个。

机械:9 m³/min 机动空压机 3.95 台班;小型机具使用费 146.5 元。

(2)人工捡清块石:根据章说明 2 的规定,开炸路基石方的块石如需利用,应按捡清块石项目计算,查定额表及基价表 8-1-6-6,100 m³ 码方定额值为人工 67.7 工日。

捡清块石是路基施工开炸石方的附带产品,其打眼、爆破的人工、材料、机械消耗已在路基工程中计列,故其定额值比机械开采减少了人工、爆破材料及机械用量,费用相应降低。

(3)材料运输章说明及示例。

定额的第九章也是《公路工程预算定额(上、下册)》(JTG/T 3832—2018)的最后一章,是"材料运输",包括六项说明。

① 本章定额中包括人工挑抬运输、手推车运输、机动翻斗车运输(配合人工装车)、手扶拖拉机运输(配合人工装车)、载货汽车运输(配合人工装卸)、自卸汽车运输(配合装载机装车)、人工装机动翻斗车、人工装卸汽车、装载机装汽车、其他装卸汽车、洒水车运水等项目。

② 汽车运输定额中已综合考虑路基不平、土路松软、泥泞、急弯、陡坡等因素增加的消耗。

③ 载货汽车运输、自卸汽车运输和洒水汽车运水定额项目,仅适用于平均运距在 15 km 以内的运输;当运距超过第一个定额运距单位时,其运距尾数不足一个增运定额单位的半数时不计,等于或超过半数时按一个增运定额运距单位计算。当平均运距超过 15 km 时,应按市场运价计算其运输费。

④ 人力装卸船舶可按手推车运输相应项目定额计算。

⑤ 所有材料的运输及装卸定额中,均未包括堆、码方工日。

⑥ 本章定额中未列名称的材料,可按下列规定执行,其中不是以质量计量的应按单位质量进行换算。

a. 与碎石运输定额相同的材料有天然级配、石渣、风化石。

b. 定额中未列的其他材料,一律按水泥运输定额计算。

⑦ 材料运输定额应用示例。

【例 8-40】 试列出下列预算定额:

(1)装载机装 15 t 以内自卸汽车运土,运距 9 km。

(2)15 t 以内自卸汽车配装载机运路基土方,运距 9 km。

(3)人力装卸船舶定额。

(4)指出上列(1)题与(2)题两项定额的使用区别。

【解】 (1)装载机装 15 t 以内自卸汽车运土,运距为 9 km 的预算定额,由定额表 9-1-6-91、表 9-1-6-92 查得,每 100 m³ 定额值如下。

15 t 以内自卸汽车: $0.38+(9-1)÷1×0.08=1.02$(台班)

基价: $352+(9-1)×74=944$(元)

(2)15 t 以内自卸汽车配合装载机运路基土方,运距 9 km 的预算定额由定额表 1-1-11-9、表 1-1-11-18 查得,每 1000 m³ 天然密实方定额值如下。

15 t 以内自卸汽车: $5.01+(9-1)÷0.5×0.58=14.29$(台班)

基价: $4643+(9-1)÷0.5×538=13251$(元)

(3)人力装卸船舶定额。

根据章说明 4 可知,该定额可按手推车运输相应项目定额计算,即按预算定额表 9-1-2 的相应子目确定。

(4) 本例的(1)题与(2)题两项定额,表面上看都是用同样的工具运"土",容易查错定额。两者的区别如下:

① 两项定额的运输对象性质不同,前者是将土视为材料来运输,而后者是将土视为施工废物来运输。

② 两项定额的计算结果所构成的费用类别不同。前者的计算结果只能构成材料单价中的运费,而后者的计算结果可构成工程项目的"直接工程费"。

③ 两者的运输条件(环境)也不相同。前者类似于社会运输性质的自办运输,而后者则泛指工地现场作业。

(4) 材料运距的确定与计算。

在计算材料费时,要涉及材料运距计算问题,《公路工程建设项目概算预算编制办法》(JTG 3830—2018)(附录23)规定:"一种材料如有两个以上的供应点时,都应根据不同的运距、运量、运价采用加权平均的方法计算运费。"下面就材料供应经济范围的确定和平均运距的计算作介绍。

① 运料终点的确定。

由于路线工程是线形构造物,所以材料运料终点的确定对运距的确定影响极大。原则上,运料终点是工地仓库或工地堆料点,但是,当施工组织设计不能提供工地仓库或堆料地点的具体位置时,其运料终点为:

a. 独立大中桥为桥梁中心桩号,大型隧道为中心桩号,集中型工程为范围中心的桩号。

b. 路线工程,对于外购材料,一般以路线中心点桩号作为运料终点,当工程用料分布不均衡时,可按加权平均法确定某种材料的卸料重心点位置,将其作为运料终点;对于自采材料,则应根据料场供应范围及各工程点用料量、到料场运距等情况具体计算确定。

② 材料经济供应范围的确定。

自采材料料场对路线经济范围的划分,有两种方法可供选择,即最大运距相等法和平均运距相等法。这两种方法的计算结果相差不大,下面介绍比较直观的最大运距相等法。

当一条路线工程,在其沿线有多个供应同种材料的料场,则应在各相邻料场间确定一个经济供应分界点,即经济合理地确定各自采材料料场的经济供应范围。

料场供应范围的经济划分,与料场开采价格、沿路线(各段)各点的用料量、料场到卸料点的运距、运价等有关。

用最大运距相等法确定料场(或供料点)间的经济分界点 K 时,一般认为:

a. 各料场的开采价格(供应价格)相等。

b. 某种材料沿路线的用量是比较均匀的(个别用量特别大的路段材料用量超出平均用量的部分,应另按点式卸料计算其运距),而且设计阶段无法细算。

c. 各料场至用料地点间的运价是相等的。

按最大运距相等法确定料场间分界点的原则:当 A 料场与 B 料场相邻,且料价、运价相等,沿线材料用量均匀时,则 A、B 两料场至分界点 K 的运距相等(图 8-3)。

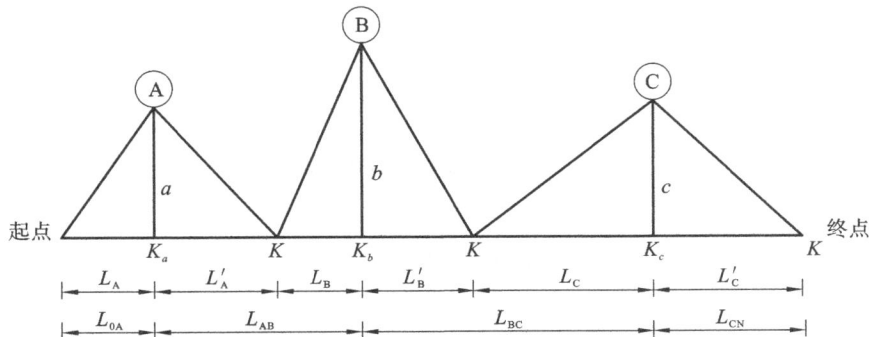

图 8-3 料场间的经济分界点计算示意图

当 $a>b+L_{AB}$ 时,取消 A 料场,由 B 料场供料;

当 $b>a+L_{AB}$ 时,取消 B 料场,由 A 料场供料;

当 $a<b+L_{AB}$ 或 $b<a+L_{AB}$ 时,应确定两料场的经济分界点 K,其计算表达式见式(8-16)~式(8-18):

$$L_{max}=a+L'_A-b+L_B \tag{8-16}$$

根据定义:

$$L'_A=0.5[L_{AB}+(b-a)] \tag{8-17}$$

$$L_B=0.5[L_{AB}-(b-a)] \tag{8-18}$$

式中 a——A 料场至上路桩号运距;

b——B 料场至上路桩号运距;

L'_A——K_a 点至 K 点运距;

L_{AB}——A 料场支线上路点 K_a 至 B 料场支线上路点 K_b 之间的运距;

L_B——K 点至 K_b 点运距;

L_{max}——最大运距。

确定相邻料场间的经济分界点的注意事项如下:

a. 路线起点或终点之外无料场时,则路线的起点和终点为自然分界点;有料场时,则应视为路线供应料场之一,按上述方法确定经济分界点。

b. 计算运距时,要考虑断链影响。

c. 支线等运距以调查的实际运距为准(不是距离)。

d. 确定料场的取舍,尚应充分考虑料场开发、运输的可行性,还要考虑运料重载升坡的影响。

e. 若料场料价、运价差异很大,可按两料场至分界点间加权最大运距相等的原则来划分。

【例 8-41】 某公路工程的料场分布如图 8-4 所示。已知 A 料场的上路桩号为 K2+100,支线运距 1.6 km;B 料场的上路桩号为 K7+900,支线运距 2.5 km。试确定 A、B 料场间的经济分界点桩号。

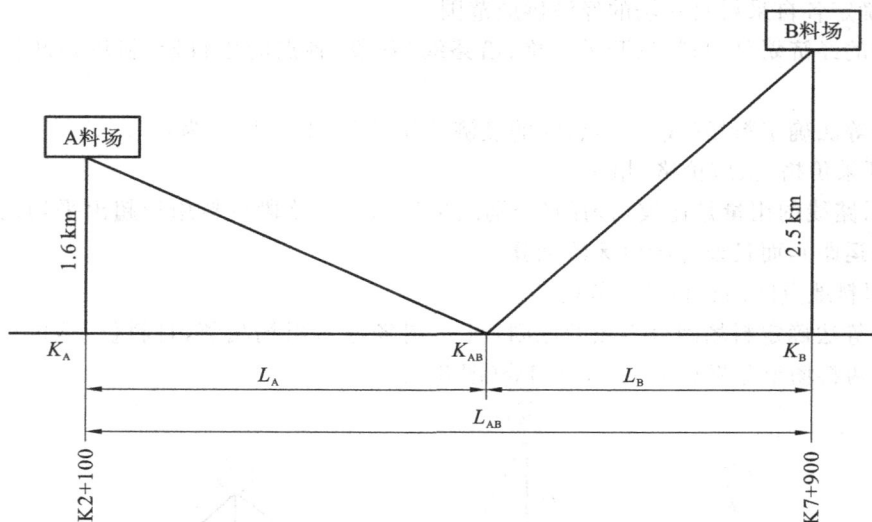

图 8-4 某公路工程的料场分布图

【解】 由图 8-3 知:

$$L_{AB}=7.9-2.1=5.8(km)$$

$$b-a=2.5-1.6=0.9(km)$$

$$L_A=0.5\times(5.8+0.9)=3.35(km)$$

$$L_B=5.8-3.35=2.45(km)$$

分界点 K_{AB} 桩号: $(2+100)+(3+350)=K5+450$

复核：　　　　　　　　　　$1.6+3.35=2.5+2.45=4.95(km)$（正确）

③ 路线材料平均运距计算。

为了计算构成材料单价的运杂费，必须首先确定各种材料的平均运距。当一种材料有多个供应点时，必须首先确定各供应点的经济供应范畴；当一种材料有多个卸料点时，必须计算其平均运距（图8-5）。

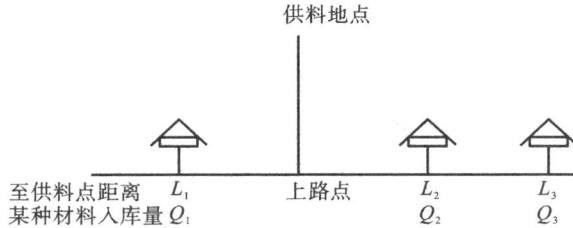

图 8-5　平均运距计算示意图

a. 加权平均法。

当料场供应范围及各卸料点的位置、运距、用料数量确定后，可按式（8-19）计算该种材料的全路线加权平均运距。

$$L = \frac{\sum_{i=1}^{n} M_i}{\sum_{i=1}^{n} Q_i} = \frac{\sum_{i=1}^{n} Q_i L_i}{\sum_{i=1}^{n} Q_i} \tag{8-19}$$

式中　L——某种材料全路线加权平均运距，km；

　　　n——卸料点个数；

　　　M_i——各卸料点材料运量，t·km；

　　　Q_i——各卸料点某种材料数量，路面材料卸料点为路段中心点，构造物用料卸料点为仓库或料堆；

　　　L_i——各供料点至卸料点间运距，km。

【例 8-42】　试计算图8-6所示路段的某种自采材料的加权平均运距。

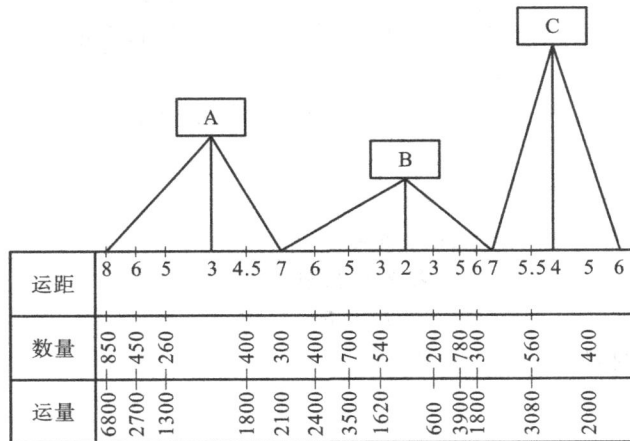

图 8-6　外购材料平均运距计算示意图

【解】　　$L = \dfrac{\sum_{i=1}^{n} Q_i L_i}{\sum_{i=1}^{n} Q_i} = \dfrac{6800 + 2700 + \cdots + 3080 + 2000}{850 + 450 + \cdots + 560 + 400} = 5.47(km)$

b. 算术平均值法。

图8-6所示路线材料平均运距可采用算术平均值法计算,见式(8-20):

$$L' = \frac{\sum_{i=1}^{n} L_i}{n} \tag{8-20}$$

式中 L'——某种材料全路线算术平均运距,km。

其他符号意义同前。

【例8-43】 试计算例8-42的算术平均运距。

【解】
$$L' = \frac{\sum_{i=1}^{n} L_i}{n} = \frac{8 + 6 + \cdots + 5.5 + 5}{13} = 5.31(\text{km})$$

由上述两例可知:加权平均运距与算术平均运距仅相差3%左右,考虑到运距不一定经过丈量,本身的误差就可能大于计算误差,特别是加权平均法需待各分项预算编完后才有条件计算运距,故在工程用料量分布不是十分不均衡的情况下,用算术平均法较为简便。

8.3.4.8 基本定额、材料周转及摊销

(1)基本定额及其用途。

《公路工程预算定额(上、下册)》(JTG/T 3832—2018)附录中编有"基本定额",它是公路工程预算定额的重要组成部分。其用途主要如下。

① 进行定额抽换。定额抽换就是当设计文件中规定的工作内容、子目与定额表中某序号所列的规格(如混凝土标号)不符时,应查用相应定额或基本定额予以替换。如设计要求用25号混凝土,而定额中所列为20号混凝土,此时即应查基本定额进行计算并予以替换。在抽换前应仔细阅读定额的总说明和章、节说明与注解,确定是否需要抽换,以及如何抽换。

② 分析分项工程(工作)或半成品所需人工、材料、机械等消耗量。当设计中出现定额表中查不到的个别分项工程、工作时,应根据其具体工程数量通过基本定额的有关表,分析计算所需人工、材料、机械等数量。例如新型结构桥梁中的某混凝土构件在定额中查不到,此时即可通过基本定额来计算其所需人工、材料、机械数量;若需模板,尚应按"桥涵模板工作"来分析人工、材料数量。

(2)材料周转及摊销。

在《公路工程预算定额(上、下册)》(JTG/T 3832—2018)附录中编有"材料的周转及摊销"定额。它的主要用途如下。

① 规定各种周转性材料的周转、摊销次数。

② 对达不到规定周转次数的材料定额进行抽换。

对于达不到周转次数的周转性材料定额(按实际周转次数确定的备料定额),可按式(8-21)进行换算:

$$E' = E \cdot K \tag{8-21}$$

式中 E'——实际周转次数的周转性材料定额;

E——定额规定的周转性材料定额;

K——换算系数,$K = n/n'$;

n——定额规定的材料周转次数;

n'——实际的材料周转次数。

材料的周转及摊销均按式(8-22)计算:

定额用量=图纸一次使用量×(1+场内运输及操作损耗)/周转次数(或摊销次数) (8-22)

材料的周转及摊销定额所包括的项目,详见《公路工程预算定额(上、下册)》(JTG/T 3832—2018)附录三;周转性材料的回收规定见"回收金额"的确定方法。

【例 8-44】 某桥墩高 15 m,采用浆砌混凝土预制块砌筑,设计砌筑用 10 号水泥砂浆,试问编制预算时定额值是否需要抽换? 如何抽换?

【解】 (1)浆砌混凝土预制块,应查定额表 4-5-5-1。

(2)由定额表 4-5-5-1 可知,表中所列砌筑用水泥砂浆为 7.5 号,由于设计标号与定额表中砂浆标号不同,故需要抽换定额。

(3)由定额表查得,10 m³ 砌体定额值:7.5 号水泥砂浆 1.30 m³(砌筑用);10 号水泥砂浆 0.09 m³(勾缝用);32.5 级水泥 0.373 t(7.5 号和 10 号水泥砂浆所用水泥的合计值);中(粗)砂 1.51 m³。

(4)查基本定额,10 号水泥砂浆 1 m³ 需要 32.5 级水泥 311 kg,中(粗)砂 1.07 m³;7.5 号水泥砂浆 1 m³ 需要 32.5 级水泥 266 kg,中(粗)砂 1.09 m³。

(5)抽换后 10 m³ 砌体定额值:

$$32.5 \text{ 级水泥用量} = (1.30 + 0.09) \times 0.311 = 0.432(\text{t})(\text{此值替换 } 0.373 \text{ t}/10 \text{ m}^3)$$

$$\text{中(粗)砂用量} = (1.30 + 0.09) \times 1.07 = 1.49(\text{m}^3)(\text{此值替换 } 1.51 \text{ m}^3/10 \text{ m}^3)$$

【例 8-45】 某高速公路 2 孔石砌拱桥,墩台高度 10 m,需制备满堂式木支架,支架有效宽度 8.5 m,试确定其实际周转次数的周转性材料预算定额。

【解】 (1)桥梁木支架,应查定额表 4-9-3-2。

(2)查定额,每 10 m² 立面积的定额值:原木 0.687 m³,锯材 0.069 m³,铁件 10.0 kg,铁钉 0.1 kg。

(3)由《公路工程预算定额(上、下册)》(JTG/T 3832—2018)附录"材料周转及摊销"定额表查得,支架的周转次数定额值 n:原木、锯材 5 次,铁件 5 次,铁钉 4 次。

(4)实际周转次数 $n' = 2$,实际周转次数周转性材料的定额值 $E' = E \cdot K$。

原木:$E' = 0.687 \times 5 \div 2 = 1.718(\text{m}^3)$

锯材:$E' = 0.069 \times 5 \div 2 = 0.173(\text{m}^3)$

铁件:$E' = 10.0 \times 5 \div 2 = 25(\text{kg})$

铁钉:$E' = 0.1 \times 4 \div 2 = 0.2(\text{kg})$

案例:由第 5 章桥梁案例编制相应工程项目的定额套用内容,如表 8-18 所示。

表 8-18 桥梁案例定额套用

例题编号	构件名称	钢筋		混凝土		定额套用
		钢筋类型	工程量/t	混凝土等级	工程量/m³	
5-1	扩大基础	光圆钢筋	0.000	C30	320.70	1. 钢筋定额:4-6-1-12,并进行钢筋抽换。 2. C30 混凝土现浇定额:4-6-1-3。由《公路工程预算定额(上、下册)》(JTG/T 3832—2018)1216 页基本定额,用 C30-32.5-4 抽换定额 4-6-1-3 中片 C15-32.5-8 中的水泥、中粗砂、片石和 8 cm 碎石
		带肋钢筋	5.946			
5-2	桥墩、桥台	光圆钢筋	0.000	C40	29.71	1. 钢筋定额:4-6-2-24,并进行钢筋抽换。 2. C40 混凝土现浇定额:4-6-2-12,由《公路工程预算定额(上、下册)》(JTG/T 3832—2018)1216 页基本定额,用 C40-32.5-4 抽换定额 4-6-2-12 中普 C25-32.5-4 中的水泥、中粗砂和 4 cm 碎石
		带肋钢筋	5.057			
5-3	盖梁	光圆钢筋	0.000	C30	75.72	1. 钢筋定额:4-6-4-9,并进行钢筋抽换。 2. C30 混凝土现浇定额:4-6-4-1
		带肋钢筋	12.548			

续表

例题编号	构件名称	钢筋		混凝土		定额套用
		钢筋类型	工程量/t	混凝土等级	工程量/m³	
5-4	耳、背墙	光圆钢筋	0.000	C30	13.56	1. 钢筋定额:4-6-4-11,并进行钢筋抽换。2. C30 混凝土现浇定额:4-6-4-7,由《公路工程预算定额(上、下册)》(JTG/T 3832—2018)1216 页基本定额,用 C30-32.5-4 抽换定额 4-6-4-7 中普 C25-32.5-4 中的水泥、中粗砂和 4 cm 碎石
		带肋钢筋	1.128			
5-5	挡块	光圆钢筋	0.000	C30	0.91	同耳、背墙
		带肋钢筋	0.455			
5-6	垫石	光圆钢筋	0.000	C40	0.97	1. 钢筋定额:4-6-2-88。2. C40 混凝土现浇定额:4-6-2-87,由《公路工程预算定额(上、下册)》(JTG/T 3832—2018)1216 页基本定额,用 C40-32.5-4 抽换定额 4-6-2-87 中普 C30-32.5-4 中的水泥、中粗砂和 4 cm 碎石
		带肋钢筋	0.279			
5-7	预制板	光圆钢筋	7.572	C50	181.50	1. 钢筋定额:4-7-13-3,并进行钢筋抽换。2. C50 混凝土预制定额:4-7-13-2,由《公路工程预算定额(上、下册)》(JTG/T 3832—2018)1215 页基本定额,用 C50-42.5-2 抽换定额 4-7-13-2 中普 C40-42.5-2 中的水泥、中粗砂和 2 cm 碎石。
		带肋钢筋	25.401	C40	7.29	3. C40 封锚混凝土可按 4-6-6 现浇锚块,查取现浇混凝土和钢筋并进行混凝土标号和钢筋用量的抽换。4. 预应力钢绞线查 4-7-19-3,4 孔 4φ15.2 锚具定额消耗可以对 3 孔定额进行抽换,即人材机数量×4/3
5-8	板间铰缝	光圆钢筋	0.000	C50	21.60	查取桥面铺装定额 4-6-13,并进行混凝土标号的抽换
		带肋钢筋	1.920			
5-9	桥面铺装	光圆钢筋	0.000	C50	48.60	查取桥面铺装定额 4-6-13,并进行混凝土标号的抽换
		带肋钢筋	8.210			
5-10	护栏	光圆钢筋	0.000	C40	9.08	查取钢护栏定额 5-1-2-1,并进行 C40 与 C20 混凝土的抽换
		带肋钢筋	1.468			
5-11	桥头搭板	光圆钢筋	0.000	C40	45.46	1. 查取现浇混凝土桥头搭板定额 4-6-14-1,并进行 C40 与 C30 混凝土的抽换。2. 查取搭板钢筋定额 4-6-14-3。3. 搭板下 20 cm 厚水稳砂砾垫层:查取涵管基础垫层 4-11-5-1
		带肋钢筋	5.825			

案例拓展

某高速公路沥青路面施工项目,路线长 24 km,行车道宽度 22 m,沥青混凝土厚度 18 cm。在距路线两端 1/3 处各有一处适宜设置拌和场的场址,上路距离为 300 m。预计每设置一处拌和站费用为 80 万元。施工组织提出设 1 处和 2 处的拌和站方案。

问题:考虑采用 20 t 以内自卸汽车运输,试以定额计价分析运输费用,选择拌和站建设方案。

参考答案:

(1) 综合平均运距,即以运量占比为权重的加权平均运距。

设置 1 处拌和站:在线路 1/3 处,距线路终点分别为 8 km 和 16 km,平均运距分别为 4 km 和 8 km,如图 8-7 所示。其混合料综合平均运距为:$(4×8+8×16)/24+0.3=6.97$(km),平均运距按 7 km 计算。

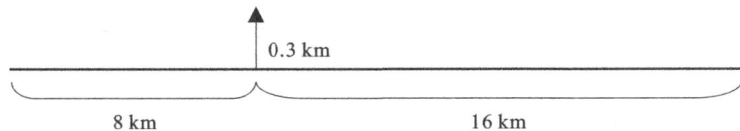

图 8-7　设置 1 处拌和站

设置 2 处拌和站:在线路 1/3 处,两个拌和场供料范围分别为 8 km 和 4 km,平均运距为 4 km 和 2 km,如图 8-8 所示。其混合料综合平均运距为:$(4×8+2×4)/12+0.3=3.63$(km),0.13 不足增运定额单位(0.5 km)的半数,平均运距按 3.5 km 计算。

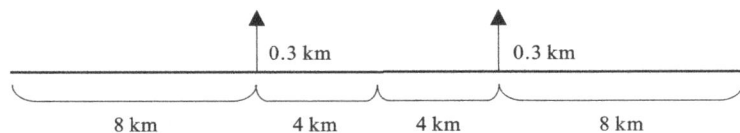

图 8-8　设置 2 处拌和站

(2) 混合料运输费用。

混合料工程量:$0.18×22×24000=95040$(m³),按现行《公路工程预算定额(上、下册)》(JTG/T 3832—2018)2-2-13 沥青混合料运输 20 t 以内自卸汽车运输,计算运输费用:

设置 1 处拌和站运输费用:$(5759+12×459)×95040/1000=1070816$(元);

设置 2 处拌和站运输费用:$(5759+5×459)×95040/1000=765452$(元)。

(3) 经济性比较。

设置 1 处拌和站综合费用:$1070816+800000=1870816$(元);

设置 2 处拌和站综合费用:$765452+800000×2=2365452$(元)。

结论:设置 1 处拌和站综合费用小于设置 2 处拌和站综合费用,因此,从经济角度出发,推荐设置 1 处拌和站建设方案。

【思政拓展】

1. 学习本章预算定额中材料运距等相关内容的必要性;

2. 要权衡技术和经济对拌和厂布置的影响比重;

3. 在案例论述内容的基础上,进一步讨论环境保护对拌和厂布置的影响情况。

知识归纳

(1) 定额的编制形成过程:工作时间的研究→生产要素消耗标准的计算→根据要求编制各种定额。

(2) 施工定额的编制和应用:施工定额的生产水平为先进合理,是几个定额中水平最高的,它的编制分项最细,适合企业管理使用。目前部颁《公路工程施工定额》的表现形式主要是人工定额和机械台班消耗定额,材料消耗定额可参考预算定额。

（3）预算定额的编制和应用：预算定额是依据社会平均水平制定的，共九章和四个附录，内容丰富、详尽，是建设单位编制招投标文件的依据，代表工程项目的建设管理水平。使用预算定额时要详细阅读各项说明，尤其注意抽换和系数调整等；定额需要经常翻阅，达到熟练，使用定额才能更准确；经常接触和了解现场，使用定额时才会减少缺项、漏项和重复事项的发生。

独立思考

8-1 简述人工、材料、机械台班三个生产要素消耗标准的确定方法。

8-2 简述公路工程施工定额、预算定额的区别和适用范围。

8-3 简述预算定额的运用步骤。

实战演练

8-1 已知黑河中桥工程的预制预应力混凝土空心板梁混凝土设计标号50号，为自然养护。若采用蒸汽养护施工（不考虑蒸汽养护室建筑），试确定其预算定额的人工、材料、机械台班消耗。

8-2 已知黑河中桥桥台桩基采用回旋钻潜水钻孔（土层为黏性土，桩径1.2 m，钻孔总长20 m/根×12根＝240 m；桩径1.5 m，钻孔总长21 m/根×6根＝126 m），起重机配吊斗混凝土标号30号，工程量494.1 m³，HPB300钢筋2802.4 kg、HRB400钢筋25099 kg，试确定该项目的桩基预算定额基价。

8-3 已知河口隧道长905 m，洞身次坚石开挖22507.8 m³，采用机械开挖、自卸汽车运输，超前支护采用钢支撑95.71 t，30号现浇混凝土喷射衬砌8535.58 m³。试确定该洞身项目的预算定额基价。

思考题答案

8-4 长白公路朝长段共长2.0 km，基层采用35 cm厚、6%水泥碎石，基层宽9 m，施工采用稳定土厂拌，拌和厂设在路线桩号K1+200外3 km处，12 t自卸汽车运输，120 kW平地机铺筑，试确定该项目的预算定额基价。

8-5 马北线旅顺路段，挖方10659.60 m³（其中Ⅰ类土1247.87 m³，Ⅱ类土6213.85 m³，Ⅳ类土3197.88 m³），填方量为37054.5 m³，本断面挖方可利用方量Ⅱ类2256.58 m³、Ⅳ类878.1 m³，远运利用方量为Ⅱ类3957 m³、Ⅳ类2522 m³，试求借方数量、弃方数量及各类土石方计价内容。

参考文献

[1] 周庆华.公路工程定额编制与运用.北京:人民交通出版社股份有限公司,2019.

[2] 方申.《公路工程预算定额》释义手册.北京:人民交通出版社股份有限公司,2019.

[3] 交通公路工程定额站.公路工程施工定额.北京:人民交通出版社,2009.

[4] 中华人民共和国交通运输部.公路工程预算定额(上、下册):JTG/T 3832—2018.北京:人民交通出版社股份有限公司,2019.

[5] 中华人民共和国交通运输部.公路工程机械台班费用定额:JTG/T 3833—

2018. 北京:人民交通出版社股份有限公司,2019.

　　〔6〕　中华人民共和国交通运输部. 公路工程建设项目概算预算编制办法:JTG/T 3830—2018. 北京:人民交通出版社股份有限公司,2019.

　　〔7〕　李栋国. 公路工程与造价. 武汉:武汉大学出版社,2017.

　　〔8〕　俞素平,孙莉萍,徐筱婷. 公路工程定额与造价. 4 版. 北京:人民交通出版社股份有限公司,2019.

　　〔9〕　钟芮. 公路工程计量与计价. 北京:清华大学出版社,2023.

　　〔10〕　俞素平,孙莉萍,姜海莹. 公路工程计量与计价实务. 北京:清华大学出版社,2022.

　　〔11〕　张丽华. 公路工程概预算编制指南. 2 版. 北京:人民交通出版社,2008.

　　〔12〕　陈兰芳,梁明学. 公路工程定额与预算. 成都:西南交通大学出版社,2008.

　　〔13〕　周世生,董伟智. 公路工程造价. 2 版. 北京:人民交通出版社,2012.

　　〔14〕　尹贻林. 工程造价计价与控制(2010 年版). 北京:中国计划出版社,2010.

　　〔15〕　陈进杰,许俊章,杨青军. 工程概预算与成本控制. 北京:新世纪出版社,1998.

9

公路工程造价

课前导读

◁ 内容提要

本章主要内容包括公路工程造价的编制程序,直接费、间接费和建筑安装工程费测算的基本原理与方法,设备、工具、器具及家具购置费和工程建设其他有关费用的计算方法。

本章的重点为直接费、间接费和建筑安装工程费的计算;难点为其他直接费的计算。

◁ 能力要求

通过对本章的学习,学生应能理解公路工程造价的编制程序,掌握建筑安装工程费中各项费用的计算原理和方法,具备独立进行一般公路工程预算编制的能力。

◁ 数字资源

5分钟看完本章

公路工程造价由建筑安装工程费、土地使用及拆迁补偿费、工程建设其他费、预备费及建设期贷款利息五部分组成,如图 9-1 所示。

建筑安装工程费除专项费用外,其他均按"价税分离"计价规则计算,即各项费用均以不含增值税可抵扣进项税额的价格(费率)进行计算,具体要素价格适用增值税税率执行财税部门的相关规定。

定额建筑安装工程费包括定额直接费、定额设备购置费的 40%、措施费、企业管理费、规费、利润、税金和专项费用。定额直接费包括定额人工费、定额材料费、定额施工机械使用费。

定额人工费、定额材料费、定额施工机械使用费以及定额设备购置费均按《公路工程预算定额(上、下册)》(JTG/T 3832—2018)附录四"定额人工、材料、设备单价表"及《公路工程机械台班费用定额》(JTG/T 3833—2018)中规定的人工、材料、设备、机械的相应基价计算的定额费用。

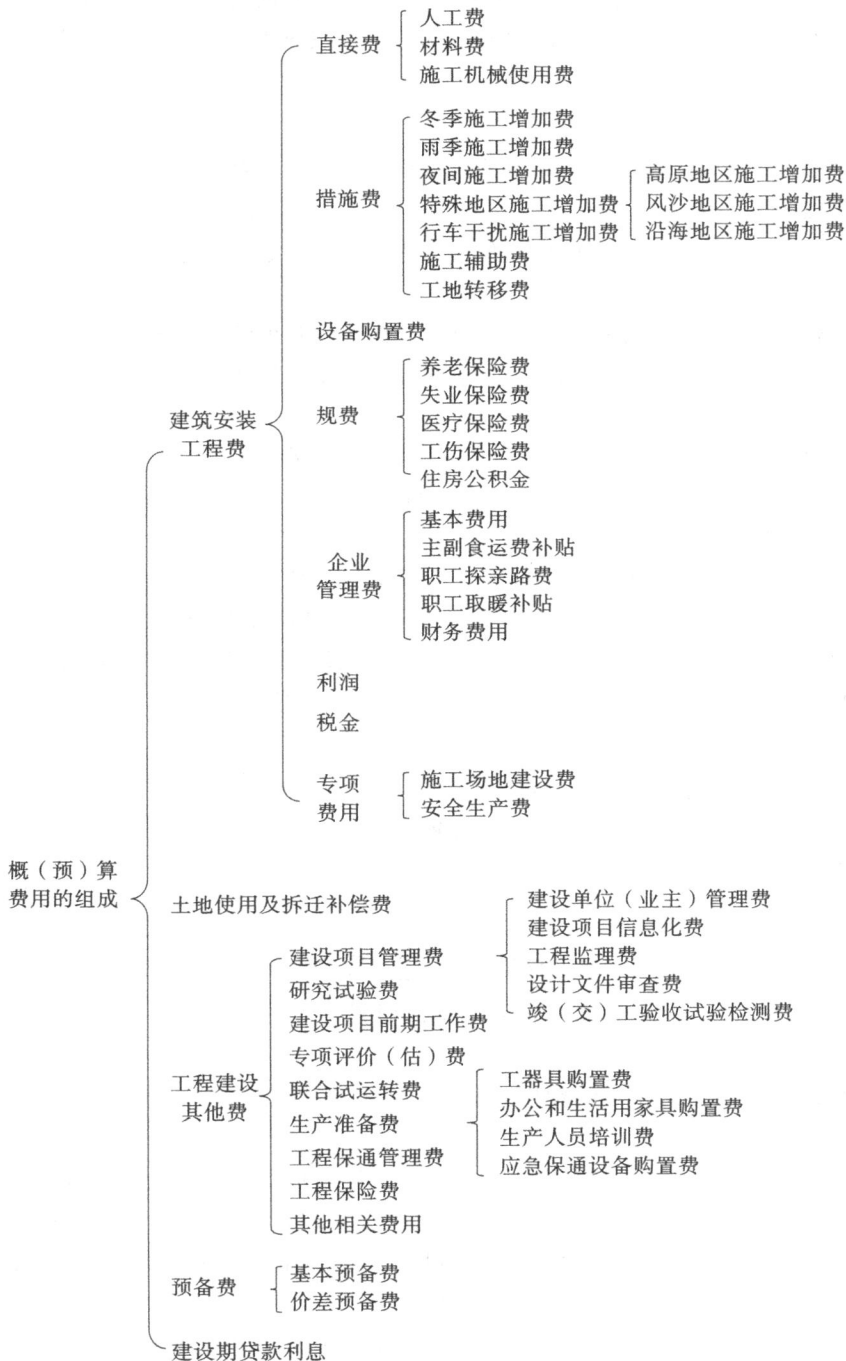

图 9-1 概(预)算费用的组成

9.1 建筑安装工程费 〉〉〉

9.1.1 直接费、措施费和设备购置费

9.1.1.1 直接费

直接费是指施工过程中耗费的构成工程实体和有助于工程形成的各项费用,包括人工费、材料费和施工机械使用费。直接费是计算建筑安装工程费的关键和核心,其他几部分费用则分别以规定的基数按各自费率计算。

1. 人工费

人工费是指列入概算、预算定额的直接从事建筑安装工程施工的生产工人开支的各项费用。

(1) 人工费包括以下几项内容。

① 计时工资或计件工资:指按计时工资标准和工作时间或对已做工作按计件单价支付给个人的劳动报酬。

② 津贴、补贴:指为了补偿职工特殊或额外的劳动消耗和因其他特殊原因支付给个人的津贴,以及为了保证职工工资水平不受物价影响支付给个人的物价补贴。如流动施工津贴、特殊地区施工津贴、高温(寒)作业临时津贴、高空津贴等。

③ 特殊情况下支付的工资:指根据国家法律、法规和政策规定,因病、工伤、产假、计划生育假、婚丧假、事假、探亲假、定期休假、停工学习、执行国家或社会义务等原因按计时工资标准或计时工资标准的一定比例支付的工资。

(2) 人工费以概算、预算定额人工工日数乘综合工日单价计算。

(3) 人工费标准按照本地区公路建设项目的人工工资统计情况以及公路建设劳务市场情况进行综合分析、确定人工工日单价。人工工日单价由省级交通运输主管部门制定发布,并适时进行动态调整。人工工日单价仅作为编制概算、预算的依据,不作为施工企业实发工资的依据。

2. 材料费

材料费是指施工过程中耗用的构成工程实体的原材料、辅助材料、构(配)件、零件、半成品、成品的用量和周转材料的摊销量,按工程所在地的材料预算价计算的费用。

(1) 材料费计算。

材料费按式(9-1)计算:

$$
\begin{aligned}
材料费 = \sum \big[分项工程数量 \times (&\sum 定额材料用量 \times 材料单价 \\
&+ 其他材料费 + 设备摊销费) \big]
\end{aligned} \tag{9-1}
$$

(2) 材料单价。

材料从供应地到达施工现场的仓库的费用,包括供应价格(原价)、运杂费、场外运输损耗、采购及仓库保管费,即材料单价(材料预算价格)。

材料预算价格有两种确定办法:一种是公式计算,另一种是地区规定的材料预算价格。但其价格组成内容是一致的。部颁《公路工程建设项目概算预算编制办法》(JTG 3830—2018)采用的是第一种方法。由于材料预算价格的重要性及其计算的复杂性,还专门设计了"材料预算单价计算表"(09 表)来进行计算。

材料预算价格计算的公式法(或表算法)见式(9-2):

$$
\begin{aligned}
材料预算价格 = &(材料原价 + 运杂费) \times (1 + 场外运输损耗率) \\
&\times (1 + 采购及保管费率) - 包装的回收价值
\end{aligned} \tag{9-2}
$$

（3）材料原价。

公路建设工程所耗用的各种建筑材料，按其来源可分为外购材料和自采材料两种，其供应价格可按下列要求计算。

① 外购材料：国家或地方的工业产品，如水泥、钢材、木材、沥青、油燃料、化工产品、民用爆破器材、五金及构（配）件等。

② 自采材料：自采的砂、石、黏土等材料，按定额中开采单价加辅助生产间接费和矿产资源税（如有）计算。

材料供应价格应按实计取。各省、自治区、直辖市公路（交通）工程造价（定额）管理站应通过调查，编制本地区的材料价格信息，供编制概算、预算使用。

如公路工程材料调查价格含可抵扣增值税进项税额，应按式（9-3）进项调整：

$$C_V = \frac{C_b}{1+T} \tag{9-3}$$

式中 C_V——扣减进项税额材料价格；

C_b——营业税下材料价格；

T——材料进项适用税率，3%～17%。

（4）运杂费。

运杂费是指材料自供应地点至工地仓库（施工地点存放材料的地方）的运杂费用，包括装卸费、运费，如果发生，还应计囤存费及其他杂费（如过磅、标签、支撑加固、路桥通行等费用）。材料的运输流程可表示为图9-2，单位运杂费计算见式（9-4）。

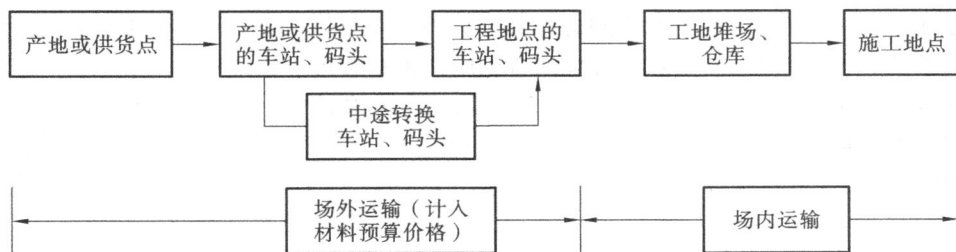

图9-2 材料运输流程图

$$单位运杂费 = 单位运费 + 单位装卸费 + 单位杂费 \tag{9-4}$$

① 运距的确定。

一般情况下，材料堆放地点可根据施工组织设计中的施工平面图来确定。如果施工组织设计不能提供工地仓库和堆料场位置，那么材料堆放位置为路线工程取路线中心点里程桩号，大中桥或独立桥梁中心桩号。

② 运价的确定。

运价的确定分社会运输和自办运输两种情况。

a. 社会运输即通过公路、铁路、水运等部门运输，应按国家或地方有关部门规定的运输及装卸费标准计算材料运价。计算见式（9-5）：

$$单位运费（运价） = （运价率 \times 运距 + 吨次费） \times 单位毛重 \tag{9-5}$$

b. 自办运输是施工企业根据公路建设项目所在地交通不便、社会运力缺乏的情况，结合本企业运输能力而组织材料运输的一种运输方式。自办运输运费的确定应按有关规定进行。

（a）单程运距15 km以上的长途汽车运输，按当地交通运输部门规定的运价标准计算。

（b）单程运距15 km以内的汽车运输以及人力场外运输，按预算定额计算运费，其中人力装卸和运输另按人工费加计辅助生产间接费。

③ 单位装卸费计算。

单位装卸费按式(9-6)计算:

$$单位装卸费＝装卸费率×单位毛重 \tag{9-6}$$

④ 注意事项。

a. 凡有容器或包装材料的材料,应按有关规定的毛重系数计算运杂费,见表9-1。

表9-1 　　　　　　　　　　　　　　**材料毛重系数及单位毛重表**

材料名称	单位	毛重系数	单位毛重
爆破材料	t	1.35	—
水泥、块状沥青	t	1.01	—
铁钉、铁件、焊条	t	1.10	—
液体沥青、液体燃料、水	t	桶装1.17,油罐车装1.00	—
木料	m³	—	原木0.750 t,锯材0.650 t
草袋	个	—	0.004 t

b. 一种建筑材料若有两个以上的供应点,则应根据不同的运距、运量、运价采用加权平均法计算运杂费。同时,在按上述要求计算加权平均运距时,不得在工地仓库或堆料场之外再加场内运输或二次倒运的运距,因为定额中已计入"工地小搬运"项目。

c. 在各个运输环节中,过路、过桥、过闸(船舶)费,调车和驳船费,专用车辆运输增加费等,均应视同运费一并计算。至于装卸费,要考虑不同的装卸方法、环节、次数以及物品的单件重量、危险物品等不同计算规定。如钢筋一般都成捆以吊车进行装车,其装卸费就应按吊车装吊价格计算。

d. 砂、石材料的运输,无论是施工单位自办运输还是社会运输,原则上均应按当地交通运输部门规定的运价来计算,其装卸费则应按《公路工程预算定额(上、下册)》(JTG/T 3832—2018)中"材料运输"的相应装卸定额计算,采用人工装卸的应加计辅助生产现场经费。若采用汽车台班定额计算,应按相应规定执行,如长、短途的界定等。

e. 在不能采用各种运输工具运输建筑材料的条件下,可按人工运输定额计算并加计辅助生产间接费。

如某省公路工程汽车运杂费标准,见表9-2。

表9-2 　　　　　　　　　　　　　　**公路工程汽车运杂费标准**

线路类型	货物类型			装卸费/(元/t)	吨次费/元	
	一等货物/[元/(t·km)]	二等货物/[元/(t·km)]	特种货物/[元/(t·km)]		0~15 km	15~30 km
平原	0.44	0.47	0.66	1.98	1.35	运距每增加1 km,吨次费由1.35元递减至0.09元
山区	0.47	0.51	0.78			

(5) 场外运输损耗。

场外运输损耗是指有些材料在正常的运输过程中会发生损耗。场外运输损耗以费率表示,具体可参考表9-3。其计算公式见式(9-7):

$$场外运输损耗＝(材料的供应价格＋运杂费)×场外运输损耗率 \tag{9-7}$$

表9-3 　　　　　　　　　　　　　　**材料场外运输损耗率表**　　　　　　　　　　(单位:%)

材料名称	场外运输(包括一次装卸)	每增加一次装卸
块状沥青	0.5	0.2
石屑、碎砾石、砂砾、煤渣、工业废渣、煤	1.0	0.4

材料名称		场外运输(包括一次装卸)	每增加一次装卸
砖、瓦、桶装沥青、石灰、黏土		3.0	1.0
草皮		7.0	3.0
水泥(袋装、散装)		1.0	0.4
砂	一般地区	2.5	1.0
	多风地区	5.0	2.0

注:汽车运水泥时,如果运距超过 500 km,损耗率增加,如袋装水泥损耗率为 0.5%。

(6) 材料采购及保管费。

材料采购及保管费是指材料供应部门(包括工地仓库以及各处材料管理部门)在组织采购、供应和保管材料的过程中,所需的各项费用及工地仓库材料储存损耗。计算方法见式(9-8):

$$材料采购及保管费=(材料供应价格+运杂费+场外运输损耗)×采购及保管费费率 \qquad (9-8)$$

材料的采购及保管费费率,钢材为 0.75%,燃料、爆破材料为 3.26%,其余材料为 2.06%。商品水泥混凝土、沥青混合料和各类稳定土混合料、外购的构件、成品及半成品的预算价格计算方法与材料相同。商品水泥混凝土、沥青混合料和各类稳定土混合料不计采购及保管费,外购的构件、成品及半成品的采购及保管费费率为 0.42%。

(7) 包装品的回收价值。

如主管部门有规定,应按规定计算;如主管部门无规定,可参考表 9-4 数据计算。

表 9-4 包装品的回收价值

包装品的种类	回收量	回收价值
木材制品包装	70%	原价的 20%
铁桶、铁皮、铁丝制品包装	铁桶 95%,铁皮 50%,铁丝 20%	原价的 50%
纸皮、纤维品包装	60%	原价的 50%
草绳、草袋制品包装	0	0

【例 9-1】 某平原地区一钢梁桥需要钢材 800 t,原价 2800 元/t,外雇汽车运输,运距 25 km,运价率 0.35 元/(t·km),不计吨次费,围积费 3.0 元/t,装卸费 1.1 元/t。计算钢材预算单价、材料费。

【解】 钢材单位运杂费 = 25×0.35+3+1.1 = 12.85(元/t)

钢材的场外运输损耗率为 0,采购及保管费费率为 0.75%。

钢材预算单价 = (2800+12.85)×(1+0%)×(1+0.75%) = 2833.95(元/t)

材料费 = 800×2833.95 = 2267160(元)

3. 施工机械使用费

施工机械使用费是指列入工程定额的施工机械台班数量,按相应机械台班费用定额计算的施工机械使用费和小型机具使用费按式(9-9)计算:

施工机械使用费

$$= \sum[分项工程量×(定额机械台班数量×施工机械台班单价+小型机具使用费)] \qquad (9-9)$$

(1) 施工机械台班单价。

施工机械使用过程中,必然消耗能源和磨损机械,应有故障维修、保养等工作,还应交纳各种税费,即台班(一般按 8 h 计)单价(台班预算价格),按其费用的情况可分为不变费用和可变费用。

① 不变费用,包括折旧费、大修理费、经常修理费、安装拆卸费及辅助设施费。全国除青海、新疆、西藏三省、自治区允许调整外,其余各地均应直接采用。至于边远地区的维修工资、配件材料等由于价差较大而需调整不变费用时,可根据具体情况,由省、自治区交通运输厅制定系数并报中华人民共和国交通运输部备案后执行。

② 可变费用,包括机上人员人工费、动力燃料费和车船使用税。可变费用中的机上人员工日数及动力物资消耗量,应以机械台班费用定额中的数值为准,台班人工费工日单价与生产工人人工单价相同。动力燃料费用则按材料费的计算规定计算。车船使用税应根据各省、自治区、直辖市及国务院有关部门的规定计算。

(2) 施工机械台班单价的计算。

施工机械台班单价按市场价格计算或按中华人民共和国交通运输部颁布的《公路工程机械台班费用定额》(JTG/T 3833—2018)(附录 25)计算并填入 11 表(见右侧二维码中内容)。在编制公路工程造价时,施工机械台班单价不得采用社会出租台班单价计价。其计算公式见式(9-10)。

机械台班单价计算表

施工机械台班单价=不变费用×调整系数+可变费用
=不变费用×调整系数+(定额人工消耗量×人工单价+定额燃料、动力消耗量×燃料、动力单价+车船使用税和保险费)

$$(9-10)$$

在计算施工机械台班单价时,要注意以下几个问题。

① 当工程用电为自发电时,电动机械每度(kW·h)电的单价,应按《公路工程机械台班费用定额》(JTG/T 3833—2018)计算所选定的发电机组的台班单价,然后按下列近似公式[式(9-11)]进行换算确定。

$$A=0.15\frac{K}{N} \qquad (9-11)$$

式中 A——每度(kW·h)电的单价,元/kW;

K——发电机组的台班单价,元;

N——发电机组的总功率,kW。

若采用多台发电机组联合发电,应将其价格和功率分别汇总,作为计算依据。

② 工程仪器仪表使用费指机电工程施工作业所发生的仪器仪表使用费,以施工仪器仪表台班耗用量乘施工仪器仪表台班单价计算。

工程仪器仪表台班预算价格应按《公路工程机械台班费用定额》(JTG/T 3833—2018)计算。台班人工费工日单价同生产工人人工费单价。动力燃料费用则按材料费的计算规定计算。

4. 直接费的计算

直接费的计算有以下两种方式:

直接费=人工费+材料费+施工机械使用费

直接费 $= \sum$ 分项工程量×当地分项工程的工料单价

分项工程预算表

直接费的计算可通过 21-2 表(见左侧二维码中内容)进行。

5. 工料单价

公路工程市场不断发展,承发包方式多种多样。尤其在分包的工程中,如发包人工、发包机械或人工机械联合发包。更多的是,人工、材料、机械整体发包,俗称包工包料。此时只需计算人工、材料、机械的单价就可以了,管理费和利润不必计算。

这种方法适用于施工阶段的预算。应首先进行工程项目的分解;然后套取相应的定额,一般采用施工企业的企业定额或行业的施工定额,如果条件不具备也可借用国家预算定额,取得定额单位的人工、材料、机械消耗数量标准;然后乘当时当地人工、材料、机械的单价,可分别得出人工、材料、机械的费用;再汇总求和,除以定额单位即得到工料单价。

分项工程的工料单价按式(9-12)计算:

$$分项工程的工料单价＝直接工程费用/定额单位 \qquad (9\text{-}12)$$

9.1.1.2 措施费

措施费是指直接费以外施工过程中发生的直接用于工程的费用。按其工程所在地及施工的季节等情况分为冬季施工增加费、雨季施工增加费、夜间施工增加费、特殊地区施工增加费、行车干扰施工增加费、施工辅助费、工地转移费等7项。

公路工程中的水、电费及因场地狭小等特殊情况而发生的材料二次搬运等其他工程费已包括在概算、预算定额中,不再另计。

1. 工程类别划分

由于措施费是以工程项目的直接费或定额人工费和定额施工机械使用费之和为基数,按规定的费率计算的,而工程项目内容千差万别,无法个别地按各具体工程项目来制定费率标准。因此,要将性质相近的工程项目合并成若干类别来制定费率。工程类别可划分为表9-5中的10类。

表9-5　　　　　　　　　　　　　　　　　**工程类别划分表**

工程类别	内容
土方	指人工及机械施工的土方工程、路基掺灰、路基换填及台背回填
石方	指人工及机械施工的石方工程
运输	指用汽车、拖拉机、机动翻斗车、船舶等运送土石方、路面基层和面层混合料、水泥混凝土及预制构件、绿化苗木等
路面	指路面所有结构层工程、路面附属工程、便道以及特殊路基处理(不含特殊路基处理中的圬工构造物)
隧道	指隧道土建工程(不含隧道的钢材及钢结构)
构造物Ⅰ	指砍树挖根、拆除工程、排水、防护、特殊路基处理中的圬工构造物、涵洞、交通安全设施、拌合站(楼)安拆工程、便桥、便涵、临时电力和电信设施、临时轨道、临时码头、绿化工程等工程
构造物Ⅱ	指小桥、中桥、大桥、特大桥工程
构造物Ⅲ	指商品水泥混凝土的浇筑、商品沥青混合料和各类商品稳定土混合料的铺筑、外购混凝土构件、设备安装工程等
技术复杂大桥	指钢管拱桥、斜拉桥、悬索桥、单孔跨径在120 m以上(含120 m)和基础水深在10 m以上(含10 m)的大桥主桥部分的基础、下部和上部工程(不含桥梁的钢材及钢结构)
钢材及钢结构	指所有工程的钢材及钢结构等工程

2. 措施费的计算

(1) 冬季施工增加费。

冬季施工增加费是指按照公路工程施工及验收规范所规定的冬季施工要求,为保证工程质量和安全生产所需采取的防守保温设施、工效降低和机械作业率降低以及技术操作过程的改变等所增加的有关费用。

冬季施工增加费的内容如下。

① 因冬季施工所需增加的一切人工、材料与机械费用的支出。

② 为施工机具修建的暖棚(包括拆、移),增加油脂及其他保温设备费用。

③ 因施工组织设计确定需增加的一切保温、加温及照明等有关支出。

④ 与冬季施工有关的其他各项费用,如清除工作地点的冰雪等费用。

冬季气温区的划分是根据气象部门提供的满15年以上的气温资料确定的。从每年秋冬第一次连续5

天出现室外日平均温度在 5℃ 以下、日最低温度在 −3℃ 以下的第一天算起,至第二年春夏最后一次连续 5 天出现同样温度的最末一天为冬季期。冬季期内平均气温在 −1℃ 以上者为冬一区,−4～−1℃ 者为冬二区,−7～−4℃ 者为冬三区,−10～−7℃ 者为冬四区,−14～−10℃ 者为冬五区,−14℃ 以下者为冬六区。冬一区内平均气温低于 0℃ 的连续天数在 70 天以内的为 Ⅰ 副区,70 天以上的为 Ⅱ 副区;冬二区内平均气温低于 0℃ 的连续天数在 100 天以内的为 Ⅰ 副区,100 天以上的为 Ⅱ 副区。

气温高于冬一区,但砖石、混凝土施工需采取一定措施的地区为准冬季区。准冬季区分为两个副区,简称准一区和准二区。凡一年内日最低气温在 0℃ 以下的天数多于 20 天,日平均气温在 0℃ 以下的天数少于或等于 15 天的为准一区,多于 15 天的为准二区。

全国冬季施工气温区划分见《公路工程建设项目概算预算编制办法》(JTG 3830—2018)附录 D。若当地气温资料与《公路工程建设项目概算预算编制办法》(JTG 3830—2018)附录 D 中划定的冬季气温区划分有较大出入时,可按当地气温资料及上述划分标准确定工程所在地的冬季气温区。

冬季施工增加费以各类工程的定额人工费和定额施工机械使用费之和为基数,按工程所在地的气温区选用表 9-6 的费率计算。

$$冬季施工增加费=(定额人工费+定额施工机械使用费)×冬季施工增加费费率$$

计算冬季施工增加费的注意事项有:① 采用全年平均摊销的方法,即不论是否在冬季施工,均按规定的取费标准计取冬季施工增加费;② 一条路线穿过两个以上的气温区时,可分段计算或按各区的工程量比例求得全线的平均增加率,计算冬季施工增加费。

表 9-6 冬季施工增加费费率表 (单位:%)

工程类别	冬季期平均气温/℃								准一区	准二区
	−1 以上		−4～−1		−7～−4	−10～−7	−14～−10	−14 以下		
	冬一区		冬二区		冬三区	冬四区	冬五区	冬六区		
	Ⅰ	Ⅱ	Ⅰ	Ⅱ						
土方	0.835	1.301	1.800	2.270	4.288	6.094	9.140	13.720	—	—
石方	0.164	0.266	0.368	0.429	0.859	1.248	1.861	2.801	—	—
运输	0.166	0.250	0.354	0.437	0.832	1.165	1.748	2.643	—	—
路面	0.566	0.842	1.181	1.371	2.449	3.273	4.909	7.364	0.073	0.198
隧道	0.203	0.385	0.548	0.710	1.175	1.520	2.269	3.425	—	—
构造物Ⅰ	0.652	0.940	1.265	1.438	2.607	3.527	5.291	7.936	0.115	0.288
构造物Ⅱ	0.868	1.240	1.675	1.902	3.452	4.693	7.028	10.542	0.165	0.393
构造物Ⅲ	1.616	2.296	3.114	3.523	6.403	8.680	13.020	19.520	0.292	0.721
技术复杂大桥	1.019	1.444	1.975	2.230	4.057	5.479	8.219	12.338	0.170	0.446
钢材及钢结构	0.040	0.101	0.141	0.181	0.301	0.381	0.581	0.861	—	—

注:绿化工程不计冬季施工增加费。

(2)雨季施工增加费。

雨季施工增加费是指雨季施工期间为保证工程质量和安全生产所需采取的防雨、排水、防潮和防护措施,工资降低和机械作业率降低以及技术作业过程的改变等,所需增加的有关费用。

雨季施工增加费的内容如下。

① 因雨季施工所需增加的人工、材料、机械费用的支出,包括工作效率的降低及易被雨水冲毁的工程所增加的工作内容等(如基坑坍塌和排水沟等堵塞的清理、路基边坡冲沟的填补等)。

② 路基土方工程的开挖和运输,因雨季施工(非土壤中水影响)而引起的黏附工具降低工效所增加的费用。

③ 因防止雨水必须采取的防护措施的费用,如挖临时排水沟,防止基坑坍塌所需的支撑、挡板等费用。

④ 材料因受潮、受湿的耗损费用。

⑤ 增加防雨、防潮设备的费用。

⑥ 其他有关雨季施工所需增加的费用,如因河水高涨致使工作困难而增加的费用等。

雨量区和雨季期的划分,是根据气象部门提供的满 15 年的降雨资料确定的。凡月平均降雨天数在 10 天以上,月平均日降雨量在 3.5~5 mm 者为 Ⅰ 区,月平均日降雨量在 5 mm 以上者为 Ⅱ 区。全国雨季施工雨量区及雨季期的划分见《公路工程建设项目概算预算编制办法》(JTG 3830—2018)附录 E。若当地气象资料与附录 E 中划定的雨量区及雨季期出入较大,可按当地气象资料及上述划分标准确定工程所在地的雨量区及雨季期。

雨季施工增加费以各类工程的定额人工费和定额施工机械使用费之和为基数,按工程所在地的雨量区、雨季期选用表 9-7 的费率计算。

$$雨季施工增加费＝(定额人工费＋定额施工机械使用费)×雨季施工增加费费率$$

表 9-7 　　　　　　　　　　　**雨季施工增加费费率表** 　　　　　　　　　　(单位:%)

工程类别	1	1.5	2		2.5		3		3.5		4		4.5		5		6		7	8
	I	I	I	II	I	II	I	II	I	II	I	II	I	II	I	II	I	II	II	II
土方	0.140	0.175	0.245	0.385	0.315	0.455	0.385	0.525	0.455	0.596	0.525	0.700	0.595	0.805	0.665	0.939	0.764	1.114	1.289	1.499
石方	0.105	0.140	0.212	0.349	0.280	0.420	0.349	0.491	0.418	0.563	0.487	0.667	0.555	0.772	0.626	0.876	0.701	1.018	1.194	1.373
运输	0.142	0.178	0.249	0.391	0.320	0.462	0.391	0.568	0.462	0.675	0.533	0.781	0.604	0.888	0.675	0.959	0.781	1.136	1.314	1.527
路面	0.115	0.153	0.230	0.366	0.306	0.480	0.366	0.557	0.425	0.634	0.501	0.710	0.578	0.825	0.654	0.940	0.749	1.093	1.267	1.459
隧道	—	—	—	—	—	—	—	—	—	—	—	—	—	—	—	—	—	—	—	—
构造物 I	0.098	0.131	0.164	0.262	0.196	0.295	0.229	0.360	0.262	0.426	0.327	0.491	0.393	0.557	0.458	0.622	0.524	0.753	0.884	1.015
构造物 II	0.106	0.141	0.177	0.282	0.247	0.353	0.282	0.424	0.318	0.494	0.388	0.565	0.459	0.636	0.530	0.742	0.600	0.883	1.059	1.201
构造物 III	0.200	0.266	0.366	0.565	0.466	0.699	0.565	0.832	0.665	0.998	0.765	1.164	0.898	1.331	1.031	1.497	1.164	1.730	1.996	2.295
技术复杂大桥	0.109	0.181	0.254	0.363	0.290	0.435	0.363	0.508	0.435	0.580	0.508	0.689	0.580	0.798	0.653	0.907	0.725	1.052	1.233	1.414
钢材及钢结构	—	—	—	—	—	—	—	—	—	—	—	—	—	—	—	—	—	—	—	—

注:室内和隧道内工程及设备安装工程不计雨季施工增加费。

计算雨季施工增加费的注意事项有:① 采用全年平均摊销的方法,即不论是否在雨季施工,均按规定的取费标准计取雨季施工增加费。② 一条路线通过不同的雨量区和雨季期时,应分别计算雨季施工增加费或按工程量比例求得平均的增加率,再计算全线雨季施工增加费。

(3)夜间施工增加费。

夜间施工增加费是根据设计、施工的技术要求和合理的施工进度要求,必须在夜间连续施工而发生的工效降低、夜班津贴以及有关照明设施(包括所需照明设施的安拆、摊销、维修及油燃料、电)等增加的费用。

夜间施工增加费以夜间施工的工程项目(如桥梁工程项目包括上、下部构造全部工程)的定额人工费和定额施工机械使用费之和为基数,按表 9-8 的费率计算。

$$夜间施工增加费＝夜间施工项目的(定额人工费＋定额施工机械使用费)×夜间施工增加费费率$$

表9-8   **夜间施工增加费费率表**   （单位：%）

工程类别	费率	工程类别	费率
构造物Ⅱ	0.903	技术复杂大桥	0.928
构造物Ⅲ	1.702	钢材及钢结构	0.874

注：设备安装工程及金属标志牌、防撞钢护栏、防眩板（网）、隔离栅、防护网等不计夜间施工增加费。

（4）特殊地区施工增加费。

特殊地区施工增加费包括高原地区施工增加费、风沙地区施工增加费和沿海地区施工增加费三项。

① 高原地区施工增加费。

高原地区施工增加费是指在海拔2000 m以上的地区施工，由于受气候、气压影响，致使人工、机械效率降低而增加的费用。该费用以各类工程的定额人工费和定额施工机械使用费之和为基数，按表9-9的费率计算。

表9-9   **高原地区施工增加费费率表**   （单位：%）

工程类别	海拔高度/m						
	2001～2500	2501～3000	3001～3500	3501～4000	4001～4500	4501～5000	5000以上
土方	13.295	19.709	27.455	38.875	53.102	70.162	91.853
石方	13.711	20.358	29.025	41.435	56.875	75.358	100.223
运输	13.288	19.666	26.575	37.205	50.493	66.438	85.040
路面	14.572	21.618	30.689	45.032	59.615	79.500	102.640
隧道	13.364	19.850	28.490	40.767	56.037	74.302	99.259
构造物Ⅰ	12.799	19.051	27.989	40.356	55.723	74.098	95.521
构造物Ⅱ	13.622	20.244	29.082	41.617	57.214	75.874	101.408
构造物Ⅲ	12.786	18.985	27.054	38.616	53.004	70.217	93.371
技术复杂大桥	13.912	20.645	29.257	41.670	57.134	75.640	100.205
钢材及钢结构	13.204	19.622	28.269	40.492	55.699	73.891	98.930

一条路线通过两个以上（含两个）不同的海拔高度分区时，应分别计算高原地区施工增加费或按工程量比例求得平均的增加率，再计算全线高原地区施工增加费。

② 风沙地区施工增加费。

风沙地区施工增加费是指在沙漠地区施工时，由于受风沙影响，按照施工及验收规范的要求，为保证工程质量和安全生产而增加的有关费用。其内容包括防风、防沙及气候影响的措施费，材料费，人工费，人工、机械效率降低增加的费用，以及积沙、风蚀的清理与修复等费用。

根据《公路自然区划标准》（JTJ 003—1986）、"沙漠地区公路建设成套技术研究报告"的公路自然区划和沙漠公路区划，结合风沙地区的气候状况将风沙地区分三区九类：半干旱、半湿润沙地为风沙一区，干旱、极干旱寒冷沙漠地区为风沙二区，极干旱炎热沙漠地区为风沙三区；根据覆盖度（沙漠中植被、戈壁等覆盖程度）又将每区分为固定沙漠（覆盖度大于50%）、半固定沙漠（覆盖度为10%～50%）、流动沙漠（覆盖度小于10%）三类，覆盖度由工程勘察设计人员在公路工程勘察设计时确定。

全国风沙地区公路施工区划见《公路工程建设项目概算预算编制办法》（JTG 3830—2018）附录F。若当地气象资料及自然特征与附录F中的风沙地区划分有较大出入，由项目所在省、自治区、直辖市公路（交通）工程造价（定额）管理站按当地气候资料和自然特征及上述标准确定工程所在地的风沙区划，并抄送中华人民共和国交通运输部公路局备案。

风沙地区施工增加费以各类工程的定额人工费和定额施工机械使用费之和为基数，根据工程所在地的风沙区划及类别，按表9-10的费率计算。

表 9-10 　　　　　　　　　　　　　风沙地区施工增加费费率表　　　　　　　　　　　　（单位:%）

工程类别	风沙一区			风沙二区			风沙三区		
	沙漠类型								
	固定	半固定	流动	固定	半固定	流动	固定	半固定	流动
土方	4.558	8.056	13.674	5.618	12.614	23.426	8.056	17.331	27.507
石方	0.745	1.490	2.981	1.014	2.236	3.959	1.490	3.726	5.216
运输	4.304	8.608	13.988	5.38	12.912	19.368	8.608	18.292	27.976
路面	1.364	2.727	4.932	2.205	4.932	7.567	3.365	7.137	11.025
隧道	0.261	0.522	1.043	0.355	0.783	1.386	0.522	1.304	1.826
构造物Ⅰ	3.968	6.944	11.904	4.96	10.912	16.864	6.944	15.872	23.808
构造物Ⅱ	3.254	5.694	9.761	4.067	8.948	13.828	5.694	13.015	19.523
构造物Ⅲ	2.976	5.208	8.928	3.720	8.184	12.648	5.208	11.904	17.226
技术复杂大桥	2.778	4.861	8.333	3.472	7.638	11.805	8.861	11.110	16.077
钢材及钢结构	1.035	2.07	4.14	1.409	3.105	5.498	2.07	5.175	7.245

一条路线穿过两个以上(含两个)不同风沙区时,按路线长度经过不同的风沙区加权计算项目全线风沙地区施工增加费。

③沿海地区施工增加费。

沿海地区施工增加费是指工程项目在沿海地区受海风、海浪和潮汐的影响,致使人工、机械效率降低等所需增加的费用。本项费用由沿海各省、自治区、直辖市交通运输厅(局)制定具体的适用范围(地区)。

沿海地区施工增加费以各类工程定额人工费与定额施工机械使用费之和为基数,按表 9-11 的费率计算。

表 9-11 　　　　　　　　　　沿海地区工程施工增加费费率表　　　　　　　　（单位:%）

工程类别	费率	工程类别	费率
构造物Ⅱ	0.207	技术复杂大桥	0.212
构造物Ⅲ	0.195	钢材及钢结构	0.2

(5)行车干扰施工增加费。

行车干扰施工增加费是指由于边施工边维持通车,受行车影响,致使人工、机械效率降低而增加的费用。该费用以受行车影响部分的工程项目的定额人工费和定额施工机械使用费之和为基数,按表 9-12 的费率计算。

表 9-12 　　　　　　　　　　　行车干扰施工增加费费率表　　　　　　　　　（单位:%）

工程类别	施工期间平均每昼夜双向行车次数(机动车、非机动车合计)							
	51～100	101～500	501～1000	1001～2000	2001～3000	3001～4000	4001～5000	5000 以上
土方	1.499	2.343	3.194	4.118	4.775	5.314	5.885	6.468
石方	1.279	1.881	2.618	3.479	4.035	4.492	4.973	5.462
运输	1.451	2.230	3.041	4.001	4.641	5.164	5.719	6.285
路面	1.390	2.098	2.802	3.487	4.046	4.496	4.987	5.475
隧道	—	—	—	—	—	—	—	—
构造物Ⅰ	0.924	1.386	1.858	2.320	2.693	2.988	3.313	3.647
构造物Ⅱ	1.007	1.516	2.014	2.512	2.915	3.244	3.593	3.943
构造物Ⅲ	0.948	1.417	1.896	2.365	2.745	3.044	3.373	3.713
技术复杂大桥	—	—	—	—	—	—	—	—
钢材及钢结构	—	—	—	—	—	—	—	—

注:新建工程、中断交通进行封闭施工或为保证交通正常通行而修建保通便道改的扩建工程,不计行车干扰施工增加费。

(6) 施工辅助费。

施工辅助费是指生产工具用具使用费、检验试验费和工程定位复测、工程点交、场地清理等费用。

生产工具用具使用费是指施工所需不属于固定资料的生产工具、检验用具、试验用具及仪器、仪表等的购置、摊销和维修费,以及支付给工人自备工具的补贴费。

检验试验费是指施工企业对建筑材料、构件和建筑安装工程进行一般鉴定、检查所发生的费用,包括自设试验室进行试验所耗用的材料和化学药品的费用,以及技术革新和研究试验费,但不包括新结构、新材料的试验费和建设单位要求对具有出厂合格证明的材料进行检验、对构件破坏性进行试验及其他特殊要求检验的费用。

高填方和软基沉降监测、高边坡稳定监测、桥梁施工监测、隧道施工监控量测、超前地质预报等施工监控费含在施工辅助费中,不得另行计算。

施工辅助费以各类工程的定额直接费为基数,按表9-13的费率计算。

表9-13　　　　　施工辅助费费率表　　　　　(单位:%)

工程类别	费率	工程类别	费率
土方	0.521	构造物Ⅰ	1.201
石方	0.470	构造物Ⅱ	1.537
运输	0.154	构造物Ⅲ	2.729
路面	0.818	技术复杂大桥	1.677
隧道	1.195	钢材及钢结构	0.564

(7) 工地转移费。

工地转移费是指施工企业根据建设任务的需要,由已竣工的工地或后方基地迁至新工地的搬迁费用。

工地转移费的内容如下。

① 施工单位全体职工及随职工迁移的家属向新工地转移的车费、家具行李运费、途中住宿费、行程补助费、杂费及工资与工资附加费等。

② 公物、工具、施工设备器材、施工机具的运杂费、外租机具的往返费以及本工程内部各工地之间施工机具、设备、公物、工具的转移费等。

③ 非固定工人进退场及一条路线中各工地转移的费用。

工地转移费以各类工程的定额人工费与定额施工机械使用费之和为基数,按表9-14的费率计算。

表9-14　　　　　工地转移费费率表　　　　　(单位:%)

工程类别	工地转移距离/km					
	50	100	300	500	1000	每增加100
土方	0.224	0.301	0.470	0.614	0.815	0.036
石方	0.176	0.212	0.363	0.476	0.628	0.030
运输	0.157	0.203	0.315	0.416	0.543	0.025
路面	0.321	0.435	0.682	0.891	1.191	0.062
隧道	0.257	0.351	0.549	0.717	0.959	0.049
构造物Ⅰ	0.262	0.351	0.552	0.720	0.963	0.051
构造物Ⅱ	0.333	0.449	0.706	0.923	1.236	0.066
构造物Ⅲ	0.622	0.841	1.316	1.720	2.304	0.119
技术复杂大桥	0.389	0.523	0.818	1.067	1.430	0.073
钢材及钢结构	0.351	0.473	0.737	0.961	1.288	0.063

（8）辅助生产间接费。

辅助生产间接费是指由施工单位自行开采加工的砂、石等材料及施工单位自办的人工装卸和运输的间接费。

辅助生产间接费按人工费的 3% 计。该项费用并入材料预算单价内构成材料费,不直接出现在概（预）算中。

高原地区施工单位的辅助生产,可按其他工程费中高原地区施工增加费费率,以定额人工费与定额机械费之和为基数计算高原地区施工增加费（其中,人工采集、加工材料,人工装卸、运输材料按土方费率计算;机械采集、加工材料按石方费率计算;机械装、运输材料按运输费率计算。）

辅助生产高原地区施工增加费不作为辅助生产间接费的计算基数。

9.1.1.3 设备购置费

（1）费用内容。

设备购置费是指为满足公路初期运营、管理需要购置的构成固定资产标准的设备和虽低于固定资产标准但属于设计明确列入设备清单的设备的费用,包括渡口设备,隧道照明、消防、通风的动力设备,公路收费、监控、通信、路网运行监测、供配电及照明设备等。

（2）计算方法。

设备购置费应列出计划购置的清单（包括设备的规格、型号、数量）,以设备预算价计入。

设备预算价包括设备原价、运杂费、运输保险费、采购及保管费,各种税费按编制期有关部门规定计算。

计算式如下:

设备预算价＝设备原价＋运杂费（运输费＋装卸费＋搬运费）＋运输保险费＋采购及保管费

需要安装的设备,应在第一部分建筑安装工程费的有关项目内另计设备的安装工程费。

设备与材料的划分标准见《公路工程建设项目概算预算编制办法》（JTG 3830—2018）附录 C。

9.1.2 规费和企业管理费

9.1.2.1 规费

规费是指法律、法规、规章、规程规定施工企业必须缴纳的费用（简称规费）,包括养老保险费、失业保险费、医疗保险费、住房公积金、工伤保险金。

（1）养老保险费,指施工企业按规定标准为职工缴纳的基本养老保险费。

（2）失业保险费,指施工企业按规定标准为职工缴纳的失业保险费。

（3）医疗保险费,指施工企业按规定标准为职工缴纳的基本医疗保险费和生育保险费。

（4）住房公积金,指施工企业按规定标准为职工缴纳的住房公积金。

（5）工伤保险费,指施工企业按规定标准为职工缴纳的工伤保险费。

各项规费以各类工程的人工费之和为基数,按国家或工程所在地法律、法规、规章、规程规定的标准计算。

9.1.2.2 企业管理费

企业管理费由基本费用、主副食运费补贴、职工探亲路费、职工取暖补贴和财务费用五项组成。

1.基本费用

企业管理费基本费用是指施工企业为组织施工生产和经营管理所需的费用,内容如下。

（1）管理人员工资,指基本工资、工资性补贴、职工福利费、劳动保护费以及缴纳的养老、失业、医疗、生育、工伤保险费和住房公积金等。

（2）办公费,指企业办公用的文具、纸张、账表、印刷、邮电、书报、会议、水、电、烧水和集体取暖（包括现场临时宿舍取暖）用煤（气）等费用。

（3）差旅交通费,指职工因公出差和工作调动（包括随行家属的旅费）的差旅费、住勤补助费,市内交通费和误餐补助费,职工探亲路费,劳动力招募费,职工离退休、退职一次性路费,工伤人员就医路费,以及管理部门使用的交通工具的油料、燃料等费用。

(4)固定资产使用费,指管理和试验部门及附属生产单位使用的属于固定资产的房屋设备、仪器等的折旧费、大修费、维修费或租赁费等。

(5)生产工具用具使用费,指管理使用的不属于固定资产的生产工具、器具、家具、交通工具和检验、试验、测绘、消防用具等的购置费、维修费和摊销费。

(6)劳动保险费,指企业支付离退休职工的易地安家补助费、职工退职金、六个月以上的病假人员工资、职工死亡丧葬补助费、抚恤费、按规定支付给离休干部的各项经费。

(7)工会经费,指企业按职工工资总额计提的工会经费。

(8)职工教育经费,按职工工资总额的规定比例计提,企业为职工进行专业技术和职业技能培训,专业技术人员继续教育、职工职业技能鉴定、职业资格认定以及根据需要对职工进行各类文化教育所发生的费用,不含职工安全教育、培训费用。

(9)保险费,指企业财产保险、管理用车辆等保险费用及人身意外伤害险的费用。

(10)工程排污费,指施工现场按规定缴纳的排污费用。

(11)税金,指企业按规定缴纳的城市维护建设税、教育费附加、地方教育附加、房产税、车船使用税、土地使用税、印花税等。

(12)其他,指除上述项目以外的其他必要的费用支出,包括技术转让费、技术开发费、竣(交)工文件编制费、招投标费、业务招待费、绿化费、广告费、公证费、定额测定费、法律顾问费、审计费、咨询费,以及施工标准化、规范化、精细化管理等费用。

基本费用以各类工程的定额直接费之和为基数,按表 9-15 的费率计算。

表 9-15　　　　　　　　　　　　　　　　**基本费用费率表**　　　　　　　　　　　　　　(单位:%)

工程类别	费率	工程类别	费率
土方	2.747	构造物Ⅰ	3.587
石方	2.792	构造物Ⅱ	4.726
运输	1.374	构造物Ⅲ	5.976
路面	2.427	技术复杂大桥	4.143
隧道	3.569	钢材及钢结构	2.242

2. 主副食运费补贴

主副食运费补贴是指施工企业在远离城镇及乡村的野外施工购买生活必需品所需增加的费用。该费用以各类工程的定额直接费之和为基数,按表 9-16 的费率计算。

表 9-16　　　　　　　　　　　　　　　**主副食运费补贴费率表**　　　　　　　　　　　　(单位:%)

工程类别	综合里程/km										
	3	5	8	10	15	20	25	30	40	50	每增加 10
土方	0.122	0.131	0.164	0.191	0.235	0.284	0.322	0.377	0.444	0.519	0.07
石方	0.108	0.117	0.149	0.175	0.218	0.261	0.293	0.346	0.405	0.473	0.063
运输	0.118	0.13	0.166	0.192	0.233	0.285	0.322	0.379	0.447	0.519	0.073
路面	0.066	0.088	0.119	0.13	0.165	0.194	0.224	0.259	0.308	0.356	0.051
隧道	0.096	0.104	0.13	0.152	0.185	0.229	0.26	0.304	0.359	0.418	0.054
构造物Ⅰ	0.114	0.12	0.145	0.167	0.207	0.254	0.285	0.338	0.394	0.463	0.062
构造物Ⅱ	0.126	0.14	0.168	0.196	0.242	0.292	0.338	0.394	0.467	0.54	0.073
构造物Ⅲ	0.225	0.248	0.303	0.352	0.435	0.528	0.599	0.705	0.831	0.969	0.132
技术复杂大桥	0.101	0.115	0.143	0.165	0.205	0.245	0.28	0.325	0.389	0.452	0.063
钢材及钢结构	0.104	0.113	0.146	0.168	0.207	0.247	0.281	0.331	0.387	0.449	0.062

注:综合里程=粮食运距×0.06+燃料运距×0.09+蔬菜运距×0.15+水运距×0.70,粮食、燃料、蔬菜、水的运距均为全线平均运距;如综合里程数在表列里程之间,费率可内插。综合里程在 3 km 以内的工程,按 3 km 计取本项费用。

3. 职工探亲路费

职工探亲路费是指按照有关规定施工企业职工在探亲期间发生的往返车船费、市内交通费和途中住宿费等费用。该费用以各类工程的定额直接费之和为基数，按表 9-17 的费率计算。

表 9-17　　　　　　　　　　　　　　　　　　　　职工探亲路费费率表　　　　　　　　　　　　　　　（单位:%）

工程类别	费率	工程类别	费率
土方	0.192	构造物Ⅰ	0.274
石方	0.204	构造物Ⅱ	0.348
运输	0.132	构造物Ⅲ	0.551
路面	0.159	技术复杂大桥	0.208
隧道	0.266	钢材及钢结构	0.164

4. 职工取暖补贴

职工取暖补贴是指按规定发放给职工的冬季取暖费或在施工现场设置的临时取暖设施的费用。该费用以各类工程的定额直接费之和为基数，按工程所在地的气温区选用表 9-18 的费率计算。

表 9-18　　　　　　　　　　　　　　　　　　　　职工取暖补贴费率表　　　　　　　　　　　　　　　（单位:%）

工程类别	气温区						
	准二区	冬一区	冬二区	冬三区	冬四区	冬五区	冬六区
土方	0.060	0.130	0.221	0.331	0.436	0.554	0.663
石方	0.054	0.118	0.183	0.279	0.373	0.472	0.569
运输	0.065	0.130	0.228	0.336	0.444	0.552	0.671
路面	0.049	0.086	0.155	0.229	0.302	0.376	0.456
隧道	0.045	0.091	0.158	0.249	0.318	0.409	0.488
构造物Ⅰ	0.065	0.130	0.206	0.304	0.390	0.499	0.607
构造物Ⅱ	0.070	0.153	0.234	0.352	0.481	0.598	0.727
构造物Ⅲ	0.126	0.264	0.425	0.643	0.849	1.067	1.297
技术复杂大桥	0.059	0.120	0.203	0.310	0.406	0.501	0.609
钢材及钢结构	0.047	0.082	0.141	0.222	0.293	0.363	0.433

5. 财务费用

财务费用是指施工企业为筹集资金而发生的各项费用，包括企业经营期间发生的短期贷款利息净支出、汇兑净损失、调剂外汇手续费、金融机构手续费，以及企业筹集资金发生的其他财务费用。该费用以各类工程定额直接费为基数，按表 9-19 的费率计算。

表 9-19　　　　　　　　　　　　　　　　　　　　财务费用费率表　　　　　　　　　　　　　　　（单位:%）

工程类别	费率	工程类别	费率
土方	0.271	构造物Ⅰ	0.466
石方	0.259	构造物Ⅱ	0.545
运输	0.264	构造物Ⅲ	1.094
路面	0.404	技术复杂大桥	0.637
隧道	0.513	钢材及钢结构	0.653

9.1.3　利润、税金和专项费用

9.1.3.1　利润

利润是指施工企业完成所承包工程应取得的盈利,属于税前利润。利润按定额直接费及措施费、企业管理费之和的 7.42% 计算[式(9-13)]。由于建筑市场竞争程度以及业主对项目的要求不同,企业自身生产能力与管理水平不同,因此中标项目的实际利润也与计算建筑安装工程费所计取的利润不同。

$$利润=(定额直接费+措施费+企业管理费)\times7.42\%\qquad(9-13)$$

9.1.3.2　税金

税金是指按国家税法规定应计入建筑安装工程造价的增值税销项税额。

营改增后建筑安装工程费用的税金是指国家税法规定应计入建筑安装工程造价的增值税销项税额。按式(9-14)计算:

$$税金=(直接费+设备购置费+措施费+企业管理费+规费+利润)\times建筑业增值税税率\qquad(9-14)$$

其中,建筑业增值税税率一般取 9%。

9.1.3.3　专项费用

专项费用包括施工场地建设费和安全生产费。

1. 施工场地建设费

施工场地建设费包括以下几项内容。

(1)按照工地建设标准化要求进行承包人驻地、工地试验室建设,钢筋集中加工、混合料集中拌制、构件集中预制等所需的办公、生活居住房屋(包括职工家属房屋及探亲房屋),公用房屋(如广播室、文体活动室、医疗室等)和生产用房屋(如仓库、加工厂、加工棚、发电站、变电站、空压机站、停机棚、值班室等)等建设费用。

(2)包括场区平整(山岭重丘区的土石方工程除外)、场地硬化、排水、绿化、标志、污水处理设施、围墙隔离设施等的费用,不包括钢筋加工的机械设备、混合料拌和设备及安拆、预制构件台座、预应力张拉设备、起重及养护设备,以及概算、预算定额中临时工程的费用。

(3)包括以上范围内的各种临时工作便道(包括汽车、人力车道)、人行便道,工地临时用水、用电的水管支线和电线支线,临时构筑物(如水井、水塔等)、其他小型临时设施等的搭设或租赁、维修、拆除、清理的费用;但不包括红线范围内贯通便道、进出场的临时道路、保通便道。

(4)工地试验室所发生的属于固定资产的试验设备和仪器等折旧、维修或租赁费用。

(5)施工扬尘污染防治措施费:指裸露的施工场地覆盖防尘网、施工便道和施工场地洒水或喷洒抑尘剂,运输车辆的苫盖和冲洗、环境敏感区设置围挡,防尘标识设置,环境监控与检测等所需的费用。

(6)文明施工、职工健康生活的费用。

施工场地建设费以施工场地计费基数,按表 9-20 的费率,以累进法计算。施工场地计费基数为定额建筑安装工程费扣除专项费用。

表 9-20　　　　　　　　　　　施工场地建设费费率表

施工场地计费基数/万元	费率/%	算例/万元	
		施工场地计费基数	施工场地建设费
500 及 500 以下	5.338	500	500×5.338%=26.69
500~1000	4.228	1000	26.69+(1000-500)×4.228%=47.83
1000~5000	2.665	5000	47.83+(5000-1000)×2.665%=154.43
5000~10000	2.222	10000	154.43+(10000-5000)×2.222%=265.53
10000~30000	1.785	30000	265.53+(30000-10000)×1.785%=622.53

续表

施工场地计费基数/万元	费率/%	算例/万元	
		施工场地计费基数	施工场地建设费
30000~50000	1.694	50000	622.53+(50000-30000)×1.694%=961.33
50000~100000	1.579	100000	961.33+(100000-50000)×1.579%=1750.83
100000~150000	1.498	150000	1750.83+(150000-100000)×1.498%=2499.83
150000~200000	1.415	200000	2499.83+(200000-150000)×1.415%=3207.33
200000~300000	1.348	300000	3207.33+(300000-200000)×1.348%=4555.33
300000~400000	1.289	400000	4555.33+(400000-300000)×1.289%=5844.33
400000~600000	1.235	600000	5844.33+(600000-400000)×1.235%=8314.33
600000~800000	1.188	800000	8314.33+(800000-600000)×1.188%=10690.33
800000~1000000	1.149	1000000	10690.33+(1000000-800000)×1.149%=12988.33
1000000 以上	1.118	1200000	12988.33+(1200000-1000000)×1.118%=15224.33

2. 安全生产费

安全生产费包括完善、改造和维护安全设施设备费用,配备、维护、保养应急救援器材、设备费用,开展重大危险源和事故隐患评估和整改费用,安全生产检查、评价、咨询费用,配备和更新现场作业人员安全防护用品支出,安全生产宣传、教育、培训费用,安全设施及特种设备检测检验费用,施工安全风险评估、应急演练等有关工作及其他与安全生产直接相关的费用。

安全生产费按建筑安装工程费乘安全生产费费率计算,费率按不少于1.5%计取。

9.1.4 建筑安装工程费的计算

9.1.4.1 建筑安装工程费的计算方法

建筑安装工程费的编制,是按照实物量法的计价方法进行的,是由单个到总体,即按照分项工程、分部工程、工程项目,逐项计算,层层汇总,可以用下述一系列公式来表达。

9.1.4.2 建筑安装工程费的计算程序

1. 分项工程的建筑安装工程费

如路基土方,要按人工挖运松土、普通土、硬土,或推土机推运松土、普通土、硬土等,分别逐项进行计算,其计算过程如下:

$$直接费(人工、材料、机械使用)=分项工程量×人工、材料、机械定额消耗×相应的预算价格$$

$$设备费=设备预算价格×设备数据$$

$$措施费=(定额人工费+定额施工机械使用费)×措施费综合费率I或定额直接费×措施费综合费率II$$

$$规费+企业管理费=各类工程人工费×规费综合费率+定额直接费×企业管理费综合费率$$

$$利润=(定额直接费+措施费+企业管理费)×7.42\%$$

$$税金=(直接费+设备购置费+措施费+企业管理费+规费+利润)×建筑业增值税税率9\%$$

$$建筑安装工程费=直接费+措施费+设备费+规费+企业管理费+利润+税金+专项费用$$

2.分部工程的建筑安装工程费

分部工程的建筑安装工程费是指将上述人工挖运松土、普通土、硬土综合为人工土方一项。不过这种综合要根据工程造价项目表的规定和要求与建设工程的实际情况来确定,其综合的内容就是将各分项工程的各种材料和机械台班数量及其各项金额分别进行汇总。

3.工程项目的建筑安装工程费

工程项目的建筑安装工程费是指将分部工程的建筑安装工程费进一步汇总。如将人工土方和机械土方综合为土方一项,其汇总的内容,亦要包括各种实物量(人工、材料、机械)和各种金额。

最后将各工程项目的金额进行汇总,就是建筑安装工程费,而建筑安装工程费的编制工作通过 03 表(见右侧二维码中内容)进行计算完成。

计算建筑安装工程费时,人工、材料和机械台班的数量,应取 1 位小数,金额以元为单位,可取整数。

建筑安装工程费计算表

9.1.4.3 公路交工前养护费和绿化工程费

公路交工前养护费和绿化工程费也属于建筑安装工程费的项目,其计算方法比较特殊,因此单独计列。

1.公路交工前养护费

公路交工前养护费,指对路线工程陆续交工的路段,在路段交工初验时,以路面为主,包括路基、构造物在内的养护费用。

(1)养护费指标。

公路交工前养护费指标,按工程的全线里程及平均养护月数,以下列标准计算:

① 三级、四级公路按 60 工日/(月·km);

② 二级及二级以上公路按 30 工日/(月·km)。

(2)养护费计算。

按路面工程类别,以人工费为基数计算其他工程费和间接费。

2.绿化工程费

绿化工程费属于建安费的工程项目。凡新建、改建路线工程,应计绿化工程费。绿化工程应由施工单位负责在适宜的气候条件下完成绿化施工。绿化工程费按路线总里程,以下列绿化补助费指标计算。

(1)新建公路,按平原微丘区 5000 元/km、山岭重丘区 1000 元/km 计算。以上费用标准内已包括其他工程费和间接费。

(2)改建公路,按上列指标的 80%计。

9.1.4.4 建筑安装工程费计算示例

(1)工程概况。

该工程是珲春至乌兰浩特高速公路中的一段,长 3 km。

本段公路地处吉林省中部平原向东部山区的过渡区域,属于华夏系第二隆起带,由起点向东地形起伏逐渐加大,沿线所经地区沟谷发育,河谷及台地多为水田及旱田,山地多为天然次生林及小面积人工林。沿线以旱田为主,在黄泥河流域内有部分水田。沿线除越岭山地为灌木林和次生林外,其余均为季节性农作物。

(2)技术标准。

根据本公路在公路网中的作用和交通量,结合本路的功能、性能及自然状况,采用设计速度为 120 km/h,路基宽度 24.5 m 的高速公路标准,路面宽度为 4 m×3.75 m,行车道横坡设为 2.0%,硬路肩 2 m×2.5 m,中间带 3 m。路面采用 50 mm 沥青玛蹄脂碎石、70 mm 中粒式沥青混凝土、80 mm 热拌沥青碎石、320 mm 水泥稳定碎石、160 mm 水泥稳定砂土和 200 mm 砂砾垫层。

（3）工程数量。

见原始数据表（见右侧二维码中内容）。

原始数据表

（4）施工图预算计算表。

见右侧建筑安装工程费案例二维码中内容。

建筑安装
工程费案例

9.1.5 清单计价

工程造价在不同阶段根据工程内容的明确与否,应有不同的测算方式,如投资估算、设计概算、施工图预算、标底和报价等。标底和报价在施工招投标阶段应用,应按中华人民共和国交通运输部《建设工程工程量清单计价规范》(GB 50500—2003)要求采用工程量清单计价方式。清单计价区别于概算、预算计价,清单项目中一项可能包括一个或多个概算、预算分项。使相关联的工程分项合计在一起形成清单项目来综合计价的方法就称为综合单价法,或清单价。

工程量清单是按照招标要求和设计图纸要求规定将拟建招标工程的全部项目和内容,依据统一的工程量计算规则,统一的工程量清单项目编制规则要求,计算拟建招标工程项目的分部分项工程数量的表格。工程量清单是招标文件的组成部分,包括工程量清单说明和工程量清单表。

9.1.5.1 工程量清单项目

工程量清单项目包括分部分项工程项目和其他项目。

（1）分部分项工程项目。

分部分项工程项目清单的项目设置应包括项目编码、项目名称、项目特征、计量单位、工程内容。计量单位一般采用基本单位,项目名称以形成的工程实体命名。项目编码按招标范本要求填写即可。工程内容是完成清单项目可能发生的具体工作,可能包含一项或多项概算、预算分项,具体见清单计量规则。

例如,《公路工程工程量清单计量规则》(附录 26)第三章路面工程项目中,子目号 309 的名称为沥青混凝土面层,单位为 m²,其计价工程内容包括清理下承层,拌和、运输、摊铺、整形、碾压、养护等。那么按此内容求得的沥青混凝土面层单价称为综合单价,因为它包含了多个分项工程项目。

（2）其他项目清单是指招标人和投标人的预留金、材料购置费、总承包服务费、零星工作费等。

9.1.5.2 清单项目计价基本原理

清单的综合单价是指清单中某项目的所有工程内容的人工费、材料费、施工机具使用费、其他工程费、管理费、利润等,并适当考虑风险费得到的单价计算方法。其中,清单中的一个分项可能包括多个定额分项。

$$分部工程费 = \sum 分项工程量 × 分项工程综合单价$$

$$单位工程造价 = \sum 分部工程费 + 其他项目费用 + 规费 + 税金$$

9.1.5.3 定额计价模式与清单计价模式的区别

定额计价模式属于传统计价方法,根据图纸和定额计算直接工程费,再计算其他工程费、规费、企业管理费、利润、税金,最后形成单位工程造价。

清单计价模式是根据招标方提出的工程量清单,投标方计算清单各分项的综合单价,计算分项和分部工程的费用,再计算其他项目费用、规费和税金,最后汇总形成单位工程造价。

9.2 土地使用及拆迁补偿费 ＞＞＞

土地使用及拆迁补偿费包含永久占地费、临时占地费、拆迁补偿费、水土保持补偿费、其他费用。

9.2.1 永久占地费

永久占地费包括土地补偿费、征用耕地安置补助费、耕地开垦费、森林植被恢复费、失地农民养老保险费。

(1)土地补偿费:指征地补偿费、被征用土地上的青苗补偿费,征用城市郊区的菜地等缴纳的菜地开发建设基金,耕地占用税,用地图编制费及勘界费等。

(2)征用耕地安置补助费:指征用耕地需要安置农业人口的补助费。

(3)耕地开垦费:指公路建设项目占用耕地的,应由建设项目法人(业主)负责补充耕地所发生的费用;没有条件开垦或者开垦的耕地不符合要求的,按规定缴纳的耕地开垦费。

公路建设项目发生跨省域补充耕地国家统筹的,应执行《国务院办公厅关于印发跨省域补充耕地国家统筹管理办法和城乡建设用地增减挂钩节余指标跨省域调剂管理办法的通知》(国办发〔2018〕16 号)的规定;发生省内跨区域补充耕地的,执行本省相关规定。

(4)森林植被恢复费:指公路建设项目需要占用、征用林地的,经县级以上林业主管部门审核同意或批准,建设项目法人(业主)单位按照省级人民政府有关规定向县级以上林业主管部门预缴的森林植被恢复费。

(5)失地农民养老保险费:指根据国家规定为保障依法被征地农民养老而交纳的保险费用。失地农民养老保险费按项目所在地省级人民政府的相关规定进行计算。

9.2.2 临时占地费

临时占地费包括临时征地使用费、复耕费。

(1)临时征地使用费:指为满足施工所需的承包人驻地、预制场、拌合场、仓库、加工厂(棚)、堆料场、取弃土场、进出场便道、便桥等所有的临时用地及其附着物的补偿费用。

(2)复耕费:指在工程交工后将临时占用的耕地、鱼塘等恢复到原有标准所发生的费用。

9.2.3 拆迁补偿费

拆迁补偿费是指被征用或占用土地地上、地下的房屋及附属构筑物,公用设施、文物等的拆除、发掘及迁建补偿费,拆迁管理费等。

9.2.4 水土保持补偿费

根据国家相关法律、法规规定缴纳。

9.2.5 其他费用

其他费用指国务院行政主管部门及省级人民政府规定的与征地拆迁相关的费用。

9.2.6 土地使用及拆迁补偿费计算方法

(1)土地使用及拆迁补偿费应根据设计文件确定的建设工程用地和临时用地面积及其附着物的情况,

以及实际发生的费用项目,按国家有关规定及工程所在地的省、自治区、直辖市颁布的有关规定和标准计算。

（2）森林植被恢复费应根据审批单位批准的建设工程占用林地的类型及面积,按国家有关规定及工程所在地的省、自治区、直辖市颁布的有关规定和标准计算。

（3）当与原有的电力电信设施、管线、水利工程、铁路及铁路设施互相干扰时,应与有关部门联系,商定合理的解决方案和补偿金额,也可由这些部门按规定编制费用以确定补偿金额。

（4）水土保持补偿费按各省、自治区、直辖市制定的水土保持补偿费收费标准进行计算。

9.3　工程建设其他费　>>>

工程建设其他费包括建设项目管理费、研究试验费、建设项目前期工作费、专项评价(估)费、联合试运转费、生产准备费、工程保通管理费、工程保险费、其他相关费用。

9.3.1　建设项目管理费

建设项目管理费包括建设单位(业主)管理费、建设项目信息化费、工程监理费、设计文件审查费、竣(交)工验收试验检测费。其中建设单位(业主)管理费、建设项目信息化费和工程监理费均为实施建设项目管理的费用,可根据建设单位(业主)、施工、监理单位所实际承担的工作内容和工作量统筹使用。

9.3.1.1　建设单位(业主)管理费

建设单位(业主)管理费是指建设单位(业主)为进行建设项目的立项、筹建、建设、竣(交)工验收、总结等工作所发生的费用。

（1）建设单位(业主)管理费包括工作人员的工资、工资性津贴、施工现场津贴,社会保险费用(基本养老、基本医疗、失业、工伤保险)、住房公积金、职工福利费、工会经费、劳动保护费,办公费、会议费、差旅交通费、固定资产使用费(包括办公及生活房屋折旧、维修或租赁费,车辆折旧、维修、使用或租赁费,通信设备购置、使用费,测量、试验设备仪器折旧、维修或租赁费,其他设备折旧、维修或租赁费等)、零星固定资产购置费、招募生产工人费,技术图书资料费、职工教育培训经费,招标管理费,合同契约公证费、法律顾问费、咨询费,建设单位的临时设施费、完工清理费、竣(交)工验收费[含其他行业或部门要求的竣工验收费用、建设单位负责的竣(交)工文件编制费]、各种税费(包括房产税、车船使用税、印花税等),对建设项目前期工作、项目实施及竣工决算等全过程进行审计所发生的审计费用;境内外融资费用(不含建设期贷款利息)、业务招待费及工程质量、安全生产管理费和其他管理性开支。

（2）建设单位(业主)管理费以定额建筑安装工程费为基数,按表9-21的费率,以累进方法计算。

表9-21　　　　　　　　　　　　　　建设单位(业主)管理费费率表

定额建筑安装工程费/万元	费率/%	算例/万元	
		定额建筑安装工程费	建设单位(业主)管理费
500 及 500 以下	4.858	500	500×4.858%=24.29
500~1000	3.813	1000	24.29+(1000-500)×3.813%=43.355
1000~5000	3.049	5000	43.355+(5000-1000)×3.049%=165.315
5000~10000	2.562	10000	165.315+(10000-5000)×2.562%=293.415
10000~30000	2.125	30000	293.415+(30000-10000)×2.125%=718.415
30000~50000	1.773	50000	718.415+(50000-30000)×1.773%=1073.015
50000~100000	1.312	100000	1073.015+(100000-50000)×1.312%=1729.015
100000~150000	1.057	150000	1729.015+(150000-100000)×1.057%=2257.515

定额建筑安装工程费/万元	费率/%	算例/万元	
		定额建筑安装工程费	建设单位(业主)管理费
150000～200000	0.826	200000	2257.515＋(200000－150000)×0.826%＝2670.515
200000～300000	0.595	300000	2670.515＋(300000－200000)×0.595%＝3265.515
300000～400000	0.498	400000	3265.515＋(400000－300000)×0.498%＝3763.515
400000～600000	0.450	600000	3763.515＋(600000－400000)×0.45%＝4663.515
600000～800000	0.400	800000	4663.515＋(800000－600000)×0.4%＝5463.515
800000～1000000	0.375	1000000	5463.515＋(1000000－800000)×0.375%＝6213.515
1000000 以上	0.350	1200000	6213.515＋(1200000－1000000)×0.35%＝6913.515

(3) 双洞长度超过 5000 m 的独立隧道,水深大于 15 m、跨径大于或等于 400 m 的斜拉桥和跨径大于或等于 800 m 的悬索桥等独立特大型桥梁工程的建设单位(业主)管理费,按表 9-21 中的费率乘系数 1.3 计算;海上工程[指由于风浪影响,工程施工期(不包括封冻期)全年月平均工作日少于 15 d 的工程]的建设单位(业主)管理费,按表 9-21 中的费率乘系数 1.2 计算。

9.3.1.2　建设项目信息化费

建设项目信息化费指建设单位(业主)和各参建单位用于建设项目的质量、安全、进度、费用等方面的信息化建设、运维及各种税费等费用,包括建设项目全寿命周期的建筑信息模型(Building Information Modeling)等相关费用。建设项目信息化费以定额建筑安装工程费为基数,按表 9-22 的费率,以累进方法计算。

表 9-22　　　　　　　　　　　　　建设项目信息化费费率表

定额建筑安装工程费/万元	费率/%	算例/万元	
		定额建筑安装工程费	建设项目信息化费
500 及 500 以下	0.600	500	500×0.6%＝3
500～1000	0.452	1000	3＋(1000－500)×0.452%＝5.26
1000～5000	0.356	5000	5.26＋(5000－1000)×0.356%＝19.5
5000～10000	0.285	10000	19.5＋(10000－5000)×0.285%＝33.75
10000～30000	0.252	30000	33.75＋(30000－10000)×0.252%＝84.15
30000～50000	0.224	50000	84.15＋(50000－30000)×0.224%＝128.95
50000～100000	0.202	100000	128.95＋(100000－50000)×0.202%＝229.95
100000～150000	0.171	150000	229.95＋(150000－100000)×0.171%＝315.45
150000～200000	0.160	200000	315.45＋(200000－150000)×0.16%＝395.45
200000～300000	0.142	300000	395.45＋(300000－200000)×0.142%＝537.45
300000～400000	0.135	400000	537.45＋(400000－300000)×0.135%＝672.45
400000～600000	0.131	600000	672.45＋(600000－400000)×0.131%＝934.45
600000～800000	0.127	800000	934.45＋(800000－600000)×0.127%＝1188.45
800000～1000000	0.125	1000000	1188.45＋(1000000－800000)×0.125%＝1438.45
1000000 以上	0.122	1200000	1438.45＋(1200000－1000000)×0.122%＝1682.45

9.3.1.3　工程监理费

工程监理费是指建设单位(业主)委托具有监理资格的单位,按施工监理规范进行全面的监督和管理所发生的费用。

(1) 工程监理费内容包括工作人员的工资、工资性津贴、施工现场津贴、社会保险费用(基本养老、基本医疗、失业、工伤保险)、住房公积金、职工福利费、工会经费、劳动保护费,办公费、会议费、差旅交通费,办公、试验固定资产使用费(包括办公及生活房屋折旧、维修或租赁费,车辆折旧、维修、使用或租赁费,通信设备购置、使用费,测量、试验、检测设备仪器折旧、维修或租赁费,其他设备折旧、维修或租赁费等)、零星固定资产购置费、招募生产工人费,技术图书资料费、职工教育经费、投标费用,合同契约公证费、法律顾问费、咨询费、业务招待费,财务费用、监理单位的临时设施费、完工清理费、竣(交)工验收费、各种税费、安全生产管理费和其他管理性开支。

(2)工程监理费以定额建筑安装工程费为基数,按表 9-23 的费率,以累进方法计算。

表 9-23
工程监理费费率表

定额建筑安装 工程费/万元	费率/%	算例/万元	
		定额建筑安装工程费	工程监理费
500 及 500 以下	3.00	500	$500×3\%=15$
500~1000	2.40	1000	$15+(1000-500)×2.4\%=27$
1000~5000	2.10	5000	$27+(5000-1000)×2.1\%=111$
5000~10000	1.94	10000	$111+(10000-5000)×1.94\%=208$
10000~30000	1.87	30000	$208+(30000-10000)×1.87\%=582$
30000~50000	1.83	50000	$582+(50000-30000)×1.83\%=948$
50000~100000	1.78	100000	$948+(100000-50000)×1.78\%=1838$
100000~150000	1.72	150000	$1838+(150000-100000)×1.72\%=2698$
150000~200000	1.64	200000	$2698+(200000-150000)×1.64\%=3518$
200000~300000	1.55	300000	$3518+(300000-200000)×1.55\%=5068$
300000~400000	1.49	400000	$5068+(400000-300000)×1.49\%=6558$
400000~600000	1.45	600000	$6558+(600000-400000)×1.45\%=9458$
600000~800000	1.42	800000	$9458+(800000-600000)×1.42\%=12298$
800000~1000000	1.37	1000000	$12298+(1000000-800000)×1.37\%=15038$
1000000 以上	1.33	1200000	$15038+(1200000-1000000)×1.33\%=17698$

9.3.1.4 设计文件审查费

设计文件审查费是指在项目审批前,建设单位(业主)为保证勘察设计工作的质量,组织有关专家或委托有资质的单位,对提交的建设项目可行性研究报告和勘察设计文件进行审查所需要的相关费用。设计文件审查费以定额建筑安装工程费为基数,按表 9-24 的费率,以累进方法计算。

(1)建设项目若有地质勘查监理,费用在此项目内开支。

(2)建设项目若有设计咨询(或称设计监理、设计双院制),费用在此项目内开支。

表 9-24
设计文件审查费费率表

定额建筑安装 工程费/万元	费率/%	算例/万元	
		定额建筑安装工程费	设计文件审查费
5000 以下	0.077	5000	$5000×0.077\%=3.85$
5000~10000	0.072	10000	$3.85+(10000-5000)×0.072\%=7.45$
10000~30000	0.069	30000	$7.45+(30000-10000)×0.069\%=21.25$
30000~50000	0.066	50000	$21.25+(50000-30000)×0.066\%=34.45$
50000~100000	0.065	100000	$34.45+(100000-50000)×0.065\%=66.95$
100000~150000	0.061	150000	$66.95+(150000-100000)×0.061\%=97.45$
150000~200000	0.059	200000	$97.45+(200000-150000)×0.059\%=126.95$
200000~300000	0.057	300000	$126.95+(300000-200000)×0.057\%=183.95$

定额建筑安装工程费/万元	费率/%	算例/万元	
		定额建筑安装工程费	设计文件审查费
300000~400000	0.055	400000	183.95+(400000-300000)×0.055%=238.95
400000~600000	0.053	600000	238.95+(600000-400000)×0.053%=344.95
600000~800000	0.052	800000	344.95+(800000-600000)×0.052%=448.95
800000~1000000	0.051	1000000	448.95+(800000-600000)×0.051%=550.95
1000000 以上	0.050	1200000	550.95+(800000-600000)×0.050%=650.95

9.3.1.5 竣(交)工验收试验检测费

竣(交)工验收试验检测费是指在公路建设项目竣(交)工验收前,由建设单位(业主)或工程质量监督机构委托有资质的公路工程质量检测单位按照有关规定对建设项目的工程质量进行检测并出具检测试验意见,以及进行桥梁动(静)载试验或其他特殊检测等所需的费用。

(1)竣(交)工验收试验检测费按表9-25规定的费率计算。道路工程按主线路基长度计算,桥梁工程以主线桥梁、分离式立交、匝道桥的长度之和进行计算,隧道按单洞长度计算。

(2)道路工程,高速公路、一级公路按四车道计算,二级及二级以下公路按两车道计算,每增加一个车道,按表9-25的费用增加10%。桥梁和隧道按双向四车道计算,每增加一个车道,费用增加15%。二级及二级以下公路的桥隧工程,按表9-25费用的40%计算。

表9-25 竣(交)工验收试验检测费

检测项目		竣(交)工验收试验检测费	备注
道路工程/(元/km)	高速公路	23500	包括路基、路面、涵洞、通道、路段安全设施和机电、房建、绿化、环境保护及其他工程
	一级公路	17000	
	二级公路	11500	
	三级及三级以下公路	5750	
桥梁工程/(元/延米)	一般桥梁	40	包括桥梁范围内的所有土建、安全设施和机电、声屏障等环境保护工程及必要的动(静)载试验
	技术复杂桥梁 钢管拱桥	750	
	连续刚构桥	500	
	斜拉桥	600	
	悬索桥	560	
隧道工程/(元/延米)	单洞	80	包括隧道范围内的所有土建、安全设施、机电、消防设施等

9.3.2 研究试验费

研究试验费是指按项目特点和有关规定,在建设过程中必须进行的研究和试验所需的费用,以及支付科技成果、专利、先进技术的一次性技术转让费。

(1)研究试验费不包括以下几项。

① 应由前期工作费(为建设项目提供或验证设计数据、资料等专题研究)开支的项目。

② 应由科技三项费用(即新产品试制费、中间试验费和重要科学研究补助费)开支的项目。

③ 应由施工辅助费开支的施工企业对建筑材料、构件和建筑物进行一般鉴定、检查所发生的费用及技术革新研究试验费。

(2)研究试验费的计算方法按设计提出的研究试验内容和要求进行编制。

9.3.3 建设项目前期工作费

建设项目前期工作费是指委托勘察设计单位、咨询单位对建设项目进行可行性研究、工程勘察设计,以及设计、监理、施工招标文件及招标标底或造价控制值文件编制时,按规定应支付的费用。

(1)建设项目前期工作费包括以下几项。

① 编制项目建议书(或预可行性研究报告)、可行性研究报告、投资估算,以及相应的勘察、设计等所需的费用。

② 通过风洞试验、地震动参数、索塔足尺模型试验、桥墩局部冲刷试验、桩基承载力试验等为建设项目提供或验证设计数据所需的专题研究费用。

③ 初步设计和施工图设计的勘察费、设计费、概(预)算编制及调整概算编制费用等。

④ 设计、监理、施工招标及招标标底(或造价控制值或清单预算)文件编制费等。

(2)建设项目前期工作费以定额建筑安装工程费为基数,按表9-26的费率,以累进方法计算。

表9-26 建设项目前期工作费费率表

定额建筑安装工程费/万元	费率/%	算例/万元	
		定额建筑安装工程费	建设项目前期工作费
500 及 500 以下	3.00	500	500×3.00%=15
500~1000	2.70	1000	15+(1000-500)×2.70%=28.5
1000~5000	2.55	5000	28.5+(5000-1000)×2.55%=130.5
5000~10000	2.46	10000	130.5+(10000-5000)×2.46%=253.5
10000~30000	2.39	30000	253.5+(30000-10000)×2.39%=731.5
30000~50000	2.34	50000	731.5+(50000-30000)×2.34%=1199.5
50000~100000	2.27	100000	1199.5+(100000-50000)×2.27%=2334.5
100000~150000	2.19	150000	2334.5+(150000-100000)×2.19%=3429.5
150000~200000	2.08	200000	3429.5+(200000-150000)×2.08%=4469.5
200000~300000	1.99	300000	4469.5+(300000-200000)×1.99%=6459.5
300000~400000	1.94	400000	6459.5+(400000-300000)×1.94%=8399.5
400000~600000	1.86	600000	8399.5+(600000-400000)×1.86%=12119.5
600000~800000	1.80	800000	12119.5+(800000-600000)×1.80%=15719.5
800000~1000000	1.76	1000000	15719.5+(1000000-800000)×1.76%=19239.5
1000000 以上	1.72	1200000	19239.5+(1200000-1000000)×1.72%=22679.5

9.3.4 专项评价(估)费

专项评价(估)费是指依据国家法律、法规规定进行评价(评估)、咨询,按规定应支付的费用。

(1)专项评价(估)费包括环境影响评价费、水土保持评估费、地震安全性评价费、地质灾害危险性评价费、压覆重要矿床评估费、文物勘察费、通航论证费、行洪论证(评估)费、使用林地可行性研究报告编制费、用地预审报告编制费、项目风险评估费、节能评估费和社会风险评估费、放射性影响评估费、规划选址意见书编制费等费用。

(2)专项评价(估)费的计算方法是依据委托合同,或参照类似工程已发生的费用进行计列。

9.3.5 联合试运转费

联合试运转费是指建设项目的机电工程,按照有关规定标准,需要进行整套设备带负荷联合试运转所需的全部费用,不包括应由设备安装工程费中开支的调试费用。

（1）联合试运转费用包括联合试运转期间所需的材料、燃料和动力的消耗，机械和检测设备使用费，工具用具和低值易耗品费，参加联合试运转的人员工资及其他费用等。

（2）联合试运转费以定额建筑安装工程费为基数，按 0.04% 的费率计算。

9.3.6　生产准备费

生产准备费是指为保证新建、改扩建项目交付使用后满足正常的运行、管理发生的工器具购置、办公和生活用家具购置、生产人员培训、应急保通设备购置等费用。

（1）工器具购置费是指建设项目交付使用后为满足初期正常运营必须购置的第一套不构成固定资产的设备、仪器、仪表、工卡模具、器具、工作台（框、架、柜）等的费用，不包括构成固定资产的设备、工器具和备品、备件，以及已列入设备费中的专用工具和备品、备件。工器具购置费由设计单位列出计划购置清单（包括规格、型号、数量），计算方法同设备购置费。

（2）办公和生活用家具购置费是指新建、改扩建工程项目，为保证初期正常生产、使用和管理所购置的办公和生活用家具、用具的费用，包括行政、生产部门的办公室、会议室、资料档案室、阅览室、宿舍及生活福利设施等的家具、用具。办公和生活用家具购置费按表 9-27 的规定计算。

表 9-27　　　　　　　　　　　　　办公和生活用家具购置费标准表

工程所在地	路线/（元/公路公里）				单独管理或单独收费的桥梁、隧道/（元/座）		
	高速公路	一级公路	二级公路	三、四级公路	特大、大桥		特长隧道
					一般桥梁	技术复杂大桥	
内蒙古、黑龙江、青海、新疆、西藏	21500	15600	7800	4000	24000	60000	78000
其他省、自治区、直辖市	17500	14600	5800	2900	19800	49000	63700

注：改扩建工程按表列费用的 70% 计。

（3）生产人员培训费是指为保证生产的正常运行，在工程交工验收交付使用前对运营部门生产人员和管理人员进行培训所需的费用，包括培训人员的工资、工资性津贴、职工福利费、差旅交通费、劳动保护费、培训及教学实习费等。该费用按设计定员和 3000 元/人 的标准计算。

（4）应急保通设备购置费是指新建、改扩建工程项目，为满足初期正常营运，购置保障抢修保通、应急处置，且构成固定资产的设备所需的费用。该费用由设计单位列出计划购置清单，计算方法同设备购置费。

9.3.7　工程保通管理费

工程保通管理费是指新建或改扩建工程需边施工边维持通车或通航的建设项目，为保证公（铁）路运营安全、船舶航行安全及施工安全而进行交通（公路、航道、铁路）管制、交通（铁路）与船舶疏导所需的和媒体、公告等宣传费用及协管人员经费等。工程保通管理费应按设计需要进行列支。涉水项目施工期通航安全保障费用计算方法按《公路工程建设项目概算预算编制办法》（JTG 3830—2018）附录 G 执行。

9.3.8　工程保险费

工程保险费是指在合同执行期内，施工企业按合同条款要求办理保险的费用，包括建筑工程一切险和第三方责任险。

（1）建筑工程一切险是为永久工程、临时工程和设备及已运至施工工地用于永久工程的材料和设备所投的保险。

（2）第三者责任险是对因实施合同工程而造成的财产（本工程除外）损失或损害，或人员（业主和承包人雇员除外）的死亡或伤残所负责进行的保险。

（3）工程保险费以建筑安装工程费（不含设备费）为基数，按 0.4% 的费率计算。

9.3.9 其他相关费用

其他相关费用是指国务院行政主管部门及省级人民政府规定的其他与公路建设相关的费用,按其相关规定计算。

9.4 预 备 费 >>>

预备费由基本预备费和价差预备费两部分组成。

9.4.1 基本预备费

基本预备费是指在初步设计和概算、施工图设计和施工图预算中难以预料的工程费用。

9.4.1.1 基本预备费包含费用内容

(1)在进行技术设计、施工图设计和施工的过程中,在批准的初步设计和概算范围内所增加的工程费用。

(2)在设备订货时,由于规格、型号改变的价差,材料货源变更、运输距离或方式的改变以及因规格不同而代换使用等原因发生的价差。

(3)在项目主管部门组织竣(交)工验收时,验收委员会(或小组)为鉴定工程质量必须开挖和修复隐蔽工程的费用。

9.4.1.2 基本预备费计算方法

基本预备费以建筑安装工程费、土地使用及拆迁补偿费、工程建设其他费之和为基数,按下列费率计算。

(1)设计概算按 5% 计列。

(2)修正概算按 4% 计列。

(3)施工图预算按 3% 计列。

9.4.2 价差预备费

价差预备费是指设计文件编制年至工程交工年期间,建筑安装工程费用的人工费、材料费、设备费、施工机械使用费、措施费、企业管理费等由于政策、价格变化可能发生上浮而预留的费用,以及外资贷款汇率变动部分的费用。

(1)价差预备费以建筑安装工程费用总额为基数,按设计文件编制年始至建设项目工程交工年终的年数和年工程造价增长率计算。计算公式见式(9-15)。

$$价差预备费 = P \times [(1+i)^{n-1} - 1] \tag{9-15}$$

式中　P——建筑安装工程费总额,元;

　　　i——年工程造价增长率,%;

　　　n——设计文件编制年至建设项目开工年+建设项目建设期限,年。

(2)年工程造价增长率按有关部门公布的工程投资价格指数计算。

(3)设计文件编制至工程交工在一年以内的工程,不列此项费用。

9.5　建设期贷款利息　>>>

（1）建设期贷款利息是指工程项目使用的贷款部分在建设期内应计取的贷款利息，包括各种金融机构贷款、建设债券和外汇贷款等利息。

（2）根据不同的资金来源分年度投资计算所需支付的利息。计算公式见式(9-16)。

建设期贷款利息 $= \sum$（上年末付息贷款本息累计 $+$ 本年度付息贷款额 $\div 2$）$\times$ 年利率　　(9-16)

即：

$$S = \sum_{n=1}^{N}(F_{n-1} + b_n \div 2) \times i$$

式中　S——建设期贷款利息；

$\quad\quad N$——项目建设期，年；

$\quad\quad n$——施工年度；

$\quad\quad F_{n-1}$——建设期第 $n-1$ 年末需付息贷款本息累计；

$\quad\quad b_n$——建设期第 n 年度付息贷款额；

$\quad\quad i$——中国人民银行公布的贷款基准年利率。

9.6　公路工程造价编制　>>>

9.6.1　公路工程建设项目各项费用计算程序及计算方式

公路工程造价由五部分费用组成：① 建筑安装工程费；② 土地使用及拆迁补偿费；③ 工程建设其他费；④ 预备费；⑤ 建设期贷款利息。

在各项费用中，每项费用都有其具体的费用内容和计算方法，并按照一定的规则和程序进行。现将各项费用的计算程序和方法进行归纳，如表 9-28 所示。

表 9-28　　　　　　　　　　　　公路工程建设项目各项费用的计算程序及计算方式

序号	项目	说明及计算式
（一）	定额直接费	$\sum$ 人工消耗量 $\times$ 人工基价 $+ \sum$（材料消耗量 $\times$ 材料基价 $+$ 机械台班消耗量 $\times$ 机械台班基价）
（二）	定额设备购置费	$\sum$ 设备购置数量 $\times$ 设备基价
（三）	直接费	$\sum$ 人工消耗量 $\times$ 人工单价 $+ \sum$（材料消耗量 $\times$ 材料预算单价 $+$ 机械台班消耗量 $\times$ 机械台班预算单价）
（四）	设备购置费	$\sum$ 设备购置数量 $\times$ 预算基价
（五）	措施费	（一）$\times$ 施工辅助费费率 $+$ 定额人工费和定额施工机械使用费之和 $\times$ 其余措施费综合费率
（六）	企业管理费	（一）$\times$ 企业管理费综合费率

序号	项目	说明及计算式
（七）	规费	各类工程人工费(含施工机械人工费)×规费综合费率
（八）	利润	[(一)+(五)+(六)]×利润率
（九）	税金	[(三)+(四)+(五)+(六)+(七)+(八)]×10%
（十）	专项费用	
	施工场地建设费	[(一)+(二)×40%+(五)+(六)+(七)+(八)+(九)]×累进费率
	安全生产费	建筑安装工程费(不含安全生产费本身)×(≥1.5%)
（十一）	定额建筑安装工程费	(一)+(二)×40%+(五)+(六)+(七)+(八)+(九)+(十)
（十二）	建筑安装工程费	(三)+(四)+(五)+(六)+(七)+(八)+(九)+(十)
（十三）	土地使用及拆迁补偿费	按规定计算
（十四）	工程建设其他费	
	建设项目管理费	
	建设单位(业主)管理费	(十一)×累进费率
	建设项目信息化费	(十一)×累进费率
	工程监理费	(十一)×累进费率
	设计文件审查费	(十一)×累进费率
	竣(交)工验收试验检测费	按规定计算
	研究试验费	
	建设项目前期工作费	(十一)×累进费率
	专项评价(估)费	按规定计算
	联合试运转费	(十一)×费率
	生产准备费	
	工具器购置费	按规定计算
	办公和生活用家具购置费	按规定计算
	生产人员培训费	按规定计算
	应急保通设备购置费	
	工程保通管理费	按规定计算
	工程保险费	[(十二)-(四)]×费率
	其他相关费用	
（十五）	预备费	
	基本预备费	[(十二)+(十三)+(十四)]×费率
	价差预备费	(十二)×费率
（十六）	建设期贷款利息	按实际贷款额度及利率计算
（十七）	公路基本造价	(十二)+(十三)+(十四)+(十五)+(十六)

9.6.2 公路工程造价的编制步骤

（1）熟悉设计图纸资料。

熟悉施工图设计文件中设计图纸资料，是准确、全面编制预算的前提条件。

（2）进行外业调查。

编制施工图预算外业调查工作，是为计算人工、材料、机械单价提供依据，也是为编制预算提供原始资料。外业调查是否深入、细致，资料收集是否齐全、准确，直接影响预算编制质量。外业调查的内容有：① 各类材料的来源（外购或自采）、运输方式、运距、运费标准；② 沿线的临时设施，三通一平工作；③ 劳动力供应情况；④ 当地的地形、地貌、气候、水文、风土人情等。

（3）分析施工组织设计。

同一施工内容采用不同的施工组织、工艺，不同的施工机具对工程的工期、质量、造价均有很大的影响，应认真分析其可行性、合理性、经济性。

（4）分项计算工程量。

工程量是用物理计量单位或自然计量单位表示的建筑安装工程各个分项工程或结构构件的实物数量。

工程量计算是根据施工图、预算定额划分的项目及工程量计算规则，列出分部分项工程名称和工程量计算式，然后计算其结果的过程。

预算工程量计算规则是确定工程施工数量和预算工程数量的依据，分散在公路预算定额手册的各章节说明中，是在套用定额时确定定额数量的工作依据。

由概算、预算费用组成内容可知，公路工程项目概算、预算金额由建筑安装工程费、土地使用及拆迁补偿费、工程建设其他费、预备费和建设期贷款利息五部分组成。其中后四部分费用可分别按国家规定的有关费用标准和相应的产品价格直接计算，较易确定。而建筑安装工程费则不同，它是由相当数量的分项工程组成的庞大复杂综合体，直接计算出它的全部人工、材料、机械台班数量及价格较为困难。为了准确计算建筑安装工程费，必须对工程项目进行分项。分项必须满足以下要求：① 按照概算、预算项目表的要求；② 符合定额项目表的要求；③ 符合费率的要求。按要求分项后，便可将工程系目列出并填入 21-2 表。

按照施工图纸、技术文件、施工方案、工程量计算规则、定额计算工程量，将计算的分项工程量填入 21-2 表［具体表格格式及填写要求详见《公路工程建设项目概算预算编制办法》(JTG 3830—2018)附录 A］。

（5）查定额。

按照分项工程不同的施工方法、材料、结构，查找相应的定额细目，并将查找的定额号、定额单位、定额值列入 21-2 表相应栏目。

（6）计算人工、材料、机械预算单价。

人工、材料、机械预算单价是计算建筑安装工程费的基础，由 22 表、23 表、24 表计算后汇入 09 表。

① 根据 21-2 表所列出的材料名称、规格，机械油燃料、水、电，编制 22 表材料预算单价。

② 根据 09 表中的自采材料，按不同种类、规格列入 23 表计算其料场价格，并将计算结果汇入 09 表的材料原价中。

③ 根据 21-2 表、09 表所列机械及 23 表中自办运输机械，按不同型号、规格列入 24 表计算机械预算单价。

（7）计算措施费、企业管理费和规费的费率。

根据项目分项、工程类别划分规定，计算措施费、企业管理费和规费的费率，并填入 04 表中。

（8）计算建筑安装工程费。

① 将 09 表的预算单价填入 21-2 表中的单价栏中，由单价与数量相乘得出人工费、材料费、施工机具使用费，并计算出直接费。

② 根据 04 表中其他工程费费率Ⅱ，以定额直接费为基数；根据 04 表中其他工程费费率Ⅰ，以定额人工费、定额机械使用费之和为基数；计算措施费。

③ 根据 04 表中规费综合费率，以人工费为基数计算规费；根据 04 表中企业管理费综合费率，以定额直

接费为基数计算企业管理费。

④ 21-2 表中利润计算。

⑤ 21-2 表中税金计算。

⑥ 根据 21-2 表中分项工程的数据计算 05 表、06 表,按不同的工程名称(项或目)填写 03 表建筑安装工程费。

(9)实物指标计算。

① 将 22 表,机械 23 表、24 表中的人工、材料、机械数量汇总编制 25 表。

② 汇总 21-2 表中人工、材料、机械台班数量。

③ 将上面 2 项内容汇总,填入 02 表中。

(10)计算 07 表和 08 表。

(11)编制总概算、预算表。

① 将 03 表、07 表、08 表中的各项按项目表的顺序填入 01 表,并计算各项技术经济指标。

② 造价分析。根据概算、预算总金额,对各项工程的费用比值和经济指标进行分析、评价。

(12)编制总概算、预算汇总表。

① 一个建设项目分若干单项工程编制概算、预算时,应汇总全部项目,计算总金额。

② 汇总 01 表填入 01-1 表中。

③ 汇总 02 表填入 02-1 表中。

(13)编制说明。

概算、预算表格编制完毕后,应编写概算、预算说明,主要内容有编制依据,存在问题,工程总造价,人工、材料、机械数量,经济指标和其他不能在表格中反映的事项。

(14)复核、装订。

当概算、预算表格、编制说明全部完成后,应进行全面复核,确认无误并签字后,将甲、乙组文件分别装订成册。

9.6.3　注意问题

为提高工程造价的编制质量,除掌握上述编制程序外,还必须注意如下问题。

(1)正确引用定额值。

在引用定额值时,必须瞻前顾后,注意章、节说明和表下小注。特别是在每次编制之前都要查询是否有新的定额或文件下达,切不可墨守成规。

(2)正确计算工程量。

正确计算工程量是工程造价计价至关重要的一环。在设计文件中,设计人员提供的工程数量与定额用的工程数量含义往往不尽相同。

如:路基填方的工程量=填方的设计断面方+预计的沉降方+表土清除和耕地填前压实后的回填量+路基填方两边加宽以保证路基边缘压实的增加方。但设计人员提供的填方量通常只是"设计断面方",即按照设计的几何尺寸计算的填方量,而漏计了后面三项,即为保证"设计断面方"的质量而附加的填方数量。

(3)准确统计实物量。

不要忘记汇总那些按费率或指标计算的增工、增料数量。如自办运输,人工装卸用工,公路交工前养护用工,冬季、雨季、夜间增工、临时设施用工及辅助生产所需人工、材料、机械数量等。

(4)加强复核工作。

在编制时应加强复核工作,每张表格应由"编制"与"复核"两人完成,并分步完成,每步复核无误后再进行下一步。切勿单人自编自核。

9.7　工程造价的电算方法　>>>

9.7.1　海德纵横 SmartCost 公路工程造价系统

海德纵横 SmartCost 公路工程造价系统是一套全新设计的公路工程造价产品,具有多项旧式软件所不具备的创新功能。其广泛应用于设计、施工招投标、施工成本管理、项目造价审核、监理等领域。其主要功能和特点如下。

(1)清单精灵。

其是一个智能化的清单组价工具。在编制标底时,能有效防止错项、漏项,提高编标效率,智能化程度高。

(2)智能定额调整。

所有定额调整均自动完成,简单易用,不错不漏,抛弃半手工调整状态。

(3)智能定额逼近。

输入定额号时,系统自动根据输入的定额号智能逼近所需的定额,边输入边提示,无须死记定额号。

(4)即时造价计算功能。

任何数据一经修改,相关计算结果立即显示,造价即时刷新,便于及时审核单价,发现问题。无须"造价计算",无须"工料机分析",无须"分项剖析"。

(5)复制清单。

由多人分专业编制,一人合并汇总,组成一个完整的标底文件。

(6)支持定额成批复制,大大减少重复录入工作。

(7)成批计算材料预算单价。

在计算材料单价时,对相同运距的各种材料,只需输入一次计算数据。与"造价管理信息网"结合,自动读取供应价文件中的原价数据,不必一个个输入。

(8)灵活的报表。

同类软件的报表多为固定的,不能作任何修改,而实际上项目的报表形式千差万别,用户只能导出到 Excel 后花大量时间手动修改。使用海德纵横 SmartCost 公路工程造价系统能快速完成报表的编排工作。

(9)定额模糊查找。

不必强记定额号,省去手动查找的麻烦。比如在定额名称处输入"水泥",系统立即将名称中含"水泥"的定额过滤出来,大大加快了定额选择的速度。

9.7.2　编制概算、预算的基本流程及内容

第一步:新建项目文件

(1)填入文件名称及项目名称。

(2)选择项目类型,如图 9-3 所示。

第二步:完善项目属性

(1)项目基本信息与项目技术参数分别如图 9-4、图 9-5 所示。

注意:项目基本信息和项目技术参数中的信息不参与造价计算,只是在报表中体现出来。

(2)项目计算参数如图 9-6 所示。

(3)项目其他取费与小数位数分别如图 9-7、图 9-8 所示。

注意:项目其他取费不影响造价计算结果。

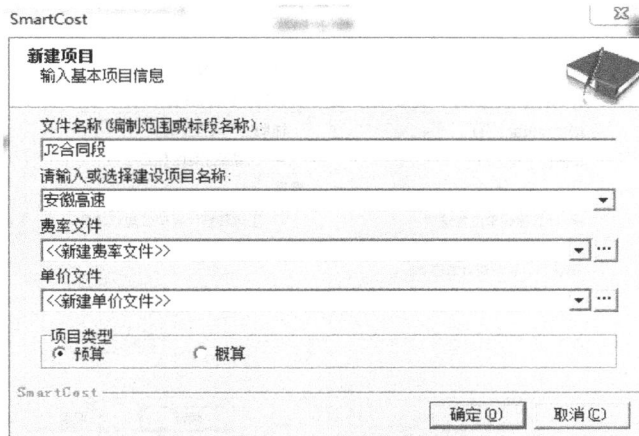

图 9-3 项目类型

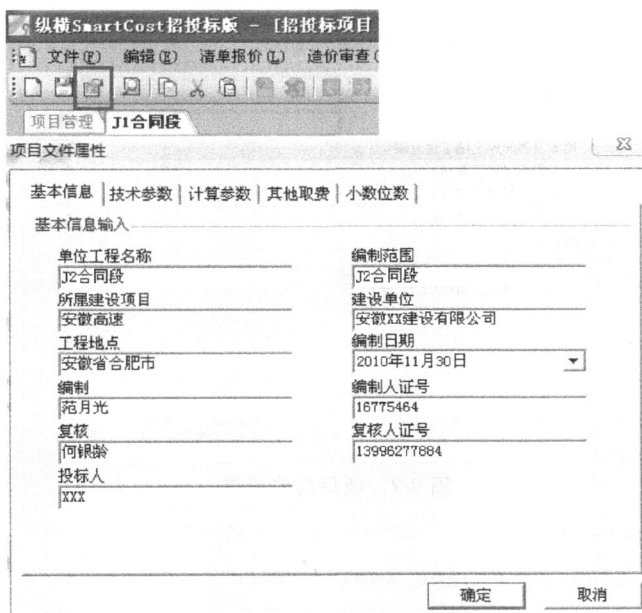

图 9-4 项目基本信息

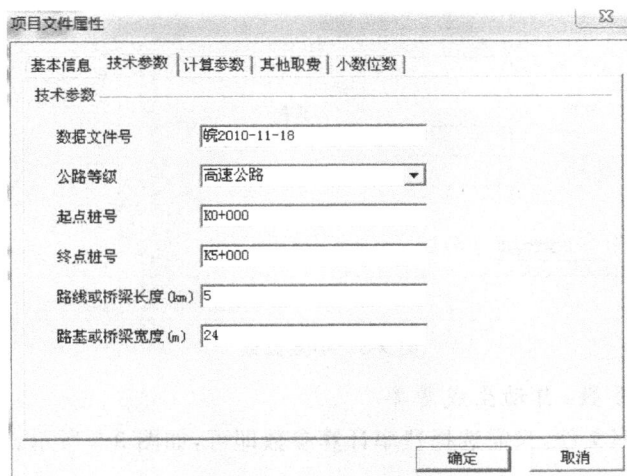

图 9-5 项目技术参数

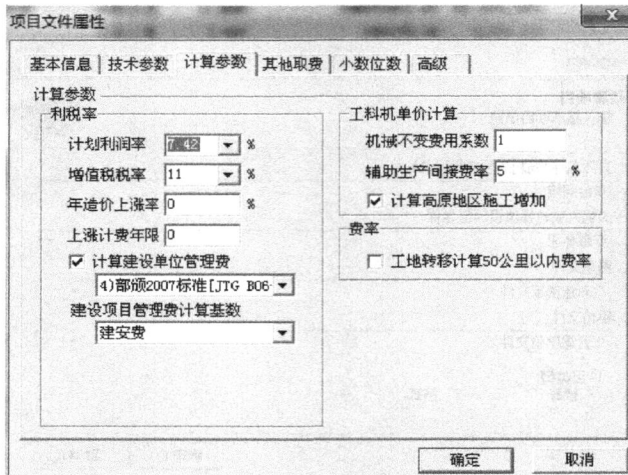

图 9-6　项目计算参数

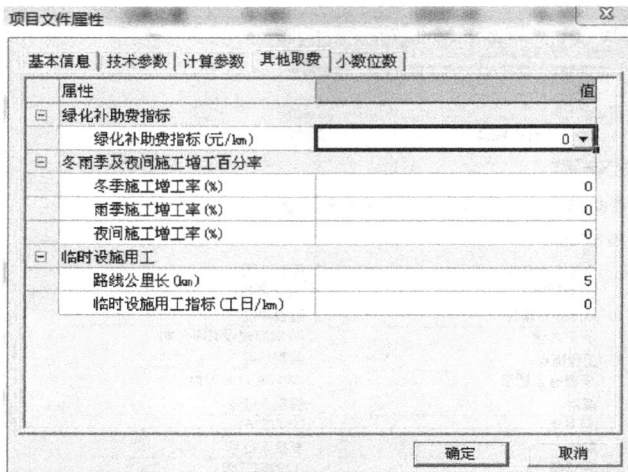

图 9-7　项目其他取费

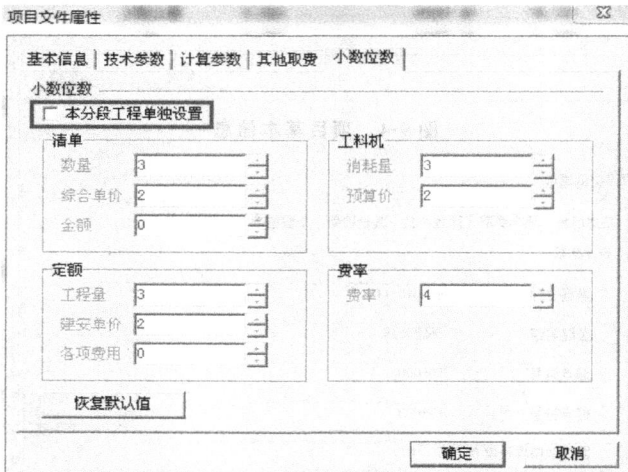

图 9-8　小数位数

第三步：选择费率计算参数，自动生成费率

费率窗口的右手边有费率文件，只需选择费率计算参数即可，如图 9-9 所示。

第四步：编写造价书

(1) 完善项目表。

① 建立标准项。

② 在"选用"下打钩并直接单击"添加"或直接双击所要添加的项目。

③ 建立非标准项,点击工具栏中"添加"快捷键,如图 9-10 所示。

(2) 定额的选择。

套定额常见方法如下。

① 定额选择中直接双击定额名称自动添加到组价窗口。

② 定额模糊查找,如图 9-11 所示。

图 9-9 项目费率

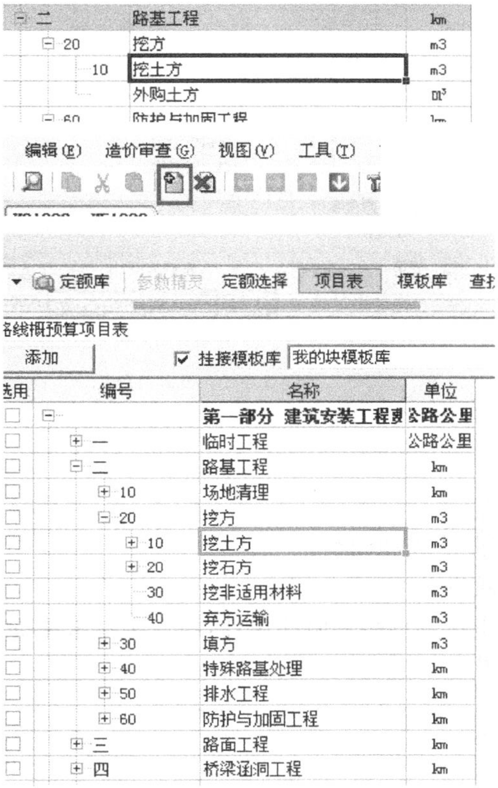

图 9-10 项目表

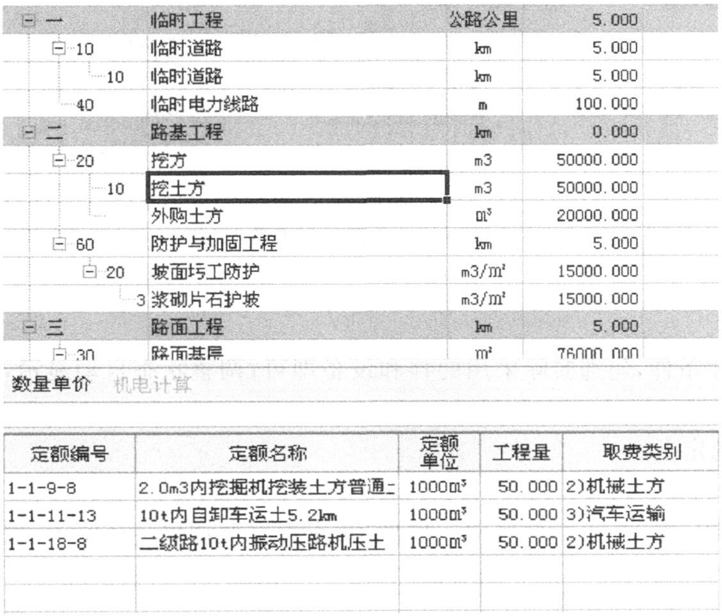

定额编号	定额名称	定额单位	工程量	取费类别
1-1-9-8	2.0m3内挖掘机挖装土方普通土	1000m³	50.000	2)机械土方
1-1-11-13	10t内自卸车运土5.2km	1000m³	50.000	3)汽车运输
1-1-18-8	二级路10t内振动压路机压土	1000m³	50.000	2)机械土方

图 9-11 选定额

(3) 对定额进行调整抽换。

① 运输定额调整。

以 8 t 车运土 7 km 为例,查定额 1-1-11-9。

点击定额调整—辅助定额,在实际值中输入实际运距 7 即可,无须其他任何操作;软件自动选择辅助定额,定额名称自动变化,单价自动计算,如图 9-12 所示。

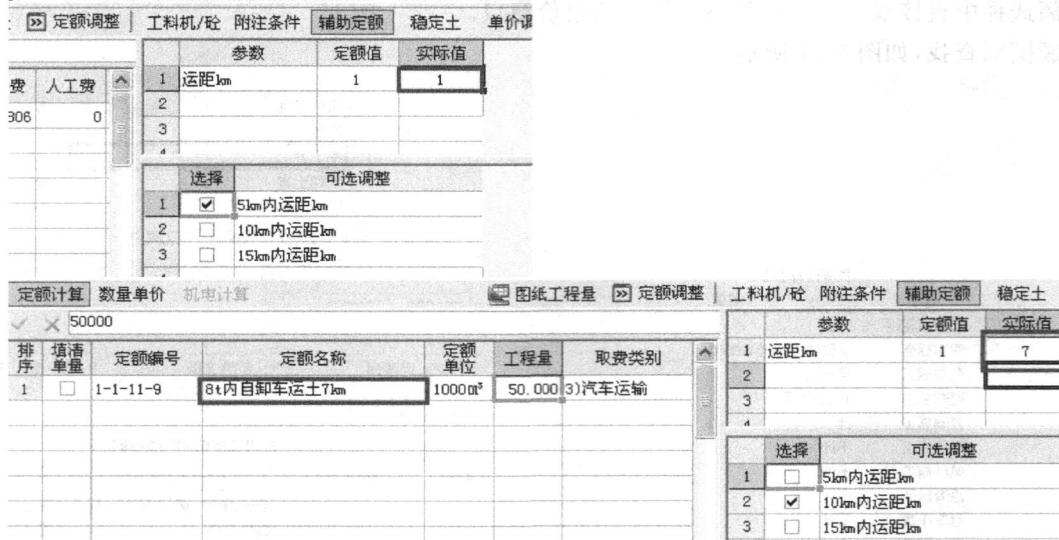

图 9-12 运输定额调整

② 分层拌和调整。

以定额 2-1-3-1 为例。

点击定额调整—附注条件,勾选实际采用的方式即可;调整状态自动显示,单价自动计算,调整即告完成,如图 9-13 所示。

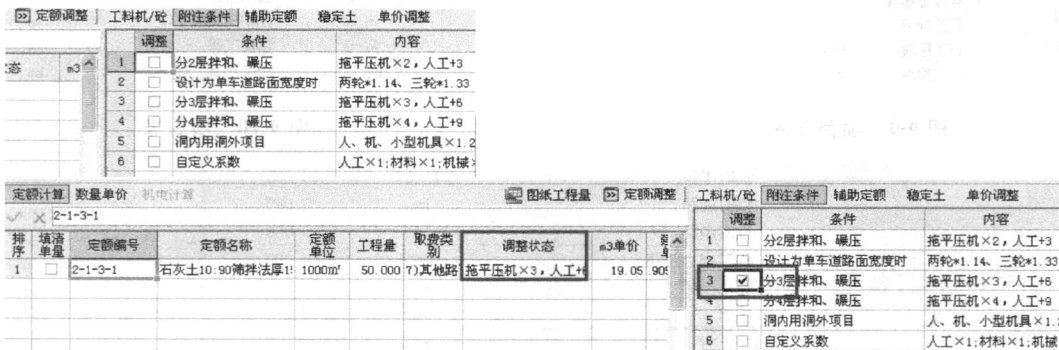

图 9-13 分层拌和调整

③ 拌和设备型号调整。

以定额 2-1-7-7 为例。

点击定额调整—附注条件,勾选实际采用的拌和设备即可;调整状态自动显示,单价自动计算,调整即告完成,如图 9-14 所示。

④ 调整压实厚度,稳定土。

同样以定额 2-1-7-7 为例。

点击定额调整—辅助定额,在实际值中输入厚度值,点击定额调整—稳定土,输入实际采用的水泥比;调整状态自动显示,单价自动计算,调整即告完成,如图 9-15 所示。

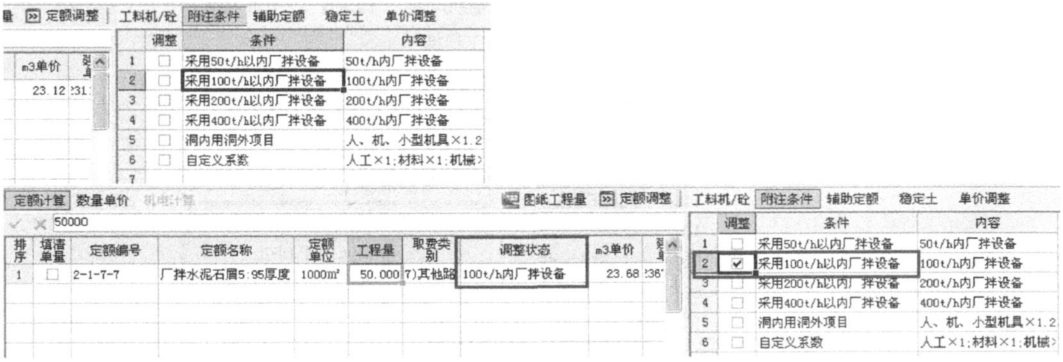

图 9-14　拌和设备型号调整

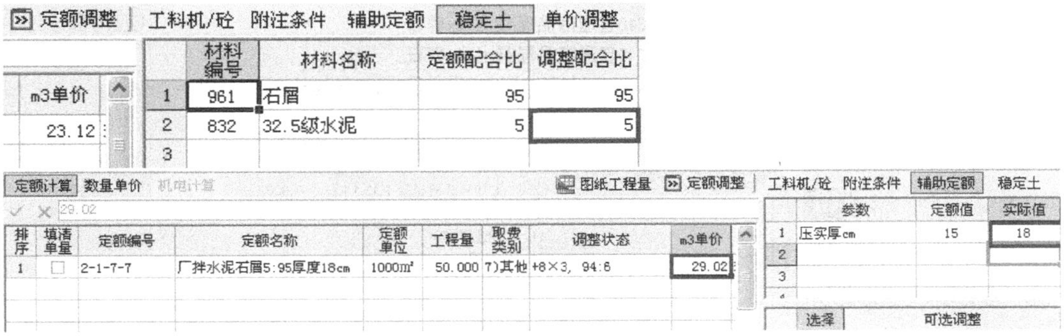

图 9-15　稳定土调整

⑤ 商品混凝土替换。

以定额 2-2-17-1 为例。

点击定额调整—工料机/混凝土,右键单击替换的混凝土号,选择替换商品混凝土;在工料机窗口里勾选实际购买的商品混凝土号,单击确定即可;取费类别选择构造物Ⅲ,调整即告完成,如图 9-16 所示。

⑥ 沥青油石比调整。

以定额 2-2-11-1 为例。

点击定额调整—工料机/混凝土,在自定油石比中输入沥青油石比;沥青用量根据内置公式自动计算,调整即告完成,如图 9-17 所示。

⑦ 钢绞线束数调整。

以定额 4-7-20-15 为例。

点击定额调整—辅助定额,输入实际束数值;定额名称自动变化,单价自动计算,如图 9-18 所示。

⑧ 灌注桩桩径调整。

以定额 4-4-5-43 为例。

点击定额调整—附注条件,在实际桩径前打钩;定额名称自动变化,单价自动计算,如图 9-19 所示。

⑨ 添加工料机。

以定额 4-6-10-2 为例。

点击定额调整—工料机/混凝土,右键单击空白处选择添加工料机,单击新增工料机;在新增工料机界面输入外掺剂的参数,然后单击确定;回到工料机/混凝土窗口,根据实际情况,调整其消耗量即可,如图 9-20 所示。

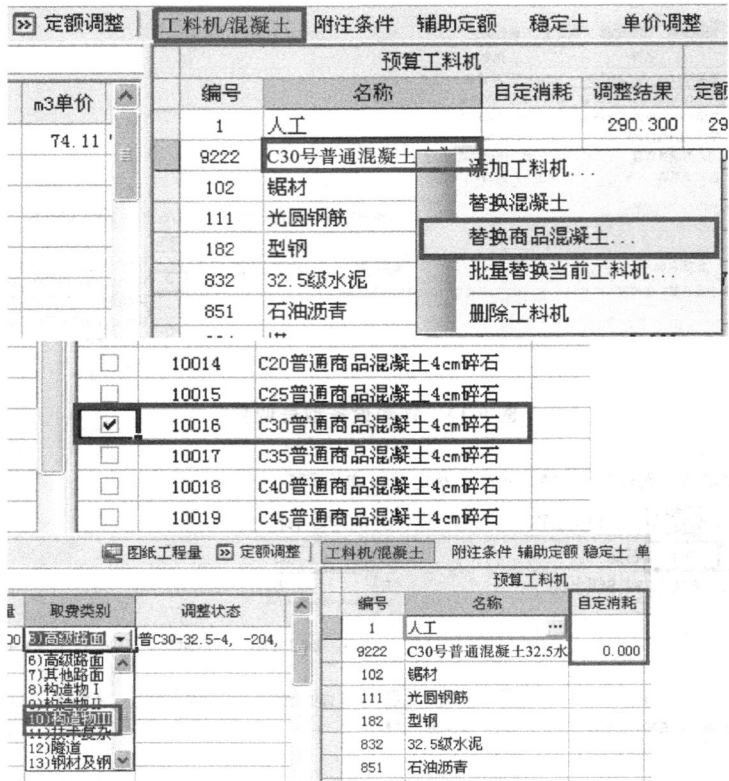

图 9-16 商品混凝土替换

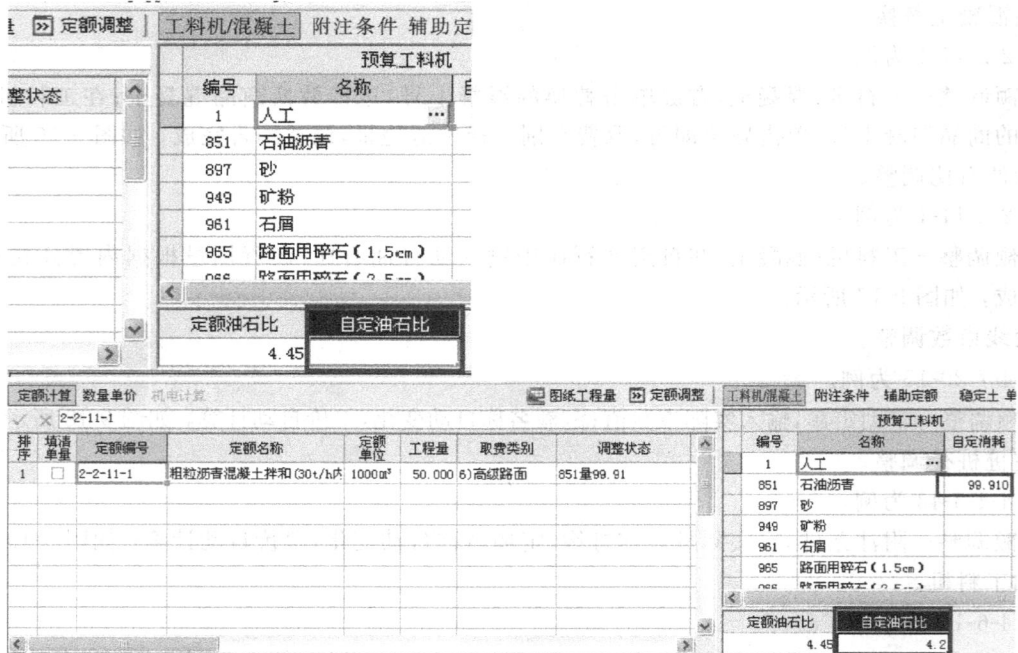

图 9-17 沥青油石比调整

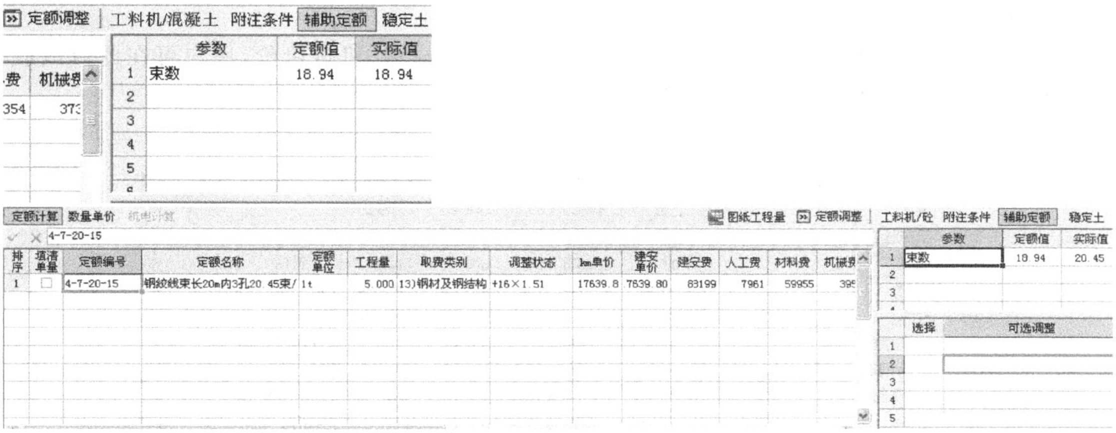

图 9-18 钢绞线束数调整

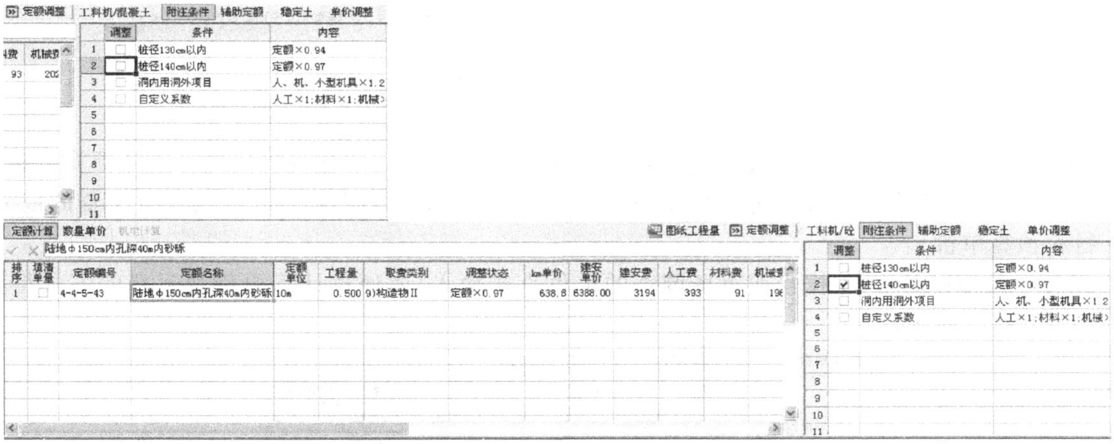

图 9-19 灌注桩桩径调整

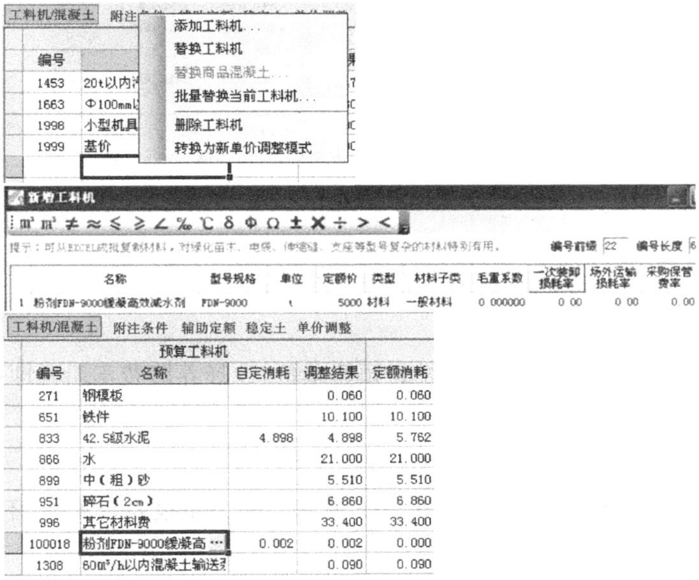

图 9-20 添加工料机

第五步:工料机处理

工料机窗口汇总显示了本造价文件所有定额内包含的人工、材料、机械单价,用户可在此修改或计算工料机的预算单价,如图9-21所示。

编号	名称	单位	消耗量	定额单价	预算单价	规格	主材
1	人工	工日	38505.580	49.20	49.20		✔
2	机械工	工日	10236.587	49.20	49.20		✔
101	原木	m³	25.668	1120.00	1120.00	混合规格	✔
102	锯材	m³	52.018	1350.00	1350.00	中板δ=19~35mm,中	✔
103	枕木	m³	16.875	961.00	961.00	硬	✔
111	光圆钢筋	t	50.217	3300.00	4327.26	直径10~14 mm	✔
112	带肋钢筋	t	109.080	3400.00	4378.51	直径15~24 mm,25mm	✔
125	钢绞线	t	6.452	6500.00	6787.26	普通,无松弛	✔
182	型钢	t	13.915	3700.00	4327.26	工字钢,角钢	✔
183	钢板	t	1.485	4450.00	4737.26	A3,δ=5~40mm	✔
191	钢管	t	2.200	5610.00	5610.00	无缝钢管	✔
221	钢丝绳	t	0.159	5853.00	6172.26	股丝6~7×19mm绳径	✔
231	电焊条	kg	1233.904	4.90	4.90	结422(502、506、5	✔

图9-21 工料机处理

(1)人工预算单价。

人工预算单价应参考《吉林省交通运输厅关于发布2019年公路工程建设项目估算概算预算编制补充规定的通知》(简称《补充规定》),《补充规定》中的人工预算单价只用于编制预算,不作为实发工资的依据。

(2)材料预算单价。

材料预算单价即市场价,根据当前市场调查的单价直接输入,或通过计算原价及运费的方式得到材料预算单价,如图9-22所示。

编号	名称	单位	消耗量	定额单价	预算单价
733	标线漆	kg	1352.400	37.80	37.80
740	反光膜	m²	105.235	220.00	220.00
770	土工布	m²	4421.317	9.71	9.71
821	草籽	kg	16014.324	80.00	80.00
825	油毛毡	m²	544.016	2.29	2.29
832	32.5级水泥	t	4488.488	320.00	320.00
833	42.5级水泥	t	94.577	350.00	350.00
851	石油沥青	t	612.329	3800.00	3800.00

图9-22 材料预算单价计算

(3)机械预算单价。

机械预算单价常用操作:输入机械工、动力燃料预算单价,选择养路费车船税即可,如图9-23所示。

第六步:报表设置与导出

预览设置报表,如图9-24所示。

可对报表进行纸张、页面和格式的调整,如图9-25所示。因公路报表较复杂,不建议自行更改设置。

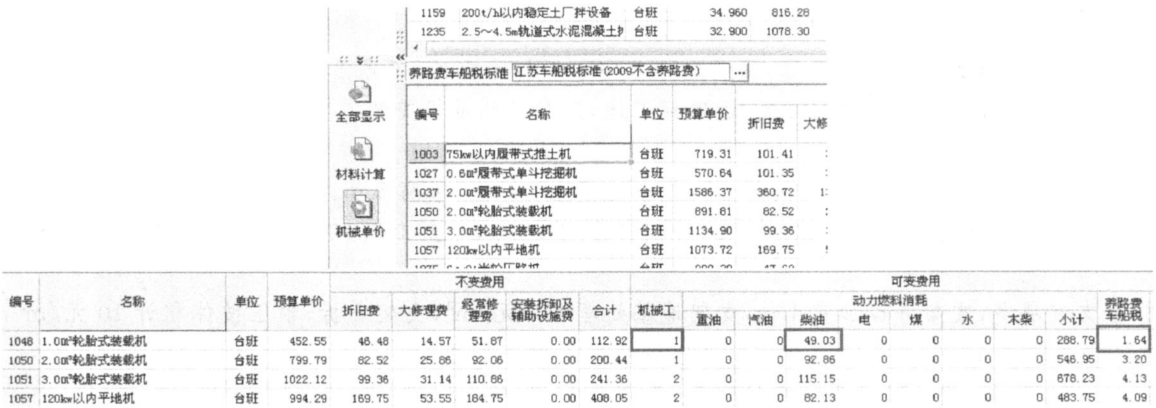
全部显示
材料计算
机械单价
养路费车船税标准 江苏车船税标准(2009不含养路费)
编号 名称 单位 预算单价 折旧费 大修
1003 75kw以内履带式推土机 台班 719.31 101.41
1027 0.6m³履带式单斗挖掘机 台班 570.64 101.35
1037 2.0m³履带式单斗挖掘机 台班 1586.37 360.72
1050 2.0m³轮胎式装载机 台班 891.81 82.52
1051 3.0m³轮胎式装载机 台班 1134.90 99.36
1057 120kw以内平地机 台班 1073.72 169.75
不变费用
可变费用
动力燃料消耗
编号 名称 单位 预算单价 折旧费 大修理费 经常修理费 安装拆卸及辅助设施费 合计 机械工 重油 汽油 柴油 电 煤 水 木柴 小计 养路费车船税
1048 1.0m³轮胎式装载机 台班 452.55 48.48 14.57 51.67 0.00 112.92 1 0 0 49.03 0 0 0 0 288.79 1.64
1050 2.0m³轮胎式装载机 台班 799.79 82.52 25.86 92.06 0.00 200.44 1 0 0 92.86 0 0 0 0 546.95 3.20
1051 3.0m³轮胎式装载机 台班 1022.12 99.36 31.14 110.86 0.00 241.36 2 0 0 115.15 0 0 0 0 678.23 4.13
1057 120kw以内平地机 台班 994.29 169.75 53.55 184.75 0.00 408.05 2 0 0 82.13 0 0 0 0 483.75 4.09

图 9-23 机械预算单价计算

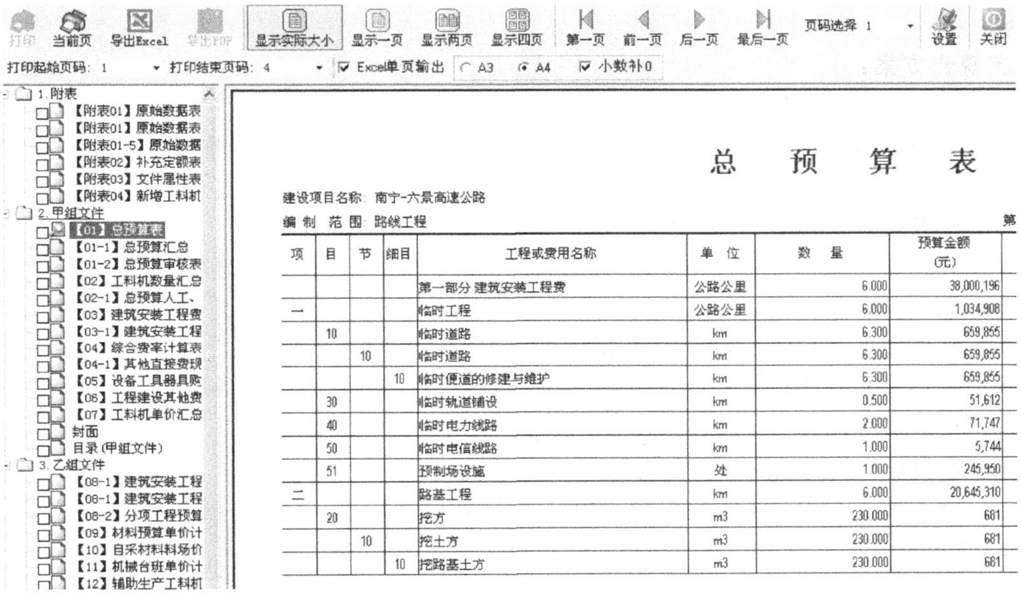
打印 当前页 导出Excel 导出PDF 显示实际大小 显示一页 显示两页 显示四页 第一页 前一页 后一页 最后一页 页码选择 1 设置 关闭
打印起始页码: 1 打印结束页码: 4 Excel单页输出 A3 A4 小数补0
1.附表
2.甲组文件
【01】总预算表
3.乙组文件
总 预 算 表
建设项目名称: 南宁—六景高速公路
编 制 范 围: 路线工程
项 目 节 细目 工程或费用名称 单 位 数 量 预算金额(元)
第一部分 建筑安装工程费 公路公里 6.000 38,000,196
一 临时工程 公路公里 6.000 1,034,908
10 临时道路 km 6.300 659,855
10 临时道路 km 6.300 659,855
10 临时便道的修建与维护 km 6.300 659,855
30 临时轨道铺设 km 0.500 51,612
40 临时电力线路 km 2.000 71,747
50 临时电信线路 km 1.000 5,744
51 预制场设施 处 1.000 245,950
二 路基工程 km 6.000 20,645,310
20 挖方 m3 230.000 681
10 挖土方 m3 230.000 681
10 挖路基土方 m3 230.000 681

图 9-24 报表

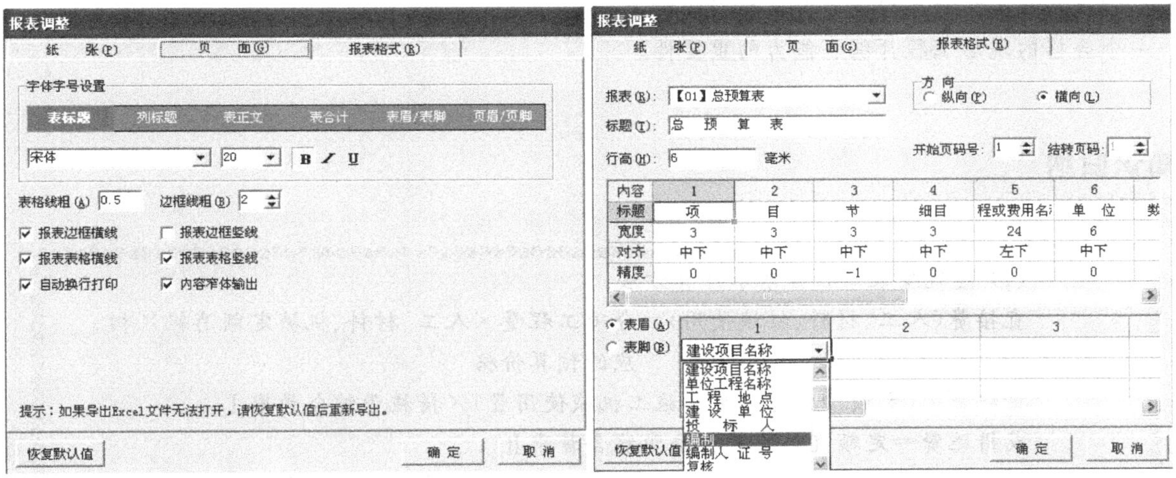
报表调整
纸 张(P) 页 面(G) 报表格式(R)
字体字号设置
表标题 列标题 表正文 表合计 表眉/表脚 页眉/页脚
宋体 20
表格线粗(A) 0.5 边框线粗(B) 2
报表边框横线 报表边框竖线
报表表格横线 报表表格竖线
自动换行打印 内容窄体输出
提示: 如果导出Excel文件无法打开, 请恢复默认值后重新导出。
恢复默认值 确 定 取 消
报表(B): 【01】总预算表
方 向 纵向(P) 横向(L)
标题(T): 总 预 算 表
行高(H): 6 毫米
开始页码号: 1 结转页码:
表眉(A) 表脚(B)
建设项目名称
单位工程名称
工 程 地 点
建 设 单 位
投 标 人
编制
编制人 证 号
复核

图 9-25 报表调整

案例拓展

某旧桥 3×16 m 预制空心板改造,需要对上部空心板拆除重建,工期 3 个月。上部空心板有两种方案:A. 搭支架现浇;B. 购买商品预制空心板,运输到工地,汽车式起重机安装。

已知:

(1)桥宽 15 m,每孔 15 片空心板,每片空心板混凝土 10 m³,墩高 5 m。

(2)购买商品预制空心板每片 33000 元(含钢筋及钢绞线),运至工地 50 元/m³,吊装费 130 元/m³,工期 2 个月。

(3)搭支架现浇,支架每边加宽 1 m,支架地基处理 110 元/m²,支架安拆、预压按体积计 10 元/m³,平均墩高 5 m,现浇混凝土 3000 元/m³(含钢筋及钢绞线),工期 3 个月。

(4)以上费用均不包含项目经理部管理费,管理费 150000 元/月。

问题:

请从经济角度选择方案。

参考答案:

A. 搭支架现浇方案:

地基处理费用:3×16×(15+2)×110=89760(元)

支架安拆、预压费用:3×16×(15+2)×5×10=40800(元)(按照支架的体积计算)

现浇混凝土(含钢筋及钢绞线):3×15×10×3000=1350000(元)

现浇方案管理费:3×150000=450000(元)

费用合计:89760+40800+1350000+450000=1930560(元)

B. 购买商品预制空心板方案:

购买预制空心板费用:3×15×33000=1485000(元)

运费:3×15×10×50=22500(元)

吊装费:3×15×10×130=58500(元)

预制方案管理费:2×150000=300000(元)

费用合计:1485000+22500+58500+300000=1866000(元)

综上所述,从经济角度选择购买商品预制空心板。

【思政拓展】

1. 现场施工方案的选取不但要考虑自身施工技术能力,还要考虑方案的经济性;

2. 工期也是施工方案选取的一个重要影响因素;

3. 一个合格的现场工程师综合能力的重要性。

知识归纳

(1)建筑安装工程费基本计算方法:

直接费(人工、材料、机械使用)=分项工程量×人工、材料、机械定额消耗×相应的预算价格

措施费=(定额人工费+定额施工机械使用费)×措施费综合费率Ⅰ

或措施费=定额直接费×措施费综合费率Ⅱ

规费+企业管理费=各类工程人工费×规费综合费率+定额直接费×企业管理费综合费率

利润=(定额直接费+措施费+企业管理费)×7.42%

税金＝(直接费＋设备购置费＋措施费＋企业管理费＋规费
　　＋利润)×建筑业增值税税率9%

建筑安装工程费＝直接费＋措施费＋设备费＋规费
　　＋企业管理费＋利润＋税金＋专项费用

直接费是指施工过程中耗费的构成工程实体的和有助于工程形成的各项费用,包括人工费、材料费和施工机械使用费。措施费是指直接费以外施工过程中发生的直接用于工程的费用,包括冬季施工增加费、雨季施工增加费、夜间施工增加费、特殊地区施工增加费、行车干扰施工增加费、施工辅助费和工地转移费等7项。

(2)土地使用及拆迁补偿费包含永久占地费、临时占地费、拆迁补偿费、水土保持补偿费和其他费用。

(3)工程建设其他费包括建设项目管理费、研究试验费、建设项目前期工作费、专项评价(估)费、联合试运转费、生产准备费、工程保通管理费、工程保险费和其他相关费用。

(4)预备费由基本预备费及价差预备费两部分组成。实际上是为建设项目设立的一项意外费用,不致因人们对某些难以预料的客观因素而造成投资不足,影响工程的顺利实施。

(5)公路造价电算步骤:新建项目文件,完善项目属性,选择费率计算参数,编写造价书,工料机处理,报表设置与导出。

独立思考

9-1 一般工程项目分项时必须满足哪些要求?

9-2 清单计价与定额计价有何区别?

9-3 什么是材料的预算价格?如何计算?材料运杂费如何计算?

9-4 施工机械使用费如何计算?机械台班单价包括哪些?

9-5 措施费如何计算?

9-6 直接费、企业管理费、利润、税金如何计算?

思考题答案

参考文献

[1] 中华人民共和国交通运输部.公路工程预算定额(上、下册):JTG/T 3832—2018.北京:人民交通出版社股份有限公司,2019.

[2] 中华人民共和国交通运输部.公路工程机械台班费用定额:JTG/T 3833—2018.北京:人民交通出版社股份有限公司,2019.

[3] 中华人民共和国交通运输部.公路工程建设项目概算预算编制办法:JTG/T 3830—2018.北京:人民交通出版社股份有限公司,2019.

[4] 靳卫东.公路施工组织与概预算.2版.北京:人民交通出版社股份有限公司,2020.

[5] 李栋国.公路工程与造价.武汉:武汉大学出版社,2017.

[6] 钟芮.公路工程计量与计价.北京:清华大学出版社,2023.

[7] 曹佐,王虎盛.公路工程造价与清单计价.北京:清华大学出版社,2020.

[8]　俞素平,孙莉萍,姜海莹.公路工程计量与计价实务.北京:清华大学出版社,2022.

[9]　李艳,周庆华.公路工程造价.北京:人民交通出版社股份有限公司,2020.

[10]　王楠.公路工程概算预算.成都:西南交通大学出版社,2010.

[11]　张丽华.公路工程概预算编制指南.2 版.北京:人民交通出版社,2008.

[12]　陈兰芳,梁明学.公路工程定额与预算.成都:西南交通大学出版社,2008.

[13]　湖南省交通运输厅.公路工程工程量清单计量规则.北京:人民交通出版社,2010.

[14]　文德云.公路工程建设招标与投标.2 版.北京:人民交通出版社,2009.

[15]　李柏林.公路工程施工与计量.北京:人民交通出版社,2009.

[16]　廖正环,唐勇,凌天清,等.公路工程实用电算.北京:人民交通出版社,1998.

[17]　龚莉.公路工程造价编制.哈尔滨:东北林业大学出版社,2005.

[18]　张晓妮.公路工程造价编制与案例.重庆:重庆大学出版社,2007.

[19]　周直,崔新媛.公路工程造价原理与编制.北京:人民交通出版社,2002.

[20]　王力强,王铁滨.公路工程施工组织与工程造价.沈阳:东北大学出版社,2006.

[21]　杨建宏,陈志强.透过案例学公路工程计量与计价.北京:中国建材工业出版社,2011.

[22]　周世生,董伟智.公路工程造价.2 版.北京:人民交通出版社,2012.

10

标底与报价编制

课前导读

内容提要

　　本章主要内容包括公路工程招标与投标的概念、编制依据，招标标底和投标报价的编制方法。

　　本章的重点为招标标底的编制、投标报价的编制；难点为投标报价的编制。

能力要求

　　通过对本章的学习，学生能进行工程招标标底和投标报价的编制。

数字资源

5分钟看完本章

10.1　工程招标与投标　》》》

10.1.1　工程招标与投标的概念

工程招标是指招标人依照法定程序,以公开招标或邀请招标的方式,鼓励潜在投标人依据招标文件参与竞争,通过评定,从中择优选定中标人的一种经济活动。

工程投标是工程招标的对称概念,指具有合法资格和能力的投标人根据招标文件的要求,在指定期限内填写标书,提出报价,并等候开标,决定能否中标的经济活动。

10.1.2　工程招标与投标的性质

我国法学界一般认为,公路工程招标是要约邀请,而投标是要约,中标通知书是承诺。《中华人民共和国民法典》也明确规定,招标公告是要约邀请。也就是说,招标实际上是邀请投标人对其提出要约(报价),属于要约邀请。投标则是一种要约,它符合要约的所有条件,如具有缔结合同的主观目的;一旦中标,投标人将受投标书的约束;投标书的内容具有足以使合同成立的主要条件等。招标人向中标的投标人发出的中标通知书,则是招标人同意接受中标的投标人的投标条件,即同意接受该投标人的要约的意思表示,应属于承诺。

10.2　公路工程招标投标的编制依据　》》》

公路工程招标投标的编制依据主要为与招标投标有关的法律法规等,主要包括以下内容。

(1)《中华人民共和国民法典》,包括各种有关的合同法规,它为招标文件内容的规范化提供了法律依据。

(2)《中华人民共和国招标投标法》,它是一部规范招标、投标行为及评标、定标工作的专门法律。

(3)《中华人民共和国反不正当竞争法》,包括各种有关的法规,它为市场竞争行为的规范化提供了法律依据。

(4)《建设工程质量管理条例》,该条例对建设工程的招标、发包和主体资质作了原则性的规定和要求。

(5)《工程建设项目招标范围和规模标准规定》(国家发改委令〔2000〕3号),该法规在《中华人民共和国招标投标法》的基础上,对工程建设项目招标范围和规模标准作了非常明确的规定。

(6)《评标委员会和评标方法暂行规定》(国家7部委令〔2001〕12号),该法规在《中华人民共和国招标投标法》的基础上,对评标委员会的设立和评标方法作了更进一步的明确规定。

(7)《公路工程施工招标投标管理办法》,该办法是规范公路工程施工招标投标工作的主要法规。

(8)《公路建设市场管理办法》,该办法分别就公路建设的市场主体、市场交易以及市场的监督和管理等问题进行了详细的规定。

(9)《公路工程施工监理招标投标管理办法》,该办法是规范公路工程施工监理招标投标工作的主要法规。

(10)《公路工程勘察设计招标投标管理办法》,该办法是规范公路工程勘察设计招标投标工作的主要法规。

（11）《公路工程施工招标资格预审办法》和《公路工程施工招标评标办法》，该办法在《公路工程施工招标投标管理办法》和《公路建设市场管理办法》的基础上，对公路工程施工招标投标中的资格预审和评标工作制定了操作性很强的实施细则。

10.3　招标标底的编制　>>>

10.3.1　标底的概念及其特征

标底是指招标人根据招标项目的具体情况，以及国家规定的计价依据和计价办法计算出来的工程造价，是招标人对建设工程的期望价格。

如果设置标底，其编制一般应注意以下几点。

（1）根据设计图纸及有关资料、招标文件，参照国家规定的技术、经济标准定额及规范，确定工程量和设定标底。

（2）标底价格应由成本、利润和税金组成，一般应控制在批准的建设项目总概算及投资包干的限额内。

（3）标底价格作为招标人的期望价格，应力求与市场的实际变化相吻合，要有利于竞争和保证工程质量。

（4）标底价格除考虑人工、材料、机械台班等价格变动因素外，还应包括施工不可预见费、包干费和措施费等。工程要求优良的，还应增加相应费用。

（5）一个标段只能编制一个标底。

10.3.2　标底与概算、预算的区别

（1）概算、预算是计划经济的产物，反映的是计划价格，在概算、预算编制过程中，除材料价格已修改为按市场价格来确定材料费外，其他如人工费、机械台班折旧费以及管理费均按概算、预算编制办法中的预算价格（计划价格）来确定。

标底是市场经济的产物，反映的是建筑产品的市场价格，在编制标底的过程中，施工中所消耗的各种资源的价格原则上应根据市场价格来确定，特别是在完全竞争市场环境更是如此。

（2）概算、预算在编制中主要反映的是价值规律的作用和影响，而标底除考虑价值规律的作用外，还应考虑供求关系的作用。

（3）概算、预算反映的是施工企业过去的劳动生产力水平，而标底应反映施工企业当前的劳动生产力水平。

编制概算、预算定额所依据的统计数据是施工企业在过去施工过程中所发生的数据，随着生产力水平的提高，这些数据滞后于当前的生产力水平，不能真实地反映在当前先进的劳动生产力水平下的人工、材料、机械消耗。

（4）两者包含的费用范围不同。

概算、预算是根据设计文件及概算、预算定额和编制办法来确定工程造价，而标底应根据招标文件（或合同）中明确的承包商的义务来编制。例如，在编制标底时其费用通常应包括建筑安装工程费、根据合同需由承包商承担的不可预见风险费、施工投标中发生的费用（交易成本）、合理利润等费用。

（5）概算、预算定额及编制办法具有法令性，在编制概算、预算时，除允许抽换的外，原则上应遵照执行。但在编制标底时却不受上述规定的限制，当运用概算、预算定额及编制办法来编制和确定标底时，对于定额中不合理、不能真实地反映当前劳动生产力水平的人工、材料、机械消耗，应如实地进行抽换。

10.3.3　标底的编制依据

（1）国家的有关法律、法规及有关部门制定的有关工程造价的文件和规定。

（2）工程招标文件中确定的计价依据和计价办法，招标文件的商务条款，包括合同条件中规定由工程承包方应承担义务而可能发生的费用，以及招标文件的澄清、答疑等补充文件和资料。在标底价格计算时，计算口径和取费内容必须与招标文件中有关取费等的要求一致。

（3）设计文件、图纸、技术说明及工程量清单等相关基础资料。

（4）国家、行业、地方的工程建设标准，包括工程施工必须执行的技术标准、规范和规程。

（5）采用的施工组织设计、施工方案、施工技术措施等。

（6）工程施工现场地质、水文勘探资料，现场环境和条件及反映相应情况的有关资料。

（7）招标时的人工、材料、设备及施工机械台班等市场价格信息，以及国家和地方有关政策性调价文件的规定。

10.3.4　标底的编制方法

10.3.4.1　完全竞争市场下的标底编制办法

在完全竞争市场下，由于市场价格是一种反映了资源使用效率的价格，因此完全竞争市场下的标底可直接根据建筑产品的市场交易价格来确定。

10.3.4.2　不完全竞争市场下的标底编制方法

（1）工料单价法编制标底。

依赖于概算、预算定额及编制办法来确定标底的方法称为工料单价法。在运用工料单价法编制标底时应注意以下事项。

① 按概算编制标底时，应在概算的基础上适当下浮，因为概算定额所考虑的人工、材料、机械消耗量与预算定额相比通常有一定的富余（一般富余 3%～5%）。

② 对概算、预算中未考虑到的，而根据合同承包商需发生的费用应在标底中予以考虑。如投标中发生的费用、履约担保费等，这些费用在概算、预算建筑安装工程费中未考虑进去，而根据合同承包商需发生和承担，因此，在编制标底时应予以考虑。

③ 对于概算、预算中明显偏高或偏低的费用，应如实进行调整或对概算、预算定额中的数据如实进行抽换。

④ 由于概算、预算的项目划分与招标文件中工程量清单的项目划分不一致，且各自对应的计量方法不相同，因此，在编制工程细目的单价时，应在分项工程概算、预算的基础上，组合出与工程量清单中的工程细目相适应的单价。

⑤ 由于当前的劳动生产力水平总高于概算、预算定额数据中反映的劳动生产力水平，而招标又是建立在买方市场基础上的，所以在确定标底时，应在概算、预算的基础上乘小于1的修正系数。

（2）统计平均法确定标底。

在介绍此方法之前，先提出如下假定：所有投标人或至少大部分投标人都是理性的投标人，即他们的报价是严格基于自身的施工成本和在相应的投标策略下的一种报价，而不是一种盲目报价。

对于经验丰富的投标人，由于他们在施工方法、施工成本和价格上拥有完全的信息，对此，理性的投标人能提出一个充分反映自身竞争实力的投标报价，因此，只要对这些投标报价进行适当的技术处理，即可确定出施工项目的标底，这种方法称为统计平均法。

① 对于以资格预审为基础的邀请招标，其方法如下。

假设有 m 家投标人，代号分别为 $1,2,3,\cdots,m$；工程量清单中的工程细目有 n 个，代号分别为 $1,2,3,\cdots,n$；q_j 为第 j 个工程细目的工程量，则可获得报价矩阵 $\boldsymbol{P}$：

$$P = \begin{pmatrix} P_{11} & P_{12} & P_{13} & \cdots & P_{1n} \\ P_{21} & P_{22} & P_{23} & \cdots & P_{2n} \\ \vdots & \vdots & \vdots & & \vdots \\ P_{m1} & P_{m2} & P_{m3} & \cdots & P_{mn} \end{pmatrix} \qquad (10\text{-}1)$$

令工程量矩阵

$$Q = \begin{pmatrix} q_1 & q_2 & q_3 & \cdots & q_n \end{pmatrix}^{\mathrm{T}}$$

又令

$$Z = \begin{pmatrix} Z_1 & Z_2 & Z_3 & \cdots & Z_m \end{pmatrix}^{\mathrm{T}}$$

其中，$Z_i (i = 1,2,3,\cdots,m)$ 为各投标人的投标总价，则有：

$$Z = P \cdot Q \qquad (10\text{-}2)$$

设 $Z_1 = \min\{Z_i\}$，$Z_m = \max\{Z_i\}$，$i = 1,2,3,\cdots,m$，则有

$$Z' = \frac{1}{m-2}\Big(\sum_{i=1}^{m} Z_i - Z_1 - Z_m \Big)$$

即

$$Z' = \frac{1}{m-2}\Big(\sum_{i=1}^{m}\sum_{j=1}^{n} P_{ij} q_j - Z_1 - Z_m \Big)$$

其中，Z' 为标底总价，而对每个工程细目的标底单价 p'_j 有：

$$p'_j = k \cdot p''_j$$

$$p''_j = \frac{1}{m-2}\Big(\sum_{i=1}^{m} P_{ij} - \min_{1 \leqslant i \leqslant m}\{P_{ij}\} - \max_{1 \leqslant i \leqslant m}\{P_{ij}\} \Big)$$

其中，$k = Z' \big/ \sum_{i=1}^{n} P''_{ij} q_j$。

上述方法的含义是剔除投标报价中的最低报价和最高报价，计算平均值作为标底总价，剔除投标中各工程细目单价的最低报价与最高报价计算其平均值（P''_{ij}），由于 $\sum_{j=1}^{n} P''_{ij} q_j$ 与 Z' 不相符，因此应通过修正系数 k 来对 p''_j 进行修正，这样得出 p'_j 即可作为标底中各工程细目的单价。

按上述方法确定的单价除满足标底编制原则外，还避免了不平衡报价对标底单价的影响，只要投标人不是在同一工程细目中采用相同的不平衡报价方法，上述方法可以将不平衡报价对单价的影响剔除。

上述标底编制方法还能解决标底不能有效保密而导致的信息不对称性对公平竞争和效率的影响，以及由此引起的市场失灵现象，且有效地保证了标底编制方法的科学性。

② 对于公开招标的项目，有些投标人可能是劳动生产力水平较低的单位，因此，应按平均先进的原则来确定标底，其方法如下。

设 $Z_i (i = 1,2,3,\cdots,m)$ 为各投标人的报价，且有 $Z_1 \leqslant Z_2 \leqslant Z_3 \leqslant \cdots \leqslant Z_m \leqslant Z'$。设标底为 Z，则有：

$$Z = \frac{1}{L} \sum_{i=2}^{L} Z_i \qquad (10\text{-}3)$$

式中　L——标价小于或等于 Z' 的投标人个数。

该方法的含义是先剔除最高报价和最低报价（非理性投标者的报价），计算平均值，然后剔除大于平均值的投标人，再计算小于或等于平均值的投标人报价的平均值，这样确定的标底符合平均先进原则。

③ 复合标底，即在上述两种标底编制方法的基础上，通过加权平均来确定标底。该方法兼有上述两种标底编制方法的特点。

10.4 投标报价的编制 >>>

10.4.1 投标报价前期的调查研究、收集信息资料

10.4.1.1 政治和法律方面
投标人首先应了解在招标投标活动中以及在合同履行过程中有可能涉及的法律,也应了解与项目有关的政治形势、国家政策等。

10.4.1.2 自然条件
投标人调查自然条件状况,包括工程所在地的地理位置和地形、地貌、气象状况及其他自然灾害状况等。

10.4.1.3 市场状况
投标人调查市场状况,主要包括建筑材料、施工机械设备、燃料、动力、水和生活用品的供应情况、价格水平,还包括过去几年物价指数以及对今后物价指数变化趋势的预测;劳务市场情况,如工人技术水平、工资水平、有关劳动保护和福利待遇的规定等;金融市场情况,如银行贷款的难易程度以及银行贷款利率等。

10.4.1.4 工程项目方面的情况
工程项目方面的情况包括工程的技术规模和对材料性能及工人技术水平的要求,总工期及竣工交付使用的要求,施工场地的地形、地质、地下水位、交通运输、供水、供电、通信条件的情况,工程项目资金来源,工程价款的支付方式、外汇所占比例,监理工程师的资历、职业道德和工作作风等。

10.4.1.5 业主情况
业主情况包括业主的资信情况、对实施的工程需求的迫切程度等。

10.4.1.6 投标人自身情况
投标人对自己内部情况、资料也应当进行归纳管理。这类资料主要用于招标人要求的资格审查和本企业履行项目的可能性。

10.4.1.7 竞争对手资料
一方面了解各投标企业的资质等级、企业质量、企业荣誉(社会认可度)、技术力量和经济实力,另一方面通过以往各投标单位的投标报价情况来分析竞争对手的报价情况。这就需要注意平时积累各投标企业以往投标报价的资料并加以分析,得出这些投标企业报价的大体水平,从而确定自己的投标报价。

10.4.2 对是否参加投标做出决策

(1)承包招标项目的可行性与可能性。如本企业是否有能力(包括技术力量、设备等)承包该项目,能否抽调出管理力量、技术力量参加项目承包,竞争对手是否有明显的优势等。

(2)招标项目的可靠性。如项目的审批程序是否已经完成、资金是否已经落实等。

(3)招标项目的承包条件。如果承包条件苛刻,自己无力完成施工,则应放弃投标。

10.4.3 研究招标文件并制定施工方案

10.4.3.1 研究招标文件
投标单位通过资格审查之后,首要的工作就是认真研究招标文件,充分了解其内容和要求,以便有针对性地安排投标工作。

10.4.3.2　制定施工方案

施工方案应由投标单位的技术负责人主持制定,应主要考虑施工方法,主要施工机具的配置,各工种劳动力的安排及现场施工人员的平衡,施工进度及分批竣工的安排,安全措施等。

10.4.4　报价的编制

10.4.4.1　标价的构成及计算

(1)投标报价的费用构成主要有成本、利润、税金以及不可预见费等,如图 10-1 所示。

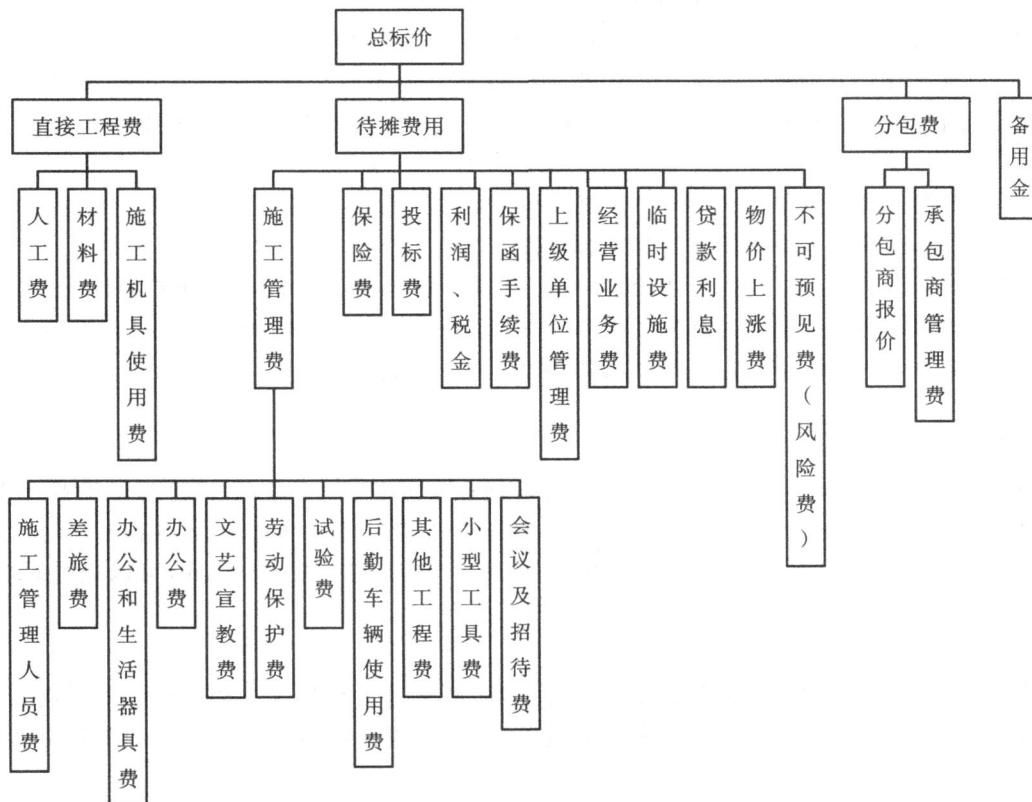

图 10-1　工程标价组成

(2)标价计算。

标价的计算可以按照定额或市场的单价,逐项计算每个项目的单价与合价,分别填入招标人提供的工程量清单中,包括人工费、材料费、施工机具使用费、其他工程费、间接费、利润、税金及材料价差和风险费等全部费用。

① 人工、材料、施工机具单价的确定。

投标时采用的人工、材料、施工机具单价应根据本企业自身的情况以及建设市场情况和劳动力、机械设备租赁市场情况综合确定。

② 其他工程费、间接费、利润、税金的计算。

在计算出直接工程费的基础上,依据企业自身情况确定各项费率及法定税率,依次计算出其他工程费、间接费、利润和税金。

③ 风险费的计算。

风险费是指在工程承包过程中由于各种不可预见的风险因素发生而增加的费用。通常由投标人经过对具体工程项目的风险因素分析之后,确定一个比较合理的工程总价的百分数作为风险费。

计算标价时,正确选用定额是影响投标的关键因素。因此,应根据工程条件和竞争情况加以分析,对定额予以适当调整。根据经验,在国外承包工程时一般选用较高定额,可按国内现行定额提高效率 10%～30%使用。

10.4.4.2 标价分析

（1）标价的宏观审核。

① 首先应当分项统计计算书中的汇总数据,并计算其比例指标。

② 根据各类指标及其比例关系,从宏观上分析标价结构的合理性。例如,分析总直接工程费和总的管理费的比例关系,劳务费和材料费的比例关系,临时设施和机具设备费与总的直接工程费的比例关系,利润、流动资金及其利息与总标价的比例关系等。

承包过类似工程的有经验的承包商可以从这些比例关系中判断标价的构成是否合理。如果发现有不合理的部分,应当初步探讨其原因。首先研究拟投标工程与其他类似工程是否存在某些不可比因素,如果考虑了不可比因素的影响,仍存在不合理的情况,就应当深入探讨其原因,并考虑调整某些基价、定额或分摊系数。

③ 探讨上述平均人月产值和人年产值的合理性和实现的可能性。如果从本公司的实践经验角度判断这些指标过高或过低,就应当考虑所采用定额的合理性。

④ 参照同类工程的经验,扣除不可比因素后,分析单位工程价格及人工、材料用量的合理性。

⑤ 通过以上分析,对明显不合理的标价构成部分进行微观方面的分析检查。重点是在提高工效、改变施工方案、降低材料设备价格和节约管理费等方面提出切实可行的措施,并修正初步计算标价。

（2）标价的动态分析。

① 工期延误的影响。

如果由于承包商自身原因使工期延误,承包商就会增加管理费、人工费、施工机具使用费及贷款利息,还要交纳拖期违约罚金。一般情况下,可以测算在工期延长的某一段时间内,上述各种费用增大的数额及其占总标价的比率。这些增加的开支部分只能用风险费和计划利润来弥补。因此,可以经过多次测算,得出利润全部丧失的工期延误时间。

② 物价和工资上涨的影响。

通过调整标价计算当中的材料、设备和工资上涨系数,测算其对计划利润的影响。同时调查工程物资和工资的升降趋势和幅度,以便作出合理判断。通过分析,可以得知投标利润对物价和工资上涨因素的承受能力。

③ 其他可变因素的影响。

影响标价的可变因素很多,而有些是投标人无法控制的,如贷款利率的变化、政策法规的变化等。通过分析这些可变因素的变化,可以了解投标项目计划利润的受影响程度。

（3）标价的盈亏分析。

初步计算标价经过宏观审核与进一步分析检查,可能对某些分项的单价做必要的调整,然后形成基础标价,再经盈亏分析,提出可能的低标价和高标价,供投标报价决策时选择。盈亏分析包括盈余分析和亏损分析两个方面。

① 盈余分析是从标价组成的各个方面挖掘潜力、节约开支,计算出基础标价可能降低的数额,即"挖潜盈余",进而计算出低标价。盈余分析主要从下列几个方面进行:a. 人工、材料、机械台班消耗定额以及人工、机械效率分析;b. 对人工、材料设备、施工机械台班(时)价格三方面进行分析;c. 对管理费、临时设施费等方面逐项分析;d. 其他方面,如流动资金与贷款利息,保险费、维修费等方面逐项复核,找出有潜可挖之处。

考虑到挖潜不可能百分之百实现,尚需乘一定的修正系数(一般取 0.5～0.7),据此求出可能的低标价,即:

$$\text{低标价}=\text{基础标价}-(\text{挖潜盈余}\times\text{修正系数}) \tag{10-4}$$

② 亏损分析是分析在计算标价时由于对未来施工过程中可能出现的不利因素考虑不周和估计不足,可能产生的费用增加和损失。主要从以下几个方面分析:a. 人工、材料、机械设备价格;b. 自然条件;c. 管理不善造成

质量、工作效率等问题;d. 建设单位、监理工程师方面问题;e. 管理费失控。

以上分析估计出的亏损额,同样乘修正系数(取 0.5~0.7),并据此求出可能的高标价。即:

$$高标价=基础标价+估计亏损×修正系数 \tag{10-5}$$

下面举例说明单价分析的方法及步骤。

表 10-1 所示为某公路工程项目工程量清单中浇筑水泥混凝土路面分项的单价分析计算表。

表 10-1　　　　　　　　　　　　　　　　单价分析计算表

工程量清单中分项编号	工程内容:水泥混凝土路面			数量:Q	
序号	工料内容	单位	定额消耗量	单位工程量基价/元	本分项计价/元
(1)	(2)	(3)	(4)	(5)	(6)
Ⅰ	材料费				
1-1	水泥	t	…	…	
1-2	碎石	m³			
1-3	砂	m³			
1-4	沥青	kg			
1-5	木材	m³			
1-6	水	m³			
1-7	零星材料				
	材料费小计			a_1	
	乘上涨系数后材料价格				
Ⅱ	人工费				
2-1	机械操作手	工日			
2-2	一般熟练工	工日			
	人工费小计			a_2	
Ⅲ	施工机具使用费				
3-1	混凝土搅拌站	台班			
3-2	混凝土搅拌车	台班			
3-3	小型机具费				
	施工机具使用费小计			a_3	
Ⅳ	直接工程费(Ⅰ+Ⅱ+Ⅲ)			a	A
Ⅴ	分摊费			β	B
Ⅵ	计算单价			U	S

① 首先计算本分项工程的单位工程量直接工程费 a,即分别计算浇筑 1 m³ 混凝土的材料费 a_1、人工费 a_2、施工机具使用费 a_3,则 $a=a_1+a_2+a_3$。

单价分析计算表中各种材料(如水泥、碎石等)、劳务(人工)、施工机具的单位工程量计价,均由基价乘定额消耗量得到。材料费和人工费应视情况根据市场行情预测并考虑物价上涨系数和工资上涨系数。

本分项工程直接工程费 $A=$ 本分项工程的单位工程量直接工程费 $a×$ 本分项工程量 Q　　(10-6)

② 计算分摊系数 β 和本分项工程分摊费 B。

本分项工程分摊费 $B=$ 本分项工程直接工程费 $A×$ 分摊系数 β　　(10-7)

本分项工程的单位工程量分摊费 $b=$ 本分项工程的单位工程量直接工程费 $a×$ 分摊系数 β

式中,分摊系数等于整个工程项目的待摊费之和除以所有分项工程直接工程费之和,即:

$$分摊系数 \ \beta = \frac{\sum 各分项工程待摊费}{\sum 分项工程直接工程费} \times 100\% \tag{10-8}$$

③ 计算本分项工程的单价 U 和合价 S。

本分项工程单价 U ＝本分项工程的单位工程量直接工程费 a ＋本分项工程的单位工程量分摊费 b

＝本分项工程的单位工程量直接工程费 a ×（1＋分摊系数 β）

将工程量清单中所有分项合价汇总，即可算出工程的计算标价。

$$总标价 = \sum 分项工程合价 + 备用金额 \tag{10-9}$$

招标投标中的标价计算不像编制概算、预算那样有一个统一的编制办法，计算标价首先要按照合同要求并结合本单位的经验和习惯，来确定计算方法、计算程序及报价策略。常用的标价计算方法有单价分析法、系数法、类比法。具体应用时最好不要采用单一的方法，而是用几种方法进行复核和综合分析。

10.4.5 投标报价策略

投标报价策略是指投标人在投标竞争中所采取的方式和手段。常用的投标报价策略有不平衡报价、多方案报价、突然降价和无利润报价。

10.4.5.1 不平衡报价

不平衡报价，就是在不影响投标总报价的前提下，将某些分部分项工程的单价定得比正常水平高一些，某些分部分项工程的单价定得比正常水平低一些。不平衡报价是单价合同投标报价中常见的一种方法。

（1）对能早期得到结算付款的工程项目的单价可适当提高，对于后期结算的工程项目的单价可适当降低。

（2）预计今后工程量会增加的项目，单价可适当提高；预计今后工程量会减少的项目，单价可适当降低。

（3）设计图纸不明确或有错误的，估计修改后工程量会增加的项目，单价可适当提高；而工程内容说明不清楚的，单价可适当降低。

（4）没有工程量，只填单价的项目，其单价可提高些，这样既不影响投标总价，以后发生时承包人又可多获利。

（5）对于暂列数额（或工程），预计会做的可能性较大，单价定高些，估计不一定发生的则单价低些。

（6）零星用工（计日工）的报价高于一般分部分项工程中的工资单价，因它不属于承包总价的范围，发生时实报实销，单价高些会多获利。

10.4.5.2 多方案报价

在充分估计投标风险的基础上，按多个投标方案进行报价，即在投标文件中报两个价，按原工程说明书和合同条件报一个价，然后提出如果工程说明书或合同条件可做某些改变时的另一个较低的报价（需加以注释）。这样可使报价降低，吸引招标人。

10.4.5.3 突然降价

投标报价是一项商业秘密性的竞争工作，竞争对手之间可能会随时互相探听对方的报价情况。在整个报价过程中，投标人先按一般态度对待招标工程，按一般情况进行报价，甚至可以表现出自己对该工程的兴趣不大，但等快要投标截止时，再突然降价，使竞争对手措手不及。

10.4.5.4 无利润报价

缺乏竞争优势的承包商，在不得已的情况下，只好在报价时根本不考虑利润而去夺标。这种办法一般在以下情况下采用。

（1）有可能在得标后，将大部分工程分包给索价较低的一些分包商。

（2）对于分期建设的项目，先以低价获得首期工程，而后赢得机会创造第二期工程中的竞争优势，并在以后的实施中盈利。

（3）较长时期内，投标人没有在建的工程项目，如果再不得标，就难以维持生存。因此，虽然本工程无利可图，但只要能有一定的管理费维持公司的日常运转，就可设法渡过暂时的困难时期，以图将来东山再起。

案例拓展

某公路工程 A 标段,路线全长 6 km,合同价 50000 万元,合同工期 20 个月,合同约定:固定单价;工期奖罚 50000 元/天。

施工过程中,发生了如下事件。

事件 1:乙方为了获得工期提前奖励,增加赶工机械 250 台班,机械台班计日工单价 8000 元/台班,定额机械台班单价 6500 元/台班;增加赶工人工 300 工日,人工计日工单价 300 元/工日,定额人工单价 106.68 元/工日,比合同工期提前 50 天完工。乙方向甲方提出支付赶工费用 2090000 元和工期提前奖励 2500000 元的要求,被甲方拒绝。

事件 2:本工程招标文件约定软基处理真空堆载联合预压试验段试验费为不可竞争单价(单价与市场价格水平相当),要求投标人按招标文件中的数量、单价及合价列入投标报价;工程施工阶段,试验段真空堆载联合预压后,沉降大于设计值,设计变更了软基处理方案,在相邻的软基处理段重新按相同标准做真空堆载联合预压试验,乙方申请计量结算时提出对真空堆载联合预压试验段试验费的单价按实际成本价计算,数量按两次试验总数量计算。

事件 3:本项目招标图纸"4‰水泥稳定碎石调平层及底基层"设计平均厚 30 cm 面积 25000 m²;招标工程量清单中清单子目名称为"厚 15 cm 4‰水泥稳定碎石调平层及底基层",数量 25000 m²。实际按设计施工平均厚 30 cm,面积 17500 m²。乙方申请新增清单子目"厚 30 cm 4‰水泥稳定碎石调平层及底基层",数量 17500 m²,单价按厚 15 cm 4‰水泥稳定碎石调平层及底基层投标综合单价 50 元/m² 的 2 倍计算,即 100 元/m²。

问题:

1. 针对事件 1,甲方拒绝支付赶工费用、工期提前奖励是否合理? 请简述理由。

2. 针对事件 2,乙方申请调整单价、数量是否合理? 请简述理由。

3. 针对事件 3,乙方的申请是否合理? 请简述理由。如合理,请列式计算变更增加金额。(计算结果保留 2 位小数)

参考答案:

1. 甲方拒绝支付赶工费用合理,拒绝支付工期提前奖励不合理。

乙方为了获得工期提前奖励而赶工,赶工原因与甲方无关,故甲方拒绝支付赶工费用合理,但根据合同约定工期提前奖励应当支付。

2. 试验段试验费的单价按实际成本价计算不合理,数量按两次试验总数量计算合理。

本项目合同约定为固定单价,同时该试验费为不可竞争单价,故其单价按实际成本价计算不合理;承包人确实完成了合同内及变更部分的试验段,根据标准施工招标文件相关要求,两部分工程量均应计量支付。

3. 乙方申请新增清单子目"厚 30 cm 4‰水泥稳定碎石调平层及底基层"合理,单价按厚 15 cm 4‰水泥稳定碎石调平层及底基层投标综合单价 50 元/m² 的 2 倍计算,即 100 元/m²,合理。

招标工程量清单作为招标文件的组成部分,其准确性和完整性应由招标人负责,原清单中缺少"厚 30 cm 4‰水泥稳定碎石调平层及底基层"子目,承包人申请增加相应合理;根据标准施工招标文件相关要求原清单中有类似项目单价,新增项目单价应在合理范围内参照类似项目的单价。

变更增加金额:

(1) 取消厚 15 cm 4‰水泥稳定:−25000×50＝−1250000(元)

(2) 新增厚 30 cm 4‰水泥稳定:17500×100＝1750000(元)。

(3) 变更增加总费用:1750000−1250000＝500000(元)。

【思政拓展】

1. 赶工是现场经常发生的一种情况,作为管理人员要认真分析赶工带来的费用增加和赶工奖励的对比关系,防止得不偿失;

2. 认真学习招标文件内容和要求,深入了解不可竞争费用的特点,防止因计算错误而带来施工损失;

3. 认真学习工程量清单的相关规定、清单解释权的归属等问题,有理有据维护自身权益。

知识归纳

（1）公路工程招投标阶段工程造价主要包括招标的编制程序、标底的编制、投标报价的编制。

（2）公路工程招标标底的编制方法包括完全竞争市场下的标底编制办法和不完全竞争市场下的标底编制方法（工料单价法编制标底和统计平均法确定标底）。

（3）公路工程投标报价的编制方法。

① 标价的构成及计算。

投标报价的费用构成主要有成本、利润、税金以及不可预见费等，标价的计算包括人工、材料、机械单价计算和其他工程费、间接费、利润、税金计算以及风险费的计算。

② 标价分析。

标价分析包括标价的宏观审核、标价的动态分析、标价的盈亏分析。

独立思考

思考题答案

10-1 招标标底的编制依据有哪些？

10-2 投标报价策略有哪些？

参考文献

[1] 中华人民共和国交通运输部.公路工程建设项目概算预算编制办法:JTG/T 3830—2018.北京:人民交通出版社股份有限公司,2019.

[2] 李栋国.公路工程与造价.武汉:武汉大学出版社,2017.

[3] 宋春岩.建设工程招投标与合同管理.4版.北京:北京大学出版社,2019.

[4] 田恒久.工程招投标与合同管理.4版.北京:中国电力出版社出版,2019.

[5] 曹佐,王虎盛.公路工程造价与清单计价.北京:清华大学出版社,2020.

[6] 俞素平,孙莉萍,姜海莹.公路工程计量与计价实务.北京:清华大学出版社,2022.

[7] 李艳,周庆华.公路工程造价.北京:人民交通出版社股份有限公司,2020.

[8] 高峰,张求书.公路工程造价与招投标.北京:北京理工大学出版社,2019.

[9] 周世生,董伟智.公路工程造价.2版.北京:人民交通出版社,2012.

[10] 邬晓光.公路工程施工招投标标书编制手册.北京:人民交通出版社,2003.

[11] 张丽华.公路工程概预算编制指南.2版.北京:人民交通出版社,2008.

11 施工阶段的工程造价管理

课前导读

◁ 内容提要

本章主要内容包括建设工程施工合同、工程变更与补偿、工程计量与工程结算、工程竣工决算。

本章的重点为掌握工程变更、索赔处理的原则、程序和方法；难点为工程竣工决算编制程序和方法。

◁ 能力要求

通过对本章的学习，学生能进行公路工程变更与补偿、工程计量与工程结算、工程竣工决算。

◁ 数字资源

5分钟看完本章

11.1 建设工程施工合同 >>>

在招投标阶段,发包方(建设单位)和承包方(施工单位)通过双选,达成一致协议,即合同。

11.1.1 建设工程施工合同的类型

建设工程施工合同是发包方(建设单位)和承包方(施工单位)为完成商定的工程任务,明确相互权利义务关系的协议。工程施工合同应当采取书面形式。双方协商同意的有关修改承包合同的设计变更文件、洽商记录、会议纪要以及资料、图表等,也是施工合同的组成部分。

建设工程施工合同一般情况下划分为三大类型,即总价合同、单价合同和成本加酬金合同。

11.1.1.1 总价合同

总价合同是指在合同中确定一个完成项目的总价,承包人据此完成项目全部内容的合同。这种合同类型能够使发包人在评标时易于确定报价最低的承包人,易于进行支付计算。

这种合同类型仅适用工程量不太大且能精确计算、工期较短、技术不太复杂、风险不大的项目。因而采用这种合同类型要求发包人必须准备详细而全面的设计图纸,使承包人能准确计算工程量。总价合同又分为固定总价合同和可调总价合同。

(1)固定总价合同。

这种合同双方以招标时的图纸和工程量等说明为依据,承包人按投标时业主接受的合同价格承包实施,并锁定总额。合同履行过程中,如果业主没有要求变更原定的承包内容,完成实施承包工作内容后,不论承包人的实际施工成本是多少,均应按合同价获得支付工程款。

这种合同承包人要考虑承担合同履行过程中的主要风险,因此投标报价较高。

(2)可调总价合同。

这种合同与固定总价合同基本相同,但合同期较长(一年以上)。它在固定总价合同的基础上,增加了合同履行过程中因市场价格浮动对承包价格调整的条款。

11.1.1.2 单价合同

单价合同是指承包商按工程量清单的内容填报单价,以实际完成工程量乘所报单价计算结算价款的合同。

单价合同的工程量清单中所列的工程量是估算的工程量,结算支付时以实际完成工程量为准,而单价在合同执行期间保持不变。

单价合同大多用于工期长、技术复杂、实施过程中发生各种不可预见因素较多的大型、复杂工程的土建施工,以及业主为了缩短项目建设周期,初步设计完成后就进行施工招标的工程。单价合同可分为固定单价合同和可调单价合同。

(1)固定单价合同。

在设计或其他建设条件还未完全落实,而以后又需增加工程内容或工程量时,可以按单价适当追加合同内容,根据实际完成的工程量结算,在工程全部完成时,以竣工图的工程量最终结算工程总价款。

(2)可调单价合同。

合同单价可调,一般在招标文件中规定。有的工程在招标或签约时,因某些不确定因素而在合同中暂定某些工程的单价,在工程结算时,再根据实际情况和合同约定对单价进行调整,确定实际结算单价。

11.1.1.3　成本加酬金合同

成本加酬金合同是将工程项目的实际投资划分成直接成本费和承包人完成工作后应得酬金两部分。实施过程中发生的直接成本费由业主实报实销,另按合同约定的方式付给承包人相应报酬。

成本加酬金合同大多适用于边设计边施工的紧急工程或灾后修复工程,以议标方式与承包人签订合同。按照酬金的计算方式不同,较多采用的几种类型列举如下。

(1)成本加固定百分比酬金。

(2)成本加固定酬金。

(3)成本加浮动酬金。

(4)目标成本加奖罚金。

11.1.2　建设工程施工合同类型的选择

选择合同类型时应考虑以下各项因素。

11.1.2.1　项目规模和工期长短

如果项目的规模较小、工期较短,则合同类型的选择余地较大,总价合同、单价合同及成本加酬金合同都可选择。由于选择总价合同业主可以不承担风险,故业主较愿选用;且对这类项目,承包商同意采用总价合同的可能性较大。因为这类项目风险小,不可预见因素少。

如果项目规模大、工期长,则项目的风险也大,合同履行中的不可预见因素也多。此类项目不宜采用总价合同。

11.1.2.2　项目的竞争情况

如果在某一时期和某一地点,愿意承包某一项目的承包商较多,则业主拥有较多的主动权,可按照总价合同、单价合同、成本加酬金合同的顺序进行选择。如果愿意承包项目承包商较少,则承包商拥有的主动权较多,可以尽量选择承包商愿意采用的合同类型。

11.1.2.3　项目的复杂程度

如果项目的复杂程度较高,承包商对合同的选择有较大的主动权,则总价合同被选用的可能性较小。如果项目的复杂程度低,则业主对合同类型的选择有较大的主动权。

11.1.2.4　工程项目的明确程度

如果分项工程的类别和工程量都已十分明确,则可选用的合同类型较多,总价合同、单价合同、成本加酬金合同都可以选择。如果分项工程的分类详细而明确,但实际工程量与预计的工程量可能有较大出入,则应优先选择单价合同。如果分项工程的分类和工程量都不甚明确,则无法采用单价合同。

11.1.2.5　项目准备时间的长短

不同的合同类型分别需要不同的准备时间和准备费用。总价合同需要的准备时间和准备费用最高,成本加酬金合同需要的准备时间和准备费用最低。对于一些非常紧急的项目如抢险救灾等,给予业主和承包商的准备时间都非常短,因此,只能采用成本加酬金的合同形式。反之,则可采用单价合同或总价合同形式。

11.1.2.6　项目的外部环境因素

项目的外部环境因素包括项目所在地区的政治局势、经济局势等。如果项目的外部环境恶劣,则意味着项目的成本高、风险大、不可预测的因素多,承包商很难接受总价合同形式,而较适合采用成本加酬金合同形式。

总之,在选择合同类型时,一般情况下是业主占有主动权。但业主不能单纯考虑己方利益,应当综合考虑项目的各种因素,考虑承包商的承受能力,确定双方都能认可的合同类型。

11.2 工程变更与补偿 >>>

11.2.1 FIDIC 合同条件下的工程变更与变更估价

11.2.1.1 工程变更

工程变更是指在工程实施中,对某些工作内容作出修改或者追加或取消某一工作内容。

显然,由于勘测、设计、试验与实际的差异,在合同执行过程中,工程变更是不可避免的。

工程变更包括工程量变更、工程项目变更(如发包人提出增加或者删减原项目内容)、进度计划变更、施工条件变更等。

11.2.1.2 工程变更的类型

(1) 合同中包括的任何工作内容的数量的改变。为便于合同管理,当事人双方应在专用条款中约定工程量变化较大时可以调整单价的百分比。

(2) 任何工作内容的质量或其他特性的改变。

(3) 任何部分工程标高、位置和尺寸的改变。

(4) 任何工作的删减,但要交由他人实施的工作除外。

(5) 永久工程所需的任何附加工作、生产设备、材料或服务,包括任何有关的竣工试验、钻孔和其他试验及勘探工作。

(6) 实施工程的顺序或时间安排的改变。

11.2.1.3 变更程序

在颁发工程接收证书前的任何时间,工程师可以通过发布变更指令或以要求承包商递交建议书的任何一种方式提出变更。

(1) 指令变更。工程师在业主授权范围内根据施工现场的实际情况,在确属需要时有权发布变更指令。指令的内容应包括详细的变更内容、变更工程量、变更项目的施工技术要求和有关部门文件图纸,以及变更处理的原则。

(2) 要求承包商递交建议书后再确定的变更,其程序如下。

① 工程师将计划变更事项通知承包商,并要求承包商递交实施变更的建议书。

② 承包商应尽快予以答复。一种情况可能是通知工程师由于受到某些非自身原因的限制而无法执行此项变更。另一种情况是承包商依据工程师的指令递交实施此项变更的说明,内容包括:a.将要实施的工作的说明书以及该工作实施的进度计划;b.承包商依据合同规定对进度计划和竣工时间提出有必要修改的建议,并提出工期顺延要求;c.承包商对变更估价的建议,提出变更费用要求。

③ 工程师收到此类建议书后,应尽快给予批准、不批准或提出意见的回复。承包商在等待答复期间,不应延误任何工作。对于工程师发出每一项实施变更的指令,应要求承包商记录支出的费用。

11.2.1.4 变更估价

(1) 变更估价的原则。

变更工程的价格或费率往往是双方协商时的焦点。计算变更工程应采用的费率或价格,可分为以下三种情况。

① 变更工作在工程量表中有同种工作内容的单价,应以该单价计算变更工程费用。

② 工程量表中虽然列有同类工作的单价或价格,但对具体变更工作而言已不适用,则应在原单价的基础上制定合理的新单价。

③ 变更工作的内容在工程量表中没有同类工作的单价,应按照与合同单价水平相一致的原则,确定新的单价。

(2)可以调整合同工作单价的原则。

具备以下条件时,允许对某一项工作规定的单价加以调整。

① 此项工作实际测量的工程量比工程量表或其他报表中规定工程量的变动大 10% 以上。

② 工程量的变更与对该项工作规定的具体费率的乘积超过了接受的合同款额的 0.01%。

③ 由此工程量的变更直接造成该项工作每单位工程量费用的变动超过 1%。

(3)删减原定工作后对承包商的补偿。

工程师发布删减工作的变更指令后承包商不再实施该部分工作,合同价格中包括的直接费部分没有受到损害,但摊销在该部分的间接费、利润和税金实际不能合理回收。此时承包商可以就其损失向工程师发出通知并提供具体的证明资料,工程师与合同双方协商后确定一笔补偿金额加入合同价内。

11.2.2 工程索赔

11.2.2.1 工程索赔的概念

工程索赔是指在工程承包合同中,当事人一方因对方不履行或不完全履行既定的义务,或者由于对方的行为使权利人的权利受到损失时,要求对方补偿损失的权利。"索赔"是双向的,它包括承包人向发包人的索赔,也包括发包人向承包人的索赔。

11.2.2.2 工程索赔的分类

(1)按索赔的合同依据分类。

① 合同中明示的索赔。合同中明示的索赔是指承包人所提出的索赔要求在该工程项目的合同文件中有文字依据,承包人可以据此提出索赔要求,并取得经济补偿。这些在合同文件中有文字规定的合同条款,称为明示条款。

② 合同中默示的索赔。合同中默示的索赔,即承包人的该项索赔要求虽然在工程项目的合同条款中没有专门的文字叙述,但可以根据该合同的某些条款的含义,推论出承包人有索赔权。这种索赔要求同样有法律效力,有权得到相应的经济补偿。这种有经济补偿含义的条款,在合同管理工作中被称为"默示条款"或"隐含条款"。

(2)按索赔目的分类。

① 工期索赔。由于非承包人责任的原因使施工进度延误,要求批准顺延合同工期的索赔,称为工期索赔。一旦获得批准合同工期顺延,承包人不仅免除了承担拖期违约赔偿费的严重风险,还可能因提前工期而得到奖励,最终仍反映在经济收益上。

② 费用索赔。费用索赔的目的是要求经济补偿。当施工的客观条件改变导致承包人增加开支,要求对超出计划成本的附加开支给予补偿,以挽回不应由承包人承担的经济损失。

(3)按索赔事件的性质分类。

① 工程延误索赔。因发包人未按合同要求提供施工条件,如未及时交付设计图纸、施工现场、道路等,或因发包人指令工程暂停或不可抗力事件等造成工期拖延的,承包人对此提出索赔。这是工程中常见的一类索赔。

② 工程变更索赔。由于发包人或监理工程师指令增加或减少工程量或增加附加工程、修改设计、变更工程顺序等,造成工期延长和费用增加,承包人对此提出索赔。

③ 合同被迫终止的索赔。由于发包人或承包人违约以及不可抗力事件等造成合同非正常终止,无责任的受害方因其蒙受经济损失而向对方提出索赔。

④ 工程加速索赔。由于发包人或工程师指令承包人加快施工进度、缩短工期,引起承包人人、财、物的额外开支而提出的索赔。

⑤ 意外风险和不可预见因素索赔。在工程实施过程中,因人力不可抗拒的自然灾害、特殊风险以及一

个有经验的承包人通常不能合理预见的不利施工条件或外界障碍,如地下水、地质断层、溶洞、地下障碍物等引起的索赔。

⑥ 其他索赔。如因货币贬值,汇率变化,物价、工资上涨,政策法令变化等引起的索赔。

11.2.2.3 工程索赔的处理原则

(1)索赔必须以合同为依据。

(2)要有损害事实,即合同中规定业主承担的风险责任的确给承包商造成了实际损害,使承包商增加了额外费用或造成了损失。

(3)及时、合理地处理索赔。

(4)加强主动控制,减少工程索赔。

11.2.2.4 "FIDIC 土木工程施工合同条件"规定的索赔处理程序

"FIDIC 土木工程施工合同条件"对承包商的索赔作出如下规定。

(1)发出索赔意向通知。

在承包商察觉或者应当察觉该事件或情况后 28 天内发出意向通知,否则竣工时间不得延长,承包商无权获得追加付款,而业主应免除有关该索赔的全部责任。

(2)递交索赔报告。

在承包商察觉或者应当察觉该事件或情况后 42 天内或在承包商可能建议并经工程师认可的其他期限内,承包商应当向工程师递交一份详细的索赔报告,包括索赔的依据、要求延长的时间和(或)追加付款的详细资料。如果引起索赔的事件或者情况具有连续影响,则:① 上述充分详细索赔报告应被视为中间的;② 承包商应当按月递交进一步的中间索赔报告,说明累计索赔延误时间(或)金额,以及其合理要求的进一步详细资料;③ 承包商应当在索赔事件结束后 28 天内,或在承包商可能建议并经工程师认可的其他期限内,递交一份最终索赔报告。

(3)工程师的答复。

工程师在收到索赔报告或对过去索赔的任何进一步证明资料后 42 天内,或在工程师可能建议并经承包商认可的其他期限内作出回应,表示批准或不批准并附具体意见。工程师应当商定或者确定应给予竣工时间的延长以及承包商有权得到的追加付款。

11.2.2.5 索赔的计算

(1)承包人可索赔的费用。

承包人可索赔的费用一般包括以下几个方面。

① 人工费,包括增加工作内容的人工费、停工损失费和工作效率降低的损失费等累计,其中增加工作内容的人工费应按照计日工费计算,而停工损失费和工作效率降低的损失费按窝工费计算,对于窝工费的标准双方应在合同中约定。

② 设备费,可采用机械台班费、机械折旧费、设备租赁费等几种形式,且工作内容增加引起的设备费索赔、设备费的标准按照机械台班费计算。因窝工引起的设备费索赔,当施工机械属于企业自有时,按照机械折旧费计算索赔费用;当施工机械是从外部租赁时,则按租赁费计算。

③ 材料费。a. 由于索赔事项材料实际用量超过计划用量而增加的材料费。b. 由于客观原因材料价格大幅上涨。c. 由于非承包商责任工程延误导致的材料价格上涨和超期储存费用。

④ 保函手续费。工程延期时,保函手续费相应增加。反之,取消部分工程且发包人与承包人达成提前竣工协议时,承包人的保函金额相应折减,则计入合同价内的保函手续费也应扣减。

⑤ 贷款利息。

⑥ 保险费。

⑦ 管理费。此项费用又可分为现场管理费和公司管理费两部分,因为二者的计算方法不一样,所以在审核过程中应区别对待。

⑧ 利润。"FIDIC 土木工程施工合同条件"中,对承包人索赔可能给予合理补偿工期、费用和利润的情

况,都作了相应的规定,如表11-1所示。

表11-1 可以合理补偿承包商索赔的条款

序号	条款号	主要内容	可补偿内容		
			工期	费用	利润
1	1.9	延误发放图纸	√	√	√
2	2.1	延误移交施工现场	√	√	√
3	4.7	承包人依据工程师提供的错误数据导致放线错误	√	√	√
4	4.12	不可预见的外界条件	√	√	
5	4.24	施工中遇到文物和古迹	√	√	
6	7.4	非承包人原因导致施工的延误	√	√	√
7	8.4(a)	变更导致竣工时间的延长	√		
8	(c)	异常不利的气候条件	√		
9	(d)	由于传染病或其他政府行为导致的工期延误	√		
10	(e)	业主或其他承包人的干扰	√		
11	8.5	公共当局引起的延误	√		
12	10.2	业主提前占用工程		√	√
13	10.3	对竣工检验的干扰	√	√	√
14	13.7	后续法规的调整	√	√	
15	18.1	业主办理的保险未能从保险公司获得补偿部分		√	
16	19.4	不可抗力事件造成的损害	√	√	

(2)费用索赔的计算方法。

① 实际费用法。

实际费用法是工程索赔计算时最常用的一种方法。这种方法的计算原则是:以承包商为某项索赔工作所支付的实际开支为依据,向业主要求费用补偿。

② 总费用法。

总费用法又称总成本法,就是当多次发生索赔事件后,重新计算该工程的实际总费用,实际总费用减去投标报价的估算总费用,即为索赔金额。具体公式为:

$$索赔金额 = 实际总费用 - 投标报价总费用 \tag{11-1}$$

③ 修正总费用法。

这种方法是对总费用法的改进,即在总费用计算的原则上,去掉一些不确定的可能因素,对总费用法进行相应的修改和调整,使其更加合理。

(3)工期索赔的计算。

① 网络分析法。网络分析法是对进度计划的网络图进行分析,分析其关键线路上的关键工作。如果延误的工作是关键工作,则总延误的时间为批准顺延的工期;如果延误的工作为非关键工作,当该工作由于延误超过时差限制而成为关键工作时,可以批准延误时间与时差的差值;如该工作延误后仍为非关键工作,则不予以工期索赔。

② 比例计算法。该方法主要用于工程量增加时工期索赔的计算,其计算公式为:

$$工期索赔值 = \frac{额外增加的工程量的价格}{原合同总价} \times 原合同总工期 \tag{11-2}$$

11.2.2.6 共同延误的处理

在实际施工过程中,工期延误很少是由一方造成的,往往是由几种原因同时发生造成的。两种或两种以上的单独延误同时发生的情况就称为共同延误。

(1)在同一项工作上发生的共同延误。

① 可补偿延误与不可原谅延误同时存在。在这种情况下,不能批准承包商延期和经济补偿的要求。因为即便没有可补偿延误,不可原谅延误也已造成工程延误。

② 不可补偿延误与不可原谅延误同时存在。在这种情况下,工程师不能批准延长工期。

③ 不可补偿延误与可补偿延误同时存在。此时,工程师可以批准承包商延期的要求,但不能给予经济补偿,因为即便没有可补偿延误,不可补偿延误也已造成工程施工延误。

④ 两项可补偿延误同时存在。此时,工程师只能批准工期延长或给予经济补偿。

(2)在不同的工作上发生的共同延误。

这是指在不同的工作上同时发生了两项或两项以上的延误,从而产生了对整个工程综合影响的共同延误。这种情况比较复杂,由于各项工作在总进度表中所处的地位和重要性不同,同等时间的相应延误对工程进度所产生的影响也就不一样。工程师在处理这种共同延误时,应认真分析单项延误分别对工程总进度所造成的影响,然后将这些影响进行比较,对相互重叠部分按前述在同一项工作上发生的共同延误处理。对剩余部分进一步分析引起延误的原因和其造成的影响,从而断定是否延长工期和给予经济补偿。

共同延误的最终结果,可能是承包商可以获得工期延长和经济补偿,也可能是承包商要向业主支付延误赔偿金。

11.3　工程计量与工程结算　>>>

11.3.1　工程计量

11.3.1.1　计量的概念

计量是指按照设计文件及承包合同中关于工程量计算的规定,对承包商已完合格工程的实际数量所进行的测量、计算、核查和确认的过程。

工程量清单中的工程数量是在图纸和规范的基础上估算出来的,它只能作为投标报价的基础,而不能作为结算的依据。实际工程量只有通过计量才能揭示和确定。按实际完成的工程量付款可以减少工程量的估计误差给双方带来的风险,增强造价结算结果的公平性,这正是单价合同的优点之一。

11.3.1.2　计量方法

(1)实地量测计算法。

当监理工程师欲对工程的任何部位进行量测计量时,应先通知承包人,承包人必须立即派人协助监理工程师进行计量。量测工作按合同有关规定进行,量测计算后双方签字确认。

如果承包人在收到监理工程师发出的计量通知后,不参加或未派人参加实地量测计量工作,监理工程师自己量测或经监理工程师批准的计量结果即为正确的计量,作为支付的依据。

(2)记录、图纸计算法。

对于永久工程采用记录和图纸的方式计量,则监理工程师应准备该项工程项目的图纸和记录。当承包人被通知要求参加此项计量时,应在通知发出 14 天内同监理工程师共同审查和确认记录与图纸,并在双方同意后签字确认。如果承包人不参加或未派人参加上述记录和图纸的审查与确认,则认为这些记录和图纸是正确无误的。除非承包人在上述计量后 14 天内向监理工程师提出申辩,说明记录和图纸有不正确之处,要求监理工程师予以决断。监理工程师在收到承包人的申辩后应进一步检查记录和图纸,并作出决定,再将此决定通知承包人。

无论采用哪种方法,其结果必须经监理工程师和承包人双方同意,签字确认,方可进入支付环节。

11.3.1.3　计量依据

计量的主要依据有质量合格证书、工程量清单及说明、工程变更令及修订的工程量清单、合同条件、技术规范、合同图纸、有关计量的补充协议、索赔时间/金额审批表等。

11.3.1.4　计量范围、计量规则和计量方法

（1）计量范围。

① 工程量清单中的全部项目；

② 合同文件中规定的项目；

③ 工程变更项目。

（2）计量规则和计量方法。

计量规则和计量方法主要在技术规范的有关内容和工程量清单的前言中明确规定。在进行计量时必须遵守其要求。

应该注意的是，监理工程师除了对工程量清单的各个细目进行计量外，还应对所有有关支付的其他事务进行计量。如计日工使用的具体数量，各种工程意外事件以及工程变更后的工程量等，均应加以计量，以便进行支付。

11.3.2　工程结算

工程结算就是业主将承包人在一定时期内（一般按月）已经完成并符合质量要求的工程进行计量，并按合同约定的价格计价后支付给承包人。在工程施工管理中，工程结算又称费用支付（含前期支付、中期支付和最终支付）。费用支付的内容、程序和方法，都应按照合同规定进行。

11.3.2.1　工程结算的分类

（1）按时间，工程结算可分为预结算、期中结算、交工结算、最后结算四种。

① 预结算，按照 FIDIC 条款规定，包括开工预付款和材料预付款。它是业主提供给承包人的无息款额，按一定条件支付并扣回。

② 期中结算，也就是工程进度款的结算，一般按月进度支付，即按本月完成的工程价值及其他有关款项进行综合支付，由工程师开具的期中支付证书来实施。

③ 交工结算，即在项目完工或基本完工，监理工程师签发交工证书后办理的支付。

④ 最后结算，即在缺陷责任期结束，监理工程师签发缺陷责任证书后，办理的最后一次结算工作。

（2）按结算的内容，工程结算可分为工程量清单内的结算和工程量清单外的结算。

① 工程量清单内的结算是按合同条件和技术规范，通过监理工程师的质量检查、计量，确认已完的工程量，然后按报价单中的单价，结算和支付工程量清单中的各项工程费用，简称清单支付。清单支付是期中支付的主要项目，占有很大的比重。

② 工程量清单外的结算是按合同规定，监理工程师根据工程实际情况和现场证实资料，确认清单以外的各项工程费用，如索赔费用、工程变更费用、价格调整等，此项费用虽然在期中支付中占的比重较小，却是比较难以控制和掌握的，它一方面取决于合同规定，另一方面取决于工程施工中实际遇到的客观情况和各种干扰。

（3）按工程内容，可分为路基工程结算、路面工程结算、桥梁工程结算、隧道工程结算等。

（4）按合同执行情况，可分为正常结算和合同终止后的结算两类。正常结算是指业主与承包人双方履行合同约定，使工程顺利实施并结算。合同终止后的结算是指业主或承包人违约或发生了双方无法控制的不可抗力，使双方不可能继续履行合同而终止合同时，业主向承包人所作的结算。

11.3.2.2　工程结算的费用项目

工程正常结算的费用项目按其内容一般可以划分为两类：一类是工程量清单内的费用项目，它包括清单内构成合同价格的 100～900 章各工程细目、工程量清单汇总表中包含的计日工、暂定金额项目；另一类是

工程量清单以外、合同以内的费用项目,它包括开工预付款、材料预付款、保留金、工程变更费用、索赔费用、暂定金额、价格调整费用、拖期违约损失偿金、提前竣工奖金、迟付款利息等费用项目。

(1)工程量清单内的费用项目。

① 开办项目的支付。

开办项目的计量支付在技术规范中有明确规定,在开办支付时,应先落实开办项目的完成情况,然后按技术规范中的规定办理支付。

② 合同永久工程的支付。

其工程量按技术规范中的计量方法进行计量,并有工程师的签认,其单价按工程量清单中的单价来确定支付金额。

(2)工程量清单以外、合同以内的费用项目。

① 开工预付款。

开工预付款是业主提供给承包人用于支付施工初期费用的一笔无息款额。监理工程师在确认承包人已提供相当于开工预付款金额的银行担保或保函以后,向业主签发合同规定的开工预付款支付证书,业主按监理工程师签发的支付证书向承包人付款。开工预付款总额在合同文件投标书附录中有明确规定,一般相当于合同价格的 10%。监理工程师应根据合同规定,在工程进度款的支付证书中逐月扣回开工预付款。

② 材料预付款。

材料预付款是由业主预先支付给承包人用于购买永久工程组成部分的材料的一笔无息款额。

监理工程师在确认承包人所购材料的质量和储存方法符合合同要求后,按合同规定将所购材料款额的某一百分比计入下次工程进度款证书中,业主根据监理工程师的证明进行付款。

当材料已用于永久工程,材料预付款应在以后的工程进度款支付证书中,按合同规定逐月扣回。

③ 保留金。

保留金是业主为了使承包人履行合同而在承包人应得款额中扣留的那部分金额。一旦承包人未履行合同中规定的条款,则保留金归业主所有,业主可用此金额雇用其他的承包人来完成工程。保留金的数额、扣留标准及返还在合同中应予以明确。

④ 工程变更费用。

变更工程估算的主要工作包括确定项目与细目、计算变更工程量、确定单价与金额。

a. 确定项目与细目。

通常按下列原则确定:变更工程如与工程量清单中有相同的项目和细目,则应与工程量清单中的细目划分及计量要求一致;工程量清单中若没有相同的新增项目,则必须首先明确工程细目的计量要求、技术标准以及每个计量细目所包括的所有工作内容,避免漏计或重计。

b. 计算变更工程量。

变更工程的工程量也应按要求与程序进行计量,计量的结果汇总于"中间计量证书"和"竣工计量证书"等有关表格之中,结算按计量的工程量进行。

c. 确定单价与金额。

⑤ 索赔费用。

索赔费用的支付额应按监理工程师签发的索赔审批书来确定或按监理工程师暂时确定的赔偿额来支付。

⑥ 暂定金额。

暂定金额是在工程量清单中以该名义列出,用于以下方面:a. 招标时尚未能确定下来,或在施工中可能增加的工程细目;b. 专项工程的施工或货物、材料、设备或人工的供应;c. 不可预见费。除合同另有规定外,这项金额应由监理工程师报业主批准后指令全部或部分使用或根本不予使用。

对于经业主批准的每一笔暂定金额,监理工程师可以指令承包人完成,也可以指令指定分包人完成,但结算的方式有所不同。

⑦ 价格调整费用。

a. 物价浮动对合同价格的调整。

对于施工期较长的合同，为了合理分担市场物价浮动变化对施工成本影响的风险，在合同内要约定调价的方法。FIDIC 条款规定为公式法调价。

调价公式如下：

$$P_n = a + b \cdot \frac{L_n}{L_0} + c \cdot \frac{M_n}{M_0} + d \cdot \frac{E_n}{E_0} + \cdots \tag{11-3}$$

式中　P_n——第 n 期内所完成工作以相应货币所估算的合同价值所采用的调整倍数，此期间通常是 1 个月，除非投标函附录中另有规定；

　　a——在数据调整表中规定的一个系数，代表合同支付中不调整的部分；

　　b,c,d——数据调整表中规定的系数，代表与实施工程有关的每项费用因素的估算比例，如人工、设备、材料；

　　L_n,E_n,M_n——第 n 期内使用的现行费用指数或参照价格，由该期内（具体支付证书的相关期限）最后一日之前第 49 天当天对于相关表中的费用因素适用的费用指数或参照价格确定；

　　L_0,E_0,M_0——基本费用参数或参照价格。

可调整的内容和基价，承包商在投标书内填写，并在签订合同前的谈判中确定。

延误竣工，非承包商负责的延误，工程竣工前每一次支付时，调价公式继续有效，承包商负责的延误，在后续支付时，分别计算应竣工日和实际支付日的调价款，经过对比后按照对业主有利的原则执行。

b. 基准日后法规变化引起的价格调整。

在投标截止日期前的第 28 天以后，国家的法律、法规或国务院有关部门的规章，以及工程所在地的省、自治区、直辖市的地方法规或规章发生改变，导致施工所需的工程费用增加或减少，监理工程师与当事人协商后可以调整合同金额。如果导致变化的费用包括在调价公式中，则不再考虑。发生较多的情况是承包人需交纳的税费变化，这是当事人双方在签订合同时不可能合理预见的，因此可以调整相应的费用。

⑧ 拖期违约损失偿金。

拖期违约损失偿金是指承包人未能按合同工期完成工程施工，或在监理工程师批准的延期内未能完成工程的施工而给予业主的补偿。

拖期违约损失偿金自规定竣工之日起到合同工程交工证书中写明的实际竣工日期，不足一日的按比例计。

如果工程项目的任一部分在该工程项目竣工前已签发了交工证书，则拖期违约损失偿金应按已签发交工证书的单项工程的价值占合同工程价值的比例予以减少，但拖期伟约损失偿金的最高限额不变。

⑨ 提前竣工奖金和迟付款利息。

如果合同中有此条款，而承包人比规定的工期提前完工，则可以得到提前竣工奖金。该奖金时间是按工程移交证书的签署日期与合同规定的完工日期之差，以天数计算，奖金的比例在合同中有规定。

如果业主不按合同规定时间付款，则应支付承包人迟付款额的利息。

（3）合同终止后的结算。

合向终止后的结算是指由于某种情况的发生导致无法履行合同而终止合同后的结算。通常，合同终止可能产生于承包人违约、业主违约和特殊风险。

① 承包人违约导致合同终止后的结算。

合同终止后，业主应暂停向承包人支付任何款项，在本工程缺陷责任期满之后，再由监理工程师查清承包人实施和完成本工程与缺陷修复应结算的费用，应扣除的完工拖期违约损失偿金（如有）以及业主已实际支付的各项费用。

在监理工程师查清证实后，承包人仅能得到原应付给他的已完合格工程的款项，并扣除上述应扣款之后的余额。如果应扣款额超过承包人应得的原应付给他的已完工程的款额，此超出部分款额应被视为承包人欠业主的应还债务，由承包人偿还给业主。

② 业主违约导致合同终止后的结算。

合同终止后,业主对承包人的支付义务除同前述以外,还应支付给承包人由于该项合同终止而引起的或涉及的对承包人的损失或损害的款额,该款额应由监理工程师与承包人和业主协商后确定。

③ 特殊风险导致合同终止后的结算。

由于特殊风险的发生而终止合同后,业主应向承包人支付终止日之前已完成的全部工程费用,其范围限于在已给承包人的暂付款中尚未包括的款额与款项,其单价和总额价应按合同的规定计。另外还应支付下述费用:a. 合同终止日前,承包人已按合同规定完成的第100章的工作或服务的相应比例费用;b. 承包人为本工程合理订购的材料、设备或货物的费用,此费用由业主支付后,其财产归业主所有;c. 承包人已合理开支的、确实是为了完成本工程而预期开支的任何款额,而该开支没有包括在其他支付项目内;d. 由于特殊风险而产生的附加费用;e. 承包人装备撤离的合理开支部分;f. 承包人雇员的合理遣返费。

除业主应向承包人支付上述费用外,对承包人应归还业主的各项预付款余额及业主应收回的任何其他款项,应根据合同文件的规定,在应支付的款额中扣除。

(4) 施工结算的程序和内容。

按照通用条款的规定,施工结算的程序和内容如下。

① 月结算。

承包人应在每月末向监理工程师提交按批准格式填写的期中支付申请书一式6份,该申请书包括以下项目:a. 截至本月末已完成的工程价款;b. 截至本月初已完成的(已实际结算的)工程价款 b;c. 本月完成的(应结算的)工程价款,即 $a-b$;d. 本月完成的(应结算的)计日工价款;e. 本月应支付的暂定金额价款;f. 本月应支付的已进场将用于或安装在永久工程中的材料、设备预付款;g. 根据合同规定,本月应结算的其他款项;h. 费用和法规变更发生的款项;i. 本月应扣留的保留金和扣回的材料、设备预付款及动员预付款;j. 根据合同规定,本月应扣除的其他款项。

监理工程师在收到上述中期支付申请书后审核确认,并在21天或专用条款规定的天数内签发中期支付证书,签发其认为应该到期结算的价款及需要扣留和扣回的款额并报业主审批。

如果该月应结算的价款经扣留和扣回后的款额少于投标书附录中列明的中期支付证书的最低金额,则该月监理工程师不签发支付证书,承包人得不到工程进度款,该款额将结至下月,直至累计应支付的款额达到投标书附录中列明的中期支付证书的最低金额为止。

业主应在收到该中期支付证书后21天内或在投标书附录中规定的天数内向承包人付款。

② 交工结算。

在工程移交证书签发后42天内,承包人应按监理工程师批准的格式向监理工程师提交一份交工结账单,并附上用详细资料说明的证实文件,文件中应表明:a. 按合同规定,直到工程移交证书写明的交工日期为止,按合同完成的全部工程的最终价值;b. 承包人认为应付给他的其他款项的估算值。其中 b 款各项款额估算值应在完工结账单内单独填报,监理工程师按规定审核后报业主审批。

③ 最后结算。

在发出缺陷责任终止证书后的28天之内,承包人应按监理工程师批准的格式向监理工程师提交一份最后结账单草案,并附上详细的证实文件,供监理工程师考虑,文件中应表明:a. 根据合同规定已经完成的全部工程价值;b. 承包人根据合同规定认为应该付给他的任何其他款项。

如果监理工程师不同意或者不核证最后结账单草案的任一部分,承包人应按监理工程师的合理要求,提交进一步的资料。经双方协商同意后,由承包人编制并提交修改后的最后结账单。如果双方存在纠纷不能达成一致,监理工程师仅对不存在纠纷部分(如果有)签发支付证书,有纠纷的部分按合同规定解决。

交最后结账单的同时,承包人还应向监理工程师递交一份书面清账书,确认最后结账单中的总金额(包括索赔要求)代表了根据合同规定应付的全部款项的最后结算。

监理工程师在收到最后结账单和清账书14天之后,签发最后支付证书报业主审批。证书中应说明:a. 监理工程师认为根据合同规定的最后应付的款额;b. 在对业主以前所付的全部款额和业主根据合同规定应得的全部款额予以确认后,证实业主欠承包人或承包人欠业主的差额(如果有)。

业主应在收到最后支付证书42天内向承包人付款。

11.4 工程竣工决算 >>>

工程竣工决算是指所有建设项目竣工后,建设单位按照有关规定在新建、改建和扩建工程建设项目竣工验收阶段编制的竣工决算报告。竣工决算是以实物数量和货币指标为计量单位,综合反映竣工项目从筹建开始到项目竣工交付使用为止的全部建设费用、建设成果和财务情况的总结性文件,其是竣工验收报告的重要组成部分。

11.4.1 竣工决算的编制程序

首先应编制好工程竣工图表文件,其次交工验收各标段达到合格以上时,工程才能进行竣工决算,其编制程序如下。

(1)熟悉竣工图表资料,核对已结算的工程量,图与现场、图与表要三对口,以及核对各种工程量的计算方法是否符合合同文件的规定,竣工图表资料是否符合《基本建设项目档案资料管理暂行规定》的要求。

(2)审查施工过程中的设计变更、索赔的处理是否有不符合规定之处,签证手续是否齐全。

(3)审查竣工结算是否与竣工图表资料、合同文件相符。

(4)统计汇总设计和实际完成的主要工程量,以及水泥、钢材、木材等数量。

(5)摘取各种实物量、财务数据等资料,填入各种相应的竣工决算表内,编制竣工平面图和竣工决算说明书。

11.4.2 竣工决算报告的组成

竣工决算报告的组成如下。

(1)竣工决算报告的封面、目录。

(2)竣工工程平面示意图。竣工工程平面示意图按经过施工实际修改后的工程设计平面图绘制。

(3)竣工决算报告说明书,包括工程项目概况及评价、工程建设过程及管理过程中的重大事件及经验教训、投资支出及财务管理的基本情况、工程存在的问题及需要解决的问题。

(4)竣工决算表格,第一部分为工程概况表等专用表格,第二部分为通用表格。

案例拓展

某桥梁工程上部结构为 10×40 m 的现浇等截面预应力混凝土箱梁,施工图已审批,经公开招标确定了承包人并签订了施工合同,投标文件中的利润率为 5%,增值税为 9%,中标通知书约定,人工费 125 元,窝工按 80% 计,投标文件中 A 机械 1500 元/台班,不变费用 1000 元/台班;B 机械 1200 元/台班,不变费用 500 元/台班,机械费不含税。

合同约定索赔补偿不计利润,工程开工前承包人上报了施工组织计划并获得批准。工程项目开工前,发包人组织招标确定了保险人,承包人与中标保险人签订了工程保险合同(含建筑工程一切险、第三者责任险)及人身意外险、机械类的保险。

建筑工程一切险的投保金额列为中标价,第三者责任险投保金额为 500 万元,机械类的保险投保金额为拟投入的机械原值,建筑工程一切险协议约定免赔金额以保险损失额的 10% 或 50 万元中的较高者,人身意外险免赔金额为 2 万元/人次,机械类的保险免赔金额为损失额的 10% 或 10 万元中的较高者,承包人将保险协议副本抄送发包人。

工程开工后发生了如下事件。

事件1:原计划征地拆迁未完成,3号墩(关键工作)本来7月1日开工,变成7月21日开工,窝工400工日,A 机械 30 台班,B 机械 30 台班。

事件 2:承包人在浇筑箱梁混凝土时,遭遇 12 级台风,发生现浇箱梁支架垮塌事故,导致 11 名人员受伤(其中 10 名为现场作业人员,1 名为外部参观人员),正在作业的机械被垮塌的支架和预埋的钢件砸坏,承包人正常按计划施工,现浇箱梁为关键线路 30 天,事故发生后还有 10 天的工期,研究后总工期 45 天,其中评估 7 天,清理 8 天,该项工作全部施工完成 30 天;事故支架的拆除费 5 万元(支架在事故中的损失 50 万元),重新搭设支架 8 万元,主体工程损失 70 万元,机械修理费 20 万元,现场作业人员医疗费用 100 万元,外部参观人员医疗费用 15 万元。为简化分析与计算,假设承包人提供的各项损失金额和资料属实。

问题:

1. 判断事件 1 发生后,承包人向监理人提出的工期和费用索赔是否成立,请说明理由。

2. 计算事件 1 中,监理工程师应批准的工期和索赔费用。

3. 事件 2 发生的各项损失是否可以得到保险人的赔付?如果可以,根据题目中保险类型应该赔付多少金额?

4. 事件 2 后,承包人向监理人提出的工期索赔是否成立?请说明理由,并计算正确的工期。

5. 计算事件 2 中,承包人向监理人提出的最大可能索赔金额。

参考答案:

问题 1:

事件 1 发生后,承包人向监理人提出的工期和费用索赔均成立。根据合同条款第 2.3 项,发包人应按专用合同条款约定向承包人提供施工场地,以及施工场地内地下管线和地下设施等有关资料,并保证资料的真实、准确、完整。由于发包人未能按照本项规定办妥永久占地征用手续,影响承包人及时使用永久占地造成的费用增加和(或)工期延误,应由发包人承担。

问题 2:

(1)工期索赔:3 号墩开工由 7 月 1 日延误至 7 月 21 日,可索赔工期 20 天。

(2)费用索赔:

人员窝工工资:$400 \times 125 \times 80\% = 40000$(元)

设备闲置费用:$30 \times 1000 + 30 \times 500 = 45000$(元)

税金:$(40000 + 45000) \times 9\% = 7650$(元)

合计:$40000 + 45000 + 7650 = 92650$(元)

问题 3:

事件 2 发生的损失可以得到保险人的赔付。12 级台风属于第 21.1.1 条不可抗力约定的内容,除专用条款另有约定外,不可抗力导致的人员伤亡、财产损失、费用增加和(或)工期延误等后果,按合同条款第 21.3.1 条约定的原则分别承担。已投保建筑工程一切险和第三者责任险的,应先进行保险理赔。

应该赔付的金额为:$50 + 2 \times 11 + 10 = 82$(万元)

问题 4:

事件 2 后,承包人向监理人提出的工期索赔成立。

可索赔工期为:$45 - 10 = 35$(天)

问题 5:

事件 2,承包人向监理人提出的最大可能索赔金额为:

$$(5 + 50 + 8 + 70 + 100 + 15 - 50 - 2 \times 11) \times (1 + 9\%) = 191.84(万元)$$

【思政拓展】

1. 现场安全的重要性;

2. 制定应急预案的必要性;

3. 现场管理人员学习工程索赔依据和索赔计算的重要性。

知识归纳

　　（1）施工阶段工程造价控制的建设工程施工合同研究、工程预算、工程变更与索赔、工程计量与工程结算。

　　（2）竣工决算的概念、编制程序和组成。

　　建设项目竣工决算是指所有建设项目竣工后，建设单位按照有关规定在新建、改建和扩建工程建设项目竣工验收阶段编制的竣工决算报告。

　　① 竣工决算的编制程序如下。

　　a. 熟悉竣工图表资料，核对已结算的工程量等。

　　b. 审查设计变更、索赔的处理是否合规，签证手续是否齐全。

　　c. 审查竣工结算是否与竣工图表资料、合同文件相符。

　　d. 统计汇总设计和实际完成的主要工程量，以及水泥、钢材、木材等数量。

　　e. 摘取各种实物量、财务数据等资料，填入各种相应的竣工决算表内，编制竣工平面图和竣工决算说明书。

　　② 竣工决算报告组成如下。

　　a. 竣工决算报告的封面、目录。

　　b. 竣工工程平面示意图。

　　c. 竣工决算报告说明书。

　　d. 竣工决算表格。

独立思考

11-1　建设工程合同的类型有哪些？选择合同类型时应考虑哪些因素？

11-2　FIDIC 合同条件规定的工程变更包括哪些？变更估价的原则有哪些？

11-3　承包人可索赔的费用包括哪些？"FIDIC 土木工程施工合同条件"中，对承包人索赔可能给予合理补偿工期、费用和利润的情况是如何规定的？索赔的计算方法包括哪些？

11-4　工程结算的项目有哪些？如何结算？

11-5　编制竣工决算的依据有哪些？竣工决算报告由哪些部分组成？

思考题答案

参考文献

［1］中华人民共和国交通运输部. 公路工程建设项目概算预算编制办法：JTG/T 3830—2018. 北京：人民交通出版社股份有限公司，2019.

［2］靳卫东. 公路施工组织与概预算. 2 版. 北京：人民交通出版社股份有限公司，2020.

［3］李栋国. 公路工程与造价. 武汉：武汉大学出版社，2017.

［4］钟芮. 公路工程计量与计价. 北京：清华大学出版社，2023.

［5］曹佐，王虎盛. 公路工程造价与清单计价. 北京：清华大学出版社，2020.

[6]　俞素平,孙莉萍,姜海莹.公路工程计量与计价实务.北京:清华大学出版社,2022.

[7]　李艳,周庆华.公路工程造价.北京:人民交通出版社股份有限公司,2020.

[8]　高峰,张求书.公路工程造价与招投标.北京:北京理工大学出版社,2019.

[9]　宋春岩.建设工程招投标与合同管理.4 版.北京:北京大学出版社,2019.

[10]　田恒久.工程招投标与合同管理.4 版.北京:中国电力出版社出版,2019.

[11]　周世生,董伟智.公路工程造价.2 版.北京:人民交通出版社,2012.

[12]　邬晓光.公路工程施工招标与投标实用手册.北京:人民交通出版社,2011.

[13]　张丽华.公路工程概预算编制指南.2 版.北京:人民交通出版社,2008.

附　录

附录 1～附录 12

附录 13～附录 21

附录 22～附录 26